汉籍合璧研究编

学术顾问（按齿序排列）

程抱一（法国）　袁行霈　项　楚　安平秋

池田知久（日本）　　　柯马丁（美国）

编纂委员会

主　任

詹福瑞

委　员（按姓氏笔画排列）

王承略　王培源　刘心明　刘　石　刘玉才　吕　健

孙　晓　刘跃进　陈广宏　陈引驰　张西平　张伯伟

杜泽逊　李　浩　吴振武　何朝晖　尚永亮　郑杰文

单承彬　郝润华　顾　青　聂济冬　黄仕忠　阎纯德

阎国栋　朝戈金　蒋茂凝　韩高年　傅道彬

总编纂

郑杰文

主　编

聂济冬　王承略

本辑编纂

任增强　葛　超　张潇澜

汉籍合璧研究编

古代朝鲜半岛《孟子》学史研究

赵永刚 著

人民出版社

国家重点文化工程“全球汉籍合璧工程”成果

山东省中华优秀传统文化传承发展工程重点项目成果

国家社科基金青年项目“朝鲜半岛《孟子》学史研究”
（项目编号：15CZW010）结项成果

前言

建设一个开放包容、互联互通、共同发展的世界，是中国人民的心愿，也符合世界人民的愿望。“源浚者流长，根深者叶茂”，我们回望历史，是为了更好地接续中华文脉，赓续中华文明，为实现中国式现代化提供历史经验和思想资源。而关注海外汉籍及海外汉学研究，也是彰显中华优秀传统文化底蕴、弘扬中华优秀传统文化精神的应有之义。

全球汉籍合璧工程是一项国家重点文化工程，主要任务是对境外存藏汉籍进行调查编目、复制影印，并对境外珍本汉籍作规范化整理，同时对海外汉籍和海外汉学进行综合性研究。根据工作内容，合璧工程确立了目录编、珍本编、精华编、研究编和数据库五个组成部分。其中，研究编的工作主旨是，在文、史、哲、外国语等多学科融合的视域中，综合性地探究海外汉籍接受历程与海外汉学发展的特征、规律。

中华民族拥有悠久历史和灿烂文明。随着记载中国思想文化的书籍东传，中华文明对东亚汉文化圈产生了深远影响。商周之际，箕子移居朝鲜半岛，中国礼乐文化和耕织技术传入朝鲜半岛。中国典籍开始传入朝鲜半岛的时间，约在公元1世纪前后，传入的典籍包括《周易》《孝经》《论语》《史记》《汉书》等。最早将中国书籍传入日本的是百济人，据日本《古事记》载，应神天皇十六年（285），百济王仁向天皇贡上《论语》十卷，《千字文》一卷。自五六世纪始，中国书籍开始规模性地东传。据日本现存最早的汉籍目录、藤原佐世奉敕编纂的《日本国见在目录》记载，迄日本平安前期为止，传入日本的中国书籍已有1579部，16790卷。这个数量相当于《隋书·经籍志》和《旧唐书·艺文志》著录书籍的一半。唐宋以后，购买中国书籍成为东亚诸国来华使臣的一项重要任务。《旧唐书·东夷传·倭国》载第九次遣唐使多治比县守带着“尽市书籍泛海而还”。《宋史》记载元祐七年高丽使臣“请市书甚众”。宋朝廷常以开放的姿态，对待东亚诸国的购书活动。熙宁七年宋神宗下诏国子监：“许卖九经、子史诸书与高丽使人。”不仅东亚诸国使臣通过官方渠道购书，来华的东亚各国民间商人、僧人等也通过各种采买路径购书。中国书籍开始源源不断地流向东亚各国。中国书籍不仅外流，也存在海外的中国书籍回流的现象。《旧五代史》载，后周显德六年，高丽国朝贡，进《别序孝经》一卷、《越王孝经新义》八卷、《皇灵孝经》一卷、《孝经雌图》三卷。面对东亚他国回流的书籍，宋人有明确的甄别、存藏珍稀本的意识。《宋会要辑稿·职官》载元祐七年秘书省上奏：“高丽国近日进献书册，访闻多是异本，馆阁所无，乞暂赐颁降付本省，立限眷本。”海外孤本、珍稀本的回流，在一定程度上补充了中国书籍的散失佚缺。因中国书籍和思想文化的东传，在东亚形成了汉字文化圈、汉字文化共同体，促进了东亚乃至亚洲各国的历史进步和文明发展。

唐宋时期，中国古代书籍曾沿着陆地丝绸之路西行，传入阿拉伯，甚至更远的欧洲。明清时期，西人来华。为了便于传教、外交、贸易活动，他们需要了解中国，了解中国的历史地理、政治制度、思想文化、文学艺术等。中国传统典籍又越洋西传，形成了中学西传。在明隆庆六年（1572），来华的葡萄牙传教士格雷戈里奥·贡札尔维兹（Gregori Gonzalvez）将他在华搜集的7部中文图书，寄送给西班牙国王腓力二世（Felipe Ⅱ）。[①]清康熙朝，中国图书开始规模化的西传。法国传教士白晋（Bouvet）曾将49册300卷中国图书，献给了法国国王路易十四，其中有《诗经》《书经》《广舆记》《资

① 谢辉：《西班牙藏〈新刊补订源流总龟对类大全〉》，《国际汉学》2024年第1期。

治通鉴》《大清律》《本草纲目》等。另一个传教士傅圣泽在1722年回到巴黎时，带回了3980种中国图书，全部捐赠给王家图书馆。彼时欧洲，包含儒家"四书""五经"、道家《老子》以及一些中国戏曲在内的中国书籍基本上都已有拉丁文、法文、德文等译本。这些中国书籍及其承载的思想文化的西传，对思想家莱布尼茨、魁奈、伏尔泰、孟德斯鸠、歌德等人产生了重要影响，进而对欧洲哲学、政治都产生了较大影响。以至有学者提出，"16—18世纪，中国与西欧的文化互识达到前所未有的高度，而无论从规模还是从影响上说，'中学西传'均远远超过'西学东渐'，成为该时期文化交流的主流。"①

综上所述，我们可知，在东、西方由中国书籍的流通而形成的书籍之路，推动了中外文化交流，促进了世界文明的发展。从文化交流的意义上说，书籍之路堪与丝绸之路交相辉映。因此，围绕中国书籍之路的形成与发展，探究中国书籍的海外流传史和海外流布的区域特征，总结海外接受中国古籍的历史趋向，是研究编的一个主要任务。具体而言，研究编在海外汉籍研究方面，主要有三个面向：在历史维度上，考察海外汉籍流布走向、特征；在学术维度上，分析海外孤本、珍稀本的史料价值；在思想维度上，总结海外接受中国古籍的文化根源和历史影响。

而随着中国古籍及其承载的中国古代思想文化、科学技术、文学艺术在海外的传播、接受，产生了域外中国古典学术研究、古代中国研究，即海外汉学（sinologie），亦称国际汉学、域外汉学。因此，研究编的另一个任务是，在分析海外汉籍流布、接受特征、规律的基础上，梳理海外汉学发展的历史脉络与流向，考察海外汉学研究特点与特长，探究中国古代思想文化在海外的接受与发展，总结海外汉学发展规律与趋势。

① 王力军编：《中国海上丝绸之路研究年鉴（2018）》，浙江大学出版社2020年版，第281页。

关于海外汉籍与汉学的研究有多重现实意义，它不仅是异域之眼、他山之石，还可在理论和方法论上，为中国本土古典学、古典文献学研究提供补充、借鉴、启示。对海外汉籍与汉学深入研究，会涉及中国古代史、宗教史、考古学、古代文学史、古典文献学、外国语等多学科、多领域的研究，这也会带动相关学科的交融，便于形成新的学科增长点，促进“新文科”发展，为丰富、推进中国特色哲学社会科学学科体系、学术体系和话语体系的建设提供一种支撑。而且，中华文明源远流长，博大精深，也是“在同其他文明不断交流互鉴中形成的开放体系”。① 从文化建设来看，古为今用、洋为中用，在创新性发展、创造性转化中华优秀传统文化中，辩证地吸收外来文化，可更好地发展自己。在中西文化交流、东西文明互鉴中，创造人类文明新形态。

总之，关于海外汉籍与海外汉学的研究，不仅有学术层面的价值，在文化交流方面也有深刻的意义。我们通过对海外汉籍与汉学的研究，可以在学理上探究海外中国形象的历史建构，总结中华优秀传统文化的世界影响力、感召力，为今天的对外文化交流提供历史智慧、经验。而且在当下，因东西方文化差异，全球出现了一些国家、种族、族群的思想隔阂和政治争端，我们可以以海外汉籍与汉学研究作为一个窗口，通过学术对话、文化交流促进不同文化的相互交融、不同族群的相互理解，进而实现多元文明互鉴，以期走向和而不同、美美与共的世界大同。

目前，研究编已根据合璧工程回归的珍本汉籍和对海外汉学发展的分析，紧扣时代脉搏，守正创新，确立研究课题。现各课题承担者们正按计划完成课题任务，研究编将分批次呈现研究成果。敬请大家批评指正。

---

① 习近平：《深化文明交流互鉴　共建亚洲命运共同体——在亚洲文明对话大会开幕式上的主旨演讲》，人民出版社 2019 年版，第 9 页。

目 录

绪 论

儒学是古代中国、朝鲜半岛、越南、日本共同的文化资源，曾经是该地区的主导性文化思想。在儒家文化的影响下，形成了地域广阔的“汉文化圈”。“汉文化圈”中的学者，从包括《孟子》在内的儒家经典中不断汲取思想资源，并以此为基本典籍，结合本地区历史、文化、学术和社会的发展需要，撰写了很多阐释《孟子》等儒家典籍的著作。以这些著作为中心，展开学术研究，既有学术价值，也有应用价值。

第一节 古代朝鲜半岛《孟子》学史的研究价值与意义

朝鲜半岛与中国山水相依，古往今来，政治、经济、文化交流都非常密切。从文字载体方面来说，古代朝鲜半岛官方使用的文字是汉字，属于“汉字文化圈”，近年来有学者提出“作为方法的汉文化圈”研究思路，如张伯伟曰：

> “汉文化圈”可以有不同的表达，比如“东亚世界”“东亚文明”“汉字文化圈”等等，该文化圈的基本载体是汉字。以汉字为基础，从汉代开始逐步形成的汉文化圈，直到19世纪中叶，积累了大量的汉籍文献，表现出大致相似的精神内核，也从根柢上形成了持久的聚合力。①

① 张伯伟：《东亚汉文学研究的方法与实践》，中华书局2017年版，第57页。

从思想渊源的方面来说，朝鲜半岛又属于儒家文化圈，儒学不仅内化于中国人的日常生活之中，也成为包含朝鲜半岛在内的东亚社会生活方式，杜维明将其称为“作为东亚生活方式的儒教”：

> 然而，它（儒教）对东亚的政治文化及精神生活仍产生了深远的影响。正因为儒教在东亚的政治、社会、教育和家庭留下难以磨灭的印记，中华文化圈（包括工业化的东亚日本、韩国、新加坡和社会主义的东亚中国、朝鲜、越南）才会被称为“儒家文化圈”。无论是否恰当，一个不争的事实是，儒家的伦理和精神价值在过去的二千五百多年间一直是中华文化圈的思想源泉，也是人们在个人、群体和民族各个层次之间相互影响的中介。①

地处“汉文化圈”与“儒家文化圈”之中，朝鲜半岛在塑造民族精神的文化典籍方面，也与中国有着极大的相似性。作为儒家经典的《四书》，就成为东亚“儒家文化圈”共同尊奉的经典。如崔益铉（1834—1906）《凤村集序》曰：

> 洛闽以还，至我东先辈，教学法门，莫不以《小学》《近思》《四子》，为本领阶梯，其故何也？诚以叙秩命讨之显，仁义忠孝之实，其体具于心而不可易，其用施诸事而不可遏，存养省察之方，讲明克治之功，具在此书，不可一日不讲且明焉者也。②

儒学在古代东亚地区可以称之为是一种常道。何谓常道，牟宗三《从儒家的当前使命说中国文化的现代意义》有详细的阐释，其文曰：

> 儒家的义理与智慧具有“常道”的性格。儒家，从古至今，发展了几千年，它代表一个“常道”——恒常不变的道理。中国人常说“常道”，它有两层意义：一是恒常不变，这是纵贯地讲它的不变性；一是普遍于

① 杜维明：《儒教》，上海古籍出版社 2008 年版，第 14 页。

② 崔益铉：《勉庵集》卷 17《凤村集序》，《韩国文集丛刊》第 325 册，韩国景仁文化社 1990 年版，第 420 页。

每一个人都能够适应的，这是横地讲、广阔地讲它的普遍性，即说明这个道理是普遍于全人类的。①

《孟子》是儒学常道中的重要典籍，在朝鲜半岛亦是广受尊奉，上至国王，下至普通读书人，多能心悦而熟读之。朝鲜时代的经筵日讲，《孟子》就是主讲的重要内容，君臣之间，经常以《孟子》为中心展开讨论。如朝鲜时代世宗十六年（1434）七月初八日：

御经筵，讲《名臣言行录》，至温公论孟子，曰："盖温公粹美，孟子岩岩，气类不合，故温公不推尊孟子焉。"经筵官郑昌孙启曰："温公欲去《孟子》书于四书中矣。"②

朝鲜世宗敏锐地发现司马光贬抑孟子的原因之一是"气类不合"，也就是说两人在性格气象上差异甚大，足见世宗对《孟子》非常熟稔。朝鲜时代后期，正祖对《孟子》倾注的精力更多，著有《邹书敬选》《邹书商订》《邹书春记》，与经筵讲官讨论《孟子》的内容也被汇编为《孟子讲义》一书。

朝鲜半岛儒者对《孟子》极为重视，熟读《孟子》数百遍、数千遍的记载甚多，如著名理学家宋时烈（1607—1689）《语录》曰：

余读《孟子》千遍，而初二数篇一生所诵者也，不知其几千遍也。③

张福枢《祖考觉轩府君家传》记述其祖父张俦读《孟子》之事曰：

少时读《孟子》数千遍，涉猎许多书，发而为诗文，沛然有气力。④

朝鲜半岛的很多儒者认为，熟读《孟子》是培养学术根基的终南快捷方式，如李埈《寄诸儿》曰：

熟读《孟子》数百遍，从头至尾，句句字字，须以段段烂熟为限，学

① 牟宗三：《政治与治道》，《牟宗三先生全集》第10册，联经出版事业股份有限公司2003年版，第3页。

② 《李朝实录·世宗实录》卷65，日本学习院东洋文化研究所1953年影印本。

③ 宋时烈：《宋子大全附录》卷17《语录》，韩国保景文化社1985年版，第545页。

④ 张福枢：《四未轩集》卷11，《韩国文集丛刊》第316册，第537页。

业之不及人，不患矣。①

也有学者认为，《孟子》的文学成就高于唐宋八大家，学习散文应该从《孟子》入手，如金昌翕《语录》曰：

顷看《孟子》，尤觉有味，文章亦益见其好处。设欲为文，何事于八大家，只熟读《孟子》好矣。②

《孟子》一书包含人格境界的修养问题，尤其是对“浩然之气”的强调，受后世学者的广泛关注。从文章学角度来讲，《孟子》文气充沛，沛然莫之能御。朝鲜半岛学者认为，熟读《孟子》，体会其中的文气，还有开拓性格气宇，振拔精神气象之用，如郭钟锡《答尹忠汝》曰：

禹明结屋已落，方自力看书否？此君见解颇精切，而气宇欠展拓，须使之熟读《孟子》，以振发其光辉宏大之像。③

又如，李恒老《答申伯殷》曰：

两堂俱安，兄弟无故，此孟子所谓一乐者，贺何如焉！又承三余旅食，熟读《孟子》，益令人涌气也。④

李恒老根据个人多年读书经验，归纳出读《孟子》的正确方法，其《答李穉久》书信曰：

潜友言座下熟读邹夫子百遍，掩门深山，味无味之味，何其盛也！夫子胸中，只有“百姓”二字。论心亦必曰百姓，论政亦必曰百姓，告君教人亦必曰百姓。至诚恻怛，都在于是。吾辈读此，视若寻常，说得冷淡，未知此何病也，只为胸中无此本领，是以看《孟子》不出，说《孟子》不得。⑤

① 李埈：《苍石先生文集》卷 11，《韩国文集丛刊》第 64 册，第 429 页。

② 金昌翕：《三渊集》卷 31，《韩国文集丛刊》第 167 册，第 263 页。

③ 郭钟锡：《俛宇先生文集》卷 29，《韩国文集丛刊》第 340 册，第 508 页。

④ 李恒老：《华西集》卷 10，《韩国文集丛刊》第 304 册，第 271 页。

⑤ 李恒老：《华西集》卷 6，《韩国文集丛刊》第 304 册，第 166 页。

李恒老所言“邹夫子”即是孟子，是以孟子籍贯而称之。与之类似，朝鲜半岛学者有时也称《孟子》为《邹书》。值得注意的是，李恒老认为，民本思想是《孟子》一书的核心内容，孟子念兹在兹的是百姓，民生疾苦、百姓忧乐时时横亘在孟子胸中。后人若没有孟子民胞物与的人生境界，若没有对百姓已溺已饥的切实关怀，而尽从书册上诵读、义理上钻研，是无法真正理解《孟子》的精神内核的。

朝鲜半岛学者撰写了很多《孟子》学论著，《韩国经学资料集成》收录了105种。以这些著作为中心，展开学术研究，既有学术价值，也有应用价值，也符合21世纪《孟子》学研究领域的新拓展。正如黄俊杰《21世纪孟子学研究的新展望》一文就将“东亚孟子学的同调与异趣”作为21世纪孟子学研究的新课题，他说：

> 总之，既是羊皮纸又是武器库的儒家经典，确实是两千年来东亚思想变化转折的公分母，又是温度计。东亚儒者均向往孔孟精神原乡，《论》《孟》《学》《庸》系东亚儒者必读之经典。《四书》中之问题如“道”“天命”“学”“已发”“未发”“四端”“七情”均为东亚儒者哲学思考之起点，从历代东亚儒者对《孟子》中的问题意识及重要命题之解释言论，我们就可以窥见日韩儒学思潮之动向、解经策略及其方法论立场。再从东亚各国的政治、社会及文化脉络来看，所谓“儒者”在中日韩各国所扮演之角色与发挥的作用，均大不相同，所以他们对《孟子》也有不同的解读角度与切入点，值得我们细加分析，进行比较。①

依照黄俊杰的观点，本书属于东亚《孟子》学的一支，具体呈现朝鲜半岛《孟子》学史全貌。

目前，国内外学术界还没有系统、全面、深入研究朝鲜半岛《孟子》学

① 黄俊杰：《21世纪孟子学研究的新展望》，《文史哲》2006年第5期，第24页。

史的研究专著，因此本书具有较多学术创新的意义。[①]研究朝鲜半岛《孟子》学史，就是将《孟子》置于汉文化圈的广阔地域文化背景中，从东亚儒学发展史的角度，展示朝鲜半岛《孟子》学史的演进历程和独特成就。这种研究有助于拓展《孟子》研究的学术边界，能更好地呈现儒家文化对异域文化的影响景象。朝鲜半岛《孟子》学研究论著几乎都是用汉字撰写的，属于广义的域外汉籍，是儒家典籍的异域播迁，研究这些《孟子》学论著是对中国《孟子》学的有益补充。另外，朝鲜半岛《孟子》学还是中国《孟子》学的比较者和批评者，它们在汲取中国古代《孟子》学优秀论著的基础上，又发展出自身的学术特色。运用学术史研究的纵向概括，以及地域文化的横向比较，既能全面展示朝鲜半岛《孟子》学的特色，也有助于中国《孟子》学价值的呈现。

朝鲜半岛《孟子》学的发展历史，就是朝鲜半岛对儒家文化接受、创新的发展历史。在朝鲜半岛《孟子》学论著中蕴含着丰富的文化信息，其中包括朝鲜半岛的宇宙模式、社会理想、政治制度、人性观念、知识结构等。以《孟子》学论著为中心，研究这些丰富的文化信息，可以呈现出中国儒家文化与朝鲜半岛文化交流与融合的历史图景。

第二节　古代朝鲜半岛《孟子》学史研究现状及其存在的问题

对于朝鲜半岛《孟子》学史的关注和研究，主要集中在东亚地区，也就

① 黄俊杰《孟子学研究的回顾与展望》一文指出："过去数十年来国内外学术界在中国思想史上的孟子学研究上，已累积了可观的研究成果，在日本对中世以前的孟子学研究也有井上顺理（1941—）的专书参考，但是对李朝（1392—1910）时代的孟子学尚缺乏较为全面的研究。"《国际儒学研究》1995 年第 1 辑，第 94 页。近年来，中韩学者对包括《孟子》在内的四书学在朝鲜半岛的接受、版本流传和研究阐释等，从不同角度有一些成果，但缺少综合全面的研究。

是传统意义上所指称的“汉文化圈”，比较优秀的研究成果，多数是由中国、韩国学者创造的，这些已有的研究成果主要集中在以下方面。

第一，《续修四库全书总目提要》之著录与朝鲜半岛《孟子》学论著首次进入中国学者的研究视野。

朝鲜半岛《孟子》学论著首次进入中国学者的研究视野，并将其与中国《孟子》学论著一同编目著录，始于民国时期编纂的《续修四库全书总目提要》，该书收录朝鲜半岛《孟子》学论著 3 部，分别是李德弘（1541—1596）《孟子质疑》、赵翼（1579—1655）《孟子浅说》、正祖（1752—1800）《御制孟子条问》。孙海波撰《孟子质疑》提要曰：

《四书质疑》四卷[①]·奎章阁藏刊本

> 朝鲜李德弘撰。德弘撰有《周易质疑》一卷，已著录。是编为显宗七年，其外孙金万洙所编者。于《四书章句》之有疑义者，为之注释，其大意谓《论》《孟》之书，乃出于一时门人杂记圣门弟子问答言行之类，裒集为之，其妙道精义，头绪多端，何可以一二字判断得下？昔人谓《论语》一书多言仁，《中庸》一书多言诚，《大学》一书多言敬，《孟子》善言仁义。后人徒见此书有大旨大要之说，于《四书》往往以一二字求大旨，无乃近于牵强附会！言仁处求仁之理，言义处求义之理，言孝悌忠信求孝悌忠信之理，逐处研穷，逐事履践，积久渐熟，以至于融通发见，则所谓大要大旨者，则不待作意求索而自得矣。故德弘此书，不先立宗旨，而随处发挥。譬如在“学而”下，发明孔孟言仁之异，云孟子论性之体，故训仁先体而后用，《论语》言仁之用，则言仁先用而后体，如言情性、性情是也。于《孟子·公孙丑》章四端下，数设问答之辞，

① 按，李德弘《四书质疑》，包含《孟子质疑》，故孙海波所撰《四书质疑》提要，对于研究《孟子质疑》也有很大的参考价值。

以名四端之体用。所谓不标一二字以求大旨，而大旨大要皆能涵蕴自得者也。然考朱子之集注《四书》也，讨论性理，谓心统性情，而是非、辞让、羞恶、恻忍之四端，乃性之见端，德弘直谓四端之发属于情，颇与朱注不蒙，是其于朱子之说，尚未能尽得也。又其注释经义，间有用谚文处，亦偶用以释经者，此盖为鲜人而设也。德弘为退溪高弟，精湛儒术，宣祖时蔚为大儒云。①

孙海波认为，《四书质疑》的特色在于，李德弘反对以一二字为宗旨来研究《四书》的传统方法，因为这种方法有钩玄提要的优点，当然也有以偏概全的缺点。李德弘虽然不以一二字概括《四书》本旨，但是对于《四书》大旨大要，均能有较为准确的把握，这是该书的价值所在。另外，提要还指出，尽管李德弘是李滉高足，精湛儒术，可是在具体到性情等理论问题的探讨方面，还未能洞彻对朱熹思想的理解，思想深度与朱熹相比还有较大差距。

张寿林撰《孟子浅说》提要曰：

《孟子浅说》·奎章阁藏写本

朝鲜赵翼撰。翼有《书经浅说》三卷，已著录。是编为奎章阁旧藏写本。编首有赵氏己卯自序，及乙卯《孟子分类浅说自序》。按己卯自序云："始翼于《孟子》书，既据其已见类分之，而又为之说，名曰《孟子分类浅说》，今二十年矣。近见新学读此书者，既读《集注》，欲兼看《浅说》，则以篇章换易，不便于寻考，乃复改之，从七篇之旧。"则是编盖赵氏据其旧作《孟子分类浅说》，改从七篇之旧，故不曰《分类》，而但名《浅说》。其书都凡二卷，而以分类目录，附之编末。今考其书，尽

① 中国科学院图书馆整理：《续修四库全书总目提要·经部》下册，中华书局 1993 年版，第 1006 页。

逐章标举大义，于名物训诂，皆所弗许，大抵议论多而考证少。盖赵氏笃守程朱之学，其《分类浅说》一书，谓《孟子》言人性本善，道丧学失，诸子论性，皆不以为善，寔昧于人性之本，故聚《孟子》七篇之言性者为首卷。次言修身造道之事，次言心术，次言人伦，次言处身之道，次言处世之道，次言治道，次言黜功尊王道，次言辟异端名正道，次言道统。是编所论，大体仍本斯旨。其论孟子之学，以性善为本，以修身治国为归，持论故未尝不是。惟寻绎语意，虽明白易晓，于书中义理，寔未尽阐发。且其说或如策论，或如语录，盖世俗讲章，无复先儒诂经之体焉。①

张寿林认为，赵翼《孟子浅说》从学术归属方面来说，仍属于程朱理学一派，只是随《孟子》原文标举大义，对于名物训诂等考据内容则付之阙如。议论多而考证少，即使是议论也近于策论、语录，乃至类似于八股文讲章，不是严格意义上的经学著作，学术价值不高。

孙海波撰《御制孟子条问》提要曰：

《御制孟子条问》一卷·奎章阁藏写本

朝鲜正祖撰。是编杂取《孟子》书中辞义之可疑者而条记之。每条之下间有注明年月者，如《梁惠王上》篇下记云壬寅正月廿七日，《公孙丑上》篇下记云壬寅二月初八日，《万章》篇下记云壬寅三月，《尽心》篇下记云壬寅五月，知为其平日读书之日录也。其中驳诘孟子，极多趣语。如孟子讥梁惠王云："望之不似人君。"条问云："此曰望之不似人君，襄王虽无人君之仪，圣贤言辞气象，似不当如是迫切，而孟子之言如此者何也?"又如"燕王不悦则勿取"句，条问云："孟子以文王喻之，然则文王欲取商，而以商人之不悦而止耶？齐之伐燕，本不衬着于

① 中国科学院图书馆整理：《续修四库全书总目提要·经部》下册，第936页。

文武之事，而孟子取以为譬何也？”凡此所驳，并非有深切之义，不过正祖为君人者摆脱一切耳。如清乾隆批《通鉴》，于宋大程子《宰相以天下为己任札子》下，批语多不满之辞，其例正同。此篇首数条，论人臣出辞辞令，自《万章》篇以下，皆论《孟子》言义理之处。若《万章》篇之论性善，不仁者不可与言章之论仁，《告子》章之论仁义，夜气章之论良知，引申程朱之说，以与《孟子》相印证。其言人性皆善，指理一之体，人物不同，指气局之殊。大抵孟子言性，就人则专言其理，并与物则又不能遗是气。又谓五常之性，对太极浑然之体而言，则为气质之性，各指其气之理，故有五者之分焉。对气禀善恶之性而言，则为本然之性，不杂乎气质而言，故纯善无恶，是皆有得于心者，故言之自觉亲切。是书之作，始于壬寅正月，成于五月，而正祖以万机之暇，五月之力，著为一书，足以见其平日读书之富矣。①

对于正祖能够在万机之暇，勤于读书，与儒臣讨论《孟子》，并结集成书，孙海波给予肯定。孙海波还注意到正祖作为帝王的特殊身份，其研究《孟子》的视角不同于普通学者，以帝王之尊，可以批评孟子不尊王者等问题，反映出一定的疑孟思想。另外，正祖对于孟子人性论、人伦观等理论问题，也有较为深入的研究，该书具有一定的学术价值。

《续修四库全书总目提要》仅仅著录了朝鲜半岛 3 部《孟子》学论著，而目前已知朝鲜半岛《孟子》学论著有 105 种，从数量上来讲，不足以呈现朝鲜半岛《孟子》学发展史的全貌。而且，提要对著录的 3 部《孟子》学著作的学术价值评价过低，不符合这 3 部著作的真实学术价值，有失偏颇。

第二，从《韩国经学资料集成》到《国际儒藏》，朝鲜半岛《孟子》学论著资料的收集与整理。

1995 年，韩国成均馆大学校大东文化研究院影印出版了《韩国经学资

---

① 中国科学院图书馆整理：《续修四库全书总目提要·经部》下册，第 936 页。

料集成》，该丛书收录朝鲜半岛《孟子》学论著105种，每种论著都附有简明扼要的解题，该丛书的出版为研究朝鲜半岛《孟子》学提供了珍贵的学术资料。但是由于该书发行量很少，国内流通不广，而《国际儒藏·韩国编·四书部》的问世则弥补了这个缺憾。该书由张立文、王国轩任总编纂，国内外优秀学者组成编委会，以《韩国经学资料集成》为底本，繁体竖排点校刊印，由华夏出版社、中国人民大学出版社于2010年联合出版，该书相对于《韩国经学资料集成》而言有更多优点，如句读准确，校勘精良等，是目前研究朝鲜半岛《孟子》学最重要的基础文献。

第三，中韩学者关于朝鲜半岛《孟子》学史研究之学术成绩与存在问题。

目前，国内外学术界还没有出现以朝鲜半岛《孟子》学为题的研究专著，一些学者的论著中偶尔会出现与之相关的论题，如中国台湾学者黄俊杰《东亚儒学：经典与诠释的辩证》（华东师范大学出版社2012年版）中就有《从东亚儒学视域论朝鲜儒者郑齐斗（1649—1736）对孟子"知言养气"说的解释》，该文从郑齐斗的阳明学思想背景出发，分析了郑齐斗的孟学阐释方法，以及郑齐斗的孟子学诠释之思想定位。又如蔡振丰《朝鲜儒者丁若镛的四书学：以东亚为视野的讨论》（华东师范大学出版社2011年版），从人性论、文质论等角度探讨了丁氏四书学的表现，其中提出丁氏人性论为对孟子心性论的回归。

中国学者关于该课题比较优秀的科研论文有：

黄俊杰：《东亚近世儒学思潮的新动向——戴东原、伊藤仁斋与丁茶山对孟子的解释》，黄俊杰主编《儒学传统与文化创新》，东大图书公司1983年版。

杨儒宾：《论孟或六经：近世东亚儒家思想史上两种类型的回归经典运动》，台湾《清华学报》2003年新32卷1期。

李康齐译：《韩国〈孟子〉学著作提要》，《"中国"文哲研究通讯》第14

卷第3期2004年9月。

张伯伟:《华西先生说孟子"浩然章"义平议》,《域外汉籍研究集刊》第1辑,中华书局2005年5月版。

邢丽菊:《朝鲜时期儒学者对孟子"四端说"的阐释——以退溪、栗谷与茶山为中心》,《社会科学战线》2006年第6期。

这些论文涉及诸多领域,研究方法也比较多样:李康齐将《韩国经学资料集成》中韩文《孟子》提要翻译成汉语刊布,有助于学术信息的传播;黄俊杰、杨儒宾、邢丽菊的研究更多是从东亚儒学的背景进入,采用横向比较的研究思路,呈现出中、日、韩《孟子》学史的差异;张伯伟则是把李恒老置于东亚《孟子》学发展史的脉络中,深入阐释其独特的学术价值。

韩国学者的科研论文较多,择要分析如下:

简明扼要概述型的论文有:金炳采《韩国朝鲜时代的孟子学研究》,载黄俊杰主编《孟子思想的历史发展》,"中央"研究院"中国"文哲研究所筹备处1995年版,该文对朝鲜时代的《孟子》学发展史有基本的归纳,梳理出了发展的基本脉络,缺点是比较简略,学术深度不够。

河永三《韩国朝鲜后期坊刻本俗字研究——以〈论语集注〉〈孟子集注〉为例》,从文字学的角度切入,论述了朝鲜后期书坊翻刻中国本《孟子集注》的俗字问题,有一定的参考价值。①

关于朝鲜半岛《孟子》学专人专书的研究,也有一些学术成果,如关于赵翼《孟子浅说》,有文畅晧《浦渚赵翼의『孟子浅说』에 나타난〈心术〉연구》②;关于正祖《孟子讲义》以及正祖《孟子》学思想,有郑圣植《「经史讲义」에 나타난 정조(正祖)의 맹자관:「孟子条问」을 중심으

① 河永三:《韩国朝鲜后期坊刻本俗字研究——以〈论语集注〉〈孟子集注〉为例》,《殷都学刊》2010年第2期。

② 文畅晧:《浦渚赵翼의『孟子浅说』에 나타난〈心术〉연구》,동양고전학회编《东洋古典研究》2012年第5期。

로》[①],郑一均《正祖의『孟子』论—『邹书春记』를중심으로》[②];关于丁若镛(1762—1836)《孟子要义》,有咸润植《『맹자』에나타난도덕행위도출에관한심리적고찰—정약용(丁若镛)의『맹자요의(孟子要义)』를중심으로》[③],安英淑《〈孟子要义〉를통해본茶山经学의특징》等[④]。

韩国一批硕士博士学位论文,也有对朝鲜半岛《孟子》专人专书的研究,如林善英《霞谷郑齐斗의工夫论研究:「中庸说」과「孟子说」을中心으로》[⑤],该文重点论述了韩国江华阳明学派代表人物郑齐斗的《孟子》学成就,论文围绕《孟子说》展开,采用思想比较的研究方法,论述了郑齐斗的工夫论成就,有较高的学术价值。又如咸润植《丁若镛의『孟子解释에나타나는道德的自我에대한探究》[⑥],该文以丁若镛《孟子要义》为中心,全面论述了丁若镛的人格修养理论,以专题为中心,有一定的思想深度。김순현《19세기岭南儒学者의孟子解释研究—崔象龙(1786—1849)、李震相、郭钟锡을중심으로》[⑦],该文重点论述了朝鲜时代后期,岭南学派崔象龙、李震相、郭钟锡三人的《孟子》学异同,引入学派研究的方法,视野较为宏通,也归纳出岭南学派儒者的布衣精神,有一定的借鉴意义。

分析学术界已经取得的成果,不难看出,朝鲜半岛《孟子》学研究还处

---

① 정성식:《「经史讲义」에나타난정조(正祖)의맹자관:「孟子条问」을중심으로》,퇴계학부산연구원编《退溪学论丛》2012年第5期。

② 정일균:《正祖의『孟子』论—『邹书春记』를중심으로》,한국실학학회编《한국실학연구》2012年第3期。

③ 함윤식:《『맹자』에나타난도덕행위도출에관한심리적고찰—정약용(丁若镛)의『맹자요의(孟子要义)』를중심으로》,《东洋哲学研究》2010年第61辑。

④ 安英淑:《〈孟子要义〉를통해본茶山经学의특징》,《韩国哲学论文集》2003年第12辑。

⑤ 임선영:《霞谷郑齐斗의工夫论研究:「中庸说」과「孟子说」을中心으로》,成均馆大学2019年博士学位论文。

⑥ 함윤식:《丁若镛의『孟子解释에나타나는道德的自我에대한探究》,成均馆大学2012年博士学位论文。

⑦ 김순현:《19세기岭南儒学者의孟子解释研究—崔象龙、李震相、郭钟锡을중심으로》,大邱韩医大学2018年博士学位论文。

于有待开发阶段。虽然《韩国经学资料集成》，尤其是《国际儒藏·韩国编·四书部·孟子卷》的点校出版，为学者研究该课题提供了资料便利，但是目前学术界对该课题的研究，单篇论文较多，系统而深入的研究专著尚未出现。因此，本书在前贤优秀研究成果基础上，深入开掘，系统而全面地展示朝鲜半岛《孟子》学发展史全貌。

以《国际儒藏·韩国编·四书部·孟子卷》以及《韩国经学资料集成》收录《孟子》论著为基本文献，以《韩国文集丛刊》为辅助文献，同时广泛阅读朝鲜半岛历史著作、儒学史著作，完成相关研究。

本书主要采用以下研究方法：

第一，以文献学为基础的研究方法。

通过文献目录学的方法，借助中韩古典文献记录，研究《孟子》东传朝鲜半岛的过程。通过《朝鲜时代书目丛刊》的著录情况，以及《李朝实录》的记载，研究朝鲜半岛儒者对中国《孟子》学论著的接受情况。调查结果显示，朝鲜半岛学者主要接受程朱理学一系的《孟子》学论著，阳明学派的著作基本上都在排斥之列。另外，乾嘉考据学的影响也是微乎其微，即使是焦循《孟子正义》，也未能在朝鲜半岛广泛传播。通过版本学调查朝鲜半岛学者对中国《孟子》学的接受，通过校勘学的方法考证朝鲜半岛《孟子》学刻本的异文等。

第二，经学史与思想史相结合的研究方法。

朝鲜半岛《孟子》学发展史属于经学发展史的范畴，与儒学思想史的演进密不可分，交相辉映。在课题撰写的过程中，以时间先后为序，将朝鲜半岛《孟子》学发展史划分为三个阶段，每个阶段的研究思路是，以《孟子》学论著为中心，结合学者生平与所处时代，知人论世，将具体《孟子》学论著置于相应时代的思想大背景下，揭示其思想背景与学术价值。朝鲜半岛儒学发展史的特殊性，也给本课题的研究带来诸多启示，如尹丝淳《韩国儒学史》归纳韩国儒学的特殊性曰：

韩国儒学并没有传统儒学以复原经典为宗旨的训诂学派；韩国的程朱理学更注重细节，强调其在现实治世中的应用。正是因为对程朱理学的过度重视，从而使得韩国儒学忽略了对陆王心学的研究。尽管如此，朝鲜后期儒学中也出现了代替陆王心学的性理学的心学化倾向。此外，受近代西方文明的影响，朝鲜后期实学中也产生了脱性理学的独特倾向。①

陈来以"四端""七情"为中心，揭示了朝鲜半岛性理学的突破，其文曰：

朝鲜朝性理学讨论的"四七"问题，在中国理学中虽有涉及，但始终未以"四端"和"七情"对举以成为讨论课题，未深入揭示朱子性情说中的矛盾之处。在这一点上朝鲜时代的性理学有很大的贡献。朝鲜时代的朱子学的"四七之辨"看到了朱子哲学中尚未能解决的问题而力求在朱子学内部加以解决。"四七之辨"等韩国朱子学的讨论显示出，朝鲜朝的朱子学家对朱子哲学的理解相当深入，在某些问题和方面有所发展，在这些方面的思考的深度上都超过了同时期中国明代的朱子学。②

尹丝淳、陈来的概括非常精当，韩国儒学的特殊性在其《孟子》学研究方面也有具体的展开。在《孟子》学研究领域，朱熹理学一枝独秀，在中国曾经盛极一时的阳明心学、乾嘉考据学在朝鲜半岛的影响甚微。另外，在明末清初昙花一现的实学思潮，在朝鲜半岛却持续了三百多年，实学家朴世堂（1629—1703）、李瀷（1681—1763）、丁若镛都有《孟子》学论著问世，并取得了很大的学术创获。

第三，东亚儒学的研究方法。

儒学一直以来都是东西方学术研究的重要内容，本书从学术归属来

① ［韩］尹丝淳：《韩国儒学史》，邢丽菊、唐艳译，人民出版社 2011 年版，"中文版序"第 1 页。

② 陈来：《近世东亚儒学研究》，北京大学出版社 2018 年版，"序言"第 2 页。

说，属于广义的东亚儒学范畴。西方汉学家对于东亚儒学的研究，有一种明显的倾向性，即是把儒学视作一种僵死的古老学术，以对待文物的态度来对待儒学，正如牟宗三《从儒家的当前使命说中国文化的现代意义》所言：

> 西方人亦重视“汉学”，然而他们却是以研究骨董的态度来看“汉学”。在这种态度下，“汉学”这个名词亦包藏了不利于中国文化的轻视心理。可是有些中国人却以西方人的态度为标准，甚至说世界上只有两个半汉学家，而我们中国人只占了半个，这是非常可恶的洋奴心理。所以，我们中国人在此一定要贞定住自己本身的存在价值，决不能不自觉地顺着这些怪现象往下滚。①

西方汉学的这种倾向性显然有误，儒学对古代东亚社会产生了极大影响，对于当代东亚社会依然发挥着不容忽视的影响力，儒学依然洋溢着蓬勃的生命力，继续影响着东亚地区人民的知识态度、行为方式、思想观念乃至于政治经济。

当然，在东亚儒学广阔的学术视野下，研究朝鲜半岛《孟子》学史，也要警惕华夷之辩的陈旧文化秩序观念，如日本学者子安宣邦的担忧之言：

> 如果把“东亚儒学”当作不言自明的概念，以此为出发点所记述的东亚儒学史，将成为朝鲜、日本等周边地域的儒学发展史，带着向儒学核心回归的性质。这样的儒学史记述，以“中心—周边”的结构关系为前提。政治上它是支配（中心）—服从（周边）的结构，文化上就变成发源（中心）—接受（周边）的结构。这个结构传统称之为“华夷秩序”，是一个中华中心主义的文化秩序、国际秩序。当“东亚儒学”被认知为不言自明的概念时，我们就被迫无条件接受中心—周边的文化结构、

① 牟宗三：《政治与治道》，《牟宗三先生全集》第10册，第20页。

与以中华帝国为核心的文化一元论。①

关于东亚儒学的研究方法，笔者认为黄俊杰《“东亚儒学”如何可能?》一文值得注意，黄俊杰说：

> 所谓“东亚儒学”正是预设了一个文化多元性的立场，在承认儒学传统在东亚如中国、朝鲜、日本各地域，各展现其多彩多姿、多元多样的面貌与内涵，但却又异中有同，东亚各地之儒者都心仪孔孟精神原乡，被《论语》《孟子》等原典所感召，并因应他们所身处的时空情境的需求，而出新解于陈编，建构深具各地民族特色的地域性儒学传统。简言之，“东亚儒学”的特质在于“寓一于多”，在儒学传统的大框架中展现东亚文化的多元性。②

具体到《孟子》学研究而言，朝鲜半岛《孟子》学无疑是中国《孟子》学的重要分支，受中国《孟子》学的影响深远，与中国《孟子》学有诸多普遍性的特点。但是，朝鲜半岛《孟子》学又植根于本地域历史思想的沃土之中，与具体的国情国势、思想背景息息相关，呈现出不同于中国《孟子》学的独特发展风貌。因此，采用东亚儒学的多元化视角，反映明清时期中国与朝鲜半岛《孟子》学的普遍性与特殊性，也是本课题的重要任务。

---

① ［日］子安宣邦：《东亚儒学：批判与方法》，台湾喜马拉雅研究发展基金会 2003 年版，“序”第 6 页。

② 黄俊杰：《“东亚儒学”如何可能?》，《文史哲》2005 年第 6 期，第 5 页。

第一章　古代朝鲜半岛《孟子》学综论

《孟子》东传朝鲜半岛以后，海东儒者通过谚解方式实现了文本转换，有助于《孟子》在一般知识人之间流通，开拓了《孟子》传播边界。朝鲜时代处于程朱理学尤其是朱子学的强势笼罩之下，以理学思想解读《孟子》长期处于独尊地位。理学日久弊生，实学应运而起，实学虽然不能与理学分庭抗礼，但是也传承有序，绵历数百年之久。朝鲜半岛以实学思想解读《孟子》的学术论著颇多，呈现出明显的经世倾向。阳明学被海东理学家以异端之学排斥之，尽管有江华阳明学派援引此学进入《孟子》研究领域，但整体影响不可与理学解《孟》之盛况同日而语。至于乾嘉汉学，对于朝鲜半岛学术影响更为微弱，即使是被清代考据学家奉为典范的焦循《孟子正义》也很难引起海东儒者的重视。

第一节　谚解体例与《孟子》文本转换

朝鲜半岛《孟子》学有两类著作是中国所没有的，一是口诀，二是释义。朴世采（1635—1695）《随笔录》曰：

> 我国经书口诀、释义，中朝所未有，始发于薛聪，成于郑圃隐、权阳村。至世宗朝，分命诸臣著口诀，而然犹人各有书，纷纭穿凿。又至宣庙朝，设局命官，参互去取，著定谚解，遂为一代之典，可谓盛矣。但其口诀，似亦当以中朝所定句读为准，而今乃务加割断，使口诀、释

义混然相杂，无所准则，恐亦不得不再修者也。①

口诀是朝鲜半岛学者阅读汉文典籍的一种特殊方式，即在汉文旁边添加“吐”来阅读汉籍，所谓“吐”类似于汉语中的句读。朝鲜时代学者李圭景（1788—?）对于口诀有详细之阐释，他说：

> 经书句节曰句读，中国则无方言，而寻常言语，已具文字，故于句节处点句读读之，故无如我东之原文外，句读作方言以读之，曰悬读也，俗称悬吐，无此悬读，则文义难解，故更名曰口诀。新罗弘儒侯薛聪以方言解九经，教授后学。东儒之最醇，无出其右，故丽朝从祀文庙。其方言解经者必为口诀而无传焉。今只有吏读，即簿牒句节处，以方言悬读，衍成文字，便于吏隶之告官。其所谓解九经者，恐如是也。弘儒之世，即唐时也，其解经必取唐朝流来之句读，经义亦不失。中原先贤之相传授，而竟无所遗传，则吾儒之不幸也。我世祖三年戊寅，上患东方学者，语音不正，句读不明，虽有权近、郑梦周口诀，讹谬尚多，遂命郑麟趾、申叔舟、丘从直、金礼蒙、崔恒、徐居正等，分授五经四书，考古证今，定口诀以进，此今之经书句读悬口诀。②

根据李圭景的记载可知，朝鲜半岛之经学口诀始于薛聪，经过权近、郑梦周等学者努力而更趋完善，朝鲜世祖朝又命郑麟趾等复位经书口诀。

释义，是谚解的一种成熟类型。朝鲜时代称汉语为华语，称韩语为谚语，所以谚解就是指用韩文解释或者翻译汉文典籍。目前存世最重要的《孟子》谚解著作是李珥（1536—1584）的《孟子谚解》。

《孟子谚解》是用谚文全文翻译《孟子》，释义则不同，释义不是全文翻译，也不是逐字逐句地注释，而是作者在认为有疑难之处用谚文加以辨析。《韩国经学资料集成》收录了两本《孟子释义》，作者是李滉（1501—1570）

---

① 朴世采：《南溪先生朴文纯公文正集》卷54，《韩国文集丛刊》第140册，第108—109页。

② 李圭景：《五洲衍文长笺散稿》卷34《经书篇 · 经传杂说 · 经书口诀、本国正韵辨证说》。

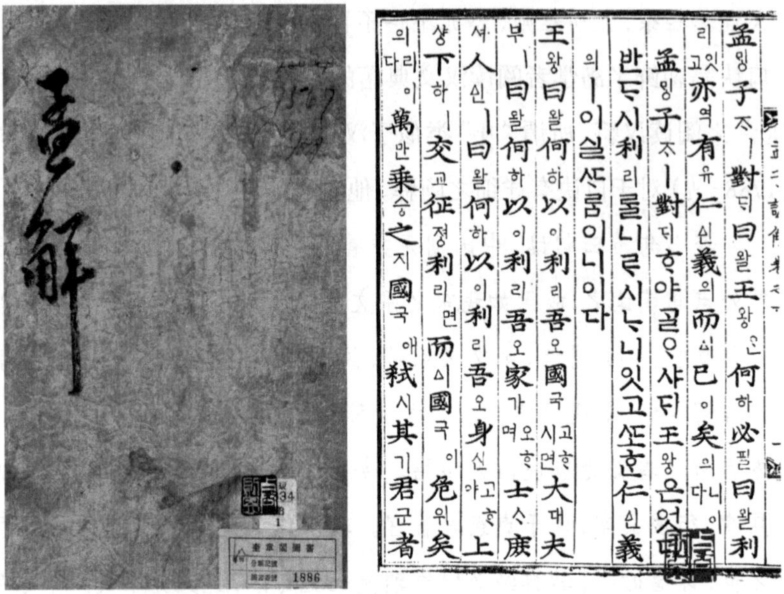

李珥《孟子谚解》书影

与李珥。林荧泽评价李滉《孟子释义》曰：

> 《孟子释义》是《四书释义》的一部分，一六〇八年（宣祖四十一年）陶山书院刊行。内容是摘出《孟子》本文有疑问和难于理解的字、词、命题，部分采用中文解说，部分采用谚解解说，或中文、谚解并用，视情况附加分析、解释，确保经典解读的正确。若有错误需要纠正，则先列以往的谚解本，再提出该替换的谚解本，其中他所提出的句读法与官本大部分一致，或许与编纂官本《四书谚解》时采用很多退溪的见解有关，此书为韩国经传学术史上十分宝贵的资料。①

朝鲜时代学者对李珥《孟子释义》评价很高，如朴世采《跋栗谷四书谚解》曰：

① 李滉：《孟子释义》，张立文、王国轩总编纂：《国际儒藏·韩国编·四书部》，《孟子卷》第1册，第3页。

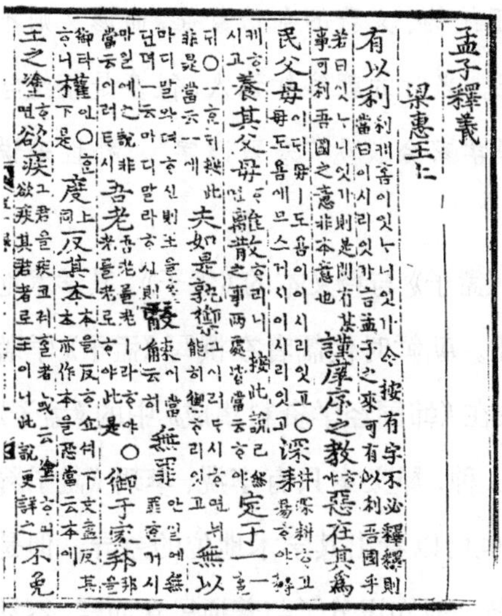

李滉《孟子释义》书影

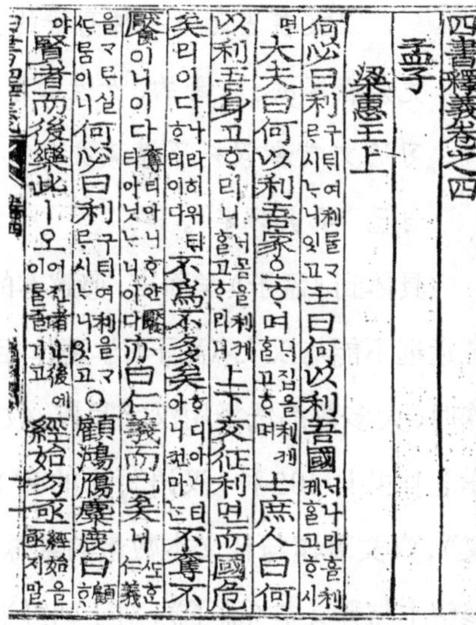

李珥《孟子释义》书影

右栗谷先生《四书谚解》几卷，今已校正缮写，庶冀与先生续外别诸集并行于世焉。始余读牛溪续集，见所谓栗谷《孟子音解》极是超迈之说，而不甚加省。一日，偶因具上舍时经得闻先生所为《四书谚解》二册藏在连山沙溪先生家，乃亟以书转借而读之，尽是出于先生手定，而与印行本不同者也。遂即先恳数三同志，详加校雠，而亲自审定，以成今本，要之无甚乖舛者。盖我国经书口诀，固是中朝之所无，而苟欲为此者，亦当各从其本文句读详证而一定之，方是合义矣。今则不然，往往于一句之间，分作数诀，殆与谚书音释无别，而分离局促，类不可读。愚尝病之，未有以改正者。乃我先生所为，则其与印行本不同处，大概多在于是。其他意义，举皆明白简约，出人意表，诚所谓经学之指南也。①

汉字在古代朝鲜半岛的地位非常尊贵，谚文的地位则较低。正如张伯伟《东亚文人笔谈研究的回顾与展望》所言：

① 朴世采：《南溪先生朴文纯公文正集》卷69，《韩国文集丛刊》第140册，第397—398页。

> 汉文在当时是一种高贵的、正统的、文雅的身份象征，而谚文则不免是粗鄙的、乡野的、女性的象征。当时的朝鲜知识人，很多是拒绝学习谚文或者假托不懂谚文的。理学家金长生“未习谚字”。朴世采说自己“不识谚字”。①

具体到《孟子》学而言，谚解本的《孟子》与释义本的《孟子》，其学术地位远远不能与汉文《孟子》学著作相比。朝鲜时代儒者在撰写《孟子》学著作时，大多数都选择用汉字写作，收录在《韩国经学资料集成》中的《孟子》学著作共计105种，汉语写作的有103种，释义本只有李滉、李珥《孟子释义》，汉文著作与释义本数量的悬殊，也可以看出其学术地位的差异。但是谚解本与释义本《孟子》，对于朝鲜半岛一般知识分子与普通民众而言，容易阅读接受，对于《孟子》在朝鲜半岛的传播起到了强有力的普及与推动作用。

第二节　朱子学的强势笼罩与理学解《孟子》的独尊地位

海东儒者对于朱子学的尊崇，几乎覆盖了整个朝鲜时代。1290年，安珦（1243—1306）跟随忠烈王世子忠宣王将朱子著作抄录带回高丽以后，朱子学就在朝鲜半岛生根发芽，并迅速传播开来，开花结果，出现了很多理学名家，如郑道传、赵光祖、徐敬德、李滉、李珥、宋时烈等。陈来甚至认为明代中期以后，朱子学的中心已经转移到朝鲜半岛，他说：

> 在历史上，从东亚文化圈的观点来看，朱子学及其重心有一个东移的过程。明代中期以后，朱子学在中国再没有出现有生命力的哲学家，虽然朱子学从明代到清代仍然维持着正统学术的地位，但作为有生命力的哲学形态在中国已经日趋没落。而与中国明代中后期心学盛

① 张伯伟：《东亚汉文学研究的方法与实践》，第294页。

行刚好对应，16世纪中期朱子学在韩国获得了发展的活力，达到了相当的深度，朱子学的学者群体也达到了相当的规模。16世纪朝鲜朝朱子学的兴起和发达，一方面表明了朝鲜性理学的完全成熟，另一方面也表明了朱子学的重心已经移到韩国而获得了新的发展、新的生命，也成为此后在东亚进一步扩大准备了基础和条件。如果说退溪、高峰、栗谷的出现标志着朱子学的中心在16世纪已经转移到韩国，此后，当17世纪以后朝鲜后期实学兴起，朱子学的重心则进一步东移，朱子学在整个东亚实现了完全的覆盖，使得朱子学真正成为了近世东亚文明共同分享的学术传统，成为东亚文明的共同体现。①

明代中期，阳明学兴起，作为一种新兴的、有生命的学术形态，阳明学吸引了大批优秀学者，中国学者对阳明学兴趣的高涨，也意味着对朱子学兴趣的衰减。而在朝鲜半岛，阳明学始终未能成为朱子学的致命威胁，朱子学支配海东学术的地位依然稳固，朝鲜半岛学者对朱子学的热情也高于同时期的中国学者。如宋时烈对朱熹学术推崇备至，有时甚至到了奉朱熹之言为金科玉律的程度，《宋子大全》此种言论甚多，如：

言言皆是者，朱子也；事事皆是者，朱子也。故已经乎朱子言行者，则夬履行之而未尝疑也。②

宋时烈的观点具有很强的代表性，朝鲜半岛学者不仅是对于朱熹极为遵从，对于程朱理学亦是如此，直到19世纪，崔象龙因学术观点不同于程子，还深感惶恐不安。如《孟子·梁惠王上》“梁惠王曰寡人之于国”章曰：

不违农时，谷不可胜食也；数罟不入洿池，鱼鳖不可胜食也；斧斤以时入山林，材木不可胜用也。谷与鱼鳖不可胜食，材木不可胜用，是使民养生丧死无憾也。养生丧死无憾，王道之始也。五亩之宅，树之

① 陈来：《近世东亚儒学研究》，“序言”第3页。

② 宋时烈：《宋子大全附录》卷17，韩国保景文化社1993年版，第552页。

> 以桑，五十者可以衣帛矣；鸡豚狗彘之畜，无失其时，七十者可以食肉矣；百亩之田，勿夺其时，数口之家可以无饥矣；谨庠序之教，申之以孝悌之义①，颁白者不负戴于道路矣。七十者衣帛食肉，黎民不饥不寒，然而不王者，未之有也。②

这是孟子王道政治理想的基本蓝图，既然说到“王天下”，就必然涉及对于当时名存实亡的周政权的态度问题，孟子尊周与否，是《孟子》学史上争论不休的命题。程子的观点是：

> 孔子之时，周室虽微，天下犹知尊周之为义，故《春秋》以尊周为本。至孟子时，七国争雄，天下不复知有周，而生民之涂炭已极。当是时，诸侯能行王道，则可以王矣。此孟子所以劝齐梁之君也。盖王者，天下之义主也。圣贤亦何心哉？视天命之改与未改耳。③

程子认为政权并非固定于周朝，战国纷争，群雄并起，周王朝已经是风雨飘摇，政权开始转移，天命已改，能行王道、得民心的仁义之主，就是天命所在，政权所在。程子的这个观点在君主专制的传统社会，是非常敏感的话题，以至于引起了崔象龙弟子的疑问。

> 问：程子章下注以孟子劝王道于齐梁，以为无尊周之义。愚恐孟子之言王道于齐梁者，只明行王政则可王耳。使孟子无尊周之心，则沈同之问，岂以不告天子，私与其国为非乎？且五霸五禁，许其“无专杀大夫，无有封而不告”。而以今诸侯之犯此为罪，则尊周之义自在其中。程子之训，恐是泛说时然。④

崔象龙答曰：

① 按，“义”，《四书章句集注》中华书局 2012 年版作“养”，形近而误。

② （宋）朱熹：《四书章句集注》，第 203—204 页。

③ （宋）朱熹：《四书章句集注》，第 205 页。

④ 崔象龙：《孟子辨疑》，张立文、王国轩总编纂：《国际儒藏·韩国编·四书部》，《孟子卷》第 3 册，第 690 页。

> 程子之言恐是泛论，其理谓当时时势如此耳。若孟子有为于世，则其尊周必矣，故愚见已与左右同为着一说以明。然惟是异于程子之言，却甚惶恐。①

孟子是否尊周，或者如程子所言，孟子已有政权转移之理论，这都是可以商榷的学术问题，后世学者可以对此继续探讨。但是在独尊程朱理学的朝鲜时代，崔象龙学术观点与程子不同，内心不禁萌生出惶恐之念，足见程朱理学的强大学术笼罩力。

具体到《孟子》学研究而言，整个朝鲜时代的儒者对于《孟子》的阐释几乎都不能脱离朱熹《孟子集注》的影响，很多学者是坚定的朱熹学术拥护者，如宋时烈。朴世堂《孟子思辨录》对朱熹学术有所商榷，就被宋时烈门人打击迫害，诋毁为名教罪人，其中虽然也有党争的现实政治因素，但根本原因还是朴世堂对朱熹学术思想的怀疑，给政敌以可乘之机。朝鲜时代也有阳明学传入，朝鲜半岛本土也兴起了实学思潮，在这两种学术思潮的影响下，也有相关《孟子》学研究论著出现，如郑齐斗《孟子说》、丁若镛《孟子要义》等，但这些著作尚不足以撼动朱熹《孟子》学的权威地位。

第三节　实学思潮与《孟子》学的经世倾向

朝鲜半岛《孟子》学阐释史受实学思潮的影响很深，朴世堂《孟子思辨录》、李瀷《孟子疾书》、洪大容《孟子问疑》、丁若镛《孟子要义》等，都是以实学思想阐释《孟子》的代表论著。

明清易代之际，士大夫对明朝灭亡有切肤之痛，开始反思性理学尤其是阳明学的弊端，认为性理之学空谈心性，迂腐空疏，经世致用的价值甚微。

① 崔象龙：《孟子辨疑》，张立文、王国轩总编纂：《国际儒藏·韩国编·四书部》，《孟子卷》第 3 册，第 690 页。

实学思潮在此背景下应运而生，代表学者是颜元、李塨。此派学术特点，梁启超《清代学术概论》归纳之曰：

> （颜）元不独不认宋学为学，并不认汉学为学，明矣。元之意。盖谓学问决不能向书本上或讲堂上求之，惟当于社会日常行事中求之。……质而言之，为做事故求学问，做事即是学问，舍做事外别无学问，此元之根本主义。以实学代虚学，以动学代静学，以活学代死学，与最近教育新思潮最相合。①

清代中期，乾嘉汉学兴起之后，考据学成为当时的主要学术风潮，颜元、李塨的实学思潮罕有传承，慢慢就衰歇下来。与中国不同，实学思潮在朝鲜半岛持续了3个多世纪，涌现出一大批实学思想家，是影响深远的重要学术流派。正如李甦平所言。

> 明清之际的实学思潮似昙花一现，即兴即灭，时间很短，社会影响力亦不大。而韩国实学则不同，在韩国儒学史上，自16世纪末叶至19世纪中叶是实学思潮产生、发展、成熟的时期。这就是说，朝鲜五百年的发展史中有三百年时间是韩国实学的发展期。在韩国儒学史上，实学被称为是“性理学（儒学）划时代的转换”，是一种“改新的儒学”。②

朝鲜半岛实学思潮的兴起既有现实政治的刺激，也有性理学内部的修正。16世纪末至17世纪前期倭寇、清军对朝鲜半岛的两次战争，几乎导致李氏朝鲜灭亡，随之而来的民生凋敝、经济衰退、党争加剧等现实困境，迫使学者反思官方正统性理学的弊端，重新开掘儒家思想中经世致用精神，以实学代替虚学，以期解决李氏朝鲜濒于灭亡的危局。

仁祖三年（1625），早期实学思潮的代表学者李睟光在《条陈懋实札子》中就极力向仁宗进言，提倡实学，其文曰：

---

① 梁启超：《清代学术概论》，中华书局2016年版，第33—34页。

② 李甦平：《韩国儒学史》，人民出版社2009年版，第19页。

> 殿下之志非不切矣，而施措之间，有未尽实。率职奉公诸臣之诚非不勤矣，而奉行之际，多不着实。以致绩用无成，治效蔑著，国事日以委靡，朝纲日以紊乱，是则无他，皆坐不实之病也。夫天下之事务至广，而所以操之者诚也，诚即实也。若不务实，而徒欲以文具勤成治功，则万段事为，悉归虚套。譬犹画饼充肠，契舟觅剑，毕竟无可摸捉处矣。诚愿殿下继自今尽诚于上，责实于下，以实心而行实政，以实功而致实效。使念念皆实，事事皆实，则以之为政而政无不举，以之为治而治无不成。①

程朱性理之学在朝鲜半岛被列为官学正统思想，日久弊生，空疏繁琐的玄谈论争与世道人心鲜有帮助，学术讨论又阑入政治利益纠葛，学术之争慢慢演变成党同伐异的党派之争，学术问题加剧了政治腐败。如丁若镛《五学论》所言：

> 然古之为学者，知性之本乎天，知理之出乎天，知人伦之为达道，以孝弟忠信为事天之本，以礼乐刑政为治人之具，以诚意正心为天人之枢纽，其名曰仁，其所以行之曰恕，其所以施之曰敬，其所以自秉曰中和之庸，如斯而已，无多言也。虽多言，是重言复言，无异言也。今之为性理之学者，曰理，曰气，曰性，曰情，曰体，曰用，曰本然气质，理发气发，已发未发，单指兼指，理同气异，气同理异，心善无恶，心善有恶。三干五桠，千条万叶，毫分缕析，交嗔互嚷，冥心默研，盛气赤颈。自以为极天下之高妙，而东振西触，捉尾脱头，门立一帜，家筑一垒，毕世而不能决其讼，传世而不能解其怨。入者主之，出者奴之，同者戴之，殊者伐之。窃自以为所据者极正，岂不疏哉？②

针对性理学的这些弊端，实学家主张回归到四书、五经原始儒家真精神，与

① 李睟光：《芝峰集》卷22，《韩国文集丛刊》第66册，第215页。

② 丁若镛：《与犹堂全书》第1集第11卷，《韩国文集丛刊》第281册，第241页。

宋明理学家强调内圣之学迥然不同，实学家更为强调外王的实践之学，相对于正德，更加重视利用、厚生，举凡理学家忽视的田赋、水利、刑名、医药乃至于西方传教士带来的科学技术，实学家均有吸纳，并加以发扬。关于实学思潮的特点，葛荣晋《韩国实学思想史》有比较凝练准确的归纳，其书曰："朝鲜实学是17世纪后期至19世纪前期朝鲜社会'由虚返实'的时代精神的集中反映，其基本特征主要有以下四个方面"①，即实事求是的务实精神、兴利除弊的改革精神、近代指向的启蒙意识、放眼世界的开放意识。

《孟子》是儒家原始儒家重要经典，《孟子》中所言义利之辨、王霸之辨、井田制度、赋税制度等都是实学家深感兴趣的话题，实学家的《孟子》阐释也明显反映出与理学家不同的学术风貌。

以《孟子·梁惠王上》"王何必曰利"章为例，下文以表格形式将朱熹与朝鲜半岛实学家对本章的不同阐释呈现如下，以期反映实学家阐释《孟子》的重实特色。

表1　朱熹与朝鲜半岛实学家对"何必曰利"章的不同阐释

作者	书名	学术观点
朱熹	《孟子集注》	此章言仁义根于人心之固有，天理之公也。利心生于物我之相形，人欲之私也。循天理，则不求利而自无不利；殉人欲，则求利未得而害已随之。所谓毫厘之差，千里之缪。此孟子之书所以造端托始之深意，学者所宜精察而明辨也。②
朴世堂	《孟子思辨录》	注"利心生于物我之相形"。恐未安。夫利者，便益之谓也，自求便益即害于物而不暇恤也，非特物我相形而后利心乃生也。③

① 葛荣晋主编：《韩国实学思想史》，首都师范大学出版社2002年版，第23页。

② （宋）朱熹：《四书章句集注》，第202页。

③ 朴世堂：《孟子思辨录》，张立文、王国轩总编纂：《国际儒藏·韩国编·四书部》，《孟子卷》第1册，第534页。

续表

作者	书名	学术观点
李瀷	《孟子疾书》	君子未尝不欲利，但后义而先利，则流以为欲，而无复义之和矣。故“夫子罕言利”，而未尝不言利。利者，天地间元有此道，君子虽急于喻人，岂宜绝然断绝而废当理之言乎？其或矫枉之过，语涉偏重，则人未必悦绎而从之矣。殆朱子所谓“使世人并与正理而疑之”也。今曰“何必曰利？亦有仁义而已”者，亦“夫子罕言”之意也。如将截然断绝，则当云“不可曰利，只有仁义而已”可矣。今乃不曰“不可”而曰“何必”，不曰“只有”而曰“亦有”，其旨可见。如乌喙，食则必杀人，谓“不可食”则可，谓之“何必食”，可乎？又如天，至大之物，论至大而谓之“只有天”则可，谓之“亦有天”，可乎？①

这一章是儒学史上“义利之辨”的重要章节，以朱熹为代表的理学家一般都是谈利色变，主张道德原则（义）高于利益原则（利），道德原则指导利益原则，在特殊情况下，道德原则甚至可以取代利益原则。如李縡（1680—1746）在经筵日讲上讲授《孟子·梁惠王上》“何必曰利”章，作为君主的英祖其实与梁惠王有相似的富国强兵现实政治诉求，希望在合理范围内，讲求现实政治利益，但李縡固守理学传统，大谈义利之辨、天理人欲之别。李縡《孟子讲说》记载其君臣对话曰：

> 问：利有好底，有不好底，如《易》所谓利，皆是好底利也。然则梁王之问利也，孟子何以知其意之必在乎不好底利，而直对说仁义以拒之耶？
>
> 曰：战国之世，王道不明，而人心陷溺，惟知利之为利，而不知仁义之有利。则当是时也，知行仁义未尝不利之道者，独孟子而已。如梁惠王者，讵能识此道理耶？推此可知其所问者，必是富强之利也。且

① 李瀷：《孟子疾书》，张立文、王国轩总编纂：《国际儒藏·韩国编·四书部》，《孟子卷》第 2 册，第 167 页。

以“利吾国”之说见之，则分明是利己之利也。其于《易》所谓义和之利、程子所谓利物之利，其公私较然判矣。

问：“何必”云者，是深绝之之辞也。以孟子对齐王好货好色之手段，于此何独不因其言而善导之耶？

曰：此是儒者本来白直手段。而至于货色之对，因其明处而善诱之，即“纳约自牖”之义，非可以一概论也。且货色之中有天理，有人欲，犹可审择而取舍；至于惠王所问利字，则全是人欲之利，固宜一切痛斥，岂如货色之问而巽辞以答乎？①

实学家虽然不否认道德原则的重要性，但是又不迷信，也不空谈道德原则，而是在尊重道德原则的情况下，争取更多合理的现实利益。朴世堂反对朱熹将利解释为人欲之私，而是把利解释为便益，以中性意义的解释消解了朱熹对利的贬义阐释。李瀷则从文法角度阐释“何必曰利”不同于“不可曰利”，试图证明孟子并非绝然反对利益，而是主张合理的利益追求。可见，朴世堂、李瀷都反对朱熹对利的极端贬斥态度，努力把利解释为中性意，承认利的合理性，既是对传统义利之辨的理论拓展，也反映出实学家重视现实利益的思想倾向。

第四节　被视为异端的阳明学与被忽视的乾嘉汉学

阳明学具体传入朝鲜半岛的时间有多种观点，综合这些观点，可以大致确定其传入时间上限不早于朝鲜王朝中宗十六年（1521）②，下限不晚于

① 李縡：《孟子讲说》，张立文、王国轩总编纂：《国际儒藏·韩国编·四书部》，《孟子卷》第2册，第94页。

② 琴章泰曰：“王阳明的学说很快地被介绍到朝鲜，其代表作《传习录》在他47岁（1518）时首次刊行，三年后（中宗十六年，1521）朴祥（号讷斋，1472—1528）阅读了《传习录》，并撰写了一篇《辨王阳明传习录》，批判阳明学与禅学相似。”［韩］琴章泰：《韩国儒学思想史》，韩梅译，中国社会科学出版社2011年版，第161页。

明宗二十二年（1567）[①]。阳明学传入之后，引起了朝鲜王朝的极大震动，围绕阳明学展开了诸多讨论。如《宣祖实录》宣祖六年（1573）正月十七日载：

贺登极使朴淳启曰："浙江巡抚谢廷杰请以原任尚书王守仁配享文庙，大概以为尊德性、道问学，非两事也。德性不可以徒尊，必道问学以后始有实，不然则禅矣；问学不可以徒道，必尊德性而后始有主本，不然则功利矣。守仁师陆九渊，而今观九渊之论，未尝不及于读书。朱某之教门人，未尝不以身心为务，则彼分朱、陆而二之者，非知二子之学者也。"

奉圣旨，礼部看议了来说。[②]

本年万历皇帝登基，朝鲜使臣朴淳启出使燕京朝贺，归国之后，向宣祖汇报出使见闻，包括万历皇帝的年岁资质，太监冯保专权等事。学术方面，浙江巡抚上疏奏请王阳明配享文庙，这件事引起了朴淳启乃至于宣祖的重视，因为这预示着阳明学逐渐获得明朝官学认可，也意味着朱熹学术地位受到威胁，这对于独尊朱子学的朝鲜君臣来说，是一个重要的学术问题，因此宣祖郑重命令礼部议论上奏。

宣祖六年（1573）三月十七日实录曰：

左相等更秩进言，语及王守仁自圣无忌、诋毁朱子，中国好经者，从而和之。陈建著《学蔀通辨》，此实辟异端之正论，宜令校书馆开板，又于湖、岭亦然。上曰："王守仁亦有才气，建功业。"臣希春进曰："王守仁资性狠戾，强愎不逊，谓五常有亦可，无亦可，划而去之亦可。又称秦始皇焚书，以为合于禁册述之意。又毁朱子著书，立言曰惨于洪

① 金吉洛曰："根据李滉（1501—1570，号退溪）的《退溪集》卷41《传习录论辩》（1566）、柳成龙（1542—1607，号西厓）的《西厓集》卷15《知行合一》《王阳明以良知为学》，以及记录于《李朝实录》宣祖朝二十七年（1594）的有关阳明学说的文献等，可判断阳明学的传入时期为明宗末宣祖朝初，即1567年前后。"［韩］金吉洛：《韩国象山学与阳明学》，李红军译，社会科学文献出版社2016年版，第29页。

② 《李朝实录·宣祖实录》卷7。

水猛兽之灾。其为邪说甚矣。"上曰:"谓之邪,无乃过乎?"对曰:"守仁当初厌事物之干心,而为乖僻之论。然言之不正至于此,与王安石虽非贪邪,而引用凶邪,排摈忠直,而卒为乱政小人何异?"①

经筵讲官与礼部官员尊朱斥王的立场非常坚定,为了排斥阳明学,不惜歪曲阳明本意,捏造一些耸人听闻的言论,强加在王阳明身上,以达到其斥阳明学为异端邪说的目的,即使宣祖有意为阳明学开脱,甚至客观地评价王阳明的事功贡献,尊朱官员始终不肯作出让步,阳明学在朝鲜半岛始终未能获得官方认可。

宣祖二十七年(1594)七月十七日,李瑶曾经向宣祖推荐阳明学说,《宣祖实录》曰:

瑶曰:"虽中朝人,若有心学,则愿见而不得。王守仁之书,亦尝喜见矣。"上曰:"所见必高矣。守仁,何如人耶?"瑶曰:"其言云:'晦庵之心,与某同,而格物之说,与程子有异。"上曰:"阳明之说是乎?"瑶曰:"臣尝见阳明及象山书,臣之心以为好矣。"上赐瑶内馔。②

李瑶推进阳明学说之事,以及宣祖对阳明学说表现出的兴趣,很快就引发了尊朱官员的强烈反对,宣祖二十七年七月二十二日《宣祖实录》曰:

弘文馆应教柳拱辰、副修撰郑晔上札曰:第闻瑶之所论,盛称王守仁之学,以乱圣听,臣等不胜惊怪之至。守仁之学,合仙、佛而为一,以假吾儒之名,而其心强狠,自用其说,张皇震耀。至曰:"不思善、不思恶时,认本来面目。"至曰:"神住、气住、情住,而仙家所谓长生久视之术,亦在其中。"至曰:"吾儒亦有神仙之道,颜子三十二而卒,至今未亡。"其怪诞悖理之说,无所不至,而其法以读书穷理为大禁,注其心于不可知之地,以侥幸一朝恍然独悟为得,而讥斥程、朱先知后行之

① 《李朝实录·宣祖实录》卷7。

② 《李朝实录·宣祖实录》卷53。

说。至于变改经训，以文邪见，其乱人民、害道术之罪甚矣。故武宗追削其官，榜示其伪，其虑深矣。彼瑶一狂惑丧心人耳，固不足与较，而臣等之所甚惑者，以殿下博大之学，高明之见，严辨之，痛绝之，无使伪乱真、邪害正可也，而反与之询问其见，酬答其言，有若瑶之言为可者，然此虽出于虚己听言之盛心，而臣等恐斯言一播，士向靡定，其流之祸，有不可言者也。……伏愿殿下严守正道，益勉圣学，不以诞说异术乱其思，求其至正之道，则圣学大明，邪说自消。

答曰："省札，学术之高如此，良用嘉焉。如予者，未易窥也。闻人之所论，如越人听齐语，何敢知之？然当留意。"

宣祖虽然有意左袒李瑶，对阳明学说也不忍深斥，但是也无力扭转尊朱斥王的学术潮流。当时朝鲜半岛的学术领袖李滉撰写了《传习录论辩》，开启了对阳明学批判的先声；排斥阳明学的风潮，至柳成龙《知行合一》《王阳明以良知为学》而达到高峰，朝野学坛几乎都视阳明学为异端。

朱子学是官学正统，有政治的强势保护，朝鲜时代的阳明学家无法与朱子学分庭抗礼，为了给阳明学争取学术生存空间，他们一般都采取"阳朱阴王"的策略，即表面上是拥护朱子学，其实暗地里是在传播阳明学，甚至站在朱子学的立场上，批判阳明学，但是这种批判是建立在大量征引阳明学文献的基础上，也达到了借助朱子学的幌子传播阳明学的目的。如金吉洛《韩国象山学与阳明学》曰：

在朝鲜朝，阳明学者们在依仗政治权势而发威的程朱理学的霸权主义阴影下，仍维持了生存。他们追求和研究阳明学，并不是把它作为生存的手段，而是出于热爱真理和钟爱人类之心，这一点是值得高度评价的。尽管对阳明学进行残酷镇压，但仍有一些学者将生死置之度外公开主张阳明学，不过大部分阳明者在严酷的环境下为了阳明学的落地生根，采取了表面上标榜朱子学而思想上推崇阳明学的"阳朱阴王”的方式，或者采取了折中朱子学与阳明学的方式，这是韩国阳明学的特性。①

在朝鲜半岛，从阳明学角度阐释《孟子》只有郑齐斗等少数学者，尽管有一些学术创见，但是没有形成大的学术潮流，也没有撼动朱子学独尊的既有学术格局。

朝鲜半岛儒者长期浸润在朱子学的思想氛围之中，对于阳明学的理解有很强的抵触情绪，以朱子学的眼光来审视阳明学，方枘圆凿，很难达成思想上的同情理解，加之征引阳明论著时断章取义，对阳明学之误解与苛责时常见之。

如《孟子·尽心上》曰：

> 孟子曰："人之所不学而能者，其良能也；所不虑而知者，其良知也。孩提之童，无不知爱其亲者；及其长也，无不知敬其兄也。亲亲，仁也；敬长，义也。无他，达之天下也。"②

金龟柱（1740—1786）《孟子札录》曰：

> 按："良者，本然之善也。"既曰"本然之善"，则凡天下所能、所知底道理，虽因"学、虑"而得者，皆莫非本然之善，非本然之外别讨个"能、知"得来者也。然则孟子此说，特拈出其本然之直遂而不犯人为者一二以言之，以见性善之固有耳，非谓不"学、虑"而"能、知"者，独为本然而"学、虑"而"能、知"者，则皆在于本然之外也。盖以本然之体言之，天下之事固无不可能不可知者，而但为气拘欲蔽，遂失其本然之体，则其于天下之事多有不能不知者矣。然本然之体得之于天，故当人伦切近处自然呈露，初不待"学、虑"而后"能、知"也。观于童幼之爱亲、敬兄，可以见此个"能、知"是固有底物事耳。学者苟能识此

① ［韩］金吉洛：《韩国象山学与阳明学》，李红军译，社会科学文献出版社 2016 年版，第 29 页。

② （宋）朱熹：《四书章句集注》，第 360 页。

> 而致其力学、积虑之功，以变其气欲之拘蔽，则本然之体复全于我，而天下之事真无不可"能、知"者矣。此实孟子言外之意也。此义若不善看，则将坐恃其本然之"能、知"，而废学弃虑，谓之无用，是乃释氏之道而非孟子之道也。后来王阳明所说良知、良能，盖近于此矣。①

金龟柱批评王阳明有近于禅学之弊，有一定的道理。金龟柱认为王阳明良知学说发端于孟子，也是人所共知的事实。但是金龟柱片面地认为王阳明良知学说只是强调良知本体，而忽视后天学虑等修身工夫，则是对王阳明学说的误解。王阳明强调良知是重视本体，强调致良知就是重视后天的修养工夫。王阳明自治治人的光辉道德实践，以及剿匪平叛的盖世功勋，都足以显示王阳明后天修养工夫的勤勉笃实。正如唐文治所言：

> 然其（王阳明）自治也，有以明心而见性；其治人也，足以觉世而牖民；而其唤醒迷缪之人心，则尤为切挚。②

再如《孟子·告子上》曰：

> 告子曰："性无善无不善也。"或曰："性可以为善，可以为不善；是故文武兴，则民好善；幽厉兴，则民好暴。"或曰："有性善，有性不善；是故以尧为君而有象，以瞽瞍为父而有舜；以纣为兄之子且以为君，而有微子启、王子比干。"③

本章公都子向孟子转述了三种人性观念，第一种"性无善无不善"，认为人性无所谓善恶，对于人性的界定是中性的；第二种"性可以为善，可以为不善"，认为人性是一种倾向性，随着外在环境的改变而改变；第三种"有性善，有性不善"，这是一种固化的人性观念，把人性善恶推诿到天命禀赋上说，认为有些人禀赋善性而不会因环境而变恶，有些人则禀赋恶性而不会因环境而

---

① 金龟柱：《孟子札录》，张立文、王国轩总编纂：《国际儒藏·韩国编·四书部》，《孟子卷》第2册，第779页。

② 唐文治：《孟子大义》，上海人民出版社2018年版，第463页。

③（宋）朱熹：《四书章句集注》，第334页。

变善。这三种人性观念都是孟子所反对的，其原因正如牟宗三所言：

> 此三说皆“生之谓性”原则下之说。……故由“生之谓性”一原则下所了解之性决不能建立起道德原则，亦决不能确立人之道德性以于价值上有别于犬牛。故生之谓性之“生”字定是实指个体存在时所本具的种种自然之资说。故由“性者生也”来了解性便有此种种说。而此种种说皆非道德意义的定善之性。故知孟子定说性善决不与“性者生也”为同一层次。若真想了解人之价值上异于犬牛，而不只是事实上类不同之异，则决不能由“性者生也”来说性。①

申教善（1786—1858）《读孟庭训》对此三种人性论观点，也有优劣比较之论，其曰：

> 问：“彼三说皆不知性之本善一也，而其中亦有优劣之可论欤？”
>
> 翁曰：“三说之非，详辩于《传习录》，而汪份曰：‘呜呼！公都子所引之三说，独“无善无不善”之说最为无状。孟子既已辞而辟之矣，乃阳明拾其余唾，而极力阐明之，不谓之异学，吾不信也。’此说良是。然彼三说俱于性未透彻则均矣，其优劣何足论哉？”②

申教善征引清代学者汪份《注订孟子大全》的观点，认为王阳明“无善无恶心之体”来源于告子“性无善无不善”，申教善沿袭了汪份对王阳明的批评，其实汪份、申教善是对王阳明的误解。王阳明“无善无恶心之体”理论的提出见于《传习录》，其文曰：

> 已后与朋友讲学，切不可失了我的宗旨。无善无恶是心之体，有善有恶是意之动，知善知恶的是良知，为善去恶是格物。只依我这话头随人指点，自没病痛，此原是彻上彻下功夫。③

---

① 牟宗三：《圆善论》，《牟宗三先生全集》第22册，第20页。

② 申教善：《读孟庭训》，张立文、王国轩总编纂：《国际儒藏·韩国编·四书部》，《孟子卷》第4册，第122页。

③ 王阳明撰，邓艾民注：《传习录注疏》，上海古籍出版社2012年版，第258页。

"无善无恶是心之体"四句被后世称为"阳明四句教"，这四句中最难理解的也是"无善无恶是心之体"这一句，难点就在于王阳明此处所言之善恶不是道德意义上的善恶，不是人性的善恶问题，而是指心体的无滞无执，对此陈来有透彻的分析，其曰：

> "无善无恶心之体"所讨论的问题与伦理学的善恶无恶，根本上是强调心作为情绪——心理的感受主体具有无滞性、无执着性。照他的说法，这种性质正如虚空一样，各种星辰风雷在太虚运动出没，一过即化，决不会成为滞泥在太虚之中的障碍，因为太虚本然之体是对任何事物无滞无执的。人心本体即本然状态也具有纯粹的无滞性，与太虚一样，喜怒哀乐往来出没人心，但心之本体无喜无怒无滞无执，因此人心虽生七情，却应使之一过而化，不使任何一种留滞心中。这个无滞无执着的心体就叫做无善无恶心之体。①

根据陈来的分析可以看出，王阳明所言"无善无恶心之体"讨论的是心体问题，与告子"性无善无恶"所讨论的人性问题，完全是风马牛不相及的两个理论问题，汪份与申教善将两者混同，并批评王阳明之学说为异端之学，显然是对王阳明的误解。

当然，王阳明学术见解也并非尽善尽美，朝鲜半岛学者对王阳明的批评，有时也能切中要害。如《孟子·尽心上》：

> 孟子曰："尽其心者，知其性也。知其性，则知天矣。存其心，养其性，所以事天也。殀寿不贰，修身以俟之，所以立命也。"②

王阳明《传习录》阐释本章曰：

> "尽心知性知天"是"生知安行"事，"存心养性事天"是"学知利行"事，"夭寿不贰，修身以俟"是"困知勉行"事。③

① 陈来：《宋明理学》，华东师范大学出版社 2004 年版，第 216 页。
② （宋）朱熹：《四书章句集注》，第 356 页。
③ 王阳明撰，邓艾民注：《传习录注疏》，上海古籍出版社 2012 年版，第 13 页。

王阳明把本章与《中庸》进行模拟，《中庸》曰："或生而知之，或学而知之，或困而知之，及其知之一也。或安而行之，或利而行之，或勉强而行之，及其成功一也。"① 这种模拟阐释，与其说是阐释《孟子》学说，不如说是王阳明借助《孟子》《中庸》论述其知行合一的理论，与《孟子》《中庸》本意还是有很大的差异，故此引起后世学者的批评。朝鲜时代朱子学家柳长源（1724—1796）曰：

> 《传习录》谓"夭寿不贰，修身以俟"，是困知勉行事太差，此地位岂困知勉行者可及？《易传》"乐天知命故不忧"即"夭寿不贰，修身以俟"也，可谓困知勉行乎？阳明说道理多不顾前后，此处可见。②

尽管柳长源只批评了王阳明三种观点中的最后一种，也能通过论述其不合理性类推前两者的错误。孟子认为不管短命还是长寿，都不能改变其操守，通过不断修身来等待天命，这才是立命的正确做法。柳长源援引《易传》"乐天知命故不忧"佐证孟子观点，其思想的契合度，远比王阳明所言《中庸》"困知勉行"更为贴切。

当代学者牟宗三也认为王阳明的模拟不妥，牟宗三曰：

> 阳明良知教虽不违此义，然其视尽心知性知天为生而知之，存心养性事天为学而知之，立命为困而知之，此种比配全无意义，此亦贤者一时胡涂也（不知何故有此扭曲想法）。其次再看"存心养性事天"一联。尽心知性知天是积极的工夫，存心养性事天是消极的工夫，都是实践的事，而且每一个人都当如此实践，圣人亦须如此，此是原则性的话。这尚说不到根器的问题，故不能以生知学知来比配。尽心知性知天与"尧舜性之也"非一义，存心养性事天与"汤武反之也"非一义。

---

① （宋）朱熹：《四书章句集注》，第 29 页。

② 柳长源：《孟子纂注增补》，张立文、王国轩总编纂：《国际儒藏·韩国编·四书部》，《孟子卷》第 2 册，第 612 页。

下联“立命”更是一普遍原则，更不能以困知来比配。①

牟宗三抓住了王阳明的问题所在，孟子所言修身工夫是对任何人都应该持守的普遍性原则，与先天禀赋（根器）无关，不管是生知、安知还是困知，都应该持守孟子所言的道德实践原则，王阳明则是把此普遍性原则混同为特殊性原则，以至于误解了孟子本义。柳长源虽不及牟宗三的批评透辟明晰，但是也意识到王阳明之错误。

乾嘉汉学对于朝鲜半岛儒者的影响力亦远不逮朱熹理学，以《四库全书总目》为例，该书对理学著作多有讥刺，而海东儒者在为皇室藏书楼奎章阁编定的书目——《奎章阁总目》，依然奉理学为正宗，而对于四库馆臣的扬汉抑宋的学术观点有较多驳斥，如奎章阁学士《四库全书简明目录》解题曰：

其持择予夺之意，则有大不可晓者。盖以考古家为汉学，讲学家为宋学，而评骘之际，右汉左宋。于濂洛诸贤则阳尊阴抑，屡示不满；于朱门诸子以下，则昌言攻之，不遗余力；而畔经横议、猖狂无忌如毛奇龄之甚者，则称其博辨淹通，嘉其根据分明，片言只字唯恐搜采之不尽。②

与奎章学士惊叹四库馆臣对书籍的予夺是“大不可晓”类似，柳得恭（1748—1807）对于乾嘉汉学的兴起，也发出“良可叹也”之慨。纯祖元年（1801），燕行使柳得恭托请纪晓岚购买朱子著作，殊不知学术风气转变，北京书肆竟然没有此类书籍发售，纪晓岚只能再请人往江南购买。纪晓岚坦言学术风气已经由宋学转向汉学，《尔雅》《说文》成为学术新风，朱子学则少人问津。

（辛酉）四月初一日，入燕京。……入燕京之次日，访纪晓岚尚书

① 牟宗三：《圆善论》，《牟宗三先生全集》第22册，第133页。

② 张伯伟编：《朝鲜时代书目丛刊》第1册《奎章总目》，中华书局2004年版，第170—171页。

昀，引入书堂中。茶讫，余曰："拜别已踰一纪矣。先生年德兼卲，松柏益茂，寔幸再瞻，曾有诗扇之赐，至今庄诵。"晓岚曰："别来政忆，蒙提往事，又不胜今昔之感。"余曰："生为购朱子书而来，大约《语类》《类编》等帙，外此如《读书纪》，载在《简明书目》，此来可见否？"晓岚曰："此皆通行之书，而迩来风气趋《尔雅》《说文》一派，此等书遂为坊间所无久。为贵副使四处托人购之，略有着落矣。"余曰："如《白田杂著》可得否？"晓岚曰："此本寒家之本，一入官库，遂不可得。幸王懋竑有《文集》，此书刻入其集中，亦托人向镇江府刷印也。"又曰："此数书多在南方，故求之不易，受托之人，又以为不急之物，可以缓求，故悠忽遂至今也。前者已标以催诸友，大抵有则必有，但不能一呼立应耳。"①

尽管纪晓岚已经请人往江南购买，然而学风丕变，朱子学在当时已是明日黄花，江南书肆也未能购得，柳得恭只能抱憾东归，他说：

此行为购朱子书，书肆中既未见善本，纪公曾求诸江南云，而亦无所得。纪公所云迩来风气趋《尔雅》《说文》一派者，似指时流，而其实汉学、宋学、考古家、讲学家等标目，未必非自晓岚倡之也，见《简明书目》论断可知也。多见南方诸子，所究心者六书，所尊慕者郑康成，相誉必曰通儒、曰通人，程朱之书不讲，似已久矣。中国学术之如此，良可叹也！②

清代学者《尔雅》《说文》研究著作充溢书肆，乾嘉汉学蔚然兴起之后，朝鲜半岛儒者的购书愿望依然是朱子著作，足见东国对朱子学宗奉精神之大且久，也足见乾嘉汉学未能动摇朱子学在东国的权威地位。

朝鲜半岛《孟子》学著作也曾对清初汉学考据成果有所吸收，如顾炎武

① 柳得恭：《燕台再游录》，《燕行录全集》第60册，东国大学校出版部2001年版，第270页。

② 柳得恭：《燕台再游录》，《燕行录全集》第60册，第265—266页。

《日知录》、毛奇龄《四书释地》等著作也曾见之于海东儒者的《孟子》学论著之中，如崔象龙《孟子辨疑》、申教善《读孟庭训》对上述著作皆有征引，但是比较奇怪的是，焦循《孟子正义》这样一部乾嘉汉学权威著作，并没有出现在朝鲜时代书目著录中，也没有学者征引到该书，足见在朱子学笼罩的朝鲜时代，焦循《孟子正义》等汉学著作被吸纳的机会并不多。

第二章　中国《孟子》学论著东传朝鲜半岛考论

本章采用目录学考镜源流、辨章学术之方法，结合文献史料之记载，考证出《孟子》东传朝鲜半岛最迟不晚于高丽太祖二十六年（943）。根据《高丽史》《朝鲜实录》《明实录》等历史文献记载，考证出《孟子集注》《孟子大全》传入朝鲜半岛的具体时间与学术影响。借助《朝鲜时代书目丛刊》《韩国文集丛刊》《韩国经学资料集成》等文献，考证出中国《孟子》学论著传入朝鲜半岛者共计 24 种。通过分析这些论著，可以看出朝鲜儒者对于中国《孟子》学论著之接受具有如下三个特点：理学著作占据绝对优势，对乾嘉汉学著作较为漠视，焦循《孟子正义》等汉学名著未见著录；明遗民禁毁之作在异域受到重视，吕留良《孟子讲义》等在海东广为流传；为满足本国教育阅读之需，中国《孟子》学论著的朝鲜翻刻本大量涌现，且回流中国。

第一节　儒学东传与《孟子》东渡

朝鲜时代宣祖三十年（1597）冬季，朝鲜燕行使李睟光（1563—1628）在《赠安南国使臣二首》诗其二中曰：

> 义安何地不安居，礼接诚交乐有余。彼此虽殊山海域，渊源同一圣贤书。交邻便是信为本，进德深惟敬作舆。记取使轺回国日，东南

五色望云车。①

正如该诗颔联所言，安南与朝鲜虽然山川异域，但是都秉承着相同的儒学思想渊源，儒家圣贤之书广被东亚，在东亚汉字文化圈内形成了一个广阔的儒学共同体。

朝鲜半岛与中国东北地区山川接壤，先秦时期人员贸易往来就比较频繁，殷商末年，箕子避乱，徙居朝鲜半岛。《汉书·地理志》曰：

> 殷道衰，箕子去之朝鲜，教其民以礼义，田蚕织作。乐浪朝鲜民犯禁八条：相杀以当时偿杀；相伤以谷偿；相盗者男没入为其家奴，女子为婢，欲自偿者，人五十万。虽免为民，俗犹羞之，嫁取无所雠，是以其民终不相盗，无门户之闭，妇人贞信不淫辟。其民饮食以笾豆，都邑颇放效吏及内郡贾人，往往以杯器食。郡初取吏于辽东，吏见民无闭藏，及贾人往者，夜则为盗，俗稍益薄。今于犯禁寖多，至六十余条。可贵哉，仁贤之化也！然东夷天性柔顺，异于三方之外，故孔子悼道不行，设浮于海，欲居九夷，有以也夫！②

箕子入朝之后，把殷商的礼乐文明与法制文化带入朝鲜半岛，对于当地的礼乐教化起到了重要作用，使当地的民风民俗日益敦厚淳朴，以至于孔子也曾喟叹，中原地区礼崩乐坏之后，萌生了浮海居夷之念。

秦灭燕国之后，燕国百姓因躲避战乱而迁徙入朝者甚多，可是，战国时期的燕国不是儒家文化的中心，战祸频仍，儒学也缺少传入朝鲜半岛的和平环境。汉武帝元封三年（前 108）开乐浪郡，元封四年（前 107）开玄菟郡，《汉书·地理志》曰：

> 玄菟郡，户四万五千六，口二十二万一千八百四十五。县三：高句骊、上殷台、西盖马。③

① 李睟光：《芝峰先生集》卷 8，《韩国文集丛刊》第 66 册，第 85 页。

② 《汉书》卷 28 下《地理志下》，中华书局 1962 年版，第 1658 页。

③ 《汉书》卷 28 下《地理志下》，第 1626 页。

乐浪郡，户六万二千八百一十二，口四十万六千七百四十八。县二十五：朝鲜、䛁邯、浿水、含资、黏蝉、遂成、增地、带方、驷望、海冥、列口、长岑、屯有、昭明、镂方、提奚、浑弥、吞列、东暆、不而、蚕台、华丽、邪头昧、前莫、夫租。①

根据现代学者的考证，“玄菟郡在今朝鲜东北咸镜道境内，郡治设于沃沮。乐浪郡大致在清川江至单单大岭之间，即今朝鲜平安南道和黄海道北端，郡治设于朝鲜县”②。汉武帝时期，朝鲜半岛在汉朝的管辖范围之内，汉朝的文化政策，尤其是汉武帝对儒家思想的推崇，极有可能会把儒家思想传播到朝鲜半岛。笔者也认同韩国学者尹丝淳的观点，他说：“儒学传入韩国的时期最晚也是在汉四郡设立之前的秦末汉初，即前240年左右。”③

《孟子》传入朝鲜半岛的准确时间，史籍渺茫，无从确考。尹丝淳认为早在公元前20年，即高句丽东明王十八年，《孟子》就已经东传朝鲜半岛。他说：

高句丽始祖东明王在弥留之际，给太子立下了“以道兴治”的遗嘱，意思是为政者要实施仁政，这也就是孟子所提出的王道政治。④

仁政并非孟子首倡，而是先秦儒家的共识，《论语·为政》所言“为政以德”也在孟子之前就有此明确政治观念。而且东明王遗嘱“以道兴治”所指模糊，未必是来源于《孟子》。因此，根据东明王的遗嘱还不能就断定《孟子》已经东传朝鲜半岛。笔者认为《孟子》应该是在朝鲜三国时代传入的。

朝鲜三国时代（前57—668），儒家典籍大量传入朝鲜半岛。百济君主还曾派使臣到梁朝请求《毛诗》博士入朝讲学。《梁书·诸夷列传》曰：

中大通六年，大同七年，累遣使献方物，并请《涅盘》等经义、《毛

① 《汉书》卷28下《地理志下》，第1627页。

② 王小甫等：《中韩关系史·古代卷》，社会科学文献出版社2014年版，第30页。

③ ［韩］尹丝淳：《韩国儒学史》，第12页。

④ ［韩］尹丝淳：《韩国儒学史》，第22页。

诗》博士并工匠画师等，敕并给之。①

《孟子》传入朝鲜半岛具体时间之上限难以确考，而《孟子》首次进入韩国诗文集则是在统一新罗真圣女主四年（890）。本年崔致远（857—?）撰写《无染和尚碑铭》五次征引《孟子》原文。

无染和尚圆寂于真圣女主二年（888），两年之后，即真圣女主四年（890），崔致远奉命撰写《无染和尚碑铭》。此文明确征引《孟子》原文五次：

> 鱼非缘木可求。注曰："孟子曰：'以若所为，求若所欲，犹缘木而求鱼也。'"
>
> 舜何人哉，余何人也。注曰："用孟子语。"
>
> 心声注曰："孟子曰：'言者，心之声也。'"
>
> 三畏注曰："孟子曰：'君子有三畏：畏天命，畏大人，畏圣人。'"（按：三畏出自《论语·季氏》篇）
>
> 吾岂敢倚其一慢其二哉？注曰："用《孟子》爵齿德语。"
>
> 国其庶乎？注曰："孟子云：'齐其庶几乎？'"②

朝鲜半岛文学家征引《孟子》首次见于此文，可知《孟子》进入韩国文学史始于统一新罗真圣女主四年（890）③。但是我们不能据此得出《孟子》在此之前就已经传入朝鲜半岛的结论，因为崔致远十二岁就入唐留学，在唐居住为官长达16年，他精通中国儒学典籍，文学创作成就尤为后人称誉。所以崔致远《无染和尚碑铭》所引《孟子》，很难确定是在唐期间所研读，还是其国已有《孟子》传入。

但是，《孟子》最晚传入朝鲜半岛的时间，无论如何，不会晚于高丽太祖

① （唐）姚思廉：《梁书》，中华书局1973年版，第805页。

② 崔致远：《孤云先生文集》卷2，《韩国文集丛刊》第1册，第169—173页。

③ 金香花、刘斌：《〈孟子〉在朝鲜半岛的接受、版本与诠释特点》，《许昌学院学报》2017年第6期。按，该文亦征引了崔致远《无染和尚碑铭》，遗憾的是，未能根据文中提供的时间信息考证出《无染和尚碑铭》的具体写作时间。

二十六年（943）。本年四月，太祖病危，在内殿命大臣朴述希记录遗言，留下治理国家的十条训诫，史称“太祖十训要”。“太祖十训要”第七曰：

人君得臣民之心为甚难。欲得其心，要在从谏远谗而已。从谏则圣，谗言如蜜，不信则谗自止。又使民以时，轻徭薄赋，知稼穑之艰难，则自得民心，国富民安。古人云：“芳饵之下必有悬鱼，重赏之下必有良将，张弓之外必有避鸟，垂仁之下必有良民。”赏罚中则阴阳顺矣。①

这条训诫提到的“得民心”与《孟子》民本思想极为类似，“使民以时”则见于《孟子·尽心下》，据此足以证明在此之前，《孟子》已经传入朝鲜半岛，并对高丽的政治思想产生了重要的影响。

另外，根据朝鲜时代书目记载，高丽时期曾经刊刻《孟子》，学者将其称为高丽本《孟子》，这个版本的《孟子》具有很高的文献价值，可以校勘通行本《孟子》之脱文。韩致奫（1765—1814）《海东绎史·艺文志》著录《高丽本孟子》曰：

孟子曰：“仁也者，人也。”或曰外国本“人也”之下有“义也者宜也，礼也者履也，智也者知也，信也者实也。凡二十字”《孟子朱子集注》

尤延之云：“孟子‘仁也者人也’下，高丽本云云。此说近是。”外国本《孟子》，世儒莫有见者，朱子《集注》有云。或问信乎？曰不可知也。《经义考》

按：高丽本二十字，朱子以为如此则理分明，然未详是否。详其语意，盖深许其为善本，而特以重难之意付之阙疑之科，然尤侍郎当不妄言，东国之尝实有其本，谅矣。②

朴周钟《东国通志·艺文志》亦著录《高丽本孟子》，其曰：

① 郑麟趾等：《高丽史》卷2《太祖世家》，西南师范大学出版社2013年标点校勘本。

② 张伯伟编：《朝鲜时代书目丛刊》第5册，第2480—2481页。

《孟子》高丽本

安鼎福曰："按《朱子语录》、尤延之书《孟子》'仁人也'章下，高丽本云：'义也者宜也，礼也者履也，智也者知也，信也者实也。合而言之，道也。'此说近是，今《孟子集注》载之，而今无其本。本国例多没，实是可叹也。"①

高丽本《孟子》的这段异文，最初见于朱熹《孟子集注》之记载，对于《孟子》校勘有很高的学术价值。遗憾的是，高丽本《孟子》亡佚了，以至于后来的海东儒者都未曾见到此书。朱熹《孟子集注》传入朝鲜半岛之后，因其强大的学术影响力，再度提醒海东儒者，其国曾有高丽本《孟子》梓行。朱熹《孟子集注》记载曰：

或曰："外国本'人也'之下，有'义也者宜也，礼也者履也，智也者知也，信也者实也'，凡二十字。"今按如此，则理极分明，然未详其是否也。②

根据《朱子语类》的记载，朱熹得知高丽本《孟子》异文，也是从尤袤处听闻而来，其文曰：

尝见韩无咎说高丽入贡时，神宗喻其进先秦古书。及进来，内有《六经》不曾焚者。神宗喜，即欲颁行天下。王介甫恐坏他《新经》，遂奏云："真伪未可知。万一刊行后，为他所欺，岂不传笑夷夏！"神宗遂止，本亦不传。以某观之，未必有是事。盖招徕高丽时，介甫已不在相位。且神宗是甚次第刚明！设使所进真有契于上心，亦岂介甫所能止之？又记《文昌杂录》中说，高丽所进《孝经》门上下一二句记未真。纬经，只是谶纬之书，必无进先秦古书之事。但尝闻尤延之云："孟子'仁也

① 张伯伟编：《朝鲜时代书目丛刊》第6册，第2707页。

② （宋）朱熹：《四书章句集注》，第375—376页。

者人也’章下，高丽本云：‘义也者宜也，礼也者履也，智也者知也，信也者实也。合而言之，道也。’”此说近是。①

不难看出，宋代与高丽文化交流比较密切，高丽进贡先秦古书未必确有其事，但是高丽刻本的古籍也不排除有流传宋朝的可能性②。尤袤是著名藏书家，曾编著有《遂初堂书目》，家中藏书甚富，极有可能就收藏有高丽本《孟子》。尤袤读到上述异文后，将此学术发现转告朱熹。朱熹认为这段异文与其学术观点不谋而合，尤其是对义的训诂，与朱熹“义者，心之制、事之宜也”③若合符节，故此朱熹将其吸纳进《孟子集注》中。

尽管高丽本《孟子》已经亡佚，可是该书曾经尤袤、朱熹、朱彝尊以及海东儒者著录，应该是确实存在过。关于高丽朝的刻书门类问题，张伯伟教授概括说：“东国之有刻书，始自高丽朝。其初皆为佛经，自靖宗朝开始翻刻经史，至文宗朝乃扩大到各类书籍。”④因此，高丽时期，确实曾经刊刻过包括《孟子》在内的大量儒家典籍。

第二节 《孟子集注》与《孟子大全》东传朝鲜半岛考论

高丽时代前期，《孟子》在朝鲜半岛没有形成大规模的影响。朝鲜时代《孟子》学研究蔚然兴起，还要等到朱熹《孟子集注》的传入。

---

① （宋）黎靖德编：《朱子语类》第8册，中华书局1986年版，第3191页。

② 宋朝与高丽的书籍流通是双向的，高丽国王向宋代政府请求赐书，宋朝皇帝也曾令高丽国王进献图书。如高丽宣宗八年（1091）六月，高丽使臣李资义归自宋朝，传达宋哲宗命高丽进献图书的旨意与图书目录。高丽宣宗奉命进献，共计进献图书128种，《高丽史》卷10《宣宗世家》曰：“丙午，李资义等还自宋，奏云：‘帝闻我国书籍多好本，命馆伴书所求书目授之，乃曰：‘虽有卷第不足者，亦须传写附来。’”

③ （宋）朱熹：《四书章句集注》，第201页。

④ 张伯伟：《朝鲜时代目录学新探》，《域外汉籍研究论集》，北京大学出版社2011年版，第159页。

高丽忠烈王十五年（1289），儒臣安珦跟随忠宣王王璋出使元朝，接触到朱熹学说，大为震动，遂手抄《朱子大全》一部。次年，安珦归国，将这部手抄本《朱子大全》带回高丽，朱子学由此传入朝鲜半岛。安珦对朱熹极为推崇，《高丽史·安珦传》曰："晚年常挂晦庵先生真以致景慕，遂号晦轩。"①安珦也曾在国子监大力推扬朱熹学说，其《谕国子诸生文》曰：

> 吾曾于中国，得见朱晦庵著述，发明圣人之道，攘斥禅佛之学，功足以配仲尼。欲学仲尼之道，莫如先学晦庵。②

朱熹在儒学方面的杰出成就，使安珦景慕不已，安珦认为朱熹是接续儒家道统之人，欲学儒学，必须先从朱熹入手。安珦对朱熹学说的大力宣扬，扩大了朱熹学说在海东的影响力，也为高丽末期的排斥佛教注入了新的思想资源。安珦是朝鲜半岛最早的朱子学家，其学术贡献也获得了广泛认可，安珦死后，在门生的呼吁申请之下，得以从祀文庙。

高丽时代，首次将朱熹《四书集注》在朝鲜半岛刊刻的学者是权溥（1262—1346）。《高丽史·权溥传》曰：

> 嗜读书，老不辍，尝以朱子《四书集注》建白刊行，东方性理之学自溥倡。③

李齐贤《栎翁稗说》对此亦有记载，其文曰：

> 我外舅政丞菊斋权公（权溥）得《四书集注》，镂版以广其传，学者又知有道学矣。④

《四书集注》的刊行对高丽时期的儒学产生了划时代的影响，正如李甦平所言："正是由于权溥对朱熹《四书集注》本的刊行和普及作用，才导致

---

① 郑麟趾等：《高丽史》卷105，西南师范大学出版社2013年版，第3236页。

② 转引自［韩］金忠烈《高丽儒学思想史》，东大图书有限公司1992年版，第274页。

③ 郑麟趾等：《高丽史》卷107，第3289页。

④ 李齐贤：《栎翁稗说》，《丽季明贤集》，成均馆大学大东文化研究院1995年版，第356页。

了高丽儒学由以前的汉唐儒学一律转向了朱子学。”① 具体到《孟子》学来说，朱熹《孟子集注》的传入，开启了朝鲜半岛《孟子》学研究的新时代，在此之后，《孟子》学研究者几乎无不奉此书为圭臬，即使是对朱熹持批评态度的学者，也不可能绕过《孟子集注》。因此，《孟子集注》几乎笼罩了整个朝鲜时代《孟子》学。

朱熹《孟子集注》之外，对朝鲜时代影响巨大的《孟子》学著作是《孟子大全》，《孟子大全》是《四书大全》中的一种。《四书大全》的编纂是明成祖永乐朝的一项重要文化工程，据《太宗孝文皇帝实录》记载曰：

> 永乐十三年九月，《五经四书大全》及《性理大全》书成。先是上命翰林院学士兼左春坊大学士胡广等编类是书，既成，广等以稿进，上览而嘉之，赐名《五经四书性理大全》，亲制序于卷首，至是缮写成帙，计二百二十九卷。广等上表进，上御奉天殿受之，命礼部刊赐天下。②

《四书大全》是胡广等奉命编纂，书成之后，明成祖亲制序文于卷首，并命令礼部颁行天下。据《明史·选举志》记载，明代科举考试头场三道八股文题，以朱熹《四书章句集注》为标准，而《四书大全》就是汇集了宋元儒者阐释《四书章句集注》之书，在科举利禄的诱惑下，《四书大全》尽管如顾炎武等人所批评的那样，确实对明代经学造成了极坏的影响，可是也不能否认，《四书大全》是明代流传最广的《四书》学论著。其影响也借助政治的强势介入，在朝鲜半岛广泛流传开来。

永乐十七年（1419），《四书大全》成书后四年，明成祖就将此书颁赐给前来朝贡的朝鲜王朝燕行使，《李朝实录·世宗实录》曰：

> 世宗元年十二月七日，敬宁君䄔、赞成郑易、刑曹参判洪汝方等回自北京。皇帝就赐麒麟、狮子、福禄，随现寺、宝塔寺祥瑞之图五

① 李甦平：《韩国儒学史》，第99页。

② 《明实录·太宗孝文皇帝实录》卷168，上海书店出版社2018年版。

轴。福禄似驴而高大，颈长抗，白质黑文，人不能名，帝自名之曰福禄云。皇帝待裶甚厚，命礼部照依世子禔朝见时例接待。一日，诏裶升殿上，帝降御座，临立裶所跪处，一手脱帽，一手摩髻曰："汝父汝兄皆王，汝居无忧之地，平居不可无所用心。业学乎？业射乎？宜自敬慎读书。"特赐御制序新修《性理大全》《四书五经大全》及黄金一百两、白金五百两、色段罗彩绢各五十匹、生绢五百匹、马十二匹、羊五百头，以宠异之。①

次年春，即永乐十八年（1420），也就是朝鲜时代世宗二年，燕行使将《四书大全》带回朝鲜，《四书大全》由此传入朝鲜半岛。《李朝实录》的另一处记载也可以作为佐证，其文：

（世宗十七年八月二十四日）癸亥，遣刑曹参判南智如京师贺圣节，上率王世子及群臣，拜表于景福宫如仪。……其从事官赍去事目：太宗皇帝朝撰集《四书五经大全》等书久矣，本国初不得闻，逮至庚子，敬宁君赴京受赐。其后累蒙钦赐，披阅观览，详悉精微，实无余蕴。②

在此之后，《四书大全》经常被明朝皇帝作为国礼颁赐给朝鲜国王，以朝鲜时代世宗朝为例，见于《世宗实录》记载的就有很多条，如世宗八年（1426）十一月二十四日：

进献使佥总制金时遇奉敕而回，上出迎于慕华楼如仪。其敕曰："敕朝鲜国王，今赐王《五经》《四书》及《性理大全》一部共一百二十册、《通鉴网目》一部计十四册，至可领也。"上御庆会楼下宴慰，仍赐鞍马，百官行贺礼。初尹凤之回也，上请《大全》《四书》《五经》《性理大全》《宋史》等书籍，时遇之还，帝特赐之。③

---

① 《李朝实录·世宗实录》卷6。
② 《李朝实录·世宗实录》卷69。
③ 《李朝实录·世宗实录》卷34。

金时遇带回的《五经大全》《四书大全》《性理大全》等书，是世宗向明朝政府提出的申请，明宣宗允其所请，将这些书籍颁赐与世宗。

又如，世宗十五年（1433）十二月十三日：

千秋使朴安臣传写赍来敕书二道，先使通事金玉振驰启：……其一：览奏，欲遣子弟，诣北京国学或辽东乡学读书。且见务善求道之心，朕甚嘉之。但念山川修远，气候不同，子弟之来，或不能久安客外，或父子思忆之情，两不能已，不若就本国中务学之便也。今赐王《五经四书大全》一部、《性理大全》一部、《通鉴纲目》二部，以为教子弟之用，王其体朕至怀。"①

明朝政府颁赐给朝鲜的《四书大全》数量比较少，远远不能满足朝鲜时代的文化教育需求，故此朝鲜王朝就决定翻刻，以广流传。朝鲜翻刻《四书大全》始于世宗朝，《世宗实录》世宗十年（1428）正月二十六日曰：

礼曹启："江原道监司报：'《四书大全》已分三处刊板，各构楼阁，分类藏置，毋使乱秩，如或刓缺，随即改刊，守令交代之时，明载解由，在前册板，亦依此例。其藏书阁营造，听自愿僧徒，功讫赏职。'请依所报，并谕他道，依此施行。"从之。②

世宗十一年（1429）江原道首次将《四书大全》翻刻完毕，并进献朝廷，《世宗实录》世宗十一年（1429）四月二十二日曰：

江原道监司印进《四书大全》五十件，命下四件于宗学，三件于集贤殿，其余分赐文臣。③

卞季良（1369—1430）曾为江原道所刊刻之《四书大全》作跋文，撮述刊刻缘起，并指出《四书大全》等刊刻对朝鲜半岛学术研究之重要影响，其《四书五经性理大全跋》曰：

① 《李朝实录·世宗实录》卷62。

② 《李朝实录·世宗实录》卷39。

③ 《李朝实录·世宗实录》卷44。

《五经》《四书》若《性理大全》，皇明太宗文皇帝命儒臣编辑之书也。帝以我殿下之好学出于至诚，特赐是书，书总二百二十九卷。我殿下思广其传，命庆尚道监司臣崔府、全罗道监司臣沈道源、江原道监司臣赵从生锓梓于其道。臣窃惟吾东方文籍鲜少，学者病其未能尽博。大宋以来，诸儒之说，辅翼经书者，凡百二十人，而皆具此书，一览了然。今此刊行，岂非吾东方学者之幸也耶？而我主上殿下，钦崇帝赉，缉熙圣学之诚心，广惠后学，以淑人心之德教。呜呼！至哉！①

因《四书大全》卷帙较繁，所需费用及纸张较多，江原道翻刻的数量不多，尽皇宫大内收藏，及赏赐给少数达官显宦，地方学校则无此书。世宗十七年（1435），朝廷出台了一项新规定，地方官员或商人，如果愿意个人出资或提供油墨纸张，则铸字所可以为其免费印制，世宗十七年（1435）十月十二五日曰：

传旨各道监司：《性理大全》及《四书五经大全》，中朝诸儒承命撰述之书，采辑先儒诸说而折衷之，实理学之渊源，学者当先讲究者也。太宗皇帝赐与以后，已曾板刊，置于铸字所。向者印颁臣僚，期于广布，但外方各官乡校与穷村僻巷，曾无一本之藏，乡邑有志之士，虽欲考阅，无由得见，诚为可虑。今同封各册卷数，晓谕各官，如有不干民力，无弊自备，欲印置于乡校者，暨邑人如有能办自愿印之者，收其纸以送，则皆许印送。如或不愿，不必强使为之。其自愿者，亦不必一时尽印诸书，虽一经一书，随其所备纸数，收纳上送。②

世宗朝《四书大全》书版保存完好，之后该书曾多次刊刻，对朝鲜半岛学术产生了重要影响，而且朝鲜翻刻的《四书大全》也曾回流到中国来，浙江图书馆就藏有朝鲜纯祖二十年（1820）翻刻本《四书大全》。

---

① 徐居正《东文选》卷 103，民族文化刊行会 1994 年版。

② 《李朝实录·世宗实录》卷 70。

第三节　东儒对中国《孟子》学论著之接受：以书目为中心的考察

目录学著作具有考镜源流、辨章学术的重要功能，我们可以借助朝鲜时代的书目考察海东儒者对中国《孟子》学论著的接受情况。关于韩国书目研究，张伯伟教授汇编的《朝鲜时代书目丛刊》是目前该领域最重要的文献，本书即以该书为文献依托而展开。需要说明的是，《孟子》是《四书》之一种，也是“十三经”之一种，《孟子》包含于其中，故此有关于《四书》与“十三经”的著作，也在考察之列。如书目中著录的《十三经注疏》必然包含《孟子注疏》，吕留良《四书讲义》包含《孟子》，因为本书讨论的主要是与《孟子》有关的著作，所以在列举书目时，就以《孟子注疏》《孟子讲义》标目，而不以《十三经注疏》《四书讲义》作为目录。本书涉及的《孟子》学著作，按照编纂者年代先后为序，正文部分以朝鲜时代书目之著录与解题为主。

1.（汉）赵岐注、（宋）孙奭疏《孟子注疏》

《奎章总目》曰：“《十三经注疏》二部。一部一百二十八本，皇明毛凤苞汲古阁本。一部一百十五本，清乾隆内阁本。”①

洪奭周（1774—1842）《洪氏读书录》曰：“《孟子注疏》，十四卷。汉赵岐注，宋孙奭所疏也。朱子尝有言：‘王弼《周易》巧而不明，赵岐《孟子》拙而不明。’然秦汉以来注孟氏者，惟岐而已。孙奭之疏，朱子尝谓之陋儒假托云。”②

2.（宋）朱熹《孟子集注》

《奎章总目》曰：“《奎壁四书三经》，十五本。《论》《孟》用朱子《集

① 张伯伟编：《朝鲜时代书目丛刊》第1册，中华书局2004年版，第20页。

② 张伯伟编：《朝鲜时代书目丛刊》第8册，第4200—4201页。

注》,《庸》《学》用朱子《章句》,《易》用朱子《本义》,《诗》用朱子《集传》,《书》用蔡氏《集传》。大书经文分注传文而去诸儒辨说,题曰金陵奎壁斋梓。”①“《四书》,十本。大书经文分注《章句》《集注》,《大学》《中庸》附《或问》。”②

徐有榘(1764—1845)《镂板考》曰:“《大学章句》一卷、《论语集注》十卷、《孟子集注》七卷、《中庸章句》一卷。宋朱子撰。《四书》之名始此。今刻本《大学》《中庸》二书有英宗御制序,南汉间元寺印纸十九牒十张。”③

洪奭周《洪氏读书录》曰:“《孟子集注》,七卷。朱子所作也。秦汉以后,称孟氏者与荀扬为伍,得程子、朱子而后卓然与孔氏并矣。”④

3.(宋)朱熹《孟子或问》

鱼叔权《考事撮要·书册市准·册板目录·书册印纸数》曰:“《孟子或问》,纸六卷。”⑤

洪奭周《洪氏读书录》曰:“《四书或问》,三十九卷。朱子所作也。《论孟子或问》因《精义》而作,《中庸或问》因《辑略》而作,皆卞诸说之长短而去取之,然尚多初年未定之说。惟《大学或问》探索发挥,与《章句》相表里,朱子尝曰吾平生精力尽在《大学》,岂虚语哉!”⑥

4.(宋)朱熹《孟子精义》

洪奭周《洪氏读书录》曰:“《论孟精义》,三十四卷。朱子所编,皆程子、张子与其门人之说,发明论孟者也。后改名《集义》,又改《要义》。此盖其初本也,是以《或问》中所辨诸说尚多阙焉。”⑦

① 张伯伟编:《朝鲜时代书目丛刊》第1册,第26页。
② 张伯伟编:《朝鲜时代书目丛刊》第1册,第61页。
③ 张伯伟编:《朝鲜时代书目丛刊》第4册,第1792页。
④ 张伯伟编:《朝鲜时代书目丛刊》第8册,第4201页。
⑤ 张伯伟编:《朝鲜时代书目丛刊》第3册,第1477页。
⑥ 张伯伟编:《朝鲜时代书目丛刊》第8册,第4201—4202页。
⑦ 张伯伟编:《朝鲜时代书目丛刊》第8册,第4201页。

5.（元）倪士毅《孟子辑释》

《奎章总目》曰："《四书辑释章图大成》二十三本，日本板。元休宁倪士毅辑释，林隐、程复心章图。士毅自识曰：'先师定宇陈先生编《四书发明》，云峰胡先生编《四书通》。先师晚年颇欲更定，及见《四书通》全书，遂手摘其说，将以附入《发明》。士毅僭欲合二书为一，先师可之。元统甲戌二月，先师考终，以先师手摘者参酌而编焉，名曰《四书辑释》。会同门友朱允升亦有是志，遂相与议定凡例，更加证正。'万经曰：'朱子《集注》既行，当时勉斋有《通释》，而采《语录》附录于《大学章句》之下，始自西山真氏，名曰《集义》。祝氏宗道《四书附录》，仿而成之。格庵赵氏有《纂疏》，克斋吴氏有《集成》，定宇陈氏有《发明》，云峰胡氏有《四书通》，仁山金氏有《指义》，而义理明备，采择精当，莫如道川倪氏之《辑释》。明永乐间，诏诸臣纂《大全》，实本其书。厥后《大全》行而学者罕知有《辑释》矣。'臣谨按：《浙江遗书总录》亦载此书，而缺《泰伯》《子罕》《乡党》三篇。盖自永乐颁行《大全》，而朝廷之取士，塾师之教徒，率用《大全》为主，故学者不知有《辑释》，殆数百余年矣。浙江乃古家遗书之所萃，而只此元刊一本已失鲁论三篇，则流传海外之殊域，得见倪氏之完书，岂非幸欤！薛瑄、顾炎武皆谓《辑释》不可废，而汪份摘其一二疵谬，肆加诋斥，则妄矣！"①

按：倪士毅《四书辑释》，朝鲜时代正祖朝有重订本梓行。

《群书标记》曰："《重订四书辑释》，三十八卷，写本。《大学》一卷、《或问》一卷，《论语》二十卷，《孟子》十四卷，《中庸》一卷、《或问》一卷。自朱子著《章句》《集注》之后，勉斋黄榦有《论语通释》，西山真德秀有《大学集义》，自是诸儒踵事增修，而《四书》之疏解无虑累数十家。其义理明备，采择精约，最称元倪士毅《辑释》。盖取胡炳文《四书通》、陈栎《四书发明》，删讹正谬，合为一书者也。至明永乐中，诏儒臣纂修《大全》，以《辑释》为

① 张伯伟编：《朝鲜时代书目丛刊》第1册，第61—63页。

蓝本，而其详其简反不如旧，《大学中庸或问》尤多舛误。当时如薛瑄诸儒已深致慨于《大全》之支离繁芜，而独眷于《辑释》，则两书之长短优劣，自古有定论。然自《大全》之颁诸学宫，朝廷之取士，塾师之教徒，率用《大全》为主，而《辑释》遂不复行。近世浙江所刻《遗书目录》载元刻《四书辑释》，而缺《论语·泰伯·子罕·乡党》三篇。浙江即古家遗书之所萃，而幸有断烂之一本，诧为稀世之鸿宝，则是书之绝罕于天下，又可知也。昔在世宗朝，新铸活字印刷颁《四书辑释通义大成》，而历年既久，印本无传。岁壬辰，予在春邸，得世宗朝活字木本铜铸十五万字，思欲重刊世宗朝刊行之书，以继述盛事，遂下内藏倭刻《通义大成》一部于宾僚。凡其约说、章图、通考、通义等后人所附益者，并皆删去，但取倪氏旧本缮写校对，每一编奏，亲加勘订，阅屡岁未克完。及夫御极以后，机务靡暇，遂未遑印版，而书亦不知所在。己未冬，偶检编书标题，闻其书在故宾客，徐命膺家亟取，而观之如逢故人，为之解颐，遂命诸臣分任校阅，其与永乐所刊《四书》字有异同处，逐加标注于格上，引用先儒姓氏之义例不一者，亦皆博考厘正。”①

6.（明）胡广等《孟子大全》

《奎章总目》曰：“《四书五经大全》，九十九本。明永乐时敕杨荣、金幼孜等编修。《大学》《中庸》主朱子《章句》，《论语》《孟子》主朱子《集注》，《易》并用程子《传》、朱子《本义》，《书》主蔡沈《集传》，《诗》主朱子《集传》，《春秋》主胡安国《传》，《礼记》主陈澔《集说》。各采诸儒论辨而附之，名曰《大全》，颁天下。顾炎武曰：‘自朱子作《庸学章句》《论孟集注》之后，黄榦有《论语通释》，而采《语录》附于《大学章句》之下始自真德秀，名曰《集义》，祝洙乃仿而足之为《四书附录》。后有蔡模《集疏》、赵顺孙《纂疏》、吴真子《集成》，论者病其泛滥，于是陈栎作《四书发明》，胡炳文作《四书通》，而定宇门人倪氏毅合二书删正焉为一，名曰《辑录》。自永乐中纂修

① 张伯伟编：《朝鲜时代书目丛刊》第 2 册，第 1084—1087 页。

《大全》，颁之学官，而诸书皆废。《辑释》今见于刘剡《四书通义》中，《大全》特稍有增删，其详其简，多不如倪氏。至《春秋》，则全袭汪克宽《纂疏》，但改其中愚按二字及添庐陵李氏一二条而已。《诗》则全袭刘瑾《通释》，而亦但改愚按二字。当日儒臣奉旨编修，颁餐钱，给笔札，书成赐金迁秩，所费于国家者不知凡几。将谓此书既成可以章一代教学之功，启百世儒林之绪，而仅取已成之书，抄誊一过，上欺朝廷，下诳士子，岂非骨鲠之臣已空于建文之代，而制义初行，一时人士，尽弃宋元以来所传之实学，上下相蒙，以饕禄利而莫之问也乎？呜呼！经学之废，实自此始。后之君子，欲扫而更之，亦难乎其为力矣。'"① "《四书大全》，十八本。永乐敕修本，《大学》《中庸》附《或问》。"②

7.（明）蔡清《孟子蒙引》

《奎章总目》曰："《四书蒙引》，十五本。明南京国子祭酒蔡清著。清之学以反躬实践为本，初主静，后主虚，故自号虚斋。学《易》于林琨而得其肯綮，《四书》则数十年潜心自得，所著《易・四书蒙引》，一遵朱子《本义》《章句》《注》，最多发明，学者宗之。"③

8.（明）吕柟《孟子因问》

《奎章总目》曰："《四书因问》，四本。明吕柟撰。因人问难而随条答之，其门人西安知府魏廷萱所辑，而蓝田知县赵思道校刊。"④

9.（明）项煜《孟子讲意》

《奎章总目》曰："《四书讲意》，九本。明项煜纂。《论语》十卷，《孟子》七卷，《大学》一卷，《中庸》一卷，总十九卷。"⑤

---

① 张伯伟编：《朝鲜时代书目丛刊》第 1 册，第 24—26 页。
② 张伯伟编：《朝鲜时代书目丛刊》第 1 册，第 61 页。
③ 张伯伟编：《朝鲜时代书目丛刊》第 1 册，第 63—64 页。
④ 张伯伟编：《朝鲜时代书目丛刊》第 1 册，第 64 页。
⑤ 张伯伟编：《朝鲜时代书目丛刊》第 1 册，第 64 页。

10.（明）张居正《孟子直解》

《奎章总目》曰："《四书直解》，十五本。明大学士张居正著。扫去诸儒辨说，而疏释字句，敷衍理致，以备经筵讲读。"①

11.（明）薛应旂《孟子人物备考》

《奎章总目》曰："《四书人物备考》，八本。明薛应旂撰、陈仁锡增订。就《四书》中名物训诂，备加解释，而于引书者具载其本文，于人名则略举其事迹。"②

12.（明）《孟子说解》

《内阁访书录》曰："《孟子说解》，十四卷。明郝敬撰。陆元辅曰：'前有《读孟子》三十一条为一卷，又《孟子遗事》一卷余，随文详说十二卷。'"③

13.（明）姚舜牧《孟子疑问》

《内阁访书录》曰："《四书疑问》，十二卷。明姚舜牧撰。按舜牧所著诸经及《四书疑问》说皆平正，不为艰深。"④

14.（明）吕留良《孟子讲义》

《奎章总目》曰："《晚村讲义》，八本。明吕留良著。留良尚气节，自以皇明遗民，言多抵触。雍正时，祸及泉壤。所著《四书讲义》，亦多警发语。然颇增衍制举之文，穷经之士以是少之。"⑤

15.（清）张权时《孟子析义》

《奎章总目》曰："《四书析义》，二十本。清齐东张权时辑。总二十二卷。黄叔琳序曰：'张子可庵沈潜理学，素习朱子之书，因为《四书析义》。宗徽国，兼采明儒讲说，佐佑发明。'"⑥

---

① 张伯伟编：《朝鲜时代书目丛刊》第1册，第64—65页。

② 张伯伟编：《朝鲜时代书目丛刊》第1册，第65页。

③ 张伯伟编：《朝鲜时代书目丛刊》第1册，第482页。

④ 张伯伟编：《朝鲜时代书目丛刊》第1册，第485页。

⑤ 张伯伟编：《朝鲜时代书目丛刊》第1册，第65页。

⑥ 张伯伟编：《朝鲜时代书目丛刊》第1册，第65—66页。

16.（清）周大璋《孟子朱子精言》

《奎章总目》曰："《四书朱子精言》，三十二本。清桐城周大璋辑。自序曰：'余荟采朱子之书，芟定《大全》，并取有明以来学者之言，次第别白，缀以管见，汇为一书。'"①

17.（清）陆陇其《孟子讲义》

《奎章总目》曰："《松阳讲义》，四本。清当湖陆陇其著，即《四书讲义》。自序曰：'陇其在灵寿，簿书之暇，辄至学听诸生讲书，有所触发，间疏其意，示诸生。或述先儒注解，或自抒所见，积久得一百十有八章。董子有言：仁人者，正其谊不谋其利，明其道不计其功。程子云：佛氏之言学者，当如淫声美色以远之。此二者，学之大纲也。自明中叶以来，学术坏而风俗乖，卑者迷溺于功利，高者况沦于虚寂，视董子、程子之言，若茹毛结绳之不可复行于后世，是世道之忧也。故以为今之为世道计者，必自羞乞墦贱垄，断辟佛老，黜阳儒阴释之学始，而是编之中，亦三致意焉。'"②

18.（清）李戴礼《孟子讲义汇通》

《奎章总目》曰："《四书讲义汇通》，十六本。清山阳李戴礼辑。许汝霖序以为裒辑群书，殚二十年心力，三脱稿而书以成。甫行世，四方争购之，一时为之纸贵云。"③

19.（清）张谦宜《孟子广注》

《西库藏书录》曰："《四书广注》，四件，各二十册，铸。明张谦宜辑。"④

按：张谦宜（1650—1733）应为清代人。

---

① 张伯伟编：《朝鲜时代书目丛刊》第1册，第66页。
② 张伯伟编：《朝鲜时代书目丛刊》第1册，第66—67页。
③ 张伯伟编：《朝鲜时代书目丛刊》第1册，第67—68页。
④ 张伯伟编：《朝鲜时代书目丛刊》第2册，第613页。

20.（清）汪份《汪订孟子大全》

《奎章总目》曰："《增订四书》□□本。清长洲汪份辑。《凡例》以为大书朱子《集注》，而诸家之说分行小书。《集成》《辑释》所取诸儒之说，有相发明者，采附其下。诸家语录文集有发明经注而《集成》《集释》遗漏者，悉为增入云。"①

洪奭周《洪氏读书录》曰："《汪订四书大全》，四十四卷。清汪份之所辑也。皇明已来，以《四书》取士，是以说《四书》者至不可搂指，其悖于朱子者无论已，其知尊朱子者率亦支离破碎，读未终章而令人睡，是书亦其一也。然其搜罗之博，考订之精，实有非诸家所及者。且永乐《大全》小注所引朱子说往往传写讹谬，与本旨相反，甚至有后儒之说而冒以朱子者，得是书而后始可无惑，亦岂少补云哉？"②

21.（清）李沛霖《孟子异同条辨》

《奎章总目》曰："《四书异同条辨》，三十八本。清都梁李沛霖撰。以朱子《章句》《集注》为主，《或问》《语类》逐章抄附其下，则分注宋、元、明、清诸儒之说，而与朱子合者冠以同字，与朱子不合者冠以异字，末乃以己意条辨，而其弟祯之说亦多附焉。考核之精，门路之正，近代诸儒鲜有伦比。然研究太密，分析太繁，支离破碎之病，亦所不能免焉。"③

22.（清）陈诜《孟子述》

《内阁访书录》曰："《四书述》，五册。清陈诜撰。发明阴阳、理气大旨，多有辨证儒佛分界处。"④

根据朝鲜时代书目的著录，海东儒者对于中国《孟子》学论著的接受，主要就是这22部。当然，也存在一些书目没有著录，但海东儒者的著作中

① 张伯伟编：《朝鲜时代书目丛刊》第1册，第68页。

② 张伯伟编：《朝鲜时代书目丛刊》第8册，第4202页。

③ 张伯伟编：《朝鲜时代书目丛刊》第1册，第68—69页。

④ 张伯伟编：《朝鲜时代书目丛刊》第1册，第485页。

有记载的，如元朝胡炳文《四书通》，《高丽史》有记载[①]。再如清代毛奇龄《四书剩言》，李圭景《中庸辩证说》也有征引。超出朝鲜时代书目著录的22部之外的毕竟是少数，中国《孟子》学论著东传者主要集中于这22部。分析这些著作，可以归纳出海东儒者对中国《孟子》学论著接受的三个特点。

第一，理学著作占据绝对优势。

朝鲜时代的官方学术思想是朱子哲学，与朱子学有关的著作遍行国内，具体到《孟子》学论著，也不例外。朱熹《孟子集注》、胡广等《孟子大全》影响最大，其他理学家的著作也大受欢迎。至于乾嘉考据学，则对朝鲜半岛的影响就比较小，在海东没有形成大的学术思潮，以至于焦循《孟子正义》、戴震《孟子字义疏证》等汉学名著都未见著录。另外，以《奎章阁书目》著录的中国《四书》学著作为例，该目录著录中国《四书》著作15部，其中《四库全书总目》收录的仅有5种，另外存目2种，未收录8种。奎章阁学士与四库馆臣对这十五部的收录情况差异甚大，"这未必仅仅由学术眼光的高低决定，更可能是学术趋向的异同"[②]，毕竟四库馆是汉学家的大本营，而奎章阁则始终奉朱子学为正宗。

第二，遗民禁毁之作的异域关注。

努尔哈赤曾经发动对朝鲜的进攻，这个伤痛的记忆持续了很久，明亡清兴之后，朝鲜仍奉崇祯年号，拒绝用清朝年号，且以小中华自任，对于受到清政府镇压的明遗民，抱有强烈的同情心，被清政府禁毁的遗民著作也

① 《高丽史》卷117《郑梦周传》曰："郑梦周，字达可，知奏事袭明之后。……恭愍九年，应举连魁三场，遂擢第一人。十一年，选补艺文检阅。十三年，从我太祖击三善三介于和州，累迁典农寺丞。时丧制紊弛，士大夫皆百日即吉，梦周于父母丧独庐墓，哀礼俱尽，命旌表其闾。十六年，以礼曹正郎兼成均博士。时经书至东方者唯朱子《集注》耳，梦周讲说发越，超出人意，闻者颇疑。及得胡炳文《四书通》，无不吻合，诸儒尤加叹服。李穑亟称之曰：'梦周论理，横说竖说，无非当理。'推为东方理学之祖。"奎章阁藏抄本。

② 张伯伟：《东亚汉文学研究的方法与实践》，第311页。

在关注之列。朝鲜时代君主还曾命令燕行使来华之后，通过多方渠道采购遗民著作，吕留良《四书讲义》等著作就得以流传海东，并引起当地学者的关注。如英祖二十八年（1752），俞汉隽作《送从兄持宪公赴燕序》记载其从兄俞汉萧奉命入清购买吕留良著作之事，其文曰：

上之二十八年秋，从父兄持宪公以小行人北聘于清。将行，三使臣侍上，上进公而前，教曰："予闻明人吕留良书，为虏所忌讳，不行于世，今汝往试求之，可求而得取而来，予欲观焉。"留良，明遗民也。明亡，留良抗节不屈，于虏庭磔死，其后有为留良之学者曰曾静，静亦杀死。静死，其书遂不出。显宗朝，我使入燕，有夜怀吕氏书而求见者曰："环顾海内，惟朝鲜可以藏此书，故来相托耳。"使者有难色，其人恸哭而去。上盖闻其事也。①

英祖二十九年（1753），俞汉萧还朝，历经艰难购得吕留良《诗抄》一卷，《李朝实录·英祖实录》英祖二十九年（1753）正月十一日记载：

内局入侍，命回还三使臣同入。下询曰："彼中事何如？"正使海运君梿对曰："近来土木之役，连延二十里，皇太后寿宴后，十三省皆设水陆斋云矣。"书状官俞汉萧曰："皇帝不肯一日留京，出入无常，彼中有马上朝廷之谣矣。"又曰："《吕晚村集》欲为购来，而彼人不肯卖，只得《诗抄》一卷。虽非全集，出处、事迹，亦有可观矣。"命入之。②

黄胤锡有《题张廷玉明史天文志吕晚邨四书讲义誊本后》③，据此可知，吕留良《四书讲义》在18世纪已经传入朝鲜半岛，柳长源《孟子纂注增补》、崔左海《孟子窃意》、申教善《读孟庭训》、田愚《孟子杂著》均有对吕留良《孟子讲义》的征引。相对来说，迫于清政府的文字狱高压政策，也因为禁毁书版书册等客观原因，吕留良等著作在清代几乎很难正常流通，其学术

① 俞汉隽：《自著·自著准本》，《韩国文集丛刊》第249册，第511页。

② 《李朝实录·英祖实录》卷79。

③ 黄胤锡：《颐斋遗藁》卷12，《韩国文集丛刊》第246册，第262页。

影响力自然会受到限制。

第三，中国《孟子》学著作的朝鲜翻刻本大量涌现。

中国书籍流通韩国主要通过帝王赏赐、燕行使采购以及商人贩卖等方式，《李朝实录》就曾记载了一条世宗命燕行使购书与请求明朝皇帝赐书之事，其文曰：

> (世宗十七年八月二十四日)癸亥，遣刑曹参判南智如京师贺圣节，上率王世子及群臣，拜表于景福宫如仪。仍奏请胡三省《音注资治通鉴》、赵完璧《源委》及金履祥《通鉴前编》、陈桱《历代笔记》、丞相脱脱撰进《宋史》等书。其从事官赍去事目：太宗皇帝朝撰集《四书五经大全》等书久矣，本国初不得闻，逮至庚子，敬宁君赴京受赐。其后累蒙钦赐，披阅观览，详悉精微，实无余蕴。乃知朝廷所撰书史类此者应多，但未到本国耳。须细问以来，可买则买。今奏请胡三省《音注资治通鉴》、赵完璧《源委》、金履祥《通鉴前编》、陈桱《历代笔记》等书，若蒙钦赐，则不可私买。礼部如云御府所无，则亦不可显求。理学则《五经》《四书》《性理大全》，无余蕴矣。史学则后人所撰，考之该博，故必过前人，如有本国所无有益学者，则买之。《纲目》《书法》《国语》，亦可买来。凡买书，必买两件，以备脱落。北京若有《大全》板本，则措办纸墨可私印与否，并问之。曩者传云已撰《永乐大传》，简帙甚多，未即刊行。今已刊行与否？及书中所该，亦并细问。本国铸字用蜡，功颇多，后改铸字，四隅平正，其铸字体制二样矣。中朝铸字，字体印出施为，备细访问。①

上述记载是非常珍贵的文献，包括请赐书目、购买书目、购买细节，还包括访求铸造字模的技术等，以便于改进其国的图书出版工艺。当然，仅有赐书、购书与贩书三种方式所能带回朝鲜的图书数量有限，不能满

① 《李朝实录·世宗实录》卷69。

足朝鲜的教育文化需求，因此，就出现了中国书籍的大量朝鲜翻刻本，《孟子》学论著也不例外。根据黄建国、金初升主编《中国所藏高丽古籍综录》著录，中国图书馆收藏的朝鲜刻本就有很多，如《孟子集注》，就有朝鲜翻刻明永乐本、朝鲜翻刻明内府本、庚辰朝鲜内阁刻本等多个翻刻本[①]。

① 黄建国、金初升：《中国所藏高丽古籍综录》，汉语大词典出版社 1998 年版，第 16 页。

第三章　十七世纪及其之前朝鲜半岛《孟子》学

16世纪后期，李滉《孟子释义》、李珥《孟子释义》问世，这两部书的著述体例是摘录《孟子》较难理解之处，以中文与谚解并用的形式疏通文义，对于《孟子》在朝鲜半岛的传播起到了重要作用，是朝鲜半岛《孟子》学研究史的开端之作。相对于中国《孟子》学研究史而言，朝鲜半岛《孟子》学研究比较滞后，直到16世纪才正式开始，而且除了李滉、李珥的这两部书之外，16世纪的朝鲜半岛，没有出现太多有影响的《孟子》学研究论著，即使是李滉、李珥的著作，也属于普及性著作，学术创见不多。因此，朝鲜半岛《孟子》学研究的兴起，直到17世纪才真正开始。根据《韩国经学资料集成》的收录情况，17世纪及其之前的朝鲜半岛《孟子》学著作共计18部，统计如下：李滉《孟子释义》、李珥《孟子释义》、李德弘《孟子质疑》、金长生《孟子辨疑》、李廷龟《孟子讲义》、权得已《孟子僭疑》、赵翼《孟子浅说》、宋国泽《孟子疑》、权諰《伐燕章书筵讲义》、李惟泰《孟子答问》、宋时烈《孟子或问经义通考》、吴益升《孟子杂录》、洪汝河《读孟子札记》、房明熽《孟子疑》、李时善《读孟子》、朴世堂《孟子思辨录》、金幹《孟子札记》、林泳《孟子札录》。

17世纪朝鲜半岛《孟子》学发展史呈现出以下特点：

第一，著述体例多样，几乎涵盖了之后所有著述体例。

李滉《孟子释义》、李珥《孟子释义》属于谚解体例，是大众普及型论著。宋时烈《孟子或问精义通考》属于资料汇编性质，该书汇集了朱熹《孟子或问》《孟子精义》两部著作，并以按语的形式记载个人学术见解，对朱熹《孟子》论著的传播具有重要的作用。李惟泰《孟子答问》也是遵从朱子学说的资料汇编性著作，采用问答的形式，普及《孟子》相关知识，具有辞书性质。李廷龟《孟子讲义》、权諰《伐燕章书筵讲义》是经筵日讲的讲义体例，李德弘《孟子质疑》、金长生《孟子辨疑》、洪汝河《读孟子札记》属于学术札记体例，赵翼《孟子浅说》则属于分类研究的体例等。

第二，朱熹《孟子集注》的学术霸权地位基本形成。

李滉、李珥、李德弘、金长生、宋时烈等，是这一时期尊朱的代表性学者，也是这一时期《孟子》学研究的代表性学者。朴世堂《孟子思辨录》是朝鲜半岛第一部批判朱熹《孟子集注》的学术论著，具有重要的学术价值，当然本书除学术问题之外，还纠葛了很多政治党争在内，是学术与党争交织在一起的论著。在举世尊朱的学术氛围之下，朴世堂《孟子思辨录》所呈现出的学术勇气与学术价值，都值得重视。

第三，研究方法丰富多样。

宋时烈《浩然章质疑》是性理学的传统研究方法，赵翼《孟子分类浅说》采用分类研究的方法，权得己《孟子僭疑》则以文史互证为重要方法，金榦《孟子札记》以《礼》解《孟》，研究方法丰富多样，学术创获颇多。

第一节　理学内部的同调与异响：宋时烈《浩然章质疑》及其学术回响

宋时烈（1607—1689），字英甫，号尤庵、华阳洞主，谥号文正，恩津人。仁祖十一年（1633），以生员试榜首登科，入仕之初，被任命为敬陵参奉，随后担任孝宗师傅，深得孝宗倚重，升任吏曹判书，曾经帮助孝宗策划北伐计划。孝宗赐给宋时烈貂裘一件，并对宋时烈说：“辽阳风雪，以此防寒。”宋时烈引以为荣，但是孝宗驾崩之后，北伐之事也被搁置下来。显宗继位以后，屡次征召，宋时烈官至左议政、领中枢府事。宋时烈学养深厚，官居高位，是当时的学术巨擘，也是西人派政坛领袖。宋时烈悲剧性的人生，也与当时日甚一日的党争有直接关联。肃宗十五年（1689）正月，肃宗欲立爱妃所生之子为世子，宋时烈认为此子非嫡子，不宜立为世子，遂上疏进谏，引起肃宗震怒。南人党乘机攻击宋时烈，必欲打垮西人党，并联名弹劾且吁请诛杀宋时烈。肃宗听信谗言，赐宋时烈死，卒年八十三岁。

在学术方面，宋时烈师承金长生，金长生又是李珥的高足，李珥是朝鲜时代朱子学权威学者。因此，宋时烈学问宗尚就是以朱子、李珥为终身师法，并在李珥的基础上，创造了朝鲜时代朱子学的另一座高峰。正如李丙焘《韩国儒学史论》所言：

> 尤庵，其学一主于朱子，而于东儒，以栗谷为第一，故言必称朱子、栗谷。其言行进退，亦准于朱栗门法。门人权尚夏（遂庵）撰其墓表曰："朱子之道，至栗谷而复明；栗谷之业，至先生而益广。栗谷如天开日月，先生如地负海涵"云云。余以为，朱子之学，至栗谷而发展之以论理，栗谷之论理，至尤庵而益彻底矣。①

宋时烈著述宏富，其著作被后人收集整理为《宋子大全》，共计二百一十五卷。宋时烈与《孟子》有关的著作有两部，一部是汇集朱熹《孟子》学著作的《孟子或问精义通考》。该书的汇编缘起是，肃宗十三年（1687），宋时烈弟子李选作为燕行使出使明朝，带回了朱熹《论孟精义》。此书正是宋时烈多年欲读而未得的著作，得到此书之后，宋时烈将其与《四书或问》对读，明白了朱熹对宋代理学家观点的取舍标准以及学术异同。因为《论孟精义》在当时的朝鲜半岛比较罕见，宋时烈遂将其与《四书或问》汇编刊布，命名为《论孟或问精义通考》，而《孟子》部分即是《孟子或问精义通考》。书稿完成之后，宋时烈将其托付给弟子权尚夏（1641—1721），

① ［韩］李丙焘：《韩国儒学史论》，韩国亚细亚文化社1986年版，第181页。

肃宗四十六年（1720），权尚夏在宋时烈后人的帮助下，终于将此书刊刻出版，这时距离宋时烈去世已经过去三十一年。权尚夏所作《论孟或问精义通考跋》详细记载了成书刊刻过程，其文曰：

> 我尤庵先生一生用工于程朱书，虽在大衰之年，未尝一日闲过。尝于耽罗栫棘之时，编辑此书，未及缮写，而遽有楚山之祸，呜呼，痛哉！先生知火色日急，遂目告诀书，托尚夏，使之刊行，而岁月已久，未克锓梓。今先生外孙权侯以镇为安东伯，竭力剞劂，其幸大矣。权侯以尚夏自初与计其事，径以跋语见征，义不敢辞，略缀数行于下方。抑此书只取《精义》之见于《或问》者，故其中紧要之语间或有见漏。洛中编书者以为弃之可惜，添录于原章中，虽便于考阅，而非先生立纲分目编次之本意，后学不可不知也。①

《孟子或问精义通考》是一部资料汇编性质的书，宋时烈个人的观点比较少，仅有少数批语，这些批语也没有太高的学术价值。而且，这部书刊刻于宋时烈死后，宋时烈的学术观点也没来得及在书中呈现出来。因此，这部书对于当时朝鲜时代的学术界来说，具有一定的文献价值，毕竟《论孟精义》在当时较为罕见，而且将《四书或问》与《论孟精义》汇编合刻，也便于阅读，便于了解朱熹《四书》学的成就。

宋时烈另一部《孟子》学著作是《浩然章质疑》，这部著作与《孟子或问精义通考》不同，是宋时烈研读《孟子》“浩然章”的学术新见，是一部足以反映宋时烈《孟子》学成就的重要著作。宋时烈在《浩然章质疑跋》中记载了研读“浩然章”的学术历程以及该书的撰述缘起，他说：

> 余年十四时受读孟子书，始以为其义无难解者，则大喜，逐日课过。及至浩然章，则茫然莫知其何等语也。愈进而请益，而愈如坚木。

① 宋时烈：《孟子或问精义通考》，张立文、王国轩总编纂：《国际儒藏·韩国编·四书部》，《孟子卷》第 1 册，第 513 页。

有时泚出于颡，而或出愠语曰："孟子何故立言如是，使人难晓也！"先君子笑曰："汝且置此章，而换受下章可也。"遂黾勉承命，而中心蕴结，如负罪过者然。至十七岁，慨然叹曰："书无难易，而顾吾之功力有所未至尔。"遂闭门俯读至五六百遍，则虽句读上口圆滑，而其义理则终未能窥闯矣。又复权行倚阁，然暇时又不住检看，以至老大，则虽与初间有异，终有隔靴爬痒之叹矣。岁癸丑，尹子仁来访于华阳，余请与通读，质其所疑，而犹未能洒然于心矣。时复自解曰："朱先生于此章，极力解说，而曰：'余不得孟子意而言者，天厌之，天厌之！'然则今日吾侪之如是辛苦，无足怪也。"甲寅，余赴仁宣，大葬于宁陵，仍入龙门寺里坐数日矣。金仲和、李仲深、李同甫诸人自京来会，请讲是章。余逊辞曰："才与尹友相订，而犹未祛其愤悱矣。"今年夏，孙儿晦锡自砥平来，曰："尝闻妇翁李丈及玄石朴丈言，则以为此章如是之难耶云尔！"余欣然曰："今得解惑之师矣。"遂录此数条，使问于二丈，且欲转质于子仁、仲和诸人云。①

通过这篇跋文可知《浩然章质疑》作于甲寅年，即显宗十五年（1674），时年宋时烈六十八岁，其实宋时烈学术思想已经基本定型。如果说从十四岁读《孟子》时就对"浩然章"产生疑问，至本年撰就《浩然章质疑》，前后经历五十四年，用功研读本章五六百遍，足见宋时烈对"浩然章"用力之深，其学术创获也有很多。韩国学者也曾关注到宋时烈的《孟子》学，如咸泳大以《孟子或问精义通考》为中心考察宋时烈尊朱的学术精神旨趣②，吴锡元从义理学的层面研究宋时烈的《孟子》学③。以《浩然章质疑》为中心，深入

---

① 宋时烈：《宋子大全》卷130，《韩国文集丛刊》第112册，第414页。

② 함영대：《경전해석과 한국한문학；『맹자혹문정의통고（孟子或问精义通考）』와우암（尤庵）송시열（宋时烈）의학술정신（学术精神）》，한국한문학회编《韩国汉文学研究》，2010年第6期。

③ 오석원：《尤庵宋时烈의의리사상》，韩国儒教学会编《유교사상문화연구》，2008年第6期。

研究该章的学术价值，并深入论述《浩然章质疑》引发的学术争论，目前学术界成果较少，而这正是本章着力论述之处。

一、宋时烈《浩然章质疑》学术价值平议

《浩然章质疑》主要由三个部分组成，第一部分是宋时烈对“浩然章”的阐释，第二部分征引朱熹对“浩然章”的阐释，第三部是宋时烈对“浩然章”提出的疑问。不难看出，第一部分的内容最能够反映宋时烈对“浩然章”的学术见解。当然，第三部分，宋时烈提出的疑问，也足以引起后学者的继续探究，如：

> 公孙丑问孟子、告子不动心之同异，而孟子但言告子之失，不言己之用功之实何欤？且此章以心为主，以言与气经纬于其间，而独详于气略于言者何欤？又敢问既曰二段凡七言志字，而末端将言心字者何欤？且所谓志所谓心，只作一意欤？抑有所区别欤？①

为方便论述，征引浩然章原文如下，并附以宋时烈的阐释，必要时征引朱熹《孟子集注》的相关论述，以之比较两者之异同。

《孟子·公孙丑上》曰：

> 公孙丑问曰：“夫子加齐之卿相，得行道焉，虽由此霸王不异矣。如此，则动心否乎？”
>
> 孟子曰：“否。我四十不动心。”②

宋时烈阐释曰：

> 此“心”字虽似泛说，实一章之骨子。此一字迭见层出，至答知言而后止。③

在宋时烈之前的学者从来没有把“心”字提到如此高的位置上来论述，

① 宋时烈：《宋子大全》卷130，《韩国文集丛刊》第112册，第413页。
② （宋）朱熹：《四书章句集注》，第230页。
③ 宋时烈：《宋子大全》卷130，《韩国文集丛刊》第112册，第408页。

宋时烈的观点是有根据的，毕竟本章主要讨论的问题就是“不动心”，下文“知言”“养浩然之气”，都是实现不动心的方法，因此把“心”字看作本章的“骨子”，确有根据。

《孟子·公孙丑上》曰：

> 曰：“若是，则夫子过孟贲远矣。”
>
> 曰：“是不难，告子先我不动心。”
>
> 曰：“不动心有道乎？”
>
> 曰：“有。北宫黝之养勇也，不肤挠，不目逃，思以一毫挫于人，若挞之于市朝。不受于褐宽博，亦不受于万乘之君。视刺万乘之君，若刺褐夫。无严诸侯，恶声至，必反之。孟施舍之所养勇也，曰：‘视不胜犹胜也。量敌而后进，虑胜而后会，是畏三军者也。舍岂能为必胜哉？能无惧而已矣。’孟施舍似曾子，北宫黝似子夏。夫二子之勇，未知其孰贤，然而孟施舍守约也。”①

宋时烈阐释曰：

> 人能有勇，然后不动心，故丑与孟子皆引有勇者，以为问答。贲、黝、舍皆血气之勇，而贲、黝则血气中之尤粗者，舍则略精而然未离于血气也。盖先言血气之勇，然后言义理之勇，使人从违。如与齐王言，先言抚剑疾视之勇，后言文武之勇，与此章意思一般。此亦可见孟子好辩处，盖不如此则人不能知也。此处虽不拈出气字，而气字血脉则已具矣。②

宋时烈继承朱熹的注释把孟贲、北宫黝、孟施舍三人之勇定义为“血气之勇”，把下文曾子之勇定义为“义理之勇”。并将上述段落与《孟子·梁惠王下》“齐宣王问曰交邻国有道乎章”比较，因为该章也提到了好勇的问

① （宋）朱熹：《四书章句集注》，第230—231页。

② 宋时烈：《宋子大全》卷130，《韩国文集丛刊》第112册，第408页。

题，其文曰：

王曰："大哉言矣！寡人有疾，寡人好勇。"

对曰："王请无好小勇。夫抚剑疾视曰：'彼恶敢当我哉！'此匹夫之勇，敌一人者也。王请大之！诗云：'王赫斯怒，爰整其旅，以遏徂莒，以笃周祜，以对于天下。'此文王之勇也。文王一怒而安天下之民。书曰：'天降下民，作之君，作之师。惟曰其助上帝，宠之四方。有罪无罪，惟我在，天下曷敢有越厥志？'一人衡行于天下，武王耻之。此武王之勇也。而武王亦一怒而安天下之民。今王亦一怒而安天下之民，民惟恐王之不好勇也。"①

朱熹注"小勇，血气所为。大勇，义理所发"②，这就是宋时烈"血气之勇"与"义理之勇"所本。另外，宋时烈从修辞学角度发现了"浩然章"与本章文法上的相似之处，即孟子通常采用由小到大、由浅入深的修辞手法，这两章都是先言血气之小勇，再言义理之大勇。

《孟子·公孙丑上》曰：

昔者曾子谓子襄曰："子好勇乎？吾尝闻大勇于夫子矣：自反而不缩，虽褐宽博，吾不惴焉；自反而缩，虽千万人吾往矣。"③

宋时烈阐释曰：

孟子于此收杀以义理之勇，以扫去贲、黝、舍鼊底勇，而只以"缩"之一字为本根，此"缩"字即下文所谓"以直"养之"直"字。然则于此虽无浩然之名，而其本根血脉则已具矣。于此虽不复言不动心，而其不动心之所以然则已跃如矣。自章首至此，为第一问答，皆论不动心。④

① （宋）朱熹：《四书章句集注》，第215—216页。
② （宋）朱熹：《四书章句集注》，第215页。
③ （宋）朱熹：《四书章句集注》，第231页。
④ 宋时烈：《宋子大全》卷130，《韩国文集丛刊》第112册，第408页。

宋时烈认为“缩”字是本节的关键所在，与朱熹相同，宋时烈也把“缩”训释为“直”，而且把此处“自反而缩”与下文“以直养而无害”综合论述，强调直的重要作用。这与宋时烈的哲学主张有密切的关系，宋时烈非常重视直的哲学意义。权尚夏《墓表》曰：

(先生)尝以为天地之所以生万物，圣人之所以应万事，直而已。孔孟以来相传者，惟是一“直”字，以此为终身服行之符。是以其动静，言为正大光明。如青天白日，人得以见之。此其为学之大略也。①

正如李甦平所言：“宋时烈一生为学，在于一直字。②”李甦平还论述了宋时烈直哲学与孟子“浩然之气”的关系，认为宋时烈的观点是：“一方面，浩然之气即是直”，“另一方面，浩然之气与直相资相助”③。

《孟子·公孙丑上》曰：

曰：“敢问夫子之不动心，与告子之不动心，可得闻与？”

“告子曰：‘不得于言，勿求于心；不得于心，勿求于气。’不得于心，勿求于气，可；不得于言，勿求于心，不可。夫志，气之帅也；气，体之充也。夫志至焉，气次焉。故曰：‘持其志，无暴其气。’”④

宋时烈认为告子尽管与孟子一样，都能做到不动心，但是不动心的方法不同，不动心的自觉程度与境界也不同。宋时烈曰：

此孟子诵告子之言，而着其用功之失。因以着己之用功，内外本末，无所不备，故必至于四十之后。而告子则一切反是，故能先我不动心，然则其所不动者，岂真不动哉？特疏脱而不自觉耳！⑤

宋时烈的这个阐释在义理上是没有问题的，美中不足的是，对于“告子先我

① 宋时烈：《宋子大全·附录》卷13，《韩国文集丛刊》第115册，第471页。

② 李甦平：《韩国儒学史》，第430页。

③ 李甦平：《韩国儒学史》，第435—441页。

④ （宋）朱熹：《四书章句集注》，第231页。

⑤ 宋时烈：《宋子大全》卷130，《韩国文集丛刊》第112册，第408页。

不动心”之“先”的理解值得商榷。根据当代学者的考证成果①，告子应该是早于孟子的学者，因此这个“先”字是时代之先，而不是如宋时烈所言是在四十岁之前。“先我不动心”不是说孟子四十不动心，告子四十岁之前已经不动心，而是说在孟子之前，告子已经能做到不动心。

关于言与心之间的关系，宋时烈曰：

> 盖理无精粗显微之间，故圣贤之学，内外一致，本末同途，言出于心，则固不可不以心为主，然亦岂可恃此而不慎其言乎？故孔子以非礼勿言为为仁之目，大易以修辞为立诚之要，温公以不妄言为尽心之方，然则言与心岂非所以相关而相助者乎？②

宋时烈强调，言为外，心为内，心为本，言为末，通过征引儒家经典，宋时烈指出，在儒家哲学体系之中，既重视内在的心，也重视外在的言。告子之失就在于，固守内在的心，而忽视外在的言。孟子则能做到，内外一致，本末同涂。

至于志与气的关系问题，宋时烈曰：

> 志为气帅，则固不可不坚持，然气失其养，则反以害志，故古之圣贤未尝不致谨于此。如曾子之三贵，只在于正颜色而近信，动容貌远

① 庞朴《告子小探》考证出告子所处的大致时代早于孟子而晚于墨子，而且还考证出告子的学术宗尚与学派归属，他说：“墨、孟两书中告子实系一人。其人既不是儒者，也不是墨者。他的称墨言以毁墨行、生之谓性、仁内义外、不动心等思想和工夫，既不见容于墨子，也不见容于孟子，倒是自成体系，别树一帜；而这些思想和工夫，却或上同于杂有道家思想的《管子》，或下比于道家大著的《庄子》，或既上同于《管子》又下比于《庄子》。所以，他是一位道家者流。”庞朴著，刘贻群编《庞朴文集》第1卷《六家浅说》，山东大学出版社2005年版，第160页。徐复观也曾推测告子是“庄子之徒”，他说：“‘得于言’即所谓知言，亦即对客观事物作知识上的了解。‘不得于言，勿求于心’，即对于不了解，不用心去了解。这与庄子‘知止于其所不知，至矣’（《齐物论》）的态度，甚为相合。告子‘生之谓性’的观点，也与庄子的性论非常相近。孟、庄同时而未尝相闻，告子亦或是庄子之徒。”徐复观《〈孟子〉知言养气章试释》，《中国思想史论集》，上海书店出版社2005年版，第124页。

② 宋时烈：《宋子大全》卷130，《韩国文集丛刊》第112册，第408—409页。

暴慢，出辞气远鄙悖。张子曰“潜心于道，忽忽为他虑引去者，此气也”，又曰“戏谑不惟害事，志亦为气所流”，然则岂可徒恃其志而遂暴其气乎？孟子之学，固主于心，而于言与气，亦未尝放过。必曰知言，必曰养气，故其收功处，内外本末，洞然通达，浑然全具，无有晦涩，无有亏欠，此其不动心之大致也。丑兼问孟子、告子之不动，而孟子但言告子之失，则己之实功，固亦可见，故于此不复论说。①

宋时烈这一段阐释的特色是用《论语》与张载的内容印证孟子的观点，“曾子之三贵”见于《论语·泰伯》：“君子所贵乎道者三：动容貌斯远暴慢矣，正颜色斯近信矣，出辞气斯远鄙倍矣。”依据宋时烈的逻辑，是把外在的“容貌”“颜色”“辞气”归之于孟子所言气的范畴，而把与之相对应的“暴慢”“信”“鄙倍”归之于内在的志，一般情况是，内心的状态决定外在的容貌语言，但是外在的容貌语言也会影响内心的状态。宋时烈对于气的解释有一种泛化的倾向，或者说把凡是属于外在的生理性因素，尤其是后天的习气，都归之于气的范畴，这种泛化的阐释倾向也体现在对所引的张载资料之中。

宋时烈所引张载第一则内容见于《论语说》：

有潜心于道，忽忽为他虑引去者，此气也。旧习缠绕，未能脱洒，毕竟无益，但乐于旧习耳。古人欲得朋友与琴瑟简编，常使心在于此，惟圣人知朋友之取益为多，故乐得朋友之来。②

张载所言之“气”，是指习气，或者说是习惯，与孟子此处所言之“气”还是有很大的差异，依据徐复观的解释，孟子所言之气是“指人身生理的综合作用，或由综合作用所发生的力量。换言之，气即由生理所形成的生命力”③。张载此处所言之习气，虽然也是经由生理作用而发，却并不是一种生

① 宋时烈：《宋子大全》卷130，《韩国文集丛刊》第112册，第409页。

② （宋）张载：《张载集》，中华书局2014年版，第377页。

③ 徐复观：《〈孟子〉知言养气章试释》，《中国思想史论集》，第123页。

命力。宋时烈征引的另一则张载语录，也存在将气之内涵泛化的问题，张载《学大原上》曰：

> 戏谑直是大无益，出于无敬心。戏谑不已，不惟害事，志亦为气所流。不戏谑，亦是持气之一端。善戏谑之事，虽不为无伤。①

戏谑是后天的习气，经由不恭敬之心而发，是为志帅气；戏谑之习气也会加重内心的不恭敬，是为气动志，所以张载提出要"持气"，这个观点很显然是来自孟子"持其志，无暴其气"。可是，孟子所言之气虽然由生理作用而发，但不是所有经由生理作用而发的习气都属于气的范畴，从这个意义上说，张载、宋时烈对于气的理解，均有泛化的倾向。

《孟子·公孙丑上》曰：

> "既曰'志至焉，气次焉'，又曰'持其志无暴其气'者，何也？"
>
> 曰："志壹则动气，气壹则动志也。今夫蹶者趋者，是气也，而反动其心。"②

宋时烈阐释曰：

> 此一节，只言气反动其心之意。所谓蹶者趋者，盖借至近易见者以晓之也。以其大而言之，则太极为阴阳之主，而反为阴阳之所运用也。凡生于太极阴阳者，莫不皆然。故气之动心与助其心，只在于得养失养之间而已。③

孟子以人的跌倒与奔跑影响心理，来说明气动志，比拟浅近而形象，易于理解。宋时烈则以太极与阴阳的关系模拟气与志之交互影响，将其抽象化，不仅比拟不伦，且更为晦涩难解。而且，宋时烈把动心之气界定为失养之气，把不动心之气界定为得其所养的浩然之气，是以后文养气之法论述此处气与志的关系，也稍嫌发之过早。孟子本段所言之气，乃是一般意义

① （宋）张载：《张载集》，第280页。

② （宋）朱熹：《四书章句集注》，第232页。

③ 宋时烈：《宋子大全》卷130，《韩国文集丛刊》第112册，第409页。

上的生理之气，而不是后文所言浩然之气。

《孟子·公孙丑上》曰：

> “敢问夫子恶乎长？”
>
> 曰：“我知言，我善养吾浩然之气。”
>
> “敢问何谓浩然之气？”
>
> 曰：“难言也。其为气也，至大至刚，以直养而无害，则塞于天地之间。”①

宋时烈阐释曰：

> 此直字即上文曾子自反而缩之意，此盖养气之根本也。然不可以此“缩”字作浩然看也，方其缩时，此心无所愧怍，故不惧千万人。至于以此而养成浩然，则塞乎天地，不但不惧千万人而已也。无害二字，已是勿助长意思也。②

宋时烈把“直养而无害”与“自反而缩”联系起来解释，也是本诸朱熹的注释，朱熹注曰：“盖天地之正气，而人得以生者，其体段本如是也。惟其自反而缩，则得其所养；而又无所作为以害之，则其本体不亏而充塞无间矣。”③宋时烈虽然认为曾子的“自反而缩”与孟子的“直养而无害”有类似之处，“直”与“缩”可以解释为道。但是曾子“自反而缩”所养的是义理之勇气，而孟子“直养而无害”之气是浩然之气。两种气的培养都离不开正义，可是浩然之气所达到的境界远远超出义理之气，义理之气处理的关系是人与人之间的关系，即“虽千万人，吾往矣”；浩然之气的境界则更为高迈，不仅可以处理人与人之间的关系，还可以处理人与宇宙之间的关系，即“塞于天地之间”。当代学者冯友兰亦有类似的认识，他在《孟子浩然之气章解》一文中说：

---

① （宋）朱熹：《四书章句集注》，第232页。

② 宋时烈：《宋子大全》卷30，《韩国文集丛刊》第112册，第409页。

③ （宋）朱熹：《四书章句集注》，第232—233页。

浩然者，大也。其所以大者何在？孟施舍等所守之气，是关于人与人底关系者，而浩然之气，则是关于人与宇宙底关系者。有孟施舍等之气，则可以堂堂立于人间而无惧，有浩然之气，则可以堂堂立于宇宙而无惧。浩然之气能使人堂堂立于宇宙之间而无惧。所以说："其为气也，至大至刚，以直养而无害，则塞于天地之间。"①

《孟子·公孙丑下》继续阐释培养浩然之气的具体方法，其文曰："其为气也，配义与道；无是，馁也。②"宋时烈曰：

上文所谓以直养者，以道养之之谓也。夫此气始从道义而生，而养之既成，则此气还以扶助道义。正如草木始生于根，而及其枝叶畅茂，则其津液反流于其根，而其根亦以深长。极其本而言之，则阴阳生乎太极，而及其阴阳既生，则反以运用乎太极，以生万化。大小虽殊，而其理则一也。愚辄以瞽见妄论如此。未知不甚悖于理否？敢以质于诸君子耳。③

宋时烈认为浩然之气是从道义而生，浩然之气既然养成之后，也会反过来扶助道义。他以草木作模拟，道义是草木之根，浩然之气是草木之枝叶，枝叶自然是由根而生，枝叶生出之后，又反过来滋养其根。太极、阴阳之喻，与此类似。这些解释未必符合孟子本义，孟子只是强调浩然之气来源于道义，并未说浩然之气扶助道义一层，而宋时烈突出浩然之气与道义交互影响，是对于下一句"无是，馁也"之"是"的理解有误。"是"之所指，一般认为是指"道义"，而朱熹却认为是"气"，朱熹注曰：

配者，合而有助之意。义者，人心之裁制。道者，天理之自然。馁，饥乏而气不充体也。言人能养成此气，则其气合乎道义而为之助，使其行之勇决，无所疑惮；若无此气，则其一时所为虽未必不出于道义，

① 冯友兰：《中国哲学史》，华东师范大学出版社 2000 年版，第 429 页。

② （宋）朱熹：《四书章句集注》，第 233 页。

③ 宋时烈：《宋子大全》卷 130，《韩国文集丛刊》第 112 册，第 409—410 页。

然其体有所不充，则亦不免于疑惧，而不足以有为矣。①

宋时烈的观点与朱熹类似，也把“是”字理解为“气”，他说：

吕子约说气无是道义则气馁矣。盖以是字属道义，馁字属气矣。朱先生力辨其非，其说见《大全》。盖自其为气，至大至刚，止是集义所生，此三节皆主浩然而言，而以两其字两是字贯彻成文，无论义理，而若以中间一是字属之道义，则不成文理矣。

朱熹的解释在后代引起很多学者反对，焦循《孟子正义》等依然遵从赵岐的注释：“言能养此道气，而行义理，常充满五脏，若其无此，则腹肠饥虚，若人之馁饿也。”② 并援引毛奇龄、全祖望的观点，均把“是”理解为道义，毛奇龄曰：“无是者，是无道义。馁者是气馁，道义不能馁也。”③ 全祖望曰：“配义，则直养而无害矣。苟无是义便无是气，安能免于馁?”④ 很多当代学者也不认同朱熹的观点，如徐复观，他在《〈孟子〉知言养气章试释》一文中说：“程子的‘无道义则气馁而不浩然’，乃朱元晦解释为无是气则道义馁，不知道义之本身无所谓馁与不馁，下文‘行有不慊于心则馁矣’之‘馁’，是就气说，此处亦就气说为顺。”⑤

《孟子·公孙丑上》曰：“是集义所生者，非义袭而取之也。行有不慊于心，则馁矣。我故曰，告子未尝知义，以其外之也。”⑥ 宋时烈阐释曰：

此馁字与上文馁字，自是一意，而小注饶氏以为气馁，似亦非是。盖行有不慊于心，则有所愧悔而害其浩然之气，既为所害，则其体之不充而馁必矣。盖义者，性之具于心者，而告子外之，故于言之得失，不复裁之于义，而一切放过，又不知集义以养气，以配道义，而一切暴害

① （宋）朱熹：《四书章句集注》，第 233 页。
② （清）焦循：《孟子正义》，第 200 页。
③ （清）焦循：《孟子正义》，第 201 页。
④ （清）焦循：《孟子正义》，第 202 页。
⑤ 徐复观：《中国思想史论集》，第 127 页。
⑥ （宋）朱熹：《四书章句集注》，第 233 页。

之，其源皆出于义外一句。故孟子先言告子“不得于言，勿求于心；不得于心，勿求于气”，而于此以义外一句，挑出其病根，其意可谓明白矣。特以语不相连，故读者不之察耳。①

宋时烈此处否定“行有不慊于心，则馁矣”之“馁”是气馁，与他把“无是，馁矣”理解为道义馁，是同一错误。

《孟子·公孙丑上》接着论述了两种错误的养气方式，其文曰：

必有事焉而勿正，心勿忘，勿助长也。无若宋人然：宋人有闵其苗之不长而揠之者，芒芒然归。谓其人曰：“今日病矣，予助苗长矣。”其子趋而往视之，苗则槁矣。天下之不助苗长者寡矣。以为无益而舍之者，不耘苗者也；助之长者，揠苗者也。非徒无益，而又害之。②

宋时烈阐释曰：

此专言集义时用功之节度。孔子尝戒以无所用心，而又戒以欲速。孟子于此，合而言之耳。又朱子尝以为孔子先难后获一言尽之，而自孟子以来，说得转险，至程子论以鸢飞鱼跃，则其为说益险，人不能知云云。忘与助其病均，而今独详于助者，以告子之病专在于助，故于此痛说以破之。章首所谓先我不动心之意，至此而无余蕴矣。朱子曰：“必有事勿正，是天命流行处，盖正是私意也。既无私意，则天理自然流行。”此程子鸢飞鱼跃之说也。③

孟子所谓忘是放任自流，气失所养；所谓助，是求效太速，揠苗助长，欲速而不达。孟子本段较易理解，没有多少争议。宋时烈也只是征引《论语》与朱熹的观点作为辅助，虽然理论上没有多少创新，但是也更有利理解孟子之意。

以上内容是围绕养气而展开，孟子在论述完养气之后，又接着论知言，

① 宋时烈：《宋子大全》卷130，《韩国文集丛刊》第112册，第410页。

② （宋）朱熹：《四书章句集注》，第233页。

③ 宋时烈：《宋子大全》卷130，《韩国文集丛刊》第112册，第410页。

其文曰：

"何谓知言？"

曰："诐辞知其所蔽，淫辞知其所陷，邪辞知其所离，遁辞知其所穷。生于其心，害于其政；发于其政，害于其事。圣人复起，必从吾言矣。"[①]

宋时烈阐释曰：

以《大学》言之，则知言是格致之事，养气是诚正之事。行有不慊之慊，实诚意章之慊字。由此伯王，是治国平天下之事也。盖《大学》说古之明明德于天下，而格致居末。盖以用力之最先者，收杀于最末，古人语势自如此也。故朱子尝言孟子先说知言，后说养气，丑先问养气，某以为承上文方论气而问。今看得不然，是丑会问处。如《大学》说正心修身，合杀在致知格物一句云云。据此则告子之"不得于言，勿求于心者"，是不为格致而径欲诚正，不先切琢而径欲磋磨者也。于此虽不复言告子之失，而其失益自见矣。按：告子之病，虽本于义外一句，而其以义为外者，实出于不知言之过也。盖知言，穷理也。穷理则必知义之为性，而集义以养气矣。然则孟子论告子之病，而必以不得于言一句为先者，其意可谓深矣。[②]

宋时烈以《大学》"格物致知"比附"知言"，"知言"是从言语上求得主体之心志，而"格物致知"之"物"虽然也包括言语之物，可是《大学》所言之"物"范围极为广大，非"言"所能承载。另外，以《大学》"正心诚意"比附"养气"也是不伦。而且，孟子先言养气而后论知言，确实是如朱熹所言，是因为"承上文方论志气而言也"[③]，是顺文义先后自然之序而作如此安排，并无深意存焉。宋时烈却认为是如《大学》之义理逻辑，把格物致知放在最末，宋时烈以知言比附格物致知，所以孟子也把知言放在养气之后论述，这

① （宋）朱熹：《四书章句集注》，第234页。

② 宋时烈：《宋子大全》卷130，《韩国文集丛刊》第112册，第411页。

③ （宋）朱熹：《四书章句集注》，第232页。

种比附之论，是求深反惑，与孟子本意不合。其实孟子行文文法谨严，前后贯通，并无修辞上的矛盾错乱之处，本章之难解，是在义理上之复杂，不在于修辞上之错乱。因此，宋时烈批评孟子文法有问题，是偏颇之论，如宋时烈所言：

> 当丑问夫子、告子不动心之时，若使孟子先言告子“不得于言。勿求于心；不得于心，勿求于气”之失，而仍言我之知言，与告子不得言勿求心异，我之养气，与告子“勿求于气”异云尔，则人人皆可晓解。而今此上下问答，不相联属，故以致前后读者纷纭未已，而朱子解此章说话，《通注》《大全集》《语类》殆累万言之多，然则此章之旨，其可灭裂而求之哉？①

宋时烈批评《孟子》原文“不相联属”是无根之谈，对朱熹花费“万言之多”解释本章，说成是“灭列而求之”，不仅是忽视了朱熹学术探索之苦心，而且对《孟子》义理难度估计不足。从这个意义上说，宋时烈尽管曾对本章诵读数百过，花费很多精力专研，但仍然存在很多疏漏之处，以至于引起后世学者的批评与修正。

在朝鲜时代，关于“浩然”章的阐释，也不乏与宋时烈同调者，比如宋时烈及门弟子朴光一（1655—1723）。朴光一，字士元，号逊斋，顺天人。肃宗时，多次被征召，均辞不就。《孟子》学著作主要是《孟子浩然章问答》，这篇学术问答跋语曰：

> 昔在庚申，往谒尤庵先生于华阳。先生归自炎瘴，气貌容色胜于平昔，若涪翁焉，非有得于孟子之学，焉能如是乎？仍讲论孟子。先生指此章下教曰：“此章文义正自难明，诚有如朱子之训也。”因举程夫子“潜心玩索”之训而勉之矣。承教而退，反复沈潜，依稀略见其彷佛者，辄不自量，僭依朱夫子《庸、学或问》例难疑问答，名曰《孟子浩然章问答》。非

① 宋时烈：《宋子大全》卷130，《韩国文集丛刊》第112册，第411页。

敢创立新说，故犯不韪之罪，只是发明集注之意，要其文义之分晓而已。读《孟子》此章者原其妄率之罪，而倘有取焉，或不能无补于考阅云。①

根据跋文可知，《孟子浩然章问答》撰写的契机是，肃宗六年（1680）庚申，朴光一前往华阳拜谒其师宋时烈，听闻宋时烈讲述浩然章，并接受宋时烈本章难读，应该潜心玩索的训诫，归家之后，依照朱熹《大学或问》《中庸或问》的著述体例，以学术问答之体，发挥朱熹《孟子集注》之意，其阐释基本不出朱熹的范围。另外，据前文考证，宋时烈《浩然章质疑》成书于显宗十五年（1674），那么朴光一来访之时，宋时烈应该也会将《浩然章质疑》中的观点向朴光一陈说。对照两部著作，不难发现，对于“浩然”章的阐释，朴光一的学术观点与宋时烈基本一致，学术创建不大。真正对宋时烈观点提出修正，并具有一定学术创新意义的是李柬与韩元震。

二、李柬《浩然章记疑》对宋时烈之修正

李柬（1677—1727），字公举，巍岩，礼安人。肃宗四十二年（1716），被举荐为世子侍讲院咨议，官至世子翊卫司翊卫。师从权尚夏，是宋时烈的再传弟子，主张人性物性相同论，是洛论的代表学者，与主张人性物性相异论的同门韩元震往复辩论，因为韩元震属于湖论的代表学者，所以这一学术论争就被后人称为湖洛之争。《浩然章记疑》撰成于肃宗三十一年（1705），是针对宋时烈《浩然章质疑》的修正，反映出唯是之求的学术精神，有一定的学术价值。李柬对宋时烈的修正主要体现在以下三个方面。

首先，在训诂辞章方面对宋时烈《浩然章质疑》之修正。

宋时烈对“浩然”章具体字词段落的训诂辞章分析存在一些问题，李柬在这个方面对宋时烈多有修正，如《孟子·公孙丑上》曰：

---

① 朴光一：《孟子浩然章问答》，张立文、王国轩总编纂：《国际儒藏·韩国编·四书部》，《孟子卷》第2册，第55—56页。

公孙丑问曰："夫子加齐之卿相，得行道焉，虽由此霸王不异矣。如此，则动心否乎？"

孟子曰："否。我四十不动心。"①

李柬征引宋时烈的阐释并作修正曰：

尤庵先生《质疑》曰"此心字虽似泛说，实一章之骨子"云云。

谨按："虽似泛说"一句恐合商量。凡文字，辞若泛设而旨实在此者，须合如此说。今此心字，则丑之第一设问却起此，孟子第一所答亦却承此说下来。其辞确，其旨著，未尝见有泛说底意，如何如何。②

"浩然"章始于"不动心"，下文论述的养勇也是达到不动心的方法，乃至于知言养气也是为了不动心，正如李柬所强调的那样，心字在本章处于非常重要的地位，确实并非如宋时烈所言是泛设之言。

再如"何谓知言"，李柬曰：

《质疑》曰："孟子论告子之病，而必以'不得于言'一句为先者，其意可谓深矣。"

按："不得于言，勿求于心；不得于心，勿求于气。"此两句，愚意则恐渠所言本只如此，其语序文势亦自是倒换不得也。孟子果用意之深，而必以是为先耶？③

李柬认为"不得于言，勿求于心；不得于心，勿求于气"，纯粹是词章修辞方面的设置，若改为"不得于心，勿求于气；不得于言，勿求于心"，义理上没有太大差别，但是修辞上美感就削弱很多。故此，宋时烈将修辞问题，阐释为孟子先言"不得于言"，是别有深意存焉，诚有求深反惑之弊。

---

① （宋）朱熹：《四书章句集注》，第230页。

② 李柬：《浩然章记疑》，张立文、王国轩总编纂：《国际儒藏·韩国编·四书部》，《孟子卷》第2册，第58页。

③ 李柬：《浩然章记疑》，张立文、王国轩总编纂：《国际儒藏·韩国编·四书部》，《孟子卷》第2册，第62页。

其次，在譬喻方面对宋时烈《浩然章质疑》之修正。

“浩然”章义理比较抽象，孟子在阐述学术观点时就已经运用了譬喻的修辞手法，宋时烈在本章阐释之时，为了便于疏通义理，也在解经过程中运用了譬喻的方法。只是有些譬喻不甚妥帖，以至于引起了李柬的批评。如“既曰志至焉止反动其心”，李柬曰：

《质疑》曰：“此一节只言气反动其心之意。所谓‘蹶者趋者’，盖借至近易见者以晓之也。以其大而言，则太极为阴阳之主，而反为阴阳之所运用。凡生于太极阴阳者莫不皆然，故气之动心与助其心，只在得养失养之间而已。”

按：先生所谓太极阴阳之说，恐拖引太长。此若泛取气反动志之譬，则未见其不可；而窃详所谓“以其大言之”及“凡生于太极阴阳莫不皆然”等语，则初非取譬之语也，直是推广之言也。未知太极阴阳上如何着“志壹”“气壹”字，而太极又何尝失养而为阴阳之所动乎？①

孟子认为志与气的关系是志占主导地位，气居于从属地位，志统帅气，气随着志的指向而表现。一般情况下是志向专一则动气，但是有时候外在的气也会影响内在的心志，如跌倒与奔跑，也会造成心志的浮动。宋时烈将志气关系比作太极与阴阳的关系，这个譬喻就不甚妥帖，用李柬的话说就是“托引太长”，即是对孟子本义延伸太过。李柬的批评很有见地，如果按照宋时烈的逻辑，志为太极，气为阴阳，太极生阴阳，统帅阴阳，尚且能说得通。可是，孟子认为气壹则动志，然而无论如何阴阳不会随阴阳而动，故此宋时烈的这个譬喻确实存在问题。

最后，在义理方面对宋时烈《浩然章质疑》之修正。

在具体义理的阐释方面，李柬对宋时烈也有诸多修正之处，如“曾子谓

① 李柬：《浩然章记疑》，张立文、王国轩总编纂：《国际儒藏·韩国编·四书部》，《孟子卷》第2册，第60页。

子襄”一段，李柬曰：

《质疑》曰：“于此虽无浩然之名，而其根本血脉则已具矣。”

按：此一款未知。先生之意只就“自反而缩”言之耶？才到下句“千万人吾往”底，则其气便自浩然，塞乎天地而莫之御矣。所未名言特浩然二字，而其体段面貌则全然自在，何但谓本根血脉之已具云耶？①

此处李柬与宋时烈的分歧在于，宋时烈认为“虽千万人吾往矣”所体现出的道德勇气，与下文所言浩然之气，不是一种气，浩然之气高于道德勇气，道德勇气还要“以直养”，才能达到浩然之气的境界。李柬则认为道德勇气与浩然之气同属于一种气，并无差别，且引朱熹之言为佐证，其曰：

又按：先生谕“以直养”云云，曰：“方其缩时，此心无所愧怍，故不惧千万人；至于以此而养成浩然，则塞乎天地，不但不惧千万人而已也。”窃详所谓“至于以此”以下语意，则分明以“无所愧怍”“不惧千万人”为非浩然时节，而至以此养成然后方可言浩然。未知理果如此否？然则夫子所谓“大勇”“千万人吾往矣”者，犹低浩然一等，只得为其根本血脉，而夫所谓浩然者，则到孟子身上方能做到乎？此恐未然。朱子曰：“人能‘仰不愧’‘俯不怍’时，看这气自是浩然塞乎天地之间。”又曰：“俯仰并无愧怍，故其气自然盛大流行。”又曰：“仰不愧天，俯不怍人，便是浩然之气。”详此三条，愚意“千万人吾往”与“塞乎天地”云者同是浩然，而所指有广狭耳，奈何以语有阔狭而歧其实际耶？盖人得天地之气以生，其体本自浩然，而一为私欲所汩，便却坏了多少。今能自反，头头合义，事事皆直，直是俯仰并无愧怍，则不自知自会，与天地泯然无间矣。于此虽欲遏其浩然，怎生奈何得。且

① 李柬：《浩然章记疑》，张立文、王国轩总编纂：《国际儒藏·韩国编·四书部》，《孟子卷》第2册，第59页。

千万人吾往，是或缩或不缩，养未到时事耶？是将事事皆缩，养得到后事耶？此处下一转语，则其浩然与否可以立判矣。未知如何如何。①

李柬认为道德勇气与浩然之气在本质上并无差别，只是所使用的范围有广狭之分，浩然之气的使用范围更广，而道德勇气使用范围则较窄。关于这个问题，笔者认为还是宋时烈的观点更为合理，详绎《孟子》文本，曾子所谓“虽千万人吾往矣”的道德勇气是相对于北宫黝、孟施舍的生理勇气而言，因此生理勇气激发出来的是血气之勇，而道德勇气激发出来的则是义理之勇。同样，相对于浩然之气来说，道德勇气只能用于道德实践，而浩然之气则可以用于支撑主体所有的实践行为，如冯友兰所言，“有浩然之气，则可以堂堂立于宇宙间而无惧”②，也就是孟子所言“塞于天地之间”。道德勇气只能处理人与人之间的关系，而无法处理浩然之气所能达到的人与宇宙的关系。这就不是李柬所认为的是广狭问题，而是宋时烈所指出的那样，道德勇气与浩然之气并非同类，道德勇气只是浩然之气的低级阶段，道德勇气须有赖于后天的修养工夫，才能质变为浩然之气。

再如“告子曰不得于言止无暴其气”，李柬曰：

《质疑》曰：“言出于心，则固不可不以心为主，然亦岂可恃此而不慎其言乎”云云。

按：告子之失不在于“不得于言”，而在于“勿求于心”。要救其失，当专以心为主，而一一反求其心，明乎正理，则其言自无不得之患矣。今先生之言，则似若病其专主于心，而于言或有所不慎者，然是果如此否？若论其恃本遗末之失，则正在下句“勿求于气”，而初未尝在

① 李柬：《浩然章记疑》，张立文、王国轩总编纂：《国际儒藏·韩国编·四书部》，《孟子卷》第2册，第59页。

② 冯友兰：《孟子浩然之气章解》，《中国哲学史》，第429页。

此耳。①

宋时烈对于告子之失的分析，即“不得于言，勿求于心”的分析，没有抓住告子的要害，反而添加了一重误解，好像告子之失在于固守此心，而不顾言之得失。诚如李柬所言，这是下一句“不得于心，勿求于气”的错误。可见，宋时烈的理解确实有误，“不得于言，勿求于心”，错误之处不是恃本遗末，而是舍本逐末，与告子的一贯主张“仁内义外”之说是同样的错误。

三、韩元震《读尤庵集浩然章质疑》与人物性异论

韩元震（1682—1751），字德昭，号南塘，清州人。肃宗四十三年（1717）以学行被举荐为宁陵参奉，官至吏曹判书。韩元震师从权尚夏，权尚夏师从宋时烈，故韩元震为宋时烈再传弟子。难能可贵的是，韩元震对于宋时烈的学术观点，仍能本着实事求是的学术态度，指出其不足，尤其是在浩然章的阐释方面，韩元震就表达了与宋时烈不同的学术观点，这些观点主要集中在《读尤庵集浩然章质疑》一文中。

首先，韩元震反对宋时烈把志解释为理，其曰：

> 《浩然章质疑》，条理脉络，不甚分晓。读之，殊不洒然。其尤可疑者，以“志”字看作“理”字也。若以志气对言者说，作理气对言，则志壹则动气，是理动而气随之也。气壹则动志，是气动而理随之也，殆与互发之说无异也。②

韩元震认为如果把志理解为理，那么志壹则动气，就变成了理动则气随之而动；气壹则动志，就变成了气动则理随之而动。因此，志与气之间的关系就成了平行关系，而不是志统帅气的主从关系，这就明显违背了孟子的本意，所以志无论如何不能解释为理。韩元震的这个观点是值得注意的，

① 李柬：《浩然章记疑》，张立文、王国轩总编纂：《国际儒藏·韩国编·四书部》，《孟子卷》第2册，第60页。

② 韩元震：《南塘先生文集》卷29，《韩国文集丛刊》第202册，第134页。

确实宋明理学家理解的理与孟子所言之志，有很大区别。当代学者劳思光关于志与气的阐释，非常精当，他说：

> 心志指德性我，即含四端之价值自觉；气指生命我或情意我，即合生命力与才气而言。德性我应为生命情意之主宰，故曰："志，气之帅也。""体"指形躯我。形躯我之活动直接受生命情意之力决定，离开生命情意则形躯只成为一组机械因子之联体，固与任何物质存在无殊。故形躯我以生命力及情意感为内容，故谓："气，体之充也。"生命情意应受德性我之统帅，故心志定其所向，而气随之。此即所谓"志志焉，气次焉"。①

其次，韩元震反对宋时烈以太极、阴阳比拟志、气关系，其曰：

> 其论气壹则动志，以为太极为阴阳之主，而反为阴阳之所运用。如此则志壹则动气，亦将为阴阳为太极之所运用耶？太极、阴阳二物，而太极无为，阴阳有为，故凡太极之流行，即阴阳之所运耳。若志与气同是一气也，而志是气之灵，而气是体之充，故凡气之运用，惟志之所向耳。志之动气十之九，而理之运气十无一焉，则此不可以志气准作理气也，明矣。②

宋时烈以阴阳比拟气，可能是考虑到阴阳是属于气的范畴，与孟子所言之气有相似之处。但是，孟子所言之气是指生命力或才气，与宋明理学家思想体系中的阴阳差异甚大，后者极为抽象，含有宇宙论或者万物之本的意义。以太极而比拟孟子所言之志，也有类似的问题，志是属于人的心志，与万物本源的太极相去甚远。另外，志气关系也与太极、阴阳之间的关系迥然不侔，因此，韩元震的这个质疑是有道理的。

最后，韩元震不取宋时烈的抽象比拟，而是以将卒关系比拟志气关系，

---

① 劳思光：《新编中国哲学史》，生活·读书·新知三联书店 2015 年版，第 129 页。

② 韩元震：《南塘先生文集》卷 29，《韩国文集丛刊》第 202 册，第 134 页。

其曰：

> 志气譬之将卒，最为的当易晓。志气同一气也，而志以一身之主，统御乎气之充满者；气以百体之充，听命乎志之主宰者，是犹将卒同一人也，而将以司命之尊，统领乎三军之众，卒以三军之众，听命乎司命之尊也。志壹则动气，犹将之所向而士卒从之也。气壹则动志，犹士之所趋而将反听焉者也。志壹则动气，善多而恶少；气壹则动志，恶多而善少。犹将以御卒，其事多正，而卒以制将，其事多凶也。故持志而养气，犹立将而养兵也。将虽能矣，又须士卒训炼而气饱，然后可以所向无前矣。此须既持其志，而又不可不致养其气也。①

韩元震以军事学的术语阐释志气关系，是受到孟子所言“志，气之帅也”的启示，毕竟帅也有将帅的意思。韩元震的这个比拟较为简易明白，便于理解孟子复杂抽象的理论问题。另外，韩元震对志气关系还作了进一步延伸，引入了吉凶观念，如果是志壹则动气，宛如将帅号令严明，兵卒听命，上下合心，则趋于吉；反之，气壹则动志，就如同士卒骄横，将帅无威无权，反而被士卒胁迫，自然会陷于凶。对于一场战争而言，无疑是以将帅为主，同时也不能忽视士卒的作用，所以既要立将养兵，也要训练士卒。具体到个人修养上来说，就要“持其志”，又要“无暴其气”。相对于宋时烈太极、阴阳之喻，韩元震的将卒之喻更有助于对《孟子》文本的理解。只是韩元震把志也归之于气的范畴，尽管这个气是本体意义上的，但是依然与孟子本义不符。

韩元震还以气之清浊论志气关系之善恶，其曰：

> 志壹则动气，如志于道，志于欲，志之所向，尽气力去为之，其有善恶，不难知矣。气壹则动志，疑若有恶而无善。然气有清时，有浊时。方其清时，四体自然收束而志虑精明；方其浊时，四体居然怠倦而神思昏愦，此皆气之动志而善恶之相杂也。如汉之南北军为刘氏左袒，唐

① 韩元震：《南塘先生文集》卷 29，《韩国文集丛刊》第 202 册，第 134 页。

之方镇之卒胁其将以叛，其事则亦有善恶之相反也。①

在韩元震看来，志壹则动气，即使气有清浊善恶，也能在心志的判断力烛照之下，分辨善恶，并为善去恶。气壹则动志，则善恶相杂。因为，志壹则动气之气，是在心志统帅下的清明之气，而气壹则动志之气是心志被反制时的浊气，清气为善，浊气为恶。韩元震以史解经，援引史实为证，志壹则动气，为清气，为善，如汉代南北军在中央政府之管辖之下，拱卫朝廷；气壹则动志，为浊气，为恶，如晚唐藩镇之乱，朝廷无力辖制藩镇，反而为藩镇所胁迫，以致政权覆亡。

韩元震在《孟子经义纪闻录·孟子养气章说》中，进一步讨论浩然之气与先天禀赋的关系问题。

首先，韩元震反对浩然之气是贤者所独有，而愚不肖者所无，主张浩然之气是人人皆得之。孟子异于凡人之处不在于独得浩然之气，而在于善养浩然之气。易言之，韩元震认为在浩然气的先天禀赋方面，人人皆同，但是在后天的修养工夫方面，则体现出凡圣之别。其曰：

> 或言浩然之气，贤者独得，而愚不肖不与；或言知至意诚后方有浩然之气，而不可谓生下来便禀得此气。二说者皆不察乎孟朱二夫子之意也。孟子曰“我善养吾浩然之气”，谓其浩然之气人皆得之，而我独能善养，所以能四十而不动心也。盖言己之善养，以晓人同有此气者不可不养也。若是他人之所无而孟子独得之，则孟子必不肯言之。自古圣贤何尝自夸其气禀之异众乎？②

其次，韩元震反对浩然之气不是人类先天所有，而是后天培养而来的观点。韩元震主张浩然之气是人类所本有，儒家的修身工夫目的之一就是善养此气，以恢复此气之浩然的本然特征。其曰：

---

① 韩元震：《南塘先生文集》卷 29，《韩国文集丛刊》第 202 册，第 134—135 页。

② 韩元震：《孟子经义记闻录》，张立文、王国轩总编纂：《国际儒藏·韩国编·四书部》，《孟子卷》第 2 册，第 297 页。

《集注》又曰："天地之正气，人得之以生。"此人字亦可只作贤人看乎？《集注》又曰："气（者），即所谓体之充（也）［者］，本自浩然，失养故馁。唯孟子善养之以复其初。"若此气生下来不能禀得，而必待知至意诚后得之，则安得言"本自浩然"？安得言善养复初乎？唯其本有是气，故有失有复也。初无是气，则失者果何物，而复者又何物耶？①

最后，韩元震主张浩然之气不是人与人之间的差别，而是人禽之辨，是人与动物之间的差别。人类先天禀赋浩然之气，而动物则无此浩然之气。同时，韩元震也认为人在禀赋浩然之气的时候也有个体差异，有清浊粹驳之异，禀赋清粹者为圣贤，禀赋浊驳者为愚不肖。其曰：

盖浩然者，天地之正气，盛大而流行者也。得是以生则为人，不得是以生则为禽兽。唯其于正者之中，不能无清浊粹驳之异，故盛大流行之体人无不得，而清浊粹驳之禀人各不同。得其清粹者为圣为贤，故所为常慊于心，而不失其盛大流行之体；得其浊驳者为愚为不肖，故所为常多可媿，而遂失其盛大流行之体。苟能善养，则亦可以复其初矣。譬如水之流行一也，而清浊不同，故清者无所壅阏而无时不流行，浊者有所壅阏而或不能流行矣。然澄其浊而决其壅，则其流行者又未尝不如初矣。②

值得注意的是，尽管韩元震主张个体先天禀赋的差异，但是他并不认同先天人格决定论，而是在强调先天禀赋的同时，也重视后天的修养工夫。圣贤虽然禀赋超群，若是不重视后天的修养工夫，也会泯然众人矣；凡愚不肖之人，虽然先天禀赋有所不足，也可以通过后天的修养工夫超凡入圣。正如韩元震以水为喻，运用适当的澄澈工夫，浊水也可以变清，若不能有此

① 韩元震：《孟子经义记闻录》，张立文、王国轩总编纂：《国际儒藏·韩国编·四书部》，《孟子卷》第2册，第297页。

② 韩元震：《孟子经义记闻录》，张立文、王国轩总编纂：《国际儒藏·韩国编·四书部》，《孟子卷》第2册，第297页。

工夫，那么清水也会变浊。

韩元震在对浩然章的阐释之中，已经触及韩国儒学史上一个重要的学术论争，这个学术论争就是人性物性同异论，韩元震是人性物性相异论的代表学者，与同门李柬展开论辩，李柬持人性物性相同观，这场围绕人性物性同异之争，史称湖洛之争。① 韩元震的人性物性相异论也体现在对《孟子·告子上》“生之谓性”章的阐释中。“生之谓性”章曰：

> 告子曰：“生之谓性。”
>
> 孟子曰：“生之谓性也，犹白之谓白与？”
>
> 曰：“然。”
>
> “白羽之白也，犹白雪之白；白雪之白，犹白玉之白与？”
>
> 曰：“然。”
>
> “然则犬之性，犹牛之性；牛之性，犹人之性与？”②

从人性与动物之性不同处阐释性善，是孟子论性的特质之一，很多学者都曾注意及此，如唐君毅《孟子性善论新释》：

> 孟子之论人性，着重在两点：一是就“乃若其情，则可以为善矣！乃所谓善也”上说性善。这即是表示孟子所谓性善，不是就人之实然上说人之已善，而是就潜伏的功能内在的心灵活动的趋向，与此活动之显发上说人之性善。……第二点是孟子论人性，是要就人之所以为人之特色上论人性，所以不应就人与其他动物之所同处论人性，而当自人之所以异于其他动物处论人性。③

这一章是孟子比较集中地论述了人性与其他动物之性的不同，朱熹的

---

① 关于这场论争的具体内容，可参看李甦平《韩国儒学史》第四章《朝鲜后期儒学》第三节《湖洛学者关于性的儒学》，第446—467页。

② （宋）朱熹：《四书章句集注》，第332页。

③ 唐君毅：《中国古代哲学精神》，《唐君毅全集》第二十卷，九州出版社2016年版，第194—195页。

注释影响最大，其注曰：

性者，人之所得于天之理也；生者，人之所得于天之气也。性，形而上者也；气，形而下者也。人物之生，莫不有是性，亦莫不有是气。然以气言之，则知觉运动，人与物若不异也；以理言之，则仁义礼智之禀，岂物之所得而全哉？此人之性所以无不善，而为万物之灵也。告子不知性之为理，而以所谓气者当之。是以杞柳湍水之喻，食色无善无不善之说，纵横缪戾，纷纭舛错，而此章之误乃其本根。所以然者，盖徒知知觉运动之蠢然者，人与物同；而不知仁义礼智之粹然者，人与物异也。孟子以是折之，其义精矣。①

朱熹以理气二分法来论述人性物性之不同，朱熹认为从形而下的气而言，人与物有相同的生命生理机能，但是从形而上的理而言，人有仁义礼智的道德禀赋，而物则无此禀赋。韩元震在继承朱熹思想的基础上，又提出新的见解。韩元震《孟子杂著》曰：

何谓性？具于未发之前也。何谓性善？帝降之衷，纯粹至善而不为气所囿也。何谓性为大本？性为天下万事之本，而性未有所本也。何谓本然之性？专指理也。何谓气质之性？兼指气也。一性而二名，其辨只在于气之兼不兼，而所指之理、所言之地则一也。②

韩元震认为性在未发之前就已经内化于人心，理学家把性分本然之性与气质之性两类，本然之性专指禀赋之理而言，气质之性则兼指气而言，本然之性纯粹至善，气质之性善恶相间。对于朱熹所指出的人兼有本然之性与气质之性，而动物仅有气质之性而无本然之性的观点，韩元震不能认同，韩元震《孟子经义记闻录》曰：

大抵犬牛人性之不同，实由于形气之异，则对太极之理无物不全、

① （宋）朱熹：《四书章句集注》，第 332 页。

② 韩元震：《孟子杂著》，张立文、王国轩总编纂：《国际儒藏·韩国编·四书部》，《孟子卷》第 2 册，第 302 页。

无物不同者而言，亦可谓气质之性。然犬与犬同、牛与牛同、人与人同，而同为可循之性，则对人人不同、物物不同之性而言，岂不为本然之性乎？①

韩元震甚至认为孟子所论之性，很难套用理学家本然之性与气质之性的概念。韩元震提出了对于本然之性的新理解，他认为本然就是本来如此之意，或者说本能之意。其曰：

夫所谓本然者，谓其本如此也。鸡司晨、犬司盗、牛耕、马驰，皆其性本如此，则所谓本然者也。若其鸡之不能司晨，犬之不能司盗，牛不能耕，马不能驰者，乃其失其本然，而由于气质之不齐者也。若以鸡司晨、犬司盗、牛耕、马驰谓非本然之性，则是物独不有本性也。虽曰物有与人一同之性是其本然，而物终不能行人之道，则是物之有本性终不能发用矣。②

鸡司晨是鸡之本能，犬司盗是犬之本能，牛耕马驰是牛马之本能，此种本能就是韩元震理解的本然之性。从本能的意义上讲，人与动物均有各自的本能，本能是赋性之自然，只有物类的不同，而不存在价值上的高下，不能说鸡司晨高于犬司盗、犬司盗高于牛耕马驰，在本能方面人不比动物多出价值优越。人高于动物的价值不在本能方面凸显，而在实践中凸显。动物依照本能而生存，人则在本能之外有道德理性，可以用此道德理性约束规范生物本能，将生物本能纳之于仁义礼智的道德规范之中。所以，人的实践是道德实践，而动物的实践只是本能实践。通过实践，人能彰显仁义礼智的道德价值，而动物则不能“发用”，不能彰显道德价值，而只能随顺生物本能，这就是韩元震认为人性高于动物性的价值所在。

① 韩元震：《孟子经义记闻录》，张立文、王国轩总编纂：《国际儒藏·韩国编·四书部》，《孟子卷》第2册，第298页。

② 韩元震：《孟子经义记闻录》，张立文、王国轩总编纂：《国际儒藏·韩国编·四书部》，《孟子卷》第2册，第298页。

第二节　文史互证与伦理本位：权得己《孟子僭疑》研究

权得己（1570—1622），字重之，号晚悔，安东人。据其子权試所撰《家状》曰："先子自幼与群儿游，不欺不诳，凡言语不讳情，淫媟之言不出口。徐夫人教读书，略解文理。十余岁，从讲师受经史。聪敏绝伦，不劳日进，诸子史百家言，一览辄记。颖悟明达，称于辈流。"① 宣祖二十二年（1589），中进士。庚戌，魁文科，拜礼曹佐郎。

光海君继位以后，朝中党争加剧，光海君胞兄临海君、延兴府君金悌男（仁穆大妃之父）、异母弟永昌太君等，都陷入党争之中，受到诬陷，被光海君处死。光海君又在李山海、郑仁弘等大北派朝臣的怂恿之下，将其继母仁穆大妃囚禁在西宫。光海君戮兄、屠弟、囚母的系列行为，被当时很多官员和学者认为是毁灭人伦之举，其中也包括权得己。光海君十年（1618），权得己除高山道察访。权得己认为不出仕则无言责，既然居官出仕，则对光海君的违背伦常之举，就不能不加以劝谏。于是就写了数千字言辞恳切的奏疏，但是其兄长担心这道奏疏不仅会触怒光海君，还会卷入混乱的党争之中，在兄长的极力劝阻之下，权得己放弃了上疏之举。权得己对光海君统治下的政局极度失望，遂绝意仕进，隐居湖西之海曲，覃思经籍，著书立说。其《壬戌六月十七日》诗，颇能反映权得己晚年的心境，其诗曰：

一病沈绵将及期，僻乡无处可寻医。
死生有命夫何恨，只得安心以待时。
少年心放不知求，晚悔何能补昔尤。

① 权得己：《晚悔集》附录《家状》，《韩国文集丛刊》第76册，第120页。

阅史稽经皆未遂，重泉之下恨悠悠。①

权得己著有《晚悔集》《读书僭疑》，关于僭疑这种著述体例和特点，权詠《家状》释之曰：

> 先子遗书，有《读书僭疑》四册。先子读书，潜玩体究，有所疑必深思之，思而得之。若不得，并作册记之，备后日紬绎讲明。且因读书而感于世事，遂论辨而记之，名曰“僭疑”。《论》《孟》《近思录》皆有僭疑，《家礼僭疑》一册。②

据此可知，《孟子僭疑》是权得己《读书僭疑》中的一种。僭疑是特殊的著述体例，不是纯粹的经学著述，而是比较灵活的读书札记汇编。这种著述体例，虽然没有经学著述的谨严，但是也避免了经学著作的板滞之弊。况且，权得己在书中投射了大量的世事议论，借助《孟子》文本批判当时不合理的社会政治秩序，有较强的现实批判价值。

一、经学阐释与文学想象

权得己的《孟子》阐释，不是传统的经学注疏方式，而是采用读书札记体，体例上相对于注疏来讲，有更强的灵活性，思想的展示也更为坦易自由。权得己在尊经的同时，又提出经学阐释不可“拘执”经意，在很多篇章的阐释方面，权得己都加入了合理的文学想象，经学与文学交映生辉，并从中反映出权得己强烈的道德诉求。如《孟子·尽心下》：

> 孟子曰：“民为贵，社稷次之，君为轻。是故得乎丘民而为天子，得乎天子为诸侯，得乎诸侯为大夫。诸侯危社稷，则变置。牺牲既成，粢盛既洁，祭祀以时，然而旱干水溢，则变置社稷。”③

孟子在传统的民本思想基础上，进一步发展出“民贵君轻”的新观点，把百

① 权得己：《晚悔集》卷 1，《韩国文集丛刊》第 76 册，第 10 页。

② 权得己：《晚悔集》附录《家状》，《韩国文集丛刊》第 76 册，第 120 页。

③ （宋）朱熹：《四书章句集注》，第 375 页。

姓地位提高到国家政权（社稷）与君主统治（君）之上，百姓是国之根本，如果国家政权和君主统治不能顺意民意，不能为百姓谋福利，甚至于戕贼百姓，则百姓可以“变置社稷”，推翻暴政君主的统治。在传统社会之中，这种思想无疑带有激进色彩，对君主权势势必造成思想上的威胁，故此经学家对这一章的阐释都深感棘手。权得己对本章提出了新的阐释维度与阐释方法，其云：

> 君固为民而设，然使万民司平于君，则其受民之奉宜厚也，民之尊而奉之亦宜也。但君不养民而虐之，则民相聚而叛之，虽非道义之当然，亦理势之所必至也。臣弑君，子弑父，虽臣子之罪，亦君父有以致之也。世家巨族，与国同休戚者，或不得已而为变置之事，虽非义理之至当，亦事势之所必至耳。使君果虐民，危社稷，则虽无变置，其死亡可立而俟。故孟子发此说以警时君，使之以此存心耳。若臣民之视君，则不可如是。孟子之言当活看，不可拘执。①

权得己认为孟子语言一般都有特定的针对对象，都有特定的表达语境，因此，对孟子之言要灵活看待，不能拘执原文，死在句下。具体到本章而言，权得己展开合理的文学想象，认为孟子这段话隐去了特定的谈话对象，而这个谈话对象应该就是身居高位的君主。孟子将君主虐民的政治后果申说得如此严重，意在警告君主应该常存爱民之心。如果舍弃这一默认的谈话对象，或者将这一对象置换成臣民，则容易引发臣民对君主的不忠，甚而至于会出现篡夺之事。权得己以灵活的阐释方式，揭示出孟子民贵君轻的谈话对象以及这段谈话对君主的警示性作用，这是权得己对本章阐释超越前人之处。

再如《孟子·离娄下》关于君臣关系的论述：

---

① 权得己：《孟子僭疑》，张立文、王国轩总编纂：《国际儒藏·韩国编·四书部》，《孟子卷》第1册，第236页。

孟子告齐宣王曰:“君之视臣如手足,则臣视君如腹心;君之视臣如犬马,则臣视君如国人;君之视臣如土芥,则臣视君如寇雠。”

王曰:“礼,为旧君有服,何如斯可为服矣?”

曰:“谏行言听,膏泽下于民,有故而去,则君使人导之出疆,又先于其所往;去三年不反,然后收其田里。此之谓三有礼焉。如此,则为之服矣。今也为臣,谏则不行,言则不听,膏泽不下于民;有故而去,则君搏执之,又极之于其所往;去之日,遂收其田里。此之谓寇雠,寇雠何服之有?”①

君臣关系是儒家政治伦理的重要内容,孔子主张“君使臣以礼,臣事君以忠”,君臣关系是一组互相对待关系,尽管君主具有至高无上的权力,但君臣之间关系的和谐,不能单方面地要求大臣尽忠,君主对待大臣彬彬有礼,是大臣尽忠的先决条件。孟子继承发展了孔子的政治主张,更加明确地把君臣关系视作对等性关系,孟子认为君主对待大臣的态度,直接决定着大臣对待君主的忠诚度。如果说君主是作用力,那么大臣就是反作用力,这也就是孟子所言的“出乎尔者,反乎尔者也”(《孟子·梁惠王下》)。孟子在本章提出了三种形态的君臣关系,其中最为紧张的关系是“君之视臣如土芥,则臣视君如寇雠”,这种大臣对待君主的敌视态度,无疑会对专制统治下的君主造成极大威胁,以至于朱元璋读至本章,龙颜大怒,要罢免孟子配享孔庙的资格,《明史·钱唐传》载其事曰:

帝尝览《孟子》,至草芥寇雠语,谓非臣子所宜言,议罢其配享,诏有谏者以大不敬论。唐抗疏入諫,曰:“臣为孟轲死,死有余荣。”时廷臣无不为唐危,帝鉴其诚恳,不之罪,孟子配享亦旋复。然卒命儒臣修《孟子节文》云。②

① (宋)朱熹:《四书章句集注》,第295页。

② (清)张廷玉:《明史》,中华书局年1974年版,第3982页。

虽然在钱唐的抗颜直谏之下，朱元璋恢复了孟子配享孔庙的资格，但是依然命令儒臣编订了《孟子节文》，将本章以及与之类似的论述大量删除，总计删除内容多达八十五条，“课试不以命题，科举不以取士”①。针对这敏感的一章，权得己提出了新的阐释维度，其云：

> “臣视君如寇雠”之说，世颇疑之。《集注》杨氏、《大全》诸儒之说详矣，然尚有可恨者。盖言君子不自处以薄之意，而不明言孟子本意。又曰为齐王有为之言，若是则圣贤设教分君子、小人门路为两科，又若谁言以恐喝时君者。然独陈氏“大都报应如此”之说稍明。盖孟子本意只言君若以恶遇臣，则臣亦必有以恶报之者，此理势之所必至耳。盖君使臣以礼，则贤者乐进。彼贤者虽或以土芥视之，岂有寇雠之报乎？但人君才有一毫不礼之心，贤者便见几而作，恐有犬马土芥之辱，如穆生之事是已。其所留者，必皆以利事君之徒耳。彼鄙夫之事君也，不知彝伦礼义之为何物，但以君之禄位为己利耳。以利取友者，利尽则疏；以利事君者，利尽则叛。况无所利而以虐加之，则岂不有寇雠之报乎？下文服与不服亦即此意。服者，君贤，故臣亦贤；不服者，君不贤，故所当用者乱贼之徒也。春秋之时，以臣雠君者多矣，孟子之言盖谓此也。若使暴君之臣来问，则必告以君虽不君，臣不可不臣之义矣。今人于经但信口诵说以应科举，其于文义有未暇详者。至于圣贤本意蒙不知，可疑却强作解事样，妄讨可疑于无可疑之地，甚可怪也。②

权得己所言“《集注》杨氏”，即朱熹《孟子集注》所引杨时之言：“杨氏曰：君臣以义合者也。故孟子为齐王深言报施之道，使知为君者不可不以礼遇其臣耳。若君子之自处，则岂处其薄乎？孟子曰‘王庶几改之，予日望之’，

① （清）朱彝尊原著，林庆彰等编审：《经义考新校》卷 235，上海古籍出版社 2023 年版，第 4238 页。

② 权得己：《孟子僭疑》，张立文、王国轩总编纂：《国际儒藏·韩国编·四书部》，《孟子卷》第 1 册，第 211 页。

君子之言盖如此。[①]”杨时认为既然大臣以寇雠对待君主，是因为君主以土芥对待大臣所致，那么孟子所言就是意在警醒君主应当礼遇大臣，孟子立言的对象是君主，而不是君子，更不是鼓励君子犯上作乱。《孟子大全》所引张栻、真德秀之言，与杨时大同小异。权得已认为这些言论都是“不明孟子本意”，他认为孟子此章立言不太可能预设君子、小人两科设教，孟子也不会以盛气凌人的态度恐吓君主。相对于杨时而言，权得已更为认同陈埴的观点，陈埴曰：“孟子此语是说大都报应如此，若忠臣孝子不当以此自处，当知天下无不是底君父。”[②] 当然，权得已对陈埴的观点依然还是有所保留，尽许之为“稍明”。

权得已认为以寇雠视君绝非贤者所为，而且贤者见机而作，发现君主不再礼敬大臣之时，就会离职远遁，不至于贪恋爵位，发展到君主以土芥视之的程度。权得已的这个观点，在《孟子》文本中也可以找到理论根据，如《孟子·离娄下》曰：“无罪而杀士，则大夫可以去；无罪而戮民，则士可以徙。”朱熹注曰：“言君子当见几而作，祸已迫，则不能去矣。”[③] 权得已把贤者从寇雠视君的预设中排除在外，既维护了传统社会君主的政治权威，也表彰了贤者的忠贞节操与隐遁情怀，如此阐释还是为了营造君仁臣忠的理想政治模式。

权得已更进一步指出，以寇雠视君者只能是“以利事君”之徒，此类人毫无道德操守，把利益作为唯一标准。如果君主不能满足其利欲之心，尚且容易滋生背叛之事，更何况无利可图，君主还要以土芥虐之，自然会让此类“以利事君”之徒以寇雠对待君主，甚而至于谋逆篡夺。权得已这个观点的理论根据是《孟子·梁惠王上》所言：“万乘之国弑其君者，必千乘之家；千乘之国弑其君者，必百乘之家。万取千焉，千取百焉，不为不多矣。苟为

① （宋）朱熹：《四书章句集注》，第295—296页。
② （明）胡广等纂修，周群、王玉琴校注：《四书大全校注》，第923页。
③ （宋）朱熹：《四书章句集注》，第296页。

后义而先利，不夺不餍。"[①] 权得己把寇雠视君的主体预设为"以利事君"的"鄙夫"，既可以体现对奸佞之臣的贬抑，也有助于对暴君的虐政进行纠偏，是对暴君佞臣这种失衡恶化的君臣关系的拨正。权得己对本章的阐释也是从文意出发，分辨可疑与不可疑之处，在可疑之处，展开合理的文学想象，进而揭示出文本蕴含的多重思想信息。

权得己在经学阐释中加入文学想象的做法，在"文王之囿"章也有充分的体现，《孟子·梁惠王下》曰：

> 齐宣王问曰："文王之囿方七十里，有诸？"
>
> 孟子对曰："于传有之。"
>
> 曰："若是其大乎？"
>
> 曰："民犹以为小也。"
>
> 曰："寡人之囿方四十里，民犹以为大，何也？"
>
> 曰："文王之囿方七十里，刍荛者往焉，雉兔者往焉，与民同之。民以为小，不亦宜乎？臣始至于境，问国之大禁，然后敢入。臣闻郊关之内有囿方四十里，杀其麋鹿者如杀人之罪，则是方四十里为阱于国中。民以为大，不亦宜乎？"[②]

文王之囿方七十里，民以为小，齐宣王之囿方四十里，而民犹以为大，可见民心之向背不在于囿之实际大小，而在于君主对待囿之态度，这个态度就是能不能做到"与民同之"，或者说建囿之目的是以天下奉一人，还是以至公无私之心与民同乐。权得己对本章之诠释如下：

> "民犹以为小"，盖若已是探知齐王发问之意者然。意或齐王欲更大苑囿，小人举文王之事以逢迎之，王遂举以问之孟子。孟子对以"于传有之"，盖曰传有是言，而未必信然也。王更问，一转"若是其大乎"，

① （宋）朱熹：《四书章句集注》，第 201 页。

② （宋）朱熹：《四书章句集注》，第 214—215 页。

盖谓文王之囿若是其大，则今虽更大，无伤也。孟子便答，一转语“民犹以为小”，盖欲竢齐王更问而竟其说。王更问“寡人之囿，民以为大”，盖欲归罪于民俗之薄恶。孟子便对以“刍荛者往焉，雉兔者往焉，与民同之”，则是文王未尝有囿，特是空旷不可耕之地方七十里，而其中之所有与民共之而已。①

权得己这段阐释既有继承也有创新：

继承方面，权得己推断齐宣王以文王之囿询问孟子，必然是有奸佞之臣揣摩齐宣王心理，逢君之恶，投其所好，权得己说：“意或齐王欲更大苑囿，小人举文王之事以逢迎之，王遂举以问之孟子。”对于这种假借经典、文过饰非的谄媚行为，权得己也大肆挞伐，他说：

孟子之言分明如此，而后世乃有如任芝、乐松之徒，假孟子此说以为逢君之地。彼小人者不恤经旨之不同，而但藉以为文奸饰非之地。呜呼！六经为奸宄之囊橐，彼六经何罪？乃奸宄②者窃取而用之，是乃膝甲之类耳。世之君子，其无妄用经语以取膝甲之讥哉？膝甲者，东俗以环膝者。谚传昔有偷膝甲［者］不知其用，见其班烂可爱，乃以环额。故俗谓误用古语者曰膝甲。③

权得己的这个观点源于张栻，《孟子集注大全》：“南轩张氏曰：意齐王欲广其囿，谀佞之徒，必有假文王事以逢之者，文王岂崇囿如此？盖其搜田所及，民以为王之囿耳，以刍雉得往，知其然也。④”

创新方面，权得己敏感地意识到本章的文学体式是对话体，言为心声，齐宣王与孟子之间的对话，反映出两人不同的心理变化，也是两人不同政

① 权得己：《孟子僭疑》，张立文、王国轩总编纂：《国际儒藏·韩国编·四书部》，《孟子卷》第1册，第191—192页。

② “奸宄”，《国际儒藏》本作“奸究”，形近而误，今据《韩国经学资料集成》原文图像改。

③ 权得己：《孟子僭疑》，张立文、王国轩总编纂：《国际儒藏·韩国编·四书部》，《孟子卷》第1册，第192页。

④ （明）胡广等纂修，周群、王玉琴校注：《四书大全校注》，第923页。

治主张的呈现，孟子主张“与民同之”，而齐宣王则援引文王之囿成例，为满足其游观之私欲张本，罔固百姓生死，甚而至于“杀其麋鹿者如杀人之罪”。权得己通过对话语言的深入剖析，运用文学想象，把隐藏于文字背后的心理动机揭示出来，在《孟子》学阐释史上有其独特价值。

二、经史互证与道德阐发

经史互证是权得己《孟子》阐释的另一个重要方法，通过对《孟子》书中历史史实的解读，发掘出经学文本的道德隐喻。

经学与史学的关系问题，一直是中国传统学术关注的重要内容，王阳明就曾提出“五经亦史”的重要论断，其《传习录》卷上云：

> 爱曰：“先儒论六经，以《春秋》为史。史专记事，恐与《五经》事体终或稍异。”先生曰：“以事言谓之史，以道言谓之经。事即道，道即事。《春秋》亦经，五经亦史。《易》是包牺氏之史，《书》是尧舜以下史，《礼》《乐》是三代史。其事同，其道同，安有所谓异？”又曰：“《五经》亦只是史，史以明善恶、示训戒。善可为训者，特存其迹以示法；恶可为戒者，存其戒而削其事以杜奸。”①

王阳明认为史以记事为主，记事之中也蕴含了惩恶扬善的道德训诫；经以明道为主，道德训诫的切实展开也离不开具体的历史事迹。经学和史学具有类似的记事功能，也有类似的惩戒功能，从这个意义上说，五经亦史的观点是合理的。

清代中期，章学诚更为明确地提出“六经皆史”的重要论断，《文史通义·易教》云：

> 六经皆史也。古人不著书，古人未尝离事而言理，六经皆先王之

① （明）王守仁撰，吴光、钱明、董平、姚延福编校：《王阳明全集》，上海古籍出版社2015年版，第11页。

政典也。①

诚如王阳明、章学诚所言，在中国传统学术之中，经学与史学的关系特别之密切。正如牟宗三所言，经学属于道德判断，历史属于价值判断，两者虽然分属于不同的学术门类，却又紧密地联系在一起，牟宗三《政道与治道》云：

对于历史，道德判断与历史判断无一可缺。……无道德判断，而只有历史判断，则历史判断只成为现象主义，历史主义，此不足以真实化历史。无历史判断，而只有道德判断，则道德判断只是经，而历史只成为经之正反事例，此亦不足真实化历史。②

具体到孟子而言，孟子向往三代王道政治，“道性善，言必称尧舜”（《孟子·滕文公上》），孟子认为尧舜禅让的政治交接方式和君臣相处之道，是古典政治伦理的极则。《孟子·离娄上》：

欲为君尽君道，欲为臣尽臣道，二者皆法尧舜而已矣。不以舜之所以事尧事君，不敬其君者也；不以尧之所以治民治民，贼其民者也。③

不仅如此，孟子还把舜处理家庭关系的准则作为家庭伦理的极则。舜生活在一个非常不幸的家庭，父亲顽固不化，后母傲慢刻薄，弟弟桀骜不驯，三人日以杀舜为事。舜依然能够通过高度的智慧和真诚的心灵感化家人，使失衡的家庭关系回归到正常的轨道上来。相对于普通人而言，舜贵为天子，富有四海，政治上的地位极为尊崇，但是舜的家庭不幸，又让他在家庭中处于边缘地位。舜如何平衡政治身份的尊贵与家庭身份的卑微，如何更好地处理政治伦理与家庭伦理，是孟子思考的重要伦理问题，如《孟子·万章上》：

咸丘蒙问曰：“语云：‘盛德之士，君不得而臣，父不得而子。’舜南面而立，尧帅诸侯北面而朝之，瞽瞍亦北面而朝之。舜见瞽瞍，其容有

① （清）章学诚：《文史通义》，上海古籍出版社2015年版，第1页。

② 牟宗三：《政道与治道》，广文书局1961年版，第223页。

③ （宋）朱熹：《四书章句集注》，第282页。

蹙。孔子曰：‘于斯时也，天下殆哉，岌岌乎！’不识此语诚然乎哉？”

孟子曰：“否。此非君子之言，齐东野人之语也。尧老而舜摄也。《尧典》曰：‘二十有八载，放勋乃徂落，百姓如丧考妣，三年，四海遏密八音。’孔子曰：‘天无二日，民无二王。’舜既为天子矣，又帅天下诸侯以为尧三年丧，是二天子矣。”

咸丘蒙曰：“舜之不臣尧，则吾既得闻命矣。《诗》云：‘普天之下，莫非王土；率土之滨，莫非王臣。’而舜既为天子矣，敢问瞽瞍之非臣，如何？”

曰：“是诗也，非是之谓也；劳于王事，而不得养父母也。曰：‘此莫非王事，我独贤劳也。’故说诗者，不以文害辞，不以辞害志。以意逆志，是为得之。如以辞而已矣，《云汉》之诗曰：‘周余黎民，靡有孑遗。’信斯言也，是周无遗民也。孝子之至，莫大乎尊亲；尊亲之至，莫大乎以天下养。为天子父，尊之至也；以天下养，养之至也。《诗》曰：‘永言孝思，孝思维则。’此之谓也。《书》曰：‘祗载见瞽瞍，夔夔齐栗，瞽瞍亦允若。’是为父不得而子也。”①

孟子在上述文字中提出了两个重要的问题，权得己对这些问题，进行了合理的想象，又有进一步的阐释。

第一，尧北面朝舜与君臣伦理的问题。

孟子否认舜南面而王、尧北面朝舜的历史传言，并引孔子“天无二日，民无二王”为理论依据，君主是政治地位的最高表征，若一个政权之内，同时存在两个君主，不仅君主至高无上的政治地位无法凸显，还会因权力争夺发生激烈的政治斗争。如此一来，儒家理想的禅让制度就会流于形式，进而演化为篡夺与政变。对此，权得己采用后世历史印证孟子超前的政治预见，其云：

① （宋）朱熹：《四书章句集注》，第311—312页。

舜南面，尧北面，古无是理。丕炎僭逆之端已兆于咸丘之时欤？①

魏文帝曹丕逼迫汉献帝禅让，晋武帝司马炎逼迫魏元帝曹奂禅让，其实都是假借禅让之名，行篡夺之实，与孟子所言尧舜禅让不可同日而语。作为经学重要著作的《孟子》，关于尧舜禅让的历史叙述，也有切实的历史根据。焦循《孟子正义》曰：

王氏鸣盛《尚书后案》云："《史记》：'尧立七十年，得舜，二十年而老，令舜摄行天子之政，荐之于天。尧辟位，凡二十八年而崩。'徐广曰：'尧在位凡九十八年。'按上文尧欲巽位，自言'朕在位七十载'，合二十八载，凡九十八年，《史记》与经合。"②

孟子所言尧老之后，命舜代理天子之职务，尧驾崩之后，舜才正式继任天子。这一论断，有《尚书》为据，之后也得到司马迁《史记》的再度认可。

第二，瞽瞍北面朝舜与父子伦理的问题。

相对于民众来说，舜是天子，地位极为尊贵；相对于瞽瞍来说，舜为儿子，孝悌为仁之根本，孝敬瞽瞍是舜作为仁德之子的应尽分内之事，即使瞽瞍很不慈爱。果真如咸丘蒙所言，瞽瞍北面朝舜，那就是父子伦理屈从于君臣伦理，血缘伦理屈从于政治伦理，这正是朱熹批评的"人伦乖乱"③。孟子驳斥了咸丘蒙的齐东野人之语，认为"父不得而子"的真实之意是舜勤于国事，无暇奉养瞽瞍。但是舜每次拜见瞽瞍，都是异常恭敬小心，舜的赤诚孝心最终感化了瞽瞍，使瞽瞍改过迁善，循礼而行。常态化的父子关系应该是父亲感化儿子，在瞽瞍与舜这对特殊的父子关系之中，反而是儿子感化了父亲，这也是"父不得而子"的另一层涵义。关于后一点，朱熹的解释非常精当，他说：

---

① 权得己：《孟子僭疑》，张立文、王国轩总编纂：《国际儒藏·韩国编·四书部》，《孟子卷》第1册，第218页。

② （清）焦循：《孟子正义》，中华书局2004年版，第635—636页。

③ （宋）朱熹：《四书章句集注》，第311页。

> 言舜敬事瞽瞍，往而见之，敬谨如此，瞽瞍亦信而顺之也。孟子引此而言瞽瞍不能以不善及其子，而反见化于其子，则是所谓父不得而子者，而非如咸丘蒙之说也。①

瞽瞍北面朝舜还仅是一个不太严重的伦理问题，但是《孟子》一书还假设了一个更为棘手的问题，即瞽瞍杀人。瞽瞍杀人不仅关乎伦理，还涉及法律与道德的冲突、“亲亲相隐”的边界等问题，近年来一度成为学术界争论不休的热门话题。②瞽瞍杀人一章见于《孟子·尽心上》：

> 桃应问曰：“舜为天子，皋陶为士，瞽瞍杀人，则如之何？”孟子曰：“执之而已矣。”
>
> “然则舜不禁与？”
>
> 曰：“夫舜恶得而禁之？夫有所受之也。”
>
> “然则舜如之何？”
>
> 曰：“舜视弃天下犹弃敝蹝也。窃负而逃，遵海滨而处，终身欣然，乐而忘天下。”③

这一章反映了亲情与法律的两难困境与艰难抉择，舜有两重身份，相对于皋陶，舜是天子，皋陶的执法权力受之于舜，为了保证司法的公正性，即使是舜之父杀人，舜也不应该禁止皋陶执法；但是相对于瞽瞍，舜是孝子，孝悌为仁之根本，父子伦理大于天子之位，舜弃天下，而窃负而逃是儒家伦理给予的最佳选择。正如郭店竹简《六德》所言：“仁，内也；义外也。……门

① （宋）朱熹：《四书章句集注》，第 312 页。

② 代表性的著作有林桂榛：《“亲亲相隐”问题研究及其他》（中国政法大学出版社 2013 年版）、梁涛：《亲亲相隐与二重证据法》（中国人民大学出版社 2017 年版）。论文有郭齐勇：《“亲亲相隐”“容忍制”及其对当今法治的启迪》，《社会科学论坛》2007 年第 8 期；邓晓芒：《再议“亲亲相隐”的腐败倾向——评郭齐勇主编的〈儒家伦理争鸣集〉》，《学海》2007 年第 1 期；梁涛：《“亲亲相隐”与“隐而任之”》，《哲学研究》2012 年第 10 期。另相关成果可参见郭玲《2010 年以来国内“亲亲相隐”制度研究述评》，《商丘师范学院学报》2023 年第 2 期。

③ （宋）朱熹：《四书章句集注》，第 367 页。

内之治恩掩义，门外之治义斩恩。”[①] 皋陶执法，是门外之治，应该义斩恩；舜窃负而逃，是门内之治，应该恩掩义。另外，本章也含有儒家角色伦理的因素，儒家强调德位相符、德位一致，一定的政治地位需要有相应的道德标准与之配合。孟子反对德不配位，也反对超出所处身份地位之外的妄生事端，而赞同孔子主张的“不在其位，不谋其政”（《论语·泰伯》）。[②] 朱熹对本章之注曰：“言皋陶之心，知有法而已，不知有天子之父也。”“言舜之心知有父而已，不知有天下也。”[③] 即是从德位相符的角度作出的相应阐释。而且朱熹特别强调本章乃是假设之辞，不可作历史事实看待，即“其意以为舜虽爱父，而不可以私害公；皋陶虽执法，而不可以刑天子之父。故设此问，以观圣贤用心之所极，非以为真有此事也”[④]。

权得己在朱熹注释的基础上，反复申说瞽瞍杀人为假设之辞，且着重论述瞽瞍杀人之不可能，其云：

> “执之而已矣”，是瞽为匹夫，故得以杀人，而皋亦得以执之也。舜为天子，而瞽为匹夫，必无是理。况舜三十征庸，三十在位，六十之子容有其父尚存者，然经传无言舜在位瞽尚在者，盖已死之后也。古者为人子者，居不主奥，立不中门，坐不中席，况居尊位乎？故古者，父在，子无居尊之例也。父在而居尊，自卫辄始，再见于汉祖耳。假使瞽在而舜即位，其于瞽必有为天子父，以天下养之名与实，瞽非可肆意微行而杀人也。设有是事，天子之子杀人亦有议亲之典，况其父乎？天子之父，其名位必尊于天子，士敢以擅执乎？此乃假设瞽为匹夫之事，以观法官与人子所当行之道理耳。后世柴世宗使其父杂居民间而杀人，有司不取执，而柴主置不问，此真舜、皋之罪人也。观《大全》诸家之说，

① 李零：《郭店楚简校读记》，中国人民大学出版社 2009 年版，第 171 页。
② （宋）朱熹：《四书章句集注》，第 106 页。
③ （宋）朱熹：《四书章句集注》，第 367 页。
④ （宋）朱熹：《四书章句集注》，第 367 页。

则必使后之蒙学疑瞽瞍真有或可杀人之理，而舜与皋陶真有或可以遇此变者，虽《集注》明言非谓真有此事而不察也；疑舜皋之幸不遇此变耳，其或遇此变。未必无是理也云尔，则是乃痴人梦说，而失孟子本意矣。孟子本意只言人臣执法不以贵势而小挠，人子爱亲不以富贵而顾恋，虽天子之父、天下之大，有不可计者耳。汉世近古，有劾奏太子者。太子有罪，亦只劾奏而俟报，况天子之父，必有尊称之名、深严之宫、卫士百官之奉，其势固不可容易杀人①，而人臣亦不可擅自拘执也。若如柴守礼，则便当执之。此固非甚难晓，人之见之必笑其赘，但见后生初学多未领解，故为后生言之，不觉支离如此。②

权得己运用经史互证的阐释方法，论述了舜登基为天子之时，瞽瞍早已去世，不存在瞽瞍北面朝舜的问题，避免了父亲健在，而子居尊位的伦理困境，维护了瞽瞍与舜之间的父子伦理。同时，权得己又着力论述即使舜为天子，瞽瞍尚且健在，也不太可能发生瞽瞍微行杀人之事。纵使瞽瞍因过失而杀人，按照议亲之典，皋陶也未必能擅自执法。权得己的这种论述，是为了避免以下犯上，维护了舜与皋陶之间的君臣伦理。

权得己的如上论述也暗合当代学者的观点，如梁涛说："此章乃特殊情境下的答问，盖有桃应之问，故有孟子之答，它是文学的、想象的，是一种极端、夸张的形式，将情理无法兼顾、忠孝不能两全的内在紧张和冲突展现出来，给人心灵以冲击和震荡。它具有审美的价值，但不具有实际的可操作性，故只可以'虚看'，而不可以'实看'。现实中不可能要求'其父杀人'的天子'窃负而逃'，也不可能有这样的事例。"③

---

① "必有尊称之名、深严之宫、卫士百官之奉，其势固不可容易杀人"：《国际儒藏》本句读为："必有尊称之名、深严之宫，卫士、百官之奉其势，固不可容易杀人"。

② 权得己：《孟子僭疑》，张立文、王国轩总编纂：《国际儒藏・韩国编・四书部》，《孟子卷》第1册，第233—234页。

③ 梁涛解读：《孟子》，国家图书馆出版社2017年版，第403—404页。

黄俊杰说："儒家从事历史叙述并不是为历史而历史，他们是为现在及未来而历史。因此，儒家历史学是一种道德学和政治学。"① 从这个意义上说，权得己采用经史互证的方法阐释《孟子》，也不是为经学而经学，而是从经学阐释之中，表达对儒家伦理的坚守。

三、《孟子僭疑》对当世士风的批判

《孟子·滕文公上》："君子之德，风也；小人之德，草也。草尚之风必偃。"② 在儒家的人格期许之中，君子担负着移风易俗的社会责任，君子的行为是社会规范的标杆，社会风气的淳厚与浇薄，可以从君子的行为之中直观地表现出来。

权得己狷介自守，持身严正，有颜回安贫乐道之古风，正如宋时烈《权得己墓碣铭》所言："所居不蔽风雨，亦泊然也。"③ 正是因为权得己高尚的人格操守，成海应才将他归入《逸民传》中④，并给予了极高的评价。权得己不仅自我修身要求极高，辞官之后，对家中子弟的人格教育也极为严格。权䜣《家状》载其事曰：

> 先子教子孙，幼小必令诵圣贤言语，如《小学》书。凡其所欲，必呵叱之，无令遂焉。其私煦煦要说人者，甚恶而痛斥之。有先友持扇极巧好，訹弟諰方童子，称美之。先友意其欲之，遂与之。先子不悦曰："儿辈巧丽，本不可与。苟欲之尤，岂可与之以遂其欲哉？"有士人李义吉闻之，极称之曰："人皆可以为法。"遂札录之。稍长，必教之为己之学。受以《论》《孟》《大学》《中庸》，并诵朱子注，然后读诗书。心志

① 黄俊杰：《儒家思想与中国历史思维》，华东师范大学出版社 2016 年版，第 92 页。

② （宋）朱熹：《四书章句集注》，第 256 页。

③ 权得己：《晚悔集》附录《墓碣铭》，《韩国文集丛刊》第 76 册，第 129 页。

④ 成海应：《研经斋全集》卷 53《逸民传·权得己》，《韩国文集丛刊》第 275 册，第 105 页。

> 稍定，乃观诸家言。未尝使之先读诸家，早为词章，以长浮薄之习，启功利之心。常戒之曰："吾日夜望汝等成者，非要汝及第做官，但欲汝为善人，无毫发不善事。"①

权得己对子弟的教育有以下几点值得注意。

第一，人格教育方面，本着"克己复礼"和"存天理，去人欲"的儒家传统，自觉地限制生理欲望的泛滥膨胀，尤其是对物欲、贪欲等生理欲望进行严格控制。

第二，知识教育方面，教育的内容是《四书》等儒家经典，以及朱熹《四书章句集注》，本着"玩物丧志"的儒家观念，打下了儒家经典基础之后，才允许子弟学习诗文词章之学。

第三，教育的目标设定，权得己自觉抵抗功利主义教育理念的冲击，反对功利主义和浮夸之风，认为教育的目的不是培养官员，而是培养健全的人格。

权得己对君子人格的期许以及教育理念的设定，都带有很强的理想主义色彩，批判功利主义对人心士风的冲击。具体到《孟子》阐释来说，权得己往往借助《孟子》文本展开对当世士风的批判。

《孟子·梁惠王上》开篇就阐明了义利之辨，按照朱熹的注释，此处"王所谓利，盖富国强兵之类"，有具体的指向，不是泛论功利主义，而且是特指"富国强兵"的霸道政治。权得己则有意将这种有特定指向的功利主义泛化，以之用来批判当时教育的功利主义倾向，其云：

> 义利之辨，《孟子》一书开卷第一义也。今人自童稚始学文字时便要及第做官，即是利心。昔有监司巡到一县，试童子生讲书。有一童甚伶俐，读书甚分明。监司喜之，因问："尔②读书要作何用？"对曰："要做监官，

① 权得己：《晚悔集》卷1，《韩国文集丛刊》第76册，第123—124页。

② "尔"，《国际儒藏》本作"你"，今据《韩国经学资料集成》原文图像改。

> 得鸡儿之饷耳。”监司以其志趣卑下，心鄙之。夫监司之鄙之，其意何在？若鄙其不求至于圣贤，则是矣。若使彼童对曰“要及第做官”，则监司未必鄙之。若曰“要作卿相、做事业”，则未必不击节叹赏。由君子观之，乃五十、百步之间耳。万钟与鸡儿，卿相与监官，其为利禄则一也。其所谓事业者，乃学问之余事。儒者岂先以此为心而学哉？今人处心处事多有放于利者，虽是善事，无非利心。心术隐微之际，不自觉其为利，宜常省察。且今人遇事，但求利害，不知有是非，此大弊也，宜深戒之。①

权得己批判当时的教育风气，几乎已经舍弃了圣贤人格的培养，只是汲汲于富贵利达。下者求“监官”之位，“鸡儿”之食；上者求“卿相”之权，“万钟”之禄。这两种读书人的人生目标并无本质差别，都是利心作祟，五十步笑百步。

在《孟子·梁惠王上》首章，权得己还批判了士大夫言行脱节、文过饰非的怪现状，其云：

> 但今之士大夫，其辨义利未始不明，而观其所行则大相反。盖其口能言，其心实不知也。其心只以圣贤言语为策上空言，但可以评论人物、口给取办之资，而实非今世之所及，不必仿此而为之。噫，苟非今世之所及，则以之而论人，人之得罪者不亦冤乎？己不能行，而责人之不行，则是人皆圣贤，而己独跖蹻也。若曰古今异宜，圣贤之言今果难行，则当取近代律令读之，何必读古圣贤之书哉！②

《孟子·梁惠王上》“移民移黍”章，孟子批评梁惠王“狗彘食人食而不知检，涂有饿莩而不知发；人死，则曰：‘非我也，岁也。’是何异于刺人而杀之，曰：‘非我也，兵也。’王无罪岁，斯天下之民至焉”③。这一章孟子本来是

---

① 权得己：《孟子僭疑》，张立文、王国轩总编纂：《国际儒藏·韩国编·四书部》，《孟子卷》第1册，第190页。

② 权得己：《孟子僭疑》，张立文、王国轩总编纂：《国际儒藏·韩国编·四书部》，《孟子卷》第1册，第190页。

③ （宋）朱熹：《四书章句集注》，中华书局2016年版，第204页。

论述王道政治的，权得己也借用来批判士风，其云：

“刺人而杀之，曰：‘非我也，兵也。’”今之士大夫趋时诡随，构捏良善，凡为恶无所不至，而乃归罪于时论，不知时论果谁所为耶！是果天之所为，而非人之所使乎？此与梁王罪岁之心同一辙也。[①]

在孟子看来，作为道德主体的人，其实践行为应该是自觉自律的，行为所导致的祸福结果，完全由道德主体担承，而不应该诿过于人，或者诿过于不可知的神秘主宰（天）或历史境遇（时势），即孟子所言“祸福无不自己求之者”（《孟子·公孙丑上》）[②]。另外，孟子强调道德主体具有自觉的反省精神，在人际交往、社会治理等实践行为中，遭遇到挫折或矛盾时，应该“反求诸己”（《孟子·公孙丑上》）[③]，运用理性的反省精神，调整自我的心理动机，完善自我的行为方式，以之消融隔阂，化解矛盾，实现社会秩序的和谐。因此，梁惠王把社会灾难推诿给荒岁，与杀人者把罪状推诿给凶器，是属于同一种类型的逃避与荒唐。权得己顺此思想逻辑展开了进一步的推演，光海君执政时期的士大夫互相倾轧，党同伐恶，势同水火，双方也会将斗争的根据推诿于“时论”。因此，权得己笔下的“今之士大夫”“归罪于时论”的奸猾之举与梁惠王“罪岁”并无二致。

《孟子·告知上》“富岁子弟多赖”章，孟子曰：“口之于味也，有同耆焉；耳之于声也，有同听焉；目之于色也，有同美焉。至于心，独无所同然乎？心之所同然者何也？谓理也，义也。圣人先得我心之所同然耳。故理义之悦我心，犹刍豢之悦我口。”孟子认为，圣人与我同为人类，有相似的追求美味的味觉，有相似的追求美声的听觉，也有相似的追求美色的视觉。人同此心，心同此理，心也有对理义的共同道德诉求。孟子强调的是理义，作

① 权得己：《孟子僭疑》，张立文、王国轩总编纂：《国际儒藏·韩国编·四书部》，《孟子卷》第1册，第191页。

② （宋）朱熹：《四书章句集注》，第237页。

③ （宋）朱熹：《四书章句集注》，第240—241页。

为客观原则的理在主观性原则的义之前，可是权得己发现，在当时的朝鲜王朝，很多士大夫却把理义颠倒成义理，这一别有用心的颠倒，就产生了极大的道德危机，其云：

> “理义”二字，程子谓“在物为理，处物为义”，固无以加矣。但今人说话有义理之语，倒此两字，而其旨亦差别，盖指事物所当然者而言也。自人心之斟量当然而言则曰义，自事物各有当然之则而言则曰理，其实一物也。《诗》曰：“天生烝民，有物有则。民之秉彝，好是懿德”，则是天理之当然，人心之同然也。今世有义理之说，凡不顾众论而直行无忌惮者，皆诿之义理。人或非之，则曰：“此义理不明之所致也。”然则亦可以悖天理、逆人心者自诿于义理，是则义理之说出，而人之为恶者得而肆其欲而无忌。噫！义理二字，岂为是设哉？愚谓合宜之谓义，所宜之为理。今且莫谈义理，但讲究事之宜不宜，则未必不得真义理之所在也。①

关于理义二字的解释，程子认为“在物为理”，理是体，是存在于所有事物的客观性原则；“处物为义”，义是用，是人处理人与人、人与物等关系的主观性原则。因此，主观性原则（义）是客观性原则（理）在人类身上的特殊表现，主观性原则（义）来源于客观性原则（理），并接受客观性原则（理）的范导。权得己指出朝鲜王朝的士大夫将理义颠倒为义理，把主观性原则（义）置于客观性原则（理）之前，导致主观性原则（义）的无限膨胀，失去客观性原则（理）的约束之后，就会导致不顾议论、肆无忌惮地违背天理、拂逆人心之非道德行为。基于此弊端的考虑，权得己悬置了义理、理义的抽象争辩，回归到朱熹对义的基本解释，朱熹说“义者，心之制、事之宜也”②，强调义是心的裁断功能与处理事物的合理原则。权得己以此为学理根据，

① 权得己：《孟子僭疑》，张立文、王国轩总编纂：《国际儒藏·韩国编·四书部》，《孟子卷》第1册，第223页。

② （宋）朱熹：《四书章句集注》，第201页。

提出“合宜之谓义，所宜之为理”，继承了程朱以体用二分阐释理义的基本理念，又作了进一步的拓展，弱化了思辨性而突出了实用性，对当世士风有较强的警示性作用。

第三节　分类研究与义理阐发：赵翼《孟子浅说》研究

赵翼（1579—1655），字飞卿，号蒲渚，后又号存斋，学者称蒲渚先生。谥号文孝，祖籍丰壤。宣祖壬寅（1602）文科及第，官至左议政。赵翼的外祖父尹根寿是李滉后学，故此赵翼对《四书》与朱子学推崇有加，赵翼弟子宋俊吉所撰《大匡辅国崇禄大夫议政府左议政兼领经筵事监春秋馆事世子傅浦渚赵公谥状》曰：

> 平生手不释卷。自幼少时，便以圣贤为必可学。常曰：“看经须直得圣贤本旨，修身须直得圣贤心法。宁学圣贤而未至，不欲安于圣贤以下地位。”以为圣贤之言与事，专在于四子，欲学圣贤，无出于此。一生用功，最深且专。沈潜反复，精思力践，遇有疑难处，辄逐一札记，积成卷帙。尝谓孔子之后集诸儒之大成者，朱子也。其有功于后学，多于孟子，非过论也。①

赵翼天资极高，为学勤勉，至老不衰，一生著述宏富，宋俊吉所撰赵翼谥状载之甚详，其云：

> 尝曰：“为学工夫，正如行路，路虽远，行之不已，自当至焉。若止而不行，则虽至近之地，何能至乎？”好学之诚，老而弥笃。虽酬酢事务应对宾客之时，心目未尝不在于书卷上。七十之后，灯下能看书至夜分或达曙。乐而忘忧，殁而后已。……有《文集》十五卷、《庸学困得》

① 宋俊吉：《同春堂先生文集》卷 22，《韩国文集丛刊》第 107 册，第 256 页。

各一册、《论孟书经浅说》各三册、《易象概略》《居业录》各一册、《心法》十二章、《开惑浅语》《道村杂录》各一册、《家礼乡宜》二册、《伊洛精要》五册、《朱书要类》六册、《朱文要抄》十册、《左氏》《史记》《汉书》《韩》《柳》《欧》文抄等书藏于家。公尝以《困得》《浅说》数册，随疏投进，两朝皆赐宠奖。①

赵翼《孟子浅说》是在其《孟子分类浅说》的基础上续撰而成的，其《孟子分类浅说序》文末署曰："万历乙卯十月既望"，可知该书成书于光海君七年（1615），而初撰之时可追溯至赵翼勠力于举子时，《孟子分类浅说序》曰：

《孟子》之言明白痛快。自学者言之，所以积仁累行，其进罔觉，以造乎圣贤之域，则必由乎《论语》，而所以发明开悟，了然于义利、善恶之分，不失其趋向，则此书似尤切也。翼自在童丱受读此书，曾于举子时以意分之，以便观览，其后积年温习，又僭著其说。既玩而复之，则其精粗本末、类别序次，开卷视之，森然如指掌。而其所说虽陋，不足言，然其说此书之意则亦或似径直，未必不为愚者之一得也。新学之士或有取焉，则亦或不为无补矣。②

《孟子分类浅说》雏形是《学孟编》，赵翼所言"于举子时以意分之，以便观览"之书即是《学孟编》，因《学孟编序》云：

愚伏读是书（《孟子》），玩其文，探其义，未尝不肃然若圣贤之临于前而亲闻其指教也。而顾其书，杂记散出，似无伦纪。窃不自量。乃敢汇分为十卷，以为钻仰之地。既而反复参玩，节目分明，进为有序。凡学者所以知性懋学，存心察伦，守身处世之道，与夫王政之要，圣道之传，各有条贯，粲然不紊，因命曰《学孟编》。③

① 宋俊吉：《同春堂先生文集》卷22，《韩国文集丛刊》第107册，第257页。

② 赵翼：《孟子浅说》，张立文、王国轩总编纂：《国际儒藏·韩国编·四书部》，《孟子卷》第1册，第243页。

③ 赵翼：《蒲渚先生集》卷26，《韩国文集丛刊》第85册，第460页。

篇末署曰："万历辛丑十一月丙戌，丰壤赵翼谨序。"据此可知《学孟编》编纂完成的时间是万历二十九年（1601）。

赵翼《学孟编》《孟子分类浅说》打破了《孟子》原有的篇章安排，根据文本内涵分为十个类别，每个类别一卷，共计十卷。分别是言性、言学、言心术、言人伦、言处身之道、言处世之道、言治道、言黜霸功尊王道、辟异端明正道、言道统之传。

赵翼《孟子分类浅说》初稿编定之后，很多年轻学者反映研习《孟子》时，首先要朱熹《孟子集注》，此书改易了《孟子》篇章次序，不便于阅读，赵翼就在原书的基础上，废弃了原有的分类，仍旧按照《孟子》篇章次序把个人观点附在经文之下，名之曰《孟子浅说》，个中原委，其序言之甚详：

> 始翼于《孟子》书，既类分之，又为之说，名曰《孟子分类浅说》而序之，今二十余年矣。近见新学读此书者，既读《集注》，欲兼看《浅说》，则以篇章换易，不便于寻考，乃复改之，从七篇之旧，不曰《分类》，而只曰《浅说》，第附分类目录于后。新学宜以此读之，主《集注》而参以区区所说，庶或得此书之蕴奥矣。然必更观所分，乃可以知此学工夫内外、本末、条理、次序、门路，晓然得其向方矣。①

根据文末所署时间，可知《孟子浅说》最终成书于仁宗十七年（1639），距离《孟子分类浅说》之成书，已经是二十四年，距离《学孟编》之编定，前后历经了三十年。

《孟子浅说》的著述体例也不是严格的经学注疏方式，赵翼几乎不对文本进行旁征博引的训释，而是以议论说解为主，将个人观点附于《孟子》原文之后。如《孟子·尽心上》："孟子曰：人之有德慧术知者，恒存乎疢疾。独孤臣孽子，其操心也危，其虑患也深，故达。"赵翼《浅说》云：

① 赵翼：《孟子浅说》，张立文、王国轩总编纂：《国际儒藏·韩国编·四书部》，《孟子卷》第1册，第242页。

> 疢疾，困穷、忧患之谓。孤臣孽子，疢疾中人也。大概人之才能德业，多于困穷中成就。若富贵之人，则知安而不知危，知乐而不知苦，其心志智虑不及人者多矣。此亦理势之自然者也。①

赵翼《孟子浅说》的著述体例与权得己《孟子僭疑》有类似之处，赵翼小权得己九岁，且与权得己学术交往密切，故此书体例安排可能受到《孟子僭疑》的影响。因《孟子浅说》是学术札记体，系统性不是特别强，故下文尊重其较为自由灵活之著述体例，择取其中数则申阐之。② 韩国学者关于赵翼《孟子》学研究的博士学位论文有林在完《浦渚赵翼의四书学研究》，该著涉及了赵翼的《孟子》学思想与特征。③ 此外韩国学者还从“持敬”与“仁心”的层面对赵翼《孟子》学思想进行深入的探究。④ 目前学术界对赵翼《孟

① 赵翼：《孟子浅说》，张立文、王国轩总编纂：《国际儒藏·韩国编·四书部》，《孟子卷》第1册，第294页。

② 张寿林所撰《孟子浅说》提要有一定的参考价值，录之如下：“孟子浅说·奎章阁藏写本。朝鲜赵翼撰。翼有《书经浅说》三卷，已著录。是编为奎章阁旧藏写本。编首有赵氏己卯自序，及乙卯《孟子分类浅说自序》。按己卯自序云：“始翼于《孟子》书，既据其已见类分之，而又为之说，名曰《孟子分类浅说》，今二十年矣。近见新学读此书者，既读《集注》，欲兼看《浅说》，则以篇章换易，不便于寻考，乃复改之，从七篇之旧。”则是编盖赵氏据其旧作《孟子分类浅说》，改从七篇之旧，故不曰《分类》，而但名《浅说》。其书都凡二卷，而以分类目录，附之编末。今考其书，尽逐章标举大义，于名物训诂，皆所弗许，大抵议论多而考证少。盖赵氏笃守程朱之学，其《分类浅说》一书，谓《孟子》言人性本善，道丧学失，诸子论性，皆不以为善，寔昧于人性之本，故聚《孟子》七篇之言性者为首卷。次言修身造道之事，次言心术，次言人伦，次言处身之道，次言处世之道，次言治道，次言黜功尊王道，次言辟异端名正道，次言道统。是编所论，大体仍本斯旨。其论孟子之学，以性善为本，以修身治国为归，持论故未尝不是。惟寻绎语意，虽明白易晓，于书中义理，寔未尽阐发。且其说或如策论，或如语录，盖世俗讲章，无复先儒诂经之体焉。”中国科学院图书馆整理《续修四库全书总目提要·经部》下册，第936页。

③ 임재완：《浦渚赵翼의四书学研究》，성균관대학교，2013年博士学位论文。

④ 함영대：《포저（浦渚）조익（赵翼）의학문관과경학—지경（持敬）과『맹자천설（孟子浅说）』을중심으로》，동방한문학회编《东方汉文学》2008年第8期；文畅晧：《浦渚赵翼의『孟子浅说』에나타난〈心术〉연구》，동양고전학회编《东洋古典研究》，2012年第5期。

子浅说》的分类研究方法以及义理方面的成就，开掘不够深入，还有诸多值得探讨的学术问题，下文详细展开论述之。

一、赵翼《孟子浅说》之分类问题探讨

赵翼《孟子浅说》是在其《孟子分类浅说》的基础上作出的修订，修订之后，依然把对《孟子》文本的分类附录于《孟子浅说》书末。根据内容主旨对经学文本进行分类研究，在经学阐释上，也不乏先例。据朱彝尊《经义考》记载，有宋代俞琰《卦爻象占分类》、宋代吕大临《吕氏编礼》、明代孙元化《周礼类编》、宋代吕祖谦《左传类编》。打破既有的文本顺序，对《四书》进行分类研究的代表性著作是元代朱公迁《四书通旨》。关于此书的分类情况，朱彝尊《经义考》载之甚详，其云：

> 《朱氏四书通旨》六卷。公迁。
>
> 存。按《通旨》一书，以类编之，其目九十有八：曰天、曰天地、曰命、曰性、曰仁、曰义、曰礼、曰知、曰信、曰仁义礼知、曰仁义、曰仁知、曰礼义、曰知仁礼、曰知仁勇、曰德、曰道德、曰中、曰中和、曰中庸、曰敬、曰一、曰诚、曰心、曰身、曰志、曰意、曰思、曰情、曰耻、曰乐、曰好恶、曰刚、曰勇、曰道、曰孝弟、曰忠恕、曰恕、曰忠信、曰圣、曰气、曰气质、曰才、曰鬼神、曰礼乐、曰乐、曰礼制、曰权、曰人、曰人品、曰道统、曰尧舜禹汤文武周公、曰孔子、曰孔门弟子、曰子思、曰孟子、曰古今人物、曰大人、曰君子、曰士、曰善人、曰狂狷、曰乡原、曰君子小人、曰教、曰学、曰行、曰师道、曰诸经、曰义利、曰祭祀、曰丧祭、曰文质、曰文、曰言行、曰言辞、曰过、曰节操、曰名闻、曰异端、曰人伦、曰父子、曰君臣、曰君位、曰君道、曰臣道、曰朋友、曰名分、曰世俗、曰知人、曰用人、曰交际、曰义命、曰富贵贫贱、曰困穷患难、曰辞受取予、曰出处去就、曰治道。读者微嫌其繁。公迁，字充升，鄱阳人。

关于《四书通旨》的学术价值，《四库全书总目》的评价较为公允，迻录如下：

《四书通旨》六卷。

元朱公迁撰。公迁有《诗传疏义》，已著录。是编取《四书》之文条分缕析，以类相从，凡为九十八门。每门之中，又以语意相近者联缀列之而一一辨别异同，各以右明某义云云，标立言之宗旨。盖昔程子尝以此法教学者，而公迁推广其意，以成是书。其间门目既多，间涉冗碎，故朱彝尊《经义考》谓读者微嫌其繁。又如樊迟请学稼，不过局于末业，乃列之于异端门，与许行同讥。上士一位，中士一位，下士一位，本周室班爵之制，乃列之于士门，与处士一例，亦颇伤踳驳。尧、舜、禹、汤、文、武、周公、孔子、孔门弟子、子思、孟子诸门，以人隶事，体近类书，尤为无所发明。然于天人性命之微，道德学问之要，多能剖其疑似，详其次序，使读者因此证彼，涣然冰释，要非融会贯通，不能言之成理如是也。所引诸家之说，独称饶鲁为饶子，其渊源盖可知矣。明正统中，何英作《诗传疏义序》称"永乐乙酉，因阅《四书通旨》而语及《疏义》"，则是书行世在《疏义》之前。顾明以来说《四书》者罕见征引，近《通志堂经解》始刊行之，盖久微而复出也。句下间列异同，如喜怒哀乐一条，谓右以体言，而注亦曰以性言字。允执其中一条，谓右以用言，而注亦曰以事理言字。如是者不一，疑刊是书者参校诸本所附，非公迁之旧，其出自谁手，则不可考矣。①

四库馆臣考证朱公迁《四书通旨》刊行以后，经过长时间沉寂，明代学者很少征引此书，可见该书流通不广，直到清初纳兰性德编辑《通志堂经解》才收录此书，扩大了该书的影响力。

对于《孟子》进行分类研究的著作，朱熹《孟子要略》最具有代表性。真德秀《孟子要略序》对于此书的分类情况，言之甚详，其文曰：

盖性者义理之本源，学者必明乎此，而后知天下万善皆繇是出，非

① （清）纪昀：《四库全书总目》卷36，中华书局2003年版，第301—302页。

有假乎外也。故此编之首曰性善焉。性果何物哉？曰五常而已尔。仁义者，五常之纲领也，故论性之次曰仁义焉。心者性之主，不可以无操存持养之功，故论心为仁义之次。事亲从兄，天性之自然，而本心发见之尤切者也，故孝弟为论心之次。仁义者，人心之所同，而所以贼之者利也，学者必审乎义利之分，然后不失其本心之正，故义利为孝弟之次。义利明矣，推之于出处，则修吾之天爵，而不诱于人爵；推之于政事，则纯乎王道而不杂以霸功，故义利之次，二者继之。圣贤之学，循天理之正，所以尽其性也；异端之学，循人欲之私，所以咈其性也，故以是终焉。①

根据真德秀的序言，朱熹《孟子要略》分为性善、仁义、论心、孝弟、义利、出处、政事、论学（圣贤之学、异端之学）八类，但是《孟子要略》亡佚很久。道光年间，学者刘传莹才从金仁山《孟子集注考证》将其辑出，曾国藩作序刊刻。刘传莹辑录的《孟子要略》分为五卷，每卷一类，与真德秀所言略有差别，卷首有曾国藩按语，说明分类旨意：

卷一：国藩谨按：此卷言人性本善，欲人存心养性以复其初。

卷二：国藩谨按：此卷论孝弟之道。

卷三：国藩谨按：此卷严义利之辨。

卷四：国藩谨按：此卷辨王霸之方，明治道之要。

卷五：国藩谨按：此卷孟子尚论古人，而自言其为学要领。②

因为《孟子要略》《四书通旨》都是后来才被学者辑录出来，因此赵翼可能也没有看到过这两部书，其《孟子分类浅说》的编纂也不太可能是受这两部书的影响。赵翼以分类的方式重新编排《孟子》文本，根据其《孟子分类浅说序》所言，是“以意分之，以便观览”。

对赵翼《孟子分类浅说》分类问题的探讨，涉及两个问题，一是分类标

① （宋）真德秀：《西山文集》卷29，《文渊阁四库全书》本。

② （清）刘传莹辑：《孟子要略》，中华书局1985年版。

准的制定是否合理，二是依据此标准所进行之分类是否合理。

先说分类标准的制定问题，赵翼所依据的标准自然是《孟子》原文的思想主旨，根据此主旨，赵翼将《孟子》主要文本分为十类，每一类首先解释列举此类条目的内涵，次列归属在此类之下的《孟子》原文，其体例如下：

> 卷之一。此卷言性。人之性，其本善而已。道丧学失，诸子论性皆不以为善，是皆昧乎性之本，而使人不以善为事，人道几乎灭矣。孟子深明性善之理，一破诸子之误，以此所大有功于斯人也。今聚七篇中系言性者为首卷云。
>
> 性，犹杞柳也。性，犹湍水也。
>
> 生之谓性。食、色，性也。
>
> 孟季子问公都子义内。公都子曰："告子曰性无善。"
>
> 富岁子弟多赖。人之所不学而能者，良能也。
>
> 人皆有不忍人之心。仁也者，人也。
>
> 天下之言性也，故而已。口之于味也，目之于色也。
>
> 形色，天性也。尽其心者，知其性也。
>
> 莫非命也，顺受其正。滕文公为世子，将之楚。
>
> 曹交问人皆可为以尧舜。待文王而兴者，凡民也。①

赵翼把《孟子》分为言性、言学、言心术、言人伦、言处身之道、言处世之道、言治道、言黜霸功尊王道、辟异端明正道、言道统之传十类，类目不多，无细碎之弊，不至于如朱公迁《四书通旨》分为九十八类，受"类目既所，间涉镕碎"之讥。赵翼分类的次序，是首列言性，把言治道、言黜霸功尊王道列之于卷七、卷八，在十类中排序比较靠后，这反映出在宋明理学的影响下，对《孟子》学关注的焦点集中在天命人性等抽象的理论论阈，儒学的内圣倾

① 赵翼：《孟子浅说》，张立文、王国轩总编纂：《国际儒藏·韩国编·四书部》，《孟子卷》第1册，第309页。

向更为明显，对于外王之学注重程度降低，与《孟子》开篇即言王道政治的理论设计也有较大偏移。

再论赵翼依据此标准所进行之分类是否合理的问题，赵翼对孟子的分类基本上是合理的，但是经文本身的内涵丰富性，也带来了分类的困难。因为，要把内涵丰富的经文归入相对单一的主题之下，就必然会舍弃经文蕴含的其他思想内涵。比如卷五处身之道与卷六处世之道，这两类之间就出现了归类的困难。赵翼对此两类的标准制定如下：

卷之五。此卷言处身之道。人之善恶在所自处。盖均人也，或为贤人君子，或为庸人鄙夫，或德义可尊，或污贱可耻，其善恶高下盖天渊之判也。然岂由人乎哉？皆所自处尔。人苟自爱，不可慎其所处哉？七篇中言此意极痛快，可以愤发人，今聚为此卷。①

卷之六。此卷言处世之道。人之处世，其所遇事应物，大略惟出处、去就、辞受、取与，与夫处穷达患难而各有其宜②，即是义也。惟君子义之与比。若其行不合于义，何以为君子？圣贤所处，无非义之尽也。盖由其知极其精，故处无不尽，此卷所辑皆处义之方也。学者苟精察而有得焉，则随其所遇，皆知所以处之，而义不可胜用矣。③

赵翼胪列的这两类分类标准比较模糊，尽管他也明确了处身之道的关键在于道德主体的自爱以及自我约束，强调处身之道的关键在于自我而非他人，即祸福无不是自求而来；处世之道的关键在于不管身处何种境地，即使是在患难之时，道德主体的行为也要事事合乎义的标准，也就说要把一般实践提升到道德实践的境界。但是处身之道不是与世无涉的慎独状

① 赵翼：《孟子浅说》，张立文、王国轩总编纂：《国际儒藏·韩国编·四书部》，《孟子卷》第1册，第311页。

② “大略惟出处、去就、辞受、取与，与夫处穷达患难而各有其宜”：《国际儒藏》本句读为：“大略惟出处、去就、辞受、取与与。夫处穷达患难而各有其宜”。

③ 赵翼：《孟子浅说》，张立文、王国轩总编纂：《国际儒藏·韩国编·四书部》，《孟子卷》第1册，第311页。

态，事上磨炼的处世检验，也是处身之道的题中应有之义；处世之道的道德素养也离不开处身之道的修身准备，离开修身的历练，处世之道也无从谈起。因此，处身之道与处世之道很难明确划出理论边界，况且《孟子》本文在一段文字之中，往往兼有处身之道与处世之道两种内涵，将其归入两者中任何一类，均有其合理性，也有其不合理性。如赵翼把“齐人有一妻一妾”归入处身之道，其实这一章也含有处世之道的诚伪问题，归入处世之道亦可；赵翼把“人之患在好为人师”归入处世之道，其实这一章也有处身之道的谦慎问题，归入处身之道也未尝不可。可见，赵翼对《孟子》文本的分类总体上是合理的，当然也存在分类标准模糊、分类杂糅的问题。

赵翼以分类的方法对《孟子》进行研究，具有某种学术现代性。新文化运动以后，现代学术体系建立，分类研究方法的运用更为普遍，如郎擎霄《孟子学案》就把孟子的思想学说分为人性论、政治哲学、人生哲学、重农主义、教育哲学、尚论古人等条目①，杨大膺《孟子学说研究》分为人生学说、伦理学说、性说、命说、修养说、政治学说、经济学说、社会学说、教育学说等条目②，王恩洋《孟子学案》分为仁义、心性、学养、天命、人伦、王政、斥外、尚友、传承等条目③。按照原文主旨，采用分类研究的方法阐释《孟子》学说，也是当代《孟子》学研究的重要方法，如杨泽波《孟子评传》在论述孟子思想时，就分为王霸之辨、经权之辨、义利之辨、舜跖之辨、人性之辨五大类④，蒙培元《蒙培元讲孟子》分为政治思想、社会经济思想、天人学说、生态学说、人性学说、人格修养与境界等条目⑤。不难看出，分类研究，依然

---

① 郎擎霄：《孟子学案・目录》，商务印书馆 1928 年版。

② 杨大膺：《孟子学说研究・目录》，中华书局 1937 年版。

③ 王恩洋：《孟子学案・目录》，东方文教研究院 1944 年版。

④ 杨泽波：《孟子评传・目录》，南京大学出版社 1998 年版。

⑤ 蒙培元：《蒙培元讲孟子・目录》，北京大学出版社 2006 年版。

是当代和未来一段时间《孟子》学研究的主要方法，从这个意义上说，赵翼《孟子分类浅说》研究方法，有其前瞻性的方法论意义。

二、赵翼论《论》《孟》异同与孔孟人生境界之差异

同为儒家共同尊奉的经典，《论语》《孟子》不仅在思想上互有同异，孔孟异同论，一直是儒学史上聚讼纷纭的话题。以傅斯年为代表的一批学者，甚至认为孟子“非孔子之正传”。傅斯年曰：

> 故孟子者，在性格上，在言谈，在逻辑，皆非孔子之正传，且时与《论语》之义相背，彼虽以去圣为近，愿乐孔子，实则纯是战国风习中之人，墨学磅礴后激动以出之新儒学也。①

《论语》《孟子》除了思想上有差异之外，语言风格的差异也很大。《论语》是语录体著作的代表，词义简练；《孟子》则长于论辩，语丰气盛。古往今来，论述两者之间文学体貌差异者甚多，对此，赵翼亦有精审之剖析，其《孟子分类浅说序》云：

> 以《论》《孟》所载之言论之，《论语》多单辞只语，《孟子》多至累数百言。《论语》多言践行之要，孟子大抵皆说义理。孔子之言浑然不露，孟子之言锋芒露尽，殆无余蕴，其不同又如此。……以是，《论语》之旨淳深浑厚，《孟子》之言明白痛快。②

赵翼还深入剖析了造成《论语》《孟子》文学体貌差异的原因，对于这个原因的剖析，《学孟编序》与《孟子分类浅说序》有类似的表达，只不过《学孟编序》是赵翼二十二岁时期的作品，不如三十六岁时所作的《孟子分类浅说序》凝练，为了比较赵翼思想历程之演进变化，以表格形式援引两篇序文如下。

---

① 傅斯年：《性命古训辩证》，上海古籍出版社 2012 年版，第 180 页。

② 赵翼：《孟子浅说》，张立文、王国轩总编纂：《国际儒藏 · 韩国编 · 四书部》，《孟子卷》第 1 册，第 242—243 页。

表2 《学孟编序》《孟子分类浅说序》对照

	《学孟编序》	《孟子分类浅说序》
《论语》之言淳深浑厚之成因	夫子之时，去先王未远，先王之政，虽不行于天下，而先王之泽，犹有存者，故天下犹知尊先王之道，而异端犹未炽也。而三千子又皆天下之英才，夫子既尽得而教育之，是其心悦诚服，而得于观感之间者，亦深矣。故夫子罕言性与天道，而只教以下学之方，因其所至而启发之，使其自得之，而其言又浑然含畜而不露，有非初学所易识者，故虽当时群弟子尚疑其有隐也。①	《论语》所答问，皆学者也，虽其学有浅深之殊，然皆慕圣人者也。②
《孟子》之言明白痛快之成因	若孟子之时，则去圣已远，微言已绝，处士横议，杨、墨塞路，而商鞅、吴起、苏秦、张仪之属，纷纷驰骛于世，天下不复知有先王之道，而贸贸然莫知所之。故告子之徒，至以仁义为在外。而虽公孙丑在及门之列，尚以管、晏为问。及他弟子，又无复可传斯道者。故孟子惧人心性情之理终昧于天下，而尧、舜、三王、孔子之道终湮灭而不传也，此七篇之所以作也。故其性善仁义之说，理欲公私之辨，皆所以扩前圣之未发，而其言之必极其详，辨之必极其明。不觉其英气之露，圭角之著，而发明譬晓，无复余蕴，犹恐人之未晓也。其为天下后世虑也，亦深远矣。③	孟子之时，去圣已远，天下贸贸不流于纵横战伐之术，则入于无父无君之学。至若告子之徒为"义外"之说，则人类几乎禽兽矣。故孟子以明道自任，其言皆所以晓世俗也。而其徒如万章、公孙丑之伦，亦皆知识浅陋，故其语之必极其明且尽也。④

赵翼认为《论语》《孟子》迥然不同的风格差异，主要由以下三个原因

① 赵翼：《孟子浅说》，张立文、王国轩总编纂：《国际儒藏·韩国编·四书部》，《孟子卷》第1册，第243页。

② 赵翼：《孟子浅说》，张立文、王国轩总编纂：《国际儒藏·韩国编·四书部》，《孟子卷》第1册，第242—243页。

③ 赵翼：《蒲渚先生集》卷26《韩国文集丛刊》第85册，第461页。

④ 赵翼：《孟子浅说》，张立文、王国轩总编纂：《国际儒藏·韩国编·四书部》，《孟子卷》第1册，第243页。

造成：

第一，孔子、孟子“其德固有圣贤之分”。

在赵翼看来，孔子、孟子的所达到的人生境界不同，孔子已经超凡入圣，进入圣人境界，孟子与孔子相比还有一肩之隔，孟子还处于贤人境界。这也是传统社会对孔孟的惯常评价，一般认为孔子是至圣，孟子是亚圣。北宋理学兴起之后，从人生境界比较孔孟的论断尚有很多，理学家从多方面比较孔孟圣贤气象之不同，如：

或问于程子曰：“孟子还可谓圣人否？”程子曰：“未敢便道他是圣人，然学已到至处。”

又曰：“孟子有些英气。才有英气，便有圭角，英气甚害事。如颜子便浑厚不同，颜子去圣人只毫发间。孟子大贤，亚圣之次也。”或曰：“英气见于甚处？”曰：“但以孔子之言比之，便可见。且如冰与水精非不光，比之玉，自是有温润含蓄气象，无许多光耀也。”①

孔孟圣贤气象之不同是客观事实，但是不能把这种不同视作价值判断标准，甚而至于把孟子的人生境界贬抑过甚。毕竟圣贤气象属于比较玄妙的概念，不太容易把捉，过分强调此种气象，容易滋生玩弄光景之弊。所谓气象是个人修养呈现出的外在气质，此种气质，是个人主观修养的结果，但是主观修养不能离开客观践履的历练，心性修养与事上磨炼应同时并重，如果舍弃事上磨炼的外化过程，只是持空守寂、打坐参禅，即使如佛老一般圆融无碍，“绝对不能充实自己，而永远停于个人的冥契中，则亦只是个人的印证，因而只隶属于个人，潜伏阴濇，贫乏空虚，而亦可转为非精神的。绝对由道德主体来印证，本不是阴濇的，然而道德主体放不开而流入孤明，则即转为阴濇而非精神的”②。

① （宋）朱熹：《四书章句集注》，第199页。

② 牟宗三：《历史哲学》，《牟宗三先生全集》第9册，第136—137页。

第二，孔孟所处时代风气不同。

赵翼认为孔子所处的春秋时期，去古未远，王道政治虽然不能付之于实践，但是知识界对王道的向往之情尚在，异端学说的危害尚未表露出来。孟子所处的战国时代则是每况愈下，功利主义横行，王道政治已成虚文，杨墨、纵横家、法家等异端之学风行天下，儒家思想处于存亡绝续的危机时刻。孟子以道自任，自觉继承儒家道统，拒杨墨，排异端，道性善之学，言必称尧舜，所以言之必详，而辨之必明，救世明道的心肠热切，行之于文就呈现出充沛的浩然之气。对此牟宗三《历史哲学》亦有精审之论，其云：

> 在孔子时，周文尚有致，或至少社会上尚普遍荡漾着此一文化理想与文化生命，故孔子尚可谐和于此大流中而安处，故其通体是文化生命，满腔是文化理想，化而为通体是德慧，其表现也，可无须此破裂。此固由孔子合下是天地的圣人气象，而时代亦有关也。在孟子时，若其本人亦通体是文化生命，满腔是文化理想，则不能不与此物量精神截然隔离。此种隔离，是其文化生命之不容已。因此，破裂乃成了逼迫"精神"出现之文化生命中之必然。唯通过此破裂，精神主体始能彰显。因此，泰山岩岩，浩然之气，为乾，为大，不改一字，不动一毫，俱从此精神主体处说。若徒有孔子天地浑圆气象，而无孟子之破裂以显"主体"，则精神表现之理路即不具备，而精神之所以为精神亦终不彰显。①

牟宗三所言之破裂，有其复杂而具体的特殊界定，其云：

> (孟子)在根源形态中，直接点出性善，即是直接把握住"内在道德性"，此就是一个绝对的主体，此主体为一道德主体。此"主体"一透露，即有"道德的主体自由"之可言。此"内在道德性"，即是壁立千仞的体，吾人即就此而说建体立极。故同时亦即为一"绝对主体性"。此主

① 牟宗三：《历史哲学》，《牟宗三先生全集》第9册，第133—134页。

> 体性之透露，必须通过一个反身自觉所显示之破裂，即与“物质自然”对立所成之破裂。此物质的自然是对道德的主体言，与对“知性主体”而言之自然，其意不同。就战国时代言，此“物质的自然”即是“尽物力的精神”。孟子处此衰世，重新于文化理想有所肯定，即必须否定此尽物力的精神。即在此否定上，遂显出一个破裂，同时亦因之而显出一个绝对主体性。拨云雾而见青天，则云雾必须被扫除否定，或压下去。如是，孟子不能不雄辩，不能不露才，不能不着迹。非然者，破裂不显，因而道德的主体也不显。所以宋儒就圣贤气象对于孟子的一切品鉴，皆是由于这个“必然的破裂”而发。在孟子的担负上与其所处之时代上，皆必须有这个破裂。①

牟宗三所言之破裂，是具有内在性善的道德主体对外在物质自然的破裂。物质自然不是客观化物理层面的自然，即不是对应的知性主体；而是主观化非道德层面的自然，即对应的是道德主体。易言之，在牟宗三的论著中，物质自然就是非道德的极端功利主义。孟子所处的时代，这种功利主义在政治领域的表现是霸道横行，在社会领域的表现是道德沦丧，在个人领域的表现是寡廉鲜耻。孟子要用内在的道德性对抗这种非道德的极端功利主义，即“何必曰利，亦有仁义而已矣”，既然是对抗，难免会言辞迫切，甚至是矫枉过正，因此英气和圭角也就相伴而来。

第三，孔孟弟子天赋差异甚大。

赵翼强调孔门高足甚多，《论语》中出现的弟子虽然学识深浅不同，但是都是仰慕孔子境界，有志于学者，对孔子之言亦能心领神会，无须孔子反复叮咛训诫，故《论语》之言辞约而义丰，淳深而浑厚。孟子弟子相对来讲就逊色很多，弟子数量远不及孔子，弟子才质也不及孔门高足，即使是《孟子》书中频繁出现的公孙丑等，赵翼也贬抑为“知识浅陋”，因此孟子必须

---

① 牟宗三：《历史哲学》，《牟宗三先生全集》第 9 册，第 133—134 页。

反复申说，弟子方能知晓其义，故《孟子》之言辞繁而气盛，明白而痛快。

赵翼的以上观点还有一个值得注意的地方，就是赵翼承认孔孟之间客观存在着相当多的差异，而且还深入剖析了这些差异形成的原因。但是赵翼并没有把这些差异视作价值判断，也就是说孔孟异同不是孔孟优劣，《论语》的价值无须多言，《孟子》也有其独特的地位，其云：

> 自学者言之，所以积仁累行，其进罔觉，以造乎圣贤之域，则必由乎《论语》，而所以发明开悟，瞭然于义利、善恶之分，不失其趋向，则此书似尤切也。①

赵翼对孔孟异同的论述超越了至圣、亚圣的简单二分模式，也反对以孔孟异同视作孔孟优劣的颟顸之举，而是以客观冷静的学术态度正视不同，分析差异，褒扬《论语》崇高地位的同时也推扬《孟子》的学术价值，这对于传统的认识是一次突破。

三、赵翼对孟子“天爵”“良贵”思想的阐释

“天爵”“良贵”思想是孟子关于人性尊严的重要论述，此思想见于《孟子·告子上》：

> 孟子曰：“有天爵者，有人爵者。仁义忠信，乐善不倦，此天爵也；公卿大夫，此人爵也。古之人修其天爵，而人爵从之。今之人修其天爵，以要人爵；既得人爵，而弃其天爵，则惑之甚者也，终亦必亡而已矣。”②

赵翼之阐释如下：

> 天爵即德也，人爵即官爵之爵也。爵，人所贵重者也。德亦为人所贵重，故亦名为爵，其贵重不假人力，天然自有，故谓之天爵。至于官爵之爵，则乃人所为也，故谓之人爵也。爵所以命有德，故有天爵，

---

① 赵翼：《孟子浅说》，张立文、王国轩总编纂：《国际儒藏·韩国编·四书部》，《孟子卷》第1册，第243页。

② （宋）朱熹：《四书章句集注》，第342页。

人爵自至;无天爵,人爵亦去之。故古今人修天爵,则人爵皆得之。至于今人弃天爵,则人爵又必亡矣。是人爵之得失,由乎天爵之有无也。然则二者之贵,轻重自不侔矣。古之修天爵者无意于人爵,而人爵自至。"从之",自至之谓也。今之修天爵者以要人爵,则其修乃伪也。惟为人爵而修之,故既得其所求,则弃之也。夫天爵之贵重,非人爵之可比,为人爵而修之,则惑也。而至于弃之,则其惑又益甚矣。夫其得,由天爵也,而乃弃之,安得不并失之乎?①

赵翼的这段阐释是对朱熹《孟子集注》的尊崇与纠正,赵翼将天爵归属于道德层面,是人天然自有,无需人力安排,此种阐释无疑是来自朱熹,朱熹注曰:

天爵者,德义可尊,自然之贵也。修其天爵,以为吾分之所当然者耳。人爵从之,盖不待求之而自至也。②

孟子把"天爵"界定为"仁义忠信,乐善不倦",朱熹作了进一步延伸,"仁义忠信"属于人性之先天本有,故"天爵"是"自然之贵","仁义忠信"又属于内在道德,故"天爵"是内在人性而非外在驰求,故朱熹曰:

那般处也自分晓,但要自去体认那个是内,那个是外?自家是向那边去?那边是是,那边是不是?须要实见得如此。③

赵翼继承了朱熹阐释的优胜之处,也纠正了朱熹阐释存在的问题。天爵与人爵的关系问题比较复杂,天爵属于道德修养,人爵属于人间富贵,孟子所言黾勉提升道德修为,则人爵相从而来。这种表述并不能证明天爵高尚必然足以带来人间富贵,而是为了强调天爵的独特性价值,即使没有人爵的人间富贵,依然不能减损天爵的本然价值,也就是说天爵可以摆脱人爵的

① 赵翼:《孟子浅说》,张立文、王国轩总编纂:《国际儒藏·韩国编·四书部》,《孟子卷》第1册,第283页。

② (宋)朱熹:《四书章句集注》,第342页。

③ (宋)黎靖德编:《朱子语类》卷59,中华书局1986年版,第1416页。

助缘，而人爵却不能脱离天爵的道德约束而独立存在。孟子如此表述，是为了凸显天爵作为内在道德的人格尊严，并不是论证天爵与人爵之间存在必然联系，或者说高尚的道德必然会带来人间富贵。因此，朱熹解释“人爵从之”，“盖不待求之而自至也”，“自至”一词就开启了天爵必然导致人爵的倾向。赵翼意识到朱熹阐释存在的问题，他认为天爵与人爵不是必然性关系，而是轻重关系，孟子明显强调人应该以天爵为重，以人爵为轻，故赵翼曰天爵、人爵“轻重自不侔矣”。其实天爵与人爵之间的关系绝非如此简单，朱熹的乐观阐释掩盖了其间的复杂性，也回避了很多理论难题。赵翼有意纠正了朱熹阐释的偏差，也与当代学者的观点，有类似的合理性，阐释也更加圆融。如牟宗三所言：

> 天爵良贵之观念既确立，我们可看看孟子所说的“古之人修其天爵而人爵从之”这句话。这句话是句警戒劝勉语，不是一个严格的有必然性的分析命题。若视之为一分析命题，则人们马上可提出疑问说：修其天爵，不一定能有人爵。因此，若依康德说法说，天爵人爵间的关系是一个综合关系，非分析关系。但孟子提出“古之人”云云，以“古之人”如何如何教戒而劝勉人，显然其说这句话不是把天爵人爵的关系看成是一个客观的问题，因而他亦不是就此客观问题而作客观的肯断说：修其天爵，人爵即必然地随之而来。若这样说，这当然是有问题的。孟子未正式提出此问题而予以郑重思量。他只说古之人淳朴无杂，只黾勉修其天爵，而人爵不求而自然可从之（当然亦可不从之，从不从，孟子不讨论这个问题，他以为这不是须要讨论的问题，从之可，即使不从亦无所谓，重要的只是诚心以修天爵），而今之人则却不然，他之修天爵只是为的要求人爵，既得到了人爵，天爵就根本不理了，这根本是虚伪。孟子只是在点示人人皆有良贵，勉人诚心体现之以成德。但既说道天爵人爵（贵于己贵于人），这当然是属于康德所说的“德福之间的配称关系之问题”。孟子固然重视良贵（德），但他亦不否认人

> 有幸福之欲。人爵是属于幸福者。[①]

牟宗三借助康德"德福一致"的理论，清晰地论述了天爵与人爵之间的关系，赵翼没有这种理论支撑，也触及了这个问题的实质，反映出阐释的创造性与前瞻性。

在孟子的思想体系中，与天爵类似的理论表述是良贵，《孟子·告子上》曰：

> 孟子曰："欲贵者，人之同心也。人人有贵于己者，弗思耳。人之所贵者，非良贵也。赵孟之所贵，赵孟能贱之。诗云：'既醉以酒，既饱以德。'言饱乎仁义也，所以不愿人之膏梁之味也；令闻广誉施于身，所以不愿人之文绣也。"[②]

赵翼阐释如下：

> "人人有贵于己"，言人皆于自己有贵也，即德是也。此贵，人皆有之，而惟不思，故失之而为不贵也。"人之所贵"，谓人之使所为贵者也，即爵位是也。"良"字有"本"字、"真"字之意。其贵由人使之，则非本有也，乃假于外而有非真有也，故谓"非良贵也"。"赵孟之所贵，赵孟能贱之"，明其非良贵也。惟人能贱之，故知其非真贵也。若是真贵也，人岂能贱之哉？其贵非真也，则亦不足贵也，岂可与己所本有而人莫能夺者同日而道哉？仁义、闻誉即是有贵于己者也，膏粱、文绣即是人所贵者也，故得于此者不愿乎彼也。夫真贵在己，舍而失之，乃慕彼之非真者，世之人同然也，其亦惑矣。上章以天爵、人爵对言，此章以"有贵于己"与"人之所贵"对言，其意一也。所以明德爵轻重之分，使人知所决择。而其分别指示极为明白深切，学者于此可不深察而痛决之哉！[③]

---

① 牟宗三：《圆善论》，《牟宗三先生全集》第22册，第52页。

② （宋）朱熹：《四书章句集注》，第342—343页。

③ 赵翼：《孟子浅说》，张立文、王国轩总编纂：《国际儒藏·韩国编·四书部》，《孟子卷》第1册，第283页。

有天爵作为基础，良贵一词本不难解，然而在汉学、宋学之间聚讼纷纭的学术争论中，对良贵的解释却是差异甚大。尽管赵翼生活的时代，还是宋学一枝独秀，一个多世纪以后乾嘉学派才兴起，赵翼也几乎早于焦循100年，但是赵翼对良贵之良的两个解释，却有理论的前瞻性，涵盖了宋学与汉学两家的基本观点。赵翼对良字的第一解释是“本”，所谓良贵即是本有之贵，这与宋学大师朱熹的解释十分吻合，朱熹注曰：“良者，本然之善也。”①赵翼对良字的另一个解释是“真”，那么良贵就可以解释为真正的贵，当代学者也有人认同这个观点，比如梁涛，他说：

> “良贵”，也就是真正的贵。孟子认为，“良贵”在于仁义、善性，也就是“天爵”，而不在于权势、地位，不在于“人爵”。②

赵翼所言真正的贵，略作引申，也可推导出真正的贵暗含着美与善之意，而以美、善解释良贵之良，恰恰就是焦循的思路，焦循曰：

> 良之训为善，毛、韩之传《诗》，郑氏之注《礼记》《周礼》、笺《诗》，何氏注《公羊传》，韦氏注《国语》，高氏注《吕氏春秋》，许氏《说文解字》，张氏《广雅》，司马氏注《庄子》，某氏传《尚书》，孟康、如淳注《汉书》，孔晁注《周书》无不然，故良心即指仁义之心，谓善心也。此良贵，赵氏明指仁义广誉，则亦当训为善，谓贵之善者也。人所贵者富贵，富贵之贵，不如仁义之贵良也。《易·文言传》云：“元者，善之长也。”元有善义，亦有首义，故《尔雅·释诂》云：“元，良，首也。”良训善，因亦为元首。此善于彼，则此居彼上，故《左传》所云“良医”，即《周礼》所云“上医”。若曰此医之善者，亦即医之首也。《山海经·西山经》“瑾瑜之玉为良”，注云：“良，言最善也。”最善，善之最，即善之长，善之长即善之甚，故赵氏解良知、良能为甚知、甚能，皆由善之义引申者也。

---

① （宋）朱熹：《四书章句集注》，第342页。

② 梁涛解读：《孟子》，第345页。

人人所自有，此是解人人有贵于己者，言仁义不待外求。富贵则赵孟能贵能贱，此仁义之贵，比校富贵之贵所以为良，非良字有自有之训也，良贵犹云最贵，非良贵犹云非最贵也。自儒者误以良为自有之训，遂造为致良知之说，六书训诂之学不明，其害如此。①

焦循的这个解释因为反对宋明理学，尤其是反对阳明良知之学，故将良贵的先天内在性消解掉，从经学文本与经验层面把良贵解释为最贵，失去了孟子良贵思想的理论深度，与之相较，赵翼的阐释更富有弹性。焦循的阐释也受到当代学者的批评，如牟宗三曰：

这个“良”与“良知”、“良能”的“良”同样意思，就是“本有”的意思。“良贵”就是本有之贵，我自己本有的贵。宋明理学家都是这样讲。有些人讨厌讲“本有”，他们不讲孟子的“我固有之也”。清朝的人讲孟子的时候，把“良知”、“良能”、“良贵”的“良”讲成“好”。什么叫做“好知”、“好能”、“好贵”呢？这种讲法不通嘛。清朝的焦里堂就是这一类人，你不能说焦里堂的中文不通，他是故意的，因为他要反宋明儒，戴东原也是这一类，根本没有义理训练。②

结合赵翼的阐释，以及当代学者的继续探索，对孟子天爵、良贵思想作出以下总结：

第一，孟子天爵、良贵强调的是人的道德意识的内在而绝对固有的价值，张岱年强调其内在性，他说：

良贵亦称为“天爵”。……孟子提出“天爵”、“良贵”，即肯定人作为一个人具有自己的固有的价值，而一个人之所以具有自己的天赋价值，即在于具有道德意识。人有道德意识，因而具有内在的价值。③

牟宗三强调其绝对固有，是人类尊严的保证，他说：

① （清）焦循：《孟子正义》，第796—797页。

② 牟宗三：《孟子讲演录（九）》，《鹅湖月刊》2005年第30卷第9期，总号第357。

③ 张岱年：《天爵与良贵》，《群言》1997年第1期。

贵于己是良贵，这就是天爵。人爵是贵于人，非良贵。良贵即是康德所说的尊严，是一个内在而固有的绝对价值，超乎一切相对价格之上者，亦无与之等价者。凡是有一相对价格的东西即可为某种其他与之等价的东西所代替。良贵无可代替者。因此良贵就是人之尊严。①

第二，孟子天爵、良贵思想肯定了道德价值，在功利主义的政治标准之外，创辟出另一个道德标准，如牟宗三所言：

天爵即是天贵，天贵亦可说为是定然的贵，不是待他而然的（有条件的）贵。人爵即是待他而然的贵。此一开辟乃于政治标准外另立一道德的标准，不是泛政治地由政治来决定。②

因此，孟子天爵、良贵思想在政治领域层面的价值是，孟子认为理想的社会形态应该是由道德引导政治，而不是由政治规范道德。在个人层面，道德也应该贯穿于生命的全部历程，人间富贵的获取要以道德为基础，而不是以道德为手段，道德不是工具价值，而是目的本身。

第四节　在学术与党争之间：朴世堂《孟子思辨录》研究

朴世堂（1629—1703），字季肯，罗州潘南人。少号潜叟，晚号西溪樵叟。显宗元年（1660）秋，举会试二等，冬擢增广甲科第一名。十一月，例授成均馆典籍，官至吏曹判书知中枢府事，谥号文节。其生平梗概，见于朴世堂自撰《西溪樵叟墓表》：

樵叟姓朴，世堂其名也。其先两世贞宪、忠肃，并显于仁祖之世。叟生四岁而忠肃公弃背，八岁而遭寇难。孤贫失学，及十余岁，始受

① 牟宗三：《圆善论》，《牟宗三先生全集》第22册，第52页。

② 牟宗三：《圆善论》，《牟宗三先生全集》第22册，第52页。

业于其仲兄，亦不自力。年三十二，当显宗初元，用科第登仕，列侍从八九年矣。自见才力短弱，不足有为于世，世又日颓，不可以救正也，乃解官去。退居东门之外，去都郭三十里水落山西谷中，名其谷石泉洞，因自称西溪樵叟。临水为屋，不治篱樊，植以桃杏梨栗绕其居，种瓜开稻畦，卖樵为生。当农月，身未尝不在田间，与荷锄负耒者相随行。初亦间赴朝命，后屡召不起，居三十余年而终，寿逾七十，葬于其所居宅后百数十步。尝著《通说》，明《诗》《书》《四子》之指，及注《老》《庄》二书以见意。盖深悦孟子之言，以为宁踽踽凉凉，无所合以入，终不肯低首下心，于生斯世为斯世，善斯可矣者，此其志然也。①

朴世堂所言《通说》是其经学著作的统称，包括《诗思辨录》《尚书思辨录》以及《四书思辨录》，朴世堂诗文著作被后学汇编为《西溪先生集》。综合这些学术分析，朴世堂治学有不同于当时一般儒者的两个显著特点，一是朴世堂治学的范围不局限于儒家，而是旁涉道家，尤其是在老庄哲学方面，有较高修为，著有《新注道德经》《南华经删补》等道家学术著作。二是朴世堂对当时盛行的程朱理学持批判态度，在其学术著作中时常有对朱熹观点的纠谬与批评，朴世堂晚年受到严厉的学术攻击，也与此有关。

《孟子思辨录》是朴世堂《四书思辨录》中的一种，根据其门人李坦所撰《朴世堂年谱》可知该书是肃宗十五年（1689），61岁时所作，是《四书思辨录》中的最后一部，是朴世堂晚年学术观点的代表之作，一定程度上可以看作朴世堂的晚年学术定论。该书完成之时，朴世堂作了一篇序文，概括了其学术取向，其《思辨录序》曰：

故及宋之时，程朱两夫子兴，乃磨日月之镜，掉雷霆之鼓，声之所及者远，光之所被者普，六经之旨于是而烂然复明于世。曩之迂僻者既无足以胶人虑而滞人意，其近似者又不能以假之名而借之号，邪遁

① 朴世堂：《西溪先生集》卷14，《韩国文集丛刊》第134册，第291页。

之煽诱遂绝，坦夷之准的有在，究其所以至此者，亦莫非操末探本沿流泝源以得之，则是于子思所言之指，真有深合而妙契者乎？然经之所言，其统虽一，而其绪千万，是所谓一致而百虑，同归而殊涂，故虽绝知独识，渊览玄造，犹有未能尽极其趣而无失细微，必待乎博集众长，不废小善，然后粗略无所遗，浅迩无所漏，深远精备之体乃得以全。是以辄忘僭汰，概述其蠡测管窥之所得，裒以成编，名曰《通说》。倘于先儒牖世相民之意，不无有尘露之助。故非出于喜为异同，立此一说，若其狂率谬妄不揆疏短之罪，有不得以辞尔。后之观者，或以其意之无他而特垂恕焉，则斯亦幸矣。①

朴世堂认为尽管程朱理学对儒家经典阐释的贡献甚大，但是儒家经典所包蕴的思想精华甚多，程朱两夫子还有未能达到的精微之地，程朱两夫子对儒家经典的阐释也存在一些有待完善的缺憾。因此，程朱理学是儒家经典阐释史上的高峰，而不是终点，后世学者应该在程朱理学的基础上，博采众长，不废小善，实现儒家经典阐释的新突破，而不是盲目信奉程朱理学，尤其是盲目信奉朱熹，以至于把朱熹绝对神圣化、权威化。面对同时代人的质疑责难，朴世堂也曾以诗歌的形式，表露其心迹，李坦《朴世堂年谱》曰：

人或以厓异先儒之论为未安者，先生有诗曰："六籍谁能发键枢，紫阳传注古今无。后贤知说鲜知助，可道如愚是不愚。"又有诗曰："圣言无不说，当时一颜渊。季路至愠见，子迂亦有焉。不知千万代，人孰如回贤。甚愚只信心，不自避狂颠。所欲发经旨，意实非他然。明者岂枉物，此事当恕旃。"又赋蠹鱼诗曰："蠹鱼身向卷中生，识字年多眼乍明。毕竟物微谁见许，只应长负毁经名。"于此数诗，可见先生知我罪我之意云。②

① 朴世堂：《西溪先生集》卷 7，《韩国文集丛刊》第 134 册，第 138 页。

② 朴世堂：《西溪先生集》卷 22，《韩国文集丛刊》第 134 册，第 446 页。

朴世堂晚年的境遇果如其《蠹鱼》诗中所预见的那样，肃宗二十九年（1703）四月，七十五岁的朴世堂被馆学儒生上疏诋毁，背负离经叛道之毁经罪名，后又在金昌协（1651—1708）等人的诬陷之下，被革职流放，八月二十一日，朴世堂含恨而死。围绕《思辨录》的争论并没有因朴世堂的去世而止息，其所著诸经《思辨录》的命运在党争与学术双重争斗之下，反而愈加波折多难。韩国学者对朴世堂《孟子》学的研究较少，主要集中在几篇学术论文上，如咸泳大从实学思潮与反朱子学的层面对《孟子思辨录》作了深入的研究①，再如金太年指出《孟子思辨录》中关于“浩然之气”解释的内涵与意义②。目前，学术界对朴世堂《孟子思辨录》所涉及的学术与政治之间错综复杂的关系较少深入剖析，而这个学术薄弱环节，正是本章着力解决的问题。

一、党争背景下的《孟子思辨录》存毁之争

朴世堂生活的朝鲜王朝，正是党争最为严重的时期，不同党派之间互相倾轧，此起彼伏，李丙焘《韩国史大观》曰：

> 近代朝鲜的党争，比较任何国家任何时代为激烈，其原因并非朝鲜民族在气质上有什么缺点。这时期的党争，只限于所谓士林（儒者文人）的内部，加以乡土背景的势力关系错综复杂于其间，以致演成长期化与系统化；而士林享有过分的言论自由，亦为其原因之一。虽然经过长时期战争，而党争仍继续不歇。此种党派纸上主义，从事排他性的政权争夺，演成世所罕见，可谓极尽丑恶的能事。③

朴世堂《思辨录》（含《孟子思辨录》）被禁毁，就是党争导致的恶果。肃宗

① 함영대：《서계박세당의학술정신과『맹자사변록』》，《韩国汉文学研究》2018 年第 2 期。

② 김태년：《「论思辨录辨」의浩然之气论에대한고찰》，仁川教育大学校畿甸文化研究所编《기전문화연구》2008 年第 5 期。

③ ［韩］李丙焘著，许宇成译：《韩国史大观》，正中书局 1961 年版，第 356 页。

二十九年（1703）正月，朴世堂迎来了生命中的最后一个年份，此时的朴世堂已是病势缠绵，难有回天振作之力。四月十七日，风烛残年的朴世堂又迎来了一个致命的打击，本日，馆学儒生洪启迪等180人上疏弹劾朴世堂，《肃宗实录》载其事甚详，择要录之如下：

> 馆学儒生洪启迪等百八十人，上疏曰：
>
> 天下之所不容，莫大于侮圣；王法之所当讨，莫先于丑正。前判书朴世堂，以拗戾之性，邪枉之见，挟其恬退之虚名，务其文字之小技，聚徒教授，敢以师道自居，于朱子《四书章句集注》，多所改易，著为成说，近又撰故相臣李景奭碑文，诬辱先正臣文正公宋时烈。此真可以伏侮圣丑正之罪矣！呜呼！自古圣贤，孰非有功于天下万世，而为吾儒者，必称朱子，何哉？诚以孔、曾、思、孟之道，具在经书，而非朱子，不能明其旨，朱子之功，盖有不下于吾夫子者矣。……世堂何人，乃敢强生岐贰，显议得失，或颠倒其先后次第，或变乱其名义伦类，作为一说，名以《通说》？……非毁朱子，既为世堂伎俩，则凡于读朱子之书，尊朱子之道之人，宜其深疾，时烈之横被丑诬，盖亦坐此焉耳。时烈平生所尊信，只在朱子，一言一事，无一不以朱子为法。见贼镌之诬悖朱子，极力抵排，指以为夷狄、禽兽。时有一种齆言，右镌甚力，时烈又不得不攻其非，遂成阴阳黑白之分，而世堂即当日右镌者之流派，则世堂之诬时烈与改朱子注说，相为本末，盖非各项事也。……伏愿亟命收入世堂所为《四书注说》、李景奭碑文，投之水火，绝其根本，世堂之罪，付之司败，使一世晓然知朱子之言不可毁，宋时烈之贤不可诬，侮圣丑正之罪，不可不惩。学术定于一，士趣归于正，以免世道无穷之祸。①

馆学儒生弹劾朴世堂的两个主要罪名，一是朴世堂所著《思辨录》有批驳之

① 《李朝实录·肃宗实录》卷38。

处，是为侮辱圣贤；二是朴世堂所撰《领议政白轩李公神道碑铭》因赞扬李景奭而揭发宋时烈之丑行，以致引起宋时烈“西人老论派”门生对朴世堂群起而攻之。因此，《领议政白轩李公神道碑铭》是朴世堂被攻击的导火索，李坦《朴世堂年谱》曰：

> 壬午，今上二十八年，先生七十四岁。十一月，撰白轩李相国（李景奭）碑文。白轩早位卿相，而怀川宋相（宋时烈）未及大显，其相推荐慕悦特深。及宋相名位已隆，与白轩稍有衅端，用隐语致讥于贺寿之文，而轩相家未之觉。其后白轩上札谕事，宋相疑其有所指斥于己者，乃陈疏自辨，而举白轩曾制三田碑文事，至比于孙觌，诋辱备至，一时诸公莫不骇其横加凌辱于曾所尊悦者。先生自立朝时，已恶宋相之为人。及白轩后孙托以碑文，则先生据事直书，辞义严峻。其碑序曰《书》曰“无侮老成人”云云，铭曰云云，见原集。文未及脱稿，有传其句语于附时论而党宋相者，于是众怒如沸，终有翌年之祸。①

正如李坦所言，朴世堂与宋时烈及其党羽结怨很深。显宗九年（1668），宋时烈当时虽然退居林下，但是朝中党羽甚多，依然通过言论左右朝政，朴世堂对此深致不满，遂辞官归隐石泉，崔锡恒《朴世堂谥状》曰：

> 是时怀川主时论，当路诸人竞相和附，进退与夺，唯视其向背。公独持谠议，不肯随其俯仰，于是侧目者众。公知不可有为于世，乃叹曰：“与其屈志辱身，听其翕张，岂若洁吾身行吾志，以终于畎亩间哉？”戊申，罢官归石泉田舍。②

肃宗十五年（1689），肃宗欲立爱妃张氏所生幼子为世子，宋时烈上疏切谏，触怒肃宗。宋时烈被政敌“南人党”乘势攻击，被肃宗流放，翌年赐死。肃宗二十年（1694）四月，肃宗悔悟前非，复宋时烈官爵，特遣承旨致祭。肃

① 朴世堂：《西溪先生集》卷 22，《韩国文集丛刊》第 134 册，第 448 页。
② 朴世堂：《西溪先生集》卷 21，《韩国文集丛刊》第 134 册，第 432—433 页。

宗二十一年（1695），赠谥文正，备极哀荣，至此宋时烈的政治学术地位被绝对权威化。八年之后，朴世堂因李景奭碑文对宋时烈有不满之言，对宋时烈之权威地位造成威胁，势必引起宋时烈党羽的激烈反击。

促成馆学儒生弹劾朴世堂的幕后主使是金昌翕、金昌协兄弟，此二人是故相金寿恒之子，而金寿恒与宋时烈均为“西人”党魁，是莫逆之交。李坦《朴世堂年谱》载其事甚详：

> 四月，被馆学儒生疏诋，事下该曹。儒生之投合时议者，以先生撰白轩碑，峻斥怀川，故有陈疏请罪之议，而不得原文，不即发。有为画计者曰：“文既不可得，虽得之，此一事，恐不足而惊动天听。某曾论辨《四书集注》，若以改易朱子章句为罪，可以执言。”然而时辈之稍有知识者，不相和应，疏议渐熄。故相金寿恒子昌翕者，托迹方外，朝着事有不惬于其心者，辄驰书诋宰枢。至是，又投长札于先生之门人李德寿，丑诋先生。以为先生欲凌侮朱子，故攻斥尊奉朱子之人。意极阴谲，言甚悖戾。白轩即其先相之所尊慕推重者，而侮辱之言，并及白轩。因自以其书蜚传于同好者。其同好者多在要津，诱激儒生，复起疏议。金昌协即昌翕之兄也，负时名而素忌先生，阴主其事，金镇圭、郑澔在朝和应。以《思辨》文字之得于耳剽者，或换化字句，或架凿空虚，相与构疏，目之为侮圣丑正。诸罪其人焚其书，两金又悉送其子弟门徒及姻家后生参其疏。①

《肃宗实录》也指出金昌翕是弹劾朴世堂之首先发难者，

> （肃宗二十九年四月十七日），世堂毁经之说，久行于世，而无有见其全篇者，及景奭碑文出，士林益骇愤，遂声罪请讨。其言义严理正，上即赐嘉纳，痛辟诐淫之说，士论莫不为快焉。先是，处士金昌翕，抵书于朴世堂门人，论斥世堂。……时世堂之书，稍稍传说，或以为不足

---

① 朴世堂：《西溪先生集》卷22，《韩国文集丛刊》第134册，第448页。

> 攻，或以为不必攻，独昌翕，慨然以世道为忧，与人书，发挥先正之志业，廓辟世堂之诐说，言痛快，鼓动士林。俄而太学疏果上，世堂之徒，怨昌翕益深。①

肃宗命礼曹核查朴世堂所撰《思辨录》批判朱子学、《李景奭碑》批评宋时烈是否属实，礼曹复命，坐实了朴世堂的两项罪名。肃宗遂下令革除朴世堂官爵，并其《思辨录》、碑文等著作全部焚毁，遏制流传。《肃宗实录》曰：

> 上判曰："今观朴世堂所撰《四书注说》，其凌蔑朱子，背道害理，固非一二，而至于《中庸》，其所以变易章句，恣意诋毁者，有不忍正视，而末乃曰，'出于不得已，非乐为言之'，无伦至此，而更无余地也。……继往开来之功，孰有大于朱子，而世堂何敢侮圣，若是其无忌惮耶？至若先正臣宋时烈，以累朝礼遇之大老，寡昧之平日尊信，为如何，而敢于相臣墓道之文，直加诬悖之言，尤可痛心。不可不明辨严斥，以杜无穷之患。朴世堂为先削夺官爵，门外黜送，仍令儒臣，逐段辨破后，碑文、册子，一时投火。"②

朴世堂著作被禁毁夹杂着学术与党争两重原因，而且尤其以党争为主要原因。朴世堂所处的朝鲜王朝，经历了倭寇和后金两次进攻，作为有识之士，朴世堂从内忧外患的困局中认识到程朱理学的空疏之弊，认为程朱理学无法使朝鲜王朝摆脱困境。朝鲜王朝的崛起必须打破程朱理学独尊的僵局，提倡经世致用的实用之学，可以说朴世堂是朝鲜王朝从性理学向实学转变过程中的关键人物，是早期实学思想的代表人物。但是当时朝鲜王朝的官方思想依然是独尊朱子学，任何对朱子学的质疑，都会被视作是离经叛道的思想悖逆之举。而且，此时的朝鲜王朝还有一个荒唐的逻辑，宋时烈是当时学界朱子学的权威，反对宋时烈被视作是反对朱子学，反对朱子学就

① 《李朝实录·肃宗实录》卷38。

② 《李朝实录·肃宗实录》卷38。

等同于反对朝廷官学。

宋时烈是狂热的朱子学者，对朱熹言论有一种近乎盲目的崇拜，甚至认为朱熹的言行是绝对真理，可以超越时空的阻隔，对当时朝鲜王朝而言依然是思想之圭臬，《宋子大全》中此类言论所在多有，如：

宋子曰："言言皆是者，朱子也；事事皆当者，朱子也。自孔子以后，博约两至，巧力俱到，未有若朱子之全且尽者也。"①

上曰："朱子之言，果可一一行之乎？"

对曰："古圣之言，或以时势异宜而有不能行者。至于朱子，则时势甚近。且其所遭之时，与今日正相似，故臣以为其言一一可行也。"②

与宋时烈对朱子的盲从迥然不同，朴世堂的学术思想非朱子学所能笼罩，其治学范围也非独守儒家，而是旁涉老庄道家之学，对此，宋时烈生前已经对朴世堂不满，金平默《宋时烈年谱》曰：

权公尚夏尝言：昔尝往侍先生，李秀彦美叔亦来拜。美叔话间谓余曰："朴世堂《新注南华经》颇好矣。"先生问曰："君亦见其注乎？"美叔对曰："略见之矣。"先生曰："朴世堂必将改注经书矣。"余进曰："注《南华》而何以知其改注经书乎？先生之言，得无过乎？"先生厉声曰："君辈每以吾言为过，吾则朝夕且死，君辈试观之。古今书籍可注者何限，而必注庄周书者何也？闻此人每事求异于人，殆乎指白为黑云，甚可虑也！"辞气颇严肃，故不敢复请矣。今闻世堂果改《中庸章句》，一如尹鑴先生之言，若合符契，岂非明理知几而然也！③

宋时烈死后，朴世堂因李景奭碑文被宋时烈一党诬陷，不可否认，不能排除学术观念的差异，但是根本原因却不是学术问题，而是借助学术问题掩盖党争的真相，这场对朴世堂的弹劾，以及宋时烈一党金真龟等人对此事穷

① 金平默：《重庵先生文集》卷36，《韩国文集丛刊》第320册，第25页。

② 宋时烈：《宋子大全拾遗》卷7，《韩国文集丛刊》第116册，第143页。

③ 宋时烈：《宋子大全·附录》卷11，《韩国文集丛刊》第115册，第451页。

追不舍，必置朴世堂于死地的残酷之举，是党争借助政治打压学术的典型案例。南九万（1629—1711）《论白轩晦谷西溪》有深刻而清醒之剖析：

且西溪兄（朴世堂）所以得罪于当路者，全由白轩碑文及其子泰辅之文集，所谓《思辨录》，不过是箧笥暗草中语，其得罪之本根，本不在此其中。设或有文字之得失，皆不足为言矣。若以后人轻有移动于前人之言者为之罪，则欧阳公之以《系辞》为非孔子语者，司马光之疑孟子，其为得罪于圣门，宜若不止《思辨录》中一二句语之差违而已。然欧、马两公不但不见罪于一时，至于从参圣庑之享。后世公论，亦未闻以为过者。然则论西溪得失，只可于白轩碑文定之，《思辨录》自是过空之浮云。夫欲以为罪者则在此，而托以为言者则在彼，此真意在东而言在西，心口不相应者也。凡此等言论风旨，有所师承者远，岂但一时一人之罪也。若使本心稍明而不为世道所陷溺者见之，则所谓《思辨录》是非，本可一笑而麾之，何足多辨乎？①

肃宗二十年（1694），南九万被肃宗重用，秉持朝政。南九万与宋时烈虽同为“西人”，但是宋时烈是“老论派”，南九万是“少论派”，两派积怨甚多，南九万对宋时烈也有不满，不会左袒宋时烈。南九万与朴世堂也无深交厚谊，也不会袒护朴世堂。因此，在朴世堂被弹劾一事上，南九万作为局外人，对此事的评价，应该是公允之论。

另外，朴世堂《思辨录》禁毁之争持续了很长时间，依照肃宗本意，《思辨录》应该付之丙丁，焚毁为快。朴世堂门生反复上疏讼冤，请求为朴世堂平反。尽管肃宗没有给朴世堂平反，但是在各方舆论压力之下，答应撤回焚毁《思辨录》之成命。根据《肃宗实录》约略勾稽其过程如下。

肃宗二十九年（1703）四月二十三日，朴世堂门人修撰李坦、进士李翼明上疏讼冤，请求勿罪朴世堂，勿焚《思辨录》，肃宗不允，且罢免李坦职务，

① 南九万：《药泉集》第29，《韩国文集丛刊》第132册，第499页。

《肃宗实录》曰：

修撰李坦，自以朴世堂门人，上疏讼冤。略曰：

世堂恬退之节，清苦之操，圣明之所尝褒，而今乃摭其私记，欲成罪案。噫！《疑孟》一编，岂非可骇之甚，而未闻火其书罪其人，司马光之贤，无少贬于前。当日世道，抑何恢恢！今世堂所著，未尝有勒成一家之意，而轻以诟骂相加，一曰变怪，一曰乱贼。如是不足，而至欲火其书，又不足而将欲罪其身，此岂今日不可已者耶？

及上览《思辨录》，下教曰："李坦称以为师申辨，诬引先正，欲售眩惑之计，殊甚无严。罢职。"

世堂门人进士李翼明等十数人，又上疏讼冤，大略与坦疏同，而丑辱先正臣宋时烈尤甚。①

肃宗二十九年（1703）四月二十八日，李寅烨上疏营救朴世堂，肃宗虽然收回流放朴世堂之成命，但《思辨录》的焚毁问题依然悬而未决，《肃宗实录》曰：

窜朴世堂于玉果。行司直李寅烨上疏救之曰：

《思辨录》，臣未知论说之如何，而以判付观之，亦难免僭妄之失，而世堂年今七十五矣，重得奇疾，朝暮就木。今若配之荒裔，迫以严程，则必死于道路。特丐其缕喘，俾终于牖下，岂不有光于仁厚之德也？世堂退休林下四十年，高风峻节，绝尘离群，有足以振励衰俗，而徒以箧笥之私记，遽罹岭海之远谪，实非平日所望于圣朝者也。……乞寝成命。

答曰："世堂侮圣丑正之罪，合施屏裔之典，而以疏辞观之，重得奇疾，将死道路，是宜可念，姑寝窜配之命，而世堂得罪斯文，无复可观，而卿之推许至此，良可异也。"世堂寻卒，年七十五。②

① 《李朝实录·肃宗实录》卷38。

② 《李朝实录·肃宗实录》卷38。

肃宗二十九年（1703）八月十二日，副修撰任守干上疏请勿焚《思辨录》，肃宗不允，《肃宗实录》曰：

副修撰任守幹上疏曰：臣于《思辨录》辨破事，有所未解者。朴世堂之信谬见排朱子，果如章奏间语，则僭妄之罪难逃，而此不过家人巾衍中私藏耳。识者见之，自可觑破，不必焚之，又不足辨也。夫子之道，犹日月之不得逾也，接舆、庄周之徒，犹或讥讪；孟子，亚圣也，《刺孟》《非孟》等书，相继而作，未闻世主焚其书，而先儒亦未尝明辨者，何也？此不足有损于圣道也。今时议独齮龁世堂者，无他，盖世堂撰人志铭，峻斥故相臣宋时烈，其徒必欲因以逞忿，以快其意。殿下奈何一一曲从，既令焚之，又令辨之？不如置之，以竢是非之自定。

肃宗三十年（1704）六月十六日，修撰南就明上疏，请勿焚《思辨录》，肃宗依然持志坚决，不允所请，《肃宗实录》曰：

修撰南就明上疏，请勿焚《思辨录》曰：

朴世堂之为此文字，不过自述其意而已，今之为焚弃之议者，信以为此书一出，则人皆弃先儒注释，而一以此为重耶？非圣诬贤，莫甚于庄周，而其书尚存，无伦乱真，莫逾于释氏，而其语犹在，未闻有烧而去之者。况世堂其言，虽或背于本旨，其心未尝出于诋诬，而群起而攻之，必欲投诸水火而已，未免已甚也。

答曰："当初付火之教，出于痛斥邪说之意，今岂变改耶？"①

肃宗三十年（1703）八月五日，距离朴世堂去世一年之后，肃宗组织儒臣对朴世堂《思辨录》的辨破工作业已完成，李畲等儒臣认为《思辨录》乃浅妄之书，不足以蛊惑人心，混淆视听，其影响力有限，不必焚毁。肃宗允其所请，经历诸多磨难波折，《思辨录》才得以幸存下来。《肃宗实录》曰：

李畬曰："所谓《思辨录》，臣亦见之，而其说至浅陋，诚不满一哂。

---

① 《李朝实录·肃宗实录》卷40。

大凡异端之说，高处或出人意表，使人眩惑，故能为世道之害，而此书则不然，稍有眼目，皆可辨之，朝家虽不禁遏，人孰信之？韩愈之言曰：'人其人，火其书。'朱子之诗曰：'谁哉继三圣，为我焚其书？'前贤辟异端之严，固如是，而此书则本不足费力禁绝。今必自朝家，取以焚火，似太多事。且儒臣之言，不无意见，置之恐无妨。"

上曰："当初投火之命，出于严斥邪说之意，而大臣、儒臣所达，果有意见，勿焚可也。"①

朴世堂《思辨录》在经过儒臣批判辨破之后，鉴定为浅妄之书，禁毁问题暂时告一段落。但是《思辨录》果真如权尚游、李观命、李畬所言，是学术价值甚低吗？事情恰恰相反，《思辨录》之学术成就，远在儒臣所作辨破之上。下文即以《孟子思辨录》与儒臣辨破为中心，衡定两者之价值高低。

二、诸臣辨破及其对《思辨录》之诋诬

肃宗将辨破《思辨录》的任务主要交给权尚游、李观命，可谓是所托非人，相对于朴世堂而言，权、李两人自知经学素养甚低，缺乏学术自信，当然也担心引火上身，受到牵连，因此受命之后，反复推辞。肃宗二十九年(1703)六月二十一日，权尚游、李观命推辞辨破之命，《肃宗实录》曰：

应教权尚游、校理李观命，承命辨破《思辨录》，欲淨写以呈，以长官疏中，有特命有经学者辨破之语，俱上疏引嫌，命勿辞写进。尚游等，终不承命。②

肃宗二十九年(1703)七月六日，经过反复衡量之后，权尚游、李观命才勉强接受此项棘手任务，《肃宗实录》曰：

应教权尚游、校理李观命，以郑澔再疏，复及《思辨录》辨破事，引

① 《李朝实录·肃宗实录》卷40。

② 《李朝实录·肃宗实录》卷38。

嫌，违牌坐罢，玉堂一空。命开政差阙员，吏曹以备拟无人，即请还叙，复以权尚游、李观命为校理。两人再召，始就职。①

更有讽刺意味的是，权尚游、李观命完成《思辨录辨破》之后，因缺乏自信，迟迟不敢上呈肃宗。肃宗二十九年（1703）八月十二日，校理李晚成建议另择在外儒臣再作一份辨破，《肃宗实录》曰：

校理权尚游等，辨破《思辨录》，书既成，引嫌不肯进。校理李晚成请令在外儒臣，辨破以进，上许之，命礼官，持往右赞成尹拯，不对。②

肃宗还命令权尚游之兄权尚夏参与其事，并敦促权尚游早日呈奏。权尚夏《承思辨录辨破之命后书启》曰：

礼官以《思辨录》辨破事，承命远至，臣诚惊骇悚蹙，罔知攸措。臣以草莽贱踪，其于朝家事，本不宜参涉。况臣素无学识，加以老病昏耗，似此斯文重事，何敢有一分承当之望哉？向者校理臣李观命与臣弟臣尚游，承受此任，有所辨析，业已成书。臣弟尝誊送草本于臣，故臣略为看阅，则其所论辨，大抵明白详悉，更无可以大段添删者矣。彼二臣者，虽自引嫌不敢呈进，而其在朝家事体，似不可舍已成之书，而更畀别人。其在贱臣之道，亦不可忘越俎之嫌，而架叠为说。明命之下，不敢冒承，不胜惶恐！③

权尚夏虽然拒绝了肃宗和礼部的命令，但是私下里还是参与了《思辨录》辩破之事。权尚夏《寒水斋先生文集》卷二十《答季文》，季文就是其弟权尚游之字，这封书信写作时间是“思辨录辨破时”④，书信的内容是指导权尚游批驳朴世堂《思辨录》。

另一位没有受到任命，却积极参与《思辨录》辩破之事者为金昌协，金

① 《李朝实录·肃宗实录》卷38。

② 《李朝实录·肃宗实录》卷38。

③ 权尚夏：《寒水斋先生文集》卷3，《韩国文集丛刊》第150册，第79页。

④ 权尚夏：《寒水斋先生文集》卷20，《韩国文集丛刊》第150册，第366页。

昌协《农岩集》卷十五《与权有道尚游论〈思辨录〉辨》《与权有道再论〈思辨录〉辨》两份书信，内容是回答权尚游关于朴世堂《思辨录》辩破的疑问，这两份书信讨论《孟子思辨录》的篇幅很多。《金昌协年谱》亦载其事曰：

甲申（肃宗三十年）先生五十四岁。二月，答权修撰尚游书，论思辨录辨。《思辨录》，即朴世堂所著也。诋毁朱子《四书集注章句》定说，极其悖谬，太学诸生上疏，请痛斥。上命取其书，令儒臣辨破，权公主其事，以辨说就质于先生。先生以为大体虽得而犹未详尽，此系斯文大事，不可以身在局外而有所嫌避，遂逐条论辨焉。①

权尚游、李观命能力不逮，私下里反复咨询权尚夏与金昌协，经过多次商讨修缮，《思辨录辩破》终于在肃宗三十年（1704）八月五日完稿进呈，《肃宗实录》曰：

八月五日，副应教李观命，袖进朴世堂《思辨录》辨破之说，因言曰："臣与权尚游，猥膺辨破之命，臣等素昧经学，见闻寡謏，固不足发挥经旨，而义不敢固让，略有论辨，未及脱稿，尚游又赴外任，书札往复，迁延时月，今始讫工，乃敢缮写以进。仍念《思辨录》中，背经悖道之语，不一而足。圣上投火之命，实出于痛斥之意，而臣取观其书，无他神奇可以惑众者，或用《十三经注疏》中朱子已弃不取之剩语，或取他小说中，无用闲漫之危言，掠为己有，间或强索硬论，惟以求多于前贤为务，虽寻常士子，粗识经传糟粕，则可以立觑其诞妄，非若老、佛之书，易为沈溺者，此不足深忧。若焚灭本文之后，其门徒或以为其师之言，不若是而辨破之说，出于适抉云，则亦无以考订，置之似宜矣。曾巩《战国策序》有曰：'君子之禁邪说也，固将明其说于天下，使当世之人，知其说之不可从，然后以禁则齐，使后世之人，知其说之不可为，然后以戒则明，岂必灭其籍哉？'此说尽有见，故朱子取之。臣意以为姑留此

① 金昌协：《农岩集》卷36，《韩国文集丛刊》第162册，第430—431页。

书，使后世之人，晓然知其说之诬悖，恐或得宜。”

上曰：“当初投火之命，出于严斥邪说之意，而大臣、儒臣所达，果有意见，勿焚可也。”①

虽然朴世堂《思辨录》因李观命、李畬的奏疏而免于被焚毁的厄运，但是二李并非《思辨录》的功臣，他们之所以劝谏肃宗勿烧此书的原因是此书学术价值甚低，焚毁此书，不仅是小题大做，而且会为朴世堂门徒留下口实。李观命诋毁《思辨录》所引的是朱熹遗弃的《十三经注疏》的材料，或者其他笔记小说中材料，材料来源价值不大，且论证过程有牵强附会之弊，是狂诞虚妄之书。那么朴世堂《思辨录》果如其言，学术价值如此之低？下文拟以《孟子思辨录》为主，驳斥其诋毁诬陷之言，彰显《孟子思辨录》的重要学术价值。

三、《孟子思辨录》学术价值论衡

《思辨录辩破》是权尚游、李观命对朴世堂《思辨录》的批驳，遗憾的是，《思辨录辩破》一书，上呈肃宗之后，就被弃置一旁，未能刊刻流布，所以我们对于《思辨录辩破》的主要内容已不得而知。所幸私下参与《思辨录辩破》工作的权尚夏、金昌协著作中还保存有与之有关的三封论学书信，这是目前能够得到的《思辨录辩破》的重要资料。下文就以《孟子思辨录》为主，金昌协等人辩破为辅，采用比较研究的方法，着重阐发《孟子思辨录》的学术价值。

第一，对朱熹《孟子集注》时有驳正，开启了脱离性理学束缚的新学风。

金昌协、权尚夏独尊朱熹，亦步亦趋，以朱熹《孟子集注》为标准，不敢稍有差池，时时以朱熹的注释批评朴世堂。如《孟子·万章下》“一乡之善士”章：

① 《李朝实录·肃宗实录》卷40。

> 孟子谓万章曰："一乡之善士，斯友一乡之善士；一国之善士，斯友一国之善士；天下之善士，斯友天下之善士。以友天下之善士为未足，又尚论古之人。颂其诗，读其书，不知其人，可乎？是以论其世也，是尚友也。"①

朱熹注曰：

> 言己之善盖于一乡，然后能尽友一乡之善士。推而至于一国、天下皆然，随其高下以为广狭也。尚，上同。言进而上也。颂诵通。论其世，论其当世行事之迹也。言既观其言，则不可以不知其为人之实，是以又考其行也。夫能友天下之善士，其所友众矣，犹以为未足，又进而取于古人。是能进其取友之道，而非止为一世之士矣。②

朱熹的注释有理论上的疏漏之处，朱熹所谓"随其高下以为广狭"，顺此逻辑而推之，则一乡之善士德行较为卑下，故只能友狭窄一乡之善士；一国之善士、天下之善士德行较为崇高，可以友广博之一国、天下之善士。如此一来，交友之道就受限于德行之高下，受限于地域之广狭，而且把一乡、一国、天下原本属于地理概念的区别，等同于道德水平之区分，混淆了两者之间的区别。另外，朱熹的注释还容易让人误以为友一乡善士、友一国善士、友天下善士与尚友古人是四个不同的交友阶段，友一乡之善士是最低级的层次，尚友古人是最高级的层次。四个层次之间又好像是递进的关系，只有做到前面三个，才有机会尚友古人。或者说一乡之善士若不能提升其德行，则无缘尚友古人。这是很严重的逻辑谬误，朴世堂对此有清晰的驳斥，其云：

> 此盖言贤士之相与友也，皆其德相似，而不相为高下也。注谓"随其高下以为广狭"，恐未然。注之取义如上所云，似由于以友天下之善士为未足，近于求多之意故也，但亦有未必然者。士之取友常于求益，

① （宋）朱熹：《四书章句集注》，第329页。

② （宋）朱熹：《四书章句集注》，第329页。

则虽所友者能得天下无双之善士，岂可遽以此自足，而不复求之于古昔圣贤？讲其出处言行，以为为仁之一辅助也。仲尼之门人亦未尝不诵虞夏之文，论尧舜禹汤文武之世，则所谓尚友者，岂异事哉？亦岂难知者？①

朴世堂认为取友之道是道德相似，一乡、一国、天下是地理概念，正是因为善士道德相似，故能消除地域阻隔，互相亲近友善。另外，相似的道德诉求也能冲破时间的阻隔，与古人产生跨时代的情感沟通。而且尚友古人是伴随着阅读古人作品之时就已经产生的敬慕友爱之情，尚友古人的情感体验，是伴随着善士成长的每个阅读过程，而不是友一国、友天下善士之后，以为不足的交友质变。朴世堂的这个解释更符合交友之道的道德实践情实，避免了朱熹注释的疏漏，是《孟子》阐释的一个进步，但是金昌协依然死守朱熹之言，其《与权有道再论思辨录辨》曰：

《集注》“进而取于古人”，言其进而取古人而友之也。此承上文所友众矣说来，故只云进而取于古人而意已足。细玩上下文义，无可疑者，而朴疑之，岂听莹于进其取友之道一句耶？此则又是申明上意，言其取古人而友之者，是为进其取友之道云耳，初非有别意也。②

金昌协不顾学术是非，一意孤行，为朱熹作毫无必要之辩护，其所作之辩护，肤浅驳杂，与朴世堂之言相较，高下之分，不难看出。

与金昌协等同时代的学者不同，对于朱熹《孟子集注》的阐释，朴世堂驳斥之处甚多，《孟子思辨录》时常用“恐未安”“恐未然”“恐太拘”“恐失本旨”“恐太拘滞”“义恐未明”“失之尤甚”“恐未免大失本指”等评价，表示对朱熹注释的不满。在独尊朱子哲学的单一学术背景下，朴世堂《孟子思辨录》呈现出对朱子哲学的修正甚至是驳正，体现出朴世堂打破思想僵

① 朴世堂：《孟子思辨录》，张立文、王国轩总编纂：《国际儒藏·韩国编·四书部》，《孟子卷》第1册，第572页。

② 金昌协：《农岩集》卷36，《韩国文集丛刊》第162册，第29页。

局的学术勇气，具有重要的思想史意义，正如尹丝淳所言：

《思辨录》充分显示了朴世堂的脱性理学思想，无疑是朝鲜朝儒学发展史上具有划时代意义的事件。朴世堂追求有意义的儒学倾向，以及希望能给实际生活带来实际效用的“实际的学问精神”，需要我们从实学的角度来分析他的思想。朴世堂脱性理学各个方面的思想都带有接近近代思想的特征，所以他的实学必然与程朱理学实学的性质存在差异。①

当然，朴世堂对朱熹的批判是本着实事求是的学术精神，基本上都能做到持之有故，言之成理，而不是故意与朱熹学术观点背离，朱熹《孟子集注》的合理成分，朴世堂也有肯定性的评价，如《孟子·万章下》“敢问交际何心”章，朴世堂曰：

上文曰“交际何心”，“何心”之“心”固为可疑，此又再言“却之”者，亦可疑。然虽存之，义亦略通，不必去矣。但此章上下多阙误，其自“孔子先簿正祭器”以下，全不涉所论交际之义。朱子谓“不必强为之说”，信矣。②

再如《孟子·告子上》“生之谓性”章，朴世堂曰：

此言凡人物自其始生，皆有不学而能者，是之谓性。如食色，亦其一也。注所谓“知觉运动者”即是已。盖凡此所谓知觉运动之自其始生，不学而能者，皆未有善不善之可分，故其为说如此。朱子以为“告子论性，前后四章，语虽不同，其大指不外乎此”者，信矣。③

在对待朱熹《孟子集注》的态度上，朴世堂基本上是本着学术公心，做出相

① ［韩］尹丝淳著，邢丽菊、唐艳译：《韩国儒学史》，第 243 页。

② 朴世堂：《孟子思辨录》，张立文、王国轩总编纂：《国际儒藏·韩国编·四书部》，《孟子卷》第 1 册，第 572 页。

③ 朴世堂：《孟子思辨录》，张立文、王国轩总编纂：《国际儒藏·韩国编·四书部》，《孟子卷》第 1 册，第 573 页。

对客观的评价，对朱熹的观点有驳正也有肯定，与金昌协等从狭隘的学术宗派意识与党派利益出发迥然不同。

第二，对人禽之辨与人物之性异同展开辨析，试图越过朱熹，复归原始儒家。

孟子的人性学说包含一个重要的理论命题，即人禽之辨，也就是说人与物区别的问题，人与物是否有相同之性，以及这个性的来源问题。《孟子·离娄下》首次提出这个问题：

> 孟子曰："人之所以异于禽兽者几希，庶民去之，君子存之。舜明于庶物，察于人伦，由仁义行，非行仁义也。"①

朱熹注曰：

> 人物之生，同得天地之理以为性，同得天地之气以为形；其不同者，独人于其间得形气之正，而能有以全其性，为少异耳。②

朱熹认为人与物之性来源于共同的天地之理，人与物之形来源于共同的天地之气，人与物之间的种种形态差别，种种价值高下，只是所禀受的气之邪正偏全不同。人能禀受天地之正气，得气之全，故有仁义礼智之性；物禀受天地之间气，得气之偏，故只有知觉运动，而无道德本性。但是人与物所禀受之气虽然不同，禀受之理则无差别，这就是朱熹著名的理同气异之说。

关于人物之性同异的问题，孟子与告子之间还有一次深入的学术争辩，《孟子·告子上》曰：

> 告子曰："生之谓性。"
>
> 孟子曰："生之谓性也，犹白之谓白与？"
>
> 曰："然。"
>
> "白羽之白也，犹白雪之白；白雪之白，犹白玉之白与？"

---

① （宋）朱熹：《四书章句集注》，第 298—299 页。

② （宋）朱熹：《四书章句集注》，第 298—299 页。

曰："然。"

"然则犬之性，犹牛之性；牛之性，犹人之性与？"①

朱熹注曰：

性者，人之所得于天之理也；生者，人之所得于天之气也。性，形而上者也；气，形而下者也。人物之生，莫不有是性，亦莫不有是气。然以气言之，则知觉运动，人与物若不异也；以理言之，则仁义礼智之禀，岂物之所得而全哉？此人之性所以无不善，而为万物之灵也。②

朱熹对本章的解释与前一章大同小异，依然坚持理同气异，禀受之气，人全物偏。对于朱熹的这个观点，朴世堂反驳甚力。

朴世堂反对以形上形下区分性与气，其云：

朱子谓："性，形而上者也；气，形而下者也。"窃以为有不然也。夫《易》所言"形而上者谓之道，形而下者谓之器"者，岂非以未赋形之前，其赋形之理已具于冥冥之上，故曰"形而上者谓之道"。既赋形而在下，则又各随其形而含其理以为之才，故曰"形而下者谓之器"乎？今人物之性，则乃器之含其理以各为之才者，故曰"天命之谓性"，又曰"心之官则思"，"此天之所与我者"。又曰"恻隐、羞恶、恭敬、是非之心"，"我固有之"，"仁义礼智，非由外铄我也"，皆有是形而含此理之谓，恐不可曰形而上者也。③

朴世堂认为《周易》之所以说"形而上者谓之道，形而下者谓之器"，是因为道是未有此形之前而有此理，"形而下者之谓器"，是因为既有此形而兼有此理。现实中的人与物已经是有此形下之器形，而且含有形上之理，所以不能把性归属于形而上，也不能把气归属于形而下。

① （宋）朱熹：《四书章句集注》，第332页。

② （宋）朱熹：《四书章句集注》，第332页。

③ 朴世堂：《孟子思辨录》，张立文、王国轩总编纂：《国际儒藏·韩国编·四书部》，《孟子卷》第1册，第574页。

朴世堂也反对朱熹的理同气异之说，更反对理气之偏全说，朴世堂曰：

人物之所以异者，独其性不同故耳，此所谓几希也。庶人去之，则有性而不知率；君子存之，则能率其性矣。注："人物之生，同得天地之理以为性，同得天地之气以为形。其不同者，独人于其间得形气之正，而能有以全其性，为小异耳。"愚窃谓人物之所以异其性者，不但在于偏全之间而已。若谓人以全之故而独异于禽兽，则彼禽兽者将皆以不全而同其性耶。今以孟子所言犬牛之性者观之，殆有不然者欤。①

知觉运动，自其始生，不学而能者，凡物皆然。以是为性，亦犹物之白者，不询其何状，同名之白也。故孟子举以为问，而告子谓然也。注："孟子再问而告子曰然，则是谓凡有生者同是一性矣。"愚窃疑朱夫子之论性，亦常以为人物之生，同禀天地之理以为其性，特有偏全之异，似与孟子之言性微有不同。若曰犬与牛皆有人性之一偏，而人具其体之全，岂其然乎？毁璧碎珠本同一性，不可以偏全之间而差人物之性也。②

朴世堂认为人物之区分不是简单的类别之不同，而是在价值上人高于物，决定这种价值差异者恰恰就是所禀赋的理不同，所禀赋的气也不同，这种根本的差异导致人物之性的差异，而不是偏全的问题。朴世堂举例说，一块残玉与一颗破碎的珍珠，虽然有偏全之别，但同属于玉的属性不会改变，而人与物之别正是属性值不同。

对比朱熹与朴世堂的观点，我们不难看出，朴世堂的观点更为接近孟子。孟子强调人之异于禽兽者，强调人高于禽兽者就是因为人有禽兽所没有的四端之心，人性在道德价值上高于物类，孟子表述得很清楚。朱熹为了给人物之性找到本体论上的根据，推导出人物理同气异的结论，一定程

① 朴世堂：《孟子思辨录》，张立文、王国轩总编纂：《国际儒藏·韩国编·四书部》，《孟子卷》第1册，第562页。

② 朴世堂：《孟子思辨录》，张立文、王国轩总编纂：《国际儒藏·韩国编·四书部》，《孟子卷》第1册，第573—574页。

度上违背了儒家旧有的人禽之辨的学理传统，对此陈来《朱子哲学研究》第六章《理气同异》有深入剖析，其云：

按照儒家传统的思想，“天地之性人为贵”（《孝经》引孔子语），“人之超然万物之上而最为天下贵也”（董仲舒《春秋繁露·天地阴阳》），反对把人与物等同看待，反对把人之性混同于禽兽之性。特别是孟子反驳告子时曾明确向告子提出责难：“然则犬之性犹牛之性，牛之性犹人之性与！”（《孟子·告子上》）按照《太极解义》，物物各具一太极而无假借，提出万物之性都是禀受天地之理而来，这种学说是要为儒家传统的性善论进一步寻求本体论的支持。可是，这样一来，由于强调仁义礼智内在的普遍性而牺牲了人之所以为人的特殊性。从而，人物各具一太极便与孟子以来强调人物本性的差异存在着突出的矛盾。这一矛盾在朱熹强调理的普遍性时被忽略了。①

当然，朱熹理同气异之说也有其理论的价值所在，因为若是不强调人与物、物与物之间的禀受之理的普遍性，而单纯从物类之不同处分析，则人人不同，物物不同，会滋生出无数的特殊性来，唐文治《孟子大义》就有此错误之推演：

人与物之理固不同也，而气亦何尝不异？物与物之理固异也，而气亦何尝不同？即以犬、牛言之，犬能守夜，牛能耕犁，犬与牛之性且不同矣，其所以不同者，由其气禀之异也，而谓犬与牛之气禀，可同与人乎？程子又曰：“人生气禀，有自幼而善，有自幼而恶，是气禀有然也。善固性也，然恶亦不可不谓之性也。”是以人生之气禀言之，智愚、灵蠢，亦万有不齐矣，而可一概而论乎？然则人与物之性，理异也，气亦异也。即人与人之性、物与物之性，理异也，气亦异也。②

① 陈来：《朱子哲学研究》，生活·读书·新知三联书店 2010 年版，第 148 页。

② 唐文治：《孟子大义》，第 360 页。

尽管如此，朱熹强调先天之理的普遍性虽然有助于化约人与物之间无穷无尽的差别性，但是也在一定程度上消解了人禽之间的价值差异，与孟子的本义有较大距离。朴世堂对朱熹观点的驳正，也蕴含了度越朱子哲学，复归孟子哲学传统的学术追求。

第三，规避性理之学的形上空疏之弊，开启朝鲜时代实学思想之先声。

朴世堂是朝鲜时代实学思潮萌芽时期的代表性学者，朴世堂目睹内忧外患的困局，思考造成国运衰微、民生疾苦的思想文化原因，朴世堂认为朝廷崇尚虚文，独尊性理之学，就是重要的原因，正如朴世堂《应求言疏》所言：

> 臣窃痛朝廷好为无实之举，上以欺天，下以欺民，天怒民怨，犹不知悔。甘处于庸君暗主之间，而不复以国家为念也。如使虚文犹足以回天眷得民和，则殿下已尝行之数矣。何至于今而不效，天怒民怨，日甚一日也？如其未然，则宜有以改弦易辙，诎虚文崇实效。仰以必合乎天心，俯以必当乎民情。①

朴世堂主张崇实效而废虚文，体现在经学研究领域，就是以通经致用的研究方法，重新审视性理之学，规避性理之学的空疏之弊，以切实简易的注释取代性理之学抽象虚浮的注释。如《孟子·梁惠王上》“何必曰利”之“利”字的注释，朱熹的注释就比较抽象，其云：

> 此章言仁义根于人心之固有，天理之公也。利心生于物我之相形，人欲之私也。循天理，则不求利而自无不利；殉人欲，则求利未得而害已随之。所谓毫厘之差，千里之缪。此《孟子》之书所以造端托始之深意，学者所宜精察而明辨也。②

梁惠王与孟子所言之利，其实有一个明确而具体的含义，即赵岐所注之“兴

① 朴世堂：《西溪先生集》卷5，《韩国文集丛刊》第134册，第88页。

② （宋）朱熹：《四书章句集注》，第202页。

利除害”①，朱熹罔顾这一解释，毅然把利的起源追究到物我相形之际，人类欲望之私。朱熹确实试图为利找到本体论的依据，并且强调用天理之公，克制人欲之私，但是这种抽象的玄想也把利的具体指向泛化了，偏离了孟子本旨。朴世堂意识到这一点，对利的解释相对于朱熹而言，更为切近伦常日用的生活实践，其云：

> 注：“利心生于物我之相形。”恐未安。夫利者，便益之谓也，自求便益即害于物而不暇恤也，非特物我相形而后利心乃生也。②

参与《孟子思辨录》辩破的权尚夏，出于学派党争偏狭之见，不肯承认朴世堂注释的优胜，竭力维护朱熹权威，为朱熹竭力弥缝，但是权尚夏的学术水平，也不能对朴世堂做出强有力地反击。权尚夏《答季文》曰：

> 利心则出于自利其己，既私其己，便害于人，此非物我相形而何？世堂说谬矣。③

朴世堂对于道字的注释也很切近实用，如《孟子·离娄下》：

> 孟子曰：“禹、稷、颜回同道。禹思天下有溺者，由己溺之也；稷思天下有饥者，由己饥之也，是以如是其急也。禹、稷、颜子易地则皆然。”④

朱熹注曰：

> 圣贤之心无所偏倚，随感而应，各尽其道。故使禹稷居颜子之地，则亦能乐颜子之乐；使颜子居禹稷之任，亦能忧禹稷之忧也。⑤

朴世堂不同意朱熹的注释，其云：

> 事当其可之谓道。禹、稷、颜回皆随其所遭而处义，各当其可，故

---

① （清）焦循：《孟子正义》，第35页。

② 朴世堂：《孟子思辨录》，张立文、王国轩总编纂：《国际儒藏·韩国编·四书部》，《孟子卷》第1册，第534页。

③ 权尚夏：《寒水斋先生文集》卷20，《韩国文集丛刊》第150册，第366页。

④ （宋）朱熹：《四书章句集注》，第304页。

⑤ （宋）朱熹：《四书章句集注》，第304页。

曰同道。时有治乱而行藏亦异，犹裘葛之适其宜，易地而处则无不然矣。彼为裘为葛者，其道岂异哉？此章之义，先儒皆以为圣贤之心一，以道之同为心之一，恐亦有不可混者耳。①

朴世堂以“事当其可”注释“道”，祛除了宋明理学尤其是朱熹对道的种种形上之论，朴世堂所言之“先儒”自然是朱熹。事当其可就是当行之道，朴世堂的注释虽然平淡简易，未必如朱熹深湛玄奥，但是对照孟子之言而后，不难看出，朴世堂的注释其实更为接近《孟子》本义，如《孟子·告子上》曰：

孟子曰：“仁，人心也；义，人路也。舍其路而弗由，放其心而不知求，哀哉！人有鸡犬放，则知求之；有放心，而不知求。学问之道无他，求其放心而已矣。”②

《孟子·告子下》曰：

曰：“夫道若大路然，岂难知哉？人病不求耳。子归而求之，有余师。”③

朴世堂对于“成章”的注释也有崇实去虚的特点，《孟子·尽心上》曰：

流水之为物也，不盈科不行；君子之志于道也，不成章不达。④

朱熹注曰：

言学当以渐，乃能至也。成章，所积者厚，而文章外见也。达者，足于此而通于彼也。此章言圣人之道大而有本，学之者必以其渐，乃能至也。⑤

朴世堂注曰：

① 朴世堂：《孟子思辨录》，张立文、王国轩总编纂：《国际儒藏·韩国编·四书部》，《孟子卷》第1册，第565页。

② （宋）朱熹：《四书章句集注》，第340页。

③ （宋）朱熹：《四书章句集注》，第346页。

④ （宋）朱熹：《四书章句集注》，第363页。

⑤ （宋）朱熹：《四书章句集注》，第363—364页。

> 因上文“容光必照”而复明其义。章，布帛之章也。君子之学道，亦如织布帛者，必成一章，而后乃有所达而更求其益，盖犹“盈科”之意也。注以上文为“言道之有本”，又以澜为“水之湍急处”，其“观水、观日月”之义与“文章外见”之云皆恐未晰，读者详玩可见矣。①

文章一词，在中国古代文化中有多重内涵，有花纹、礼乐制度、个人才学等多重含义，杨伯峻把成章解释为一定成就②。朱熹所注为“所积者厚而文章外见”，更为抽象，大义是说作为道德主体的人，其内在的心性修养深厚，在肢体行为呈现出的优雅姿态与自得之乐。朴世堂不取这种抽象的注释，而是以形象的织布来说明成章之义，朴世堂认为君子之修德进业，应循序渐进，如织布一般，一章织成之后，方可进入下一章。朴世堂的这个注释也有训诂上的根据，《说文解字》曰：“乐竟为一章”，杨伯峻说：“按由此引申，事物达到一定阶段，具一定规模，则可曰成章。”③

朴世堂的注释也引起金昌协的批评，金昌协云：

> 按：流水盈科，借喻也；君子成章，实事也。今若以章为布帛之章，则是成章亦同盈科为借喻而非实事矣。不伦甚矣！④

金昌协的这个批评很有力度，根据《孟子》本文来看，流水盈科是比喻，君子成章是理论提升，如果按照朴世堂的注释，君子成章也就成了比喻，因此，孟子这段话就缺少理论的归纳与概括，所以，朴世堂以织布来形容君子进学，与《孟子》本文的逻辑是有冲突的，或者是有误读的。当然，这种误读也可能是朴世堂有意为之，而且误读本身也有其学术价值。毕竟朴世堂自觉地抵制朱熹性理之学的形上之玄思，以切近朴实的注释方式赋予经学以

① 朴世堂：《孟子思辨录》，张立文、王国轩总编纂：《国际儒藏·韩国编·四书部》，《孟子卷》第1册，第589页。

② 杨伯峻：《孟子译注》，第288页。

③ 杨伯峻：《孟子译注》，第288页。

④ 金昌协：《农岩集》卷15，《韩国文集丛刊》第162册，第30页。

实用价值，体现出对性理之学空疏之弊的强烈不满，采用以实控虚、经世致用的阐释方法，接续原始儒学的生机与活力，彰显了海东儒者的现实关怀精神，朝鲜时代《孟子》学也开始呈现出脱离朱熹而寻求新变的特色。

第五节　以《礼》解《孟》的文化史意义：金幹《孟子札记》研究

金幹（1646—1732），字直卿，号厚斋，谥号文敬，祖籍清风。因学行出众，被举荐于朝，官至右参赞。金幹师从宋时烈、朴世采，是朝鲜时代重要的理学家，金幹门人申暻《厚斋先生志文》甚至认为金幹是继李滉、李珥、宋时烈、朴世采之后，接续儒家道统的海东大儒，其文曰：

> 道之在天下，有宋以前，盛于中州；皇明以后，蔚于我东。孔孟之道，得程朱而复明；程朱之道，得退（李滉）、栗（李珥）、尤（宋时烈）、玄（朴世采）而益阐；退、栗、尤、玄之道，又得厚斋先生而弥彰。先生之学，盖传习乎尤、玄，淑艾乎退、栗。泝以上之，祖述宪章乎孔孟程朱，而遂任传道之责。①

金幹治学勤苦，品端行正，熟稔儒家典籍，并自觉以儒家修身要求砥砺德行，是当时学行兼优的大儒，

> 专意为已之学。循环读《四子》《六经》及《小》《家》《心》《近》诸书。而《学》《庸》读几至万遍。句探其义，字求其旨，融会穿透，如诵已言。又尝取《太极图》，积月潜究，昭晰众妙，木叶川流之触目者，个个成太极圈子。进修甚笃，内外交须，书中道理，一一实践。以《内则》事亲，以乡约接人。如四勿、三省、九容、九思，无不体验而用力焉。②

① 申暻：《直庵集》卷14，《韩国文集丛刊》第216册，第380页。

② 申暻：《直庵集》卷14，《韩国文集丛刊》第216册，第381页。

关于金榦的学术著作以及学术价值，申暻《厚斋金先生行状》言之甚详：

> 先生所著，有《小学》《大学》《语》《孟》《中庸》及《礼经》《太极图札记》二十二卷，类皆覃思研几，文理密察，发明阐绎，命辞无差。使性理名义，种种有下落；圣心贤蕴，呈露无隐晦，居可识其布帛菽粟之为贵。盖又《章句》之章句，《集注》之集注，其有功于孔孟程朱者，不可胜计。而凡与知旧门人答问教诲，亦无非与玉山之讲沧洲之谕，相为表里，则行可占其与天壤俱弊也。又有《思齐》录三篇，可考先生养心检身，安贫乐道之平生准的矣。又有《礼记类辑》四册，并《文集》四十余卷藏于家。①

《孟子札记》是金榦诸经札记中的一种，据《厚斋先生年谱》记载："庚申，先生三十五岁。著《孟子札记》。"② 可知，此书成书于肃宗六年（1680）。《孟子札记》成书以后，学术价值受到当时学界推崇与官方认可，金榦也曾向英祖进呈此书，受到英祖表彰。英祖二年（1726），金榦先后两次进呈《孟子札记·滕文公》以前的内容，《厚斋先生年谱》曰：

> 丙午，先生八十一岁。
>
> 四月，上疏辞职，兼进《孟子札记·滕文公》以上，遣史官宣批。
>
> 疏略曰："臣伏闻殿下近讲《孟子》书，日与筵臣讲讨义理。好学之诚，呜呼，盛矣！然读是书者，必须先知七篇主意之所在，然后方可次第开释，有所受用。遏人欲、存天理六字是已。人欲遏则私意不萌，天理存则公道流行。伏愿殿下将此六字，煞用工夫，不徒诵其言，而又能体之于身，不徒体于身，而又能推之于政令施为之间。则凡日用举措，必皆流出于天理之公，而自无一毫人欲之私矣。臣向读是书，窃不自量，

① 金榦：《厚斋集》附录，《韩国文集丛刊》第156册，第482页。

② 金榦：《厚斋集》附录，《韩国文集丛刊》第156册，第297页。

乃敢搜辑经史子集之说发明是书者，收录于各条之下，或以浅见有所论辨，则下按字以别之，名曰《孟子札记》。今闻圣明方讲是书，草草私录，不合仰渎睿鉴，而不胜献芹之诚，敢此冒昧投进。第乡家纸笔未易，先书《滕文公》以上三册。自此以下，从当随书随进，难免烦渎之惧矣。”

批曰：“虽处山林，眷眷匡辅之意，深用感叹！岂不思古人闻善则拜之事，服膺勿替焉。”①

通过金幹进呈《孟子札记》的奏疏可以看出该书的著述体例，先胪列经史子集与《孟子》阐释有关的文献资料，金幹个人的孟子学观点，以按语的形式附在这些文献资料之后。另外，金幹认为遏人欲、存天理六字是孟子七篇的精神命脉所在，反映出浓厚的理学倾向。

英祖二年（1726）六月，金幹再次进呈《孟子札记》剩余部分，《厚斋先生年谱》曰：“六月，拜大司宪。上疏辞新旧职及召命，兼进《孟子札记·离娄》以下。”②

金幹精通三礼之学，有关三礼的著述甚多，根据《厚斋先生年谱》记载，依成书时间之先后，胪列如下，成书最早者为《东儒礼说》，《厚斋先生年谱》曰：

丁巳，先生三十二岁。辑《东儒礼说》。先生于礼书，用工尤深，经曲源流，悉皆搜罗贯穿。尝患东方诸贤论礼文字，散在各集，有难考阅，遂取诸先生集中论礼诸说，一依《家礼》门目，随类汇编，总十二篇。③

次为《礼记札记》，《厚斋先生年谱》曰：

庚辰。先生五十五岁。冬著《礼记札记》，只述《曲礼》，未卒业。④

次为《礼记类辑》，《厚斋先生年谱》曰：

① 金幹：《厚斋集》附录，《韩国文集丛刊》第156册，第328页。
② 金幹：《厚斋集》附录，《韩国文集丛刊》第156册，第328页。
③ 金幹：《厚斋集》附录，《韩国文集丛刊》第156册，第296页。
④ 金幹：《厚斋集》附录，《韩国文集丛刊》第156册，第303页。

辛巳，先生五十六岁。《礼记类辑》成。先生尝以为《礼记》篇章散出，难于考览，遂以《家礼》门目，逐类汇分。自居忧时始编次，至是书成，名曰《礼记类辑》。①

金干不仅在学术上精研礼学，立朝为官与闲居乡野都依古礼而行。肃宗丧事之时，金干献朝臣燕居服布带议，景宗依金干之议实行。金干受朱熹《家礼》影响甚大，但是也有对《家礼》的修正，如七十四时，还改定祭礼。作为朝鲜时代著名的礼学大家，金干对《孟子》的研究带有极强的以《礼》解《孟》的诠释特色，《孟子札记》中借助礼学文献诠释《孟子》之处甚多，下文就着力论述金干《孟子》学的礼学化特色及其学术成就。

一、《孟子札记》丧礼制度的考证

孝亲伦理在儒家伦理学中占据重要的地位，儒家对于亲人亡故之后的丧葬文化非常重视，对丧礼有很多具体的制度化规定，比如从时间长度上来说，就有三年之丧的规定，《论语·阳货》曰：

宰我问："三年之丧，期已久矣。君子三年不为礼，礼必坏；三年不为乐，乐必崩。旧谷既没，新谷既升，钻燧改火，期可已矣。"

子曰："食夫稻，衣夫锦，于女安乎？"

曰："安。"

曰："女安则为之！夫君子之居丧，食旨不甘，闻乐不乐，居处不安，故不为也。今女安，则为之！"

宰我出。

子曰："予之不仁也！子生三年，然后免于父母之怀。夫三年之丧，天下之通丧也。"②

---

① 金干：《厚斋集》附录，《韩国文集丛刊》第156册，第303页。

② （宋）朱熹：《四书章句集注》，第181—182页。

在孔子看来，三年之丧虽然是一种外在的礼制规范，这种礼制规范尽管有一定的限制性与强制性，但是儒家将守丧时间规定为三年，其原初设想却不是限制束缚人性，而是顺乎孝子对父母养育之恩的报答之情，并且通过三年之丧将此种感情充分而合理地表达出来，也就是说外在的礼制规范是建立在内在的心理情感基础上的。对此，李泽厚《论语今读》有精当之分析，他说：

> 孔子将“礼”（三年之丧）建立在心理情感原则（心安）上。于是儒学第一原则乃人性情感。“三年”或“一年”并不重要。“三年”大概是沿袭远古氏族传统“礼制”，却无理性的依据、解释。正是孔子给了它一个解释，即以心理情感作为最终依据。……孔子的贡献在于将外在礼制（规范）变为内在心理（情感），此核心情感却非宗教性的“畏”、“敬”、“庄”等等，而是以亲子关系为核心的“孝—慈”。①

孟子对丧礼的认识与孔子基本一致，孟子还把葬礼的出现也归之于孝子的孝亲之心理情感。《孟子·滕文公上》记载了孟子与墨家后学夷之的一段辩论，墨家主张薄葬，而儒家主张厚葬，在丧葬习俗上截然相反。夷之有调和儒墨的设想，在丧葬之礼上主张“爱无差等，施由亲始”，孟子则截然反对此种调和之论。孟子认为“施由亲始”是以父母为本，是一个根本，即“一本”；墨家主张“爱无差等”，是爱己之父母与爱人之父母无差别，是两个根本，即“二本”。并且作为墨家的夷之虽然口头上提倡薄葬，但是在父母丧事上依然是厚葬，这就不仅反映出夷之言行不一的虚伪态度，更为深层的原因是，墨家“爱无差等”的理论构想，违背正常的人类心理情感，以至于在实践层面很难顺利实施。孟子则认为“施由亲始”是符合人类心理情感的合理理论设立，具体到葬礼来说，丧葬习俗的出现，也是人类孝亲情感心理的自然流露，厚葬其亲的行为，来源于孝亲情感的不容已，《孟

① 李泽厚：《论语今读》，第336页。

子·滕文公上》曰：

盖上世尝有不葬其亲者。其亲死，则举而委之于壑。他日过之，狐狸食之，蝇蚋姑嘬之。其颡有泚，睨而不视。夫泚也，非为人泚，中心达于面目。盖归反虆梩而掩之。掩之诚是也，则孝子仁人之掩其亲，亦必有道矣。①

金幹对此有较为明晰之注释，其云：

人物之生皆本于父母，故莫不以其父母为本，是所谓一本也。如木之枝叶虽多，而皆本于一根也。惟墨氏兼爱而爱无差等，则是非但亲其亲，而又亲路人之亲，即所谓二本也。其与天之生物而使之一本者相反。

按："其颡有泚"及"虆梩掩之"者，何也？盖以其一本故也。若"爱无差等"，则二本。其视之，当与路人无异矣，岂有此颡泚虆梩之事哉？②

与孔子类似，孟子也非常重视三年之丧，认为这是化民成俗的重要礼制，因此，当滕定公去世之后，滕文公派使者到邹国向孟子请教丧礼问题，孟子就借此机会，极力促成滕文公实行三年之丧。《孟子·滕文公上》载其事曰：

滕定公薨。世子谓然友曰："昔者孟子尝与我言于宋，于心终不忘。今也不幸至于大故，吾欲使子问于孟子，然后行事。"然友之邹问于孟子。

孟子曰："不亦善乎！亲丧固所自尽也。曾子曰：'生，事之以礼；死，葬之以礼，祭之以礼，可谓孝矣。'诸侯之礼，吾未之学也；虽然，吾尝闻之矣。三年之丧，齐疏之服，飦粥之食，自天子达于庶人，三代共之。"然友反命，定为三年之丧。父兄百官皆不欲，曰："吾宗国鲁先君莫之行，吾先君亦莫之行也，至于子之身而反之，不可。且《志》曰：'丧祭从先祖。'曰：'吾有所受之也。'"

谓然友曰："吾他日未尝学问，好驰马试剑。今也父兄百官不我足

① （宋）朱熹：《四书章句集注》，第266页。

② 金幹：《孟子札记》，张立文、王国轩总编纂：《国际儒藏·韩国编·四书部》，《孟子卷》第1册，第653页。

也，恐其不能尽于大事，子为我问孟子。”

然友复之邹问孟子。

孟子曰：“然。不可以他求者也。孔子曰：‘君薨，听于冢宰。歠粥，面深墨。即位而哭，百官有司，莫敢不哀，先之也。’上有好者，下必有甚焉者矣。君子之德，风也；小人之德，草也。草尚之风必偃。是在世子。”

然友反命。

世子曰：“然；是诚在我。”

五月居庐，未有命戒。百官族人可，谓曰知。及至葬，四方来观之，颜色之戚，哭泣之哀，吊者大悦。①

金斡对本章的阐释有以下几点值得注意：

第一，金斡指出，战国时期礼崩乐坏，整个儒家丧葬文明几乎崩塌无遗，三年之丧更是少有人遵守，尤其是以富国强兵为首务的诸侯王，更不会在此等礼文上浪费时间。孟子竭力促成滕文公推行三年之丧，是其王道政治的主要内容，具有很强的现实意义。金斡说：

战国之时，诸侯短丧。凡三年之丧、齐疏、飦粥等礼之大节目皆废而不行者久矣，故孟子于然友之来问也，首举此三者而言之。②

第二，“且《志》曰：‘丧祭从先祖。’曰：‘吾有所受之也。’”对于这两句话的解释，古来争议甚多。从赵岐《孟子章句》开始，就有不同的解释，赵岐注曰：

志，记也。《周礼》“小史掌邦国之志”，曰丧祭之事，各从其先祖之法。言我转有所承受之，不可于己身独改更也。一说“吾有所受之”，世子言我受之于孟子也。③

根据赵岐的注释，关于《志》这本书的具体内容虽然已无从确考，但是

① （宋）朱熹：《四书章句集注》，第255页。

② 金斡：《孟子札记》，张立文、王国轩总编纂：《国际儒藏·韩国编·四书部》，《孟子卷》第1册，第641页。

③ （清）焦循：《孟子正义》，第328页。

至少获悉这是一种记录滕国邦国之志的书，而且这本书里也记载了丧礼祭礼应该遵从祖先的规矩，这是没有疑问的。问题在于“吾有所受之也”这句话的“吾”字所指为谁？赵岐提供了两种可能性：

一是“吾”是指“父兄百官”，他们借口祖宗之法，拒绝执行滕文公三年之丧的决定。

二是“吾”是指滕文公，是说滕文公的三年之丧受之于孟子，不应因祖宗之法的限制而搁置三年之丧，更不应该阻止王道政治在滕国的推行。

焦循《孟子正义》驳正阎若璩观点，认为“吾”字是指滕文公，其云：

> 阎氏若璩《释地又续》：“云吾有所受之也，为世子答父兄百官语。吾与下谓然友曰吾字，正一人，此解首发于赵氏。”按赵氏前说，以此言父兄百官之言，受是承受先祖。然则句上不应加“曰”字。加曰字则自明其为世子答言。言定为三年之丧，非我臆见，吾受之于孟子，孟子则闻之于师说也。故下“谓然友曰”上，更不加“世子”，否则谓然友竟似父兄百官谓然友矣。赵氏不以前说为安，故称“一说”，盖前说当时相传之说，一说则赵氏所折衷也。①

“吾有所受之也”中的“吾”字是指谁，一直是《孟子》学史上悬而未决的问题，现代的注释也比较模糊，如杨伯峻注曰：

> 而且《志》说过：“丧礼祭礼一律从祖宗的规矩。”道理就在于我们是从这一传统继承下来的。②

金榦接受明代中国学者张居正《孟子直解》的观点，提出了“吾有所受之也”中的“吾”字是指“先祖”，这是赵岐之后的第三种解释，金榦曰：

> 《直解》曰：且《志》书的言有说丧礼当从那先祖，盖说我先祖所行的礼有所传受云云。“曰吾”之“曰”字，推作《志》者之言，“吾”字指

① （清）焦循：《孟子正义》，第328页。

② 杨伯峻：《孟子译注》，第105页。

先祖说。按：下“曰”字，非父兄百官曰也，盖《志》者曰先祖所行丧祭之礼必有所传受也。《直解》说恐得之。①

金幹的解读可备一说，但是笔者却不认同这种观点，笔者认为根据原文语势文理分析，“吾”字所指为“父兄百官”。

第三，金幹对本章具体的丧礼仪轨也有具体的注释，如“五月居庐”，“居丧不言”，朱熹的注释比较简略，其注曰：

诸侯五月而葬，未葬，居倚庐于中门之外。居丧不言，故未有命令教戒也。②

金幹对朱熹的注释作了详细的疏解与补充，金幹注曰：

天子七月而葬，故七月居庐。诸侯五月而葬，故五月居庐。《礼记·丧大记》曰：“父母之丧，居倚庐。”疏曰：“倚庐者，于中门外东墙下倚木为庐也。”

“未有命戒”应上“听于冢宰”一句。《礼记·丧服四制》曰：“三年之丧，君不言，《书》曰：‘高宗谅闇，[三年]不言。’此之谓也。”又曰：“斩衰之丧，唯而不对；齐衰之丧，对而不言；大功之丧，言而不议；缌小功之丧，议而不及乐。”③

在《孟子》其他章节，在与丧葬有关的一些具体礼仪的规定上，金幹也有详细而深入的解释，如《孟子·离娄下》：

公行子有子之丧，右师往吊，入门，有进而与右师言者，有就右师之位而与右师言者。孟子不与右师言，右师不悦曰：“诸君子皆与欢言，孟子独不与欢言，是简欢也。”

---

① 金幹：《孟子札记》，张立文、王国轩总编纂：《国际儒藏·韩国编·四书部》，《孟子卷》第1册，第641页。

② （宋）朱熹：《四书章句集注》，第256页。

③ 金幹：《孟子札记》，张立文、王国轩总编纂：《国际儒藏·韩国编·四书部》，《孟子卷》第1册，第641—642页。

孟子闻之，曰："礼，朝廷不历位而相与言，不逾阶而相揖也。我欲行礼，子敖以我为简，不亦异乎？"①

在公行子儿子的丧事上，齐国下级官员纷纷对右师王驩进谄媚之言，唯独孟子不与王驩发一言，骨鲠之态与众人柔媚之相形成鲜明对照，对此赵岐《孟子章句》之概括甚为精当，其云：

循礼而动，不合时人。阿意事贵，胁肩所尊，俗之情也。是以万物皆流，而金石独止。②

这一章的章旨不难理解，在一些礼制的细节上有模糊之处，何谓"历位""逾阶"，在《孟子》阐释史上，一直没有太明确的注解，焦循《孟子正义》征引赵佑《温故录》释之云：

赵氏佑《温故录》云："进，前也。此右师甫入门未即位时，趋迎揖之者，即所谓逾阶也。与下就右师之位，皆人之进，人之就。众人皆往吊，先集而右师独后至，书法特书'右师往吊'，亦似以右师主其事，孟子盖不得已从众也。"③

相对于赵佑而言，金幹的注解更为明确，其云：

所谓右师"入门，有进而与右师言者"，想当往吊时，必有先右师而往在位者。盖朝廷位次有高下，则先往者必位卑而在门内，故右师入门而历先往卑位者之位，观"入门"字则是右师初入门时也。初入门而历卑者之位，故位卑者进而与右师言也，故集注曰："位，他人之位也。右师未就位而进与之言，则右师历己之位矣。"他人之位，言非右师之位。④

金幹认为在此等丧礼之中，职位比较低微的官员先到，而身为右师的王欢

① （宋）朱熹：《四书章句集注》，第303页。

② （清）焦循：《孟子正义》，第594页。

③ （清）焦循：《孟子正义》，第594页。

④ 金幹：《孟子札记》，张立文、王国轩总编纂：《国际儒藏·韩国编·四书部》，《孟子卷》第1册，第680—681页。

最后到来。当王欢依次经过卑者之位时，卑者奴颜婢膝，进谄媚之言，是为“历位”。王欢坐定之后，又有谄媚者越过台阶到其身前作揖献媚，是为“逾阶”。这都不符合朝廷礼法，但是为逢迎王欢，很多官员都不遵守，只有孟子不为权势所动，依然表现出儒家高贵的君子人格。

二、《孟子札记》对明堂建制的考证

明堂制度是先秦时期重要的宫室制度，《周礼·考工记》《礼记·明堂位》等典籍均有记载，但是明堂的具体建制各家所载差异甚大，众说纷纭，莫衷一是，阮元《明堂论》：“后之儒者，执其一端，以蔽众说，分合无定，制度鲜通，盖未能融洽经传，参验古今，二千年来，遂成绝学。”① 王国维《明堂寝庙通考》所言：“古制中之聚讼不决者，未有如明堂之甚者。”② 《孟子·梁惠王下》也曾提到明堂，其文曰：

齐宣王问曰：“人皆谓我毁明堂。毁诸？已乎？”

孟子对曰：“夫明堂者，王者之堂也。王欲行王政，则勿毁之矣。”

朱熹《孟子集注》对明堂的注释比较简略，其云：

赵氏曰：“明堂，太山明堂。周天子东巡守朝诸侯之处，汉时遗址尚在。人欲毁之者，盖以天子不复巡守，诸侯又不当居之也。王问当毁之乎？且止乎？”明堂，王者所居，以出政令之所也。能行王政，则亦可以王矣。何必毁哉？③

朱熹援引赵岐的观点，简略介绍了明堂的功能，即明堂是周天子巡守之时，朝见诸侯的场所。朱熹另有《明堂说》一文，根据《礼记·月令》的记载，考证明堂制度，并绘制了明堂图，其文曰：

论明堂之制者非一，熹窃意当有九室。如井田之制，东之中为青阳

---

① （清）焦循：《孟子正义》，第133页。

② 王国维：《观堂集林》，中华书局1959年版，第125页。

③ （宋）朱熹：《四书章句集注》，第218页。

太庙，东之南为青阳右个，东之北为青阳左个；南之中为明堂太庙，南之东即东之南为明堂左个，南之西即西之南为明堂右个；西之中为总章太庙，西之南即南之西为总章左个，西之北即北之西为总章右个；北之中为玄堂太庙，北之东即东之北为玄堂右个，北之西即西之北为玄堂左个；中是为太庙太室。凡四方之太庙异方所，其左个右个，则青阳之右个，乃明堂之左个；明堂之右个，乃总章之左个也；总章之右个，乃玄堂之左个；玄堂之右个，乃青阳之左个也。但随其时之方位开门耳，太庙太室，则每季十八日，天子居焉。古人制事，多用井田遗意，此恐是也。①

朱熹所绘制明堂图如下②：

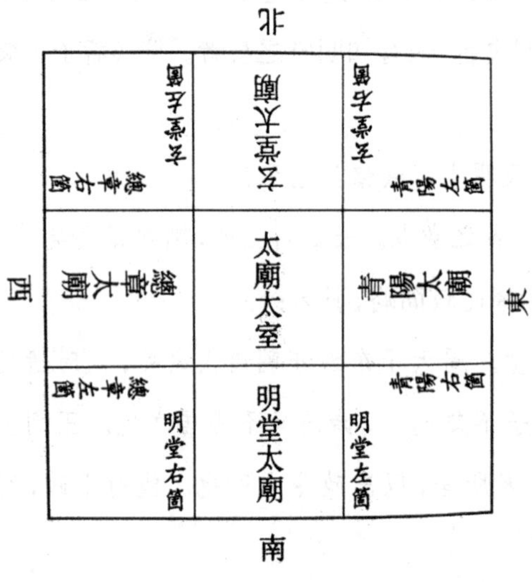

朱熹所绘明堂图

金幹在朱熹的基础上，增补了大量文献，如：

《纲目》曰：明堂，四面无壁取其通达，以茅覆盖取其精洁，为沟通水以圜绕宫垣。《尸子》曰：黄帝曰合宫，有虞［氏］曰总章，（商）［殷人］曰阳馆，周［人］曰明堂。《周礼·考工记·匠人》：周人明堂，度九尺之筵，每筵长九尺。东西九筵，广八丈一尺。南北七筵，深六丈三尺。堂崇一筵，高九尺。五室，堂有五室象五行。凡室二筵，每室二筵一丈八尺。《集览》曰：布政之宫在国之阳，上圆下方，八窗法八风，四闼法四时，九室法九州岛，

① 朱杰人、严佐之、刘永翔主编：《朱子全书》，上海古籍出版社、安徽教育出版社2002年版，第23册，第3307页。

② 朱杰人、严佐之、刘永翔主编：《朱子全书》，第23册，第3307页。

十二重法十二月，三十六户法三十六旬，七十二牖法七十二候。①

《礼记》本注：四面旁室谓之个。青阳左个，太寝东堂北偏也。青阳太庙，东堂当太室。青阳右个，东堂南偏也。明堂左个，太寝南堂东偏也。明堂太庙，南堂当太室。明堂右个，南堂西偏也。太庙太室，中央之室也。总章左个，太寝西堂南偏也。总章太庙，西堂当太室也。总章右个，西堂北偏也。玄堂左个，北堂西偏也。玄堂太庙，北堂当太室也。玄堂右个，北堂东偏也。②

金幹在朱熹与古代典籍记载的基础上，重新绘制了明堂图，把春夏秋冬四时增补进图中，金幹所绘明堂图如下③：

王国维《明堂寝庙通考》一文对明堂建制有更为明晰的考证，其文曰：

自余说言之，则明堂之制，本有四屋四堂相背于外，其左右各有个，故亦可谓十二堂，堂后四室相对于内，中央有太室，是为五室。太室之上，为圆屋以覆之，而出于四屋之上，是为重屋。其中除太室为明堂宗庙特制外，余皆与寻常宫室无异，其五室四堂四旁两夹四阿重屋，皆

金幹所绘明堂图

---

① 金幹：《孟子札记》，张立文、王国轩总编纂：《国际儒藏·韩国编·四书部》，《孟子卷》第1册，第612页。

② 金幹：《孟子札记》，张立文、王国轩总编纂：《国际儒藏·韩国编·四书部》，《孟子卷》第1册，第613页。

③ 金幹：《孟子札记》，张立文、王国轩总编纂：《国际儒藏·韩国编·四书部》，《孟子卷》第1册，第612页。

出于其制度之自然。①

在详细考证之后，王国维绘制了明堂图，其图如下②：

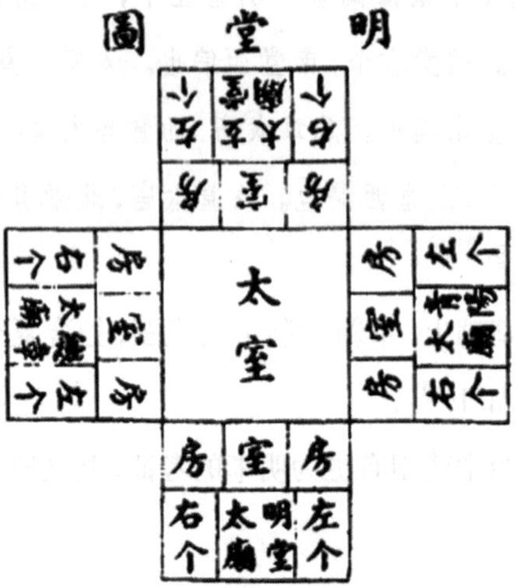

王国维绘明堂图

明堂制度经过王国维的考证，基本可以厘清。但是，在《孟子》学研究史上，如金幹一般重视明堂制度考证的学者比较少，即使是以汉学考据见长的焦循《孟子正义》，对明堂建制的考证也是语焉不详。从这个意义上说，金幹对明堂建制的考证，在东亚《孟子》学阐释上有其独特的学者价值，尤其是在其所处的朝鲜时代，海东儒者绝大多数都沉湎于性理之学的形上讨论，对于如明堂建制等名物的考证则较少关注，因此，金幹的考证愈发显示出时代价值和创新之处。

三、《孟子札记》对乐律制度的考证

金幹也援引《礼》学文献，对《孟子》一书中涉及的乐律制度进行考证，如《孟子·离娄上》曰：

> 孟子曰："离娄之明，公输子之巧，不以规矩，不能成方员；师旷之聪，不以六律，不能正五音；尧舜之道，不以仁政，不能平治天下。"③

朱熹对五音、六律的注释如下：

> 六律，截竹为筩，阴阳各六，以节五音之上下。黄钟、大蔟、姑洗、

① 王国维：《观堂集林》，第127页。

② 王国维：《观堂集林》，第144页。

③ （宋）朱熹：《四书章句集注》，第280页。

> 蕤宾、夷则、无射，为阳；大吕、夹钟、仲吕、林钟、南吕、应钟，为阴也。五音：宫、商、角、征、羽也。①

朱熹的注释比较简略，金幹则对五音、六律以及与之相关的乐律制度进行广征博引的考证，金幹征引蔡清《四书蒙引》曰：

> 蔡氏清曰：六律，六吕之法，每三分而损益，隔八位以相生。如不以八十一数之黄钟，不能正夫音之宫；不以五十四数之林钟，不能正夫音之征：是宫也、征也，必以黄钟［林钟］之律而后正。不以七十二数之太蔟，不能正夫音之商；不以四十八数之南吕，不能正夫音之羽；不以六十四数之姑洗，不能正夫音之角：是商也、羽也、角也，必以太簇、［商宫］、姑洗之律而后正(焉)。(繇)［由］一钧以往旋相为宫，而莫不皆然，然后五音始可得而正焉。②

金幹按语如下：

> 按：直书宫商角征羽者，五音清浊之序也。傍画相连于宫征商羽角者，隔八相生之序也。蔡氏清曰：宫声八十一分。所谓分者，以秬黍实律管中取之。凡黍实于管中，则十三黍［三分黍］之一而满［一］分，积九十(十)分则千有二百黍矣。③

金幹在蔡清研究的基础上，绘制了五音相生之图，其图如右④：

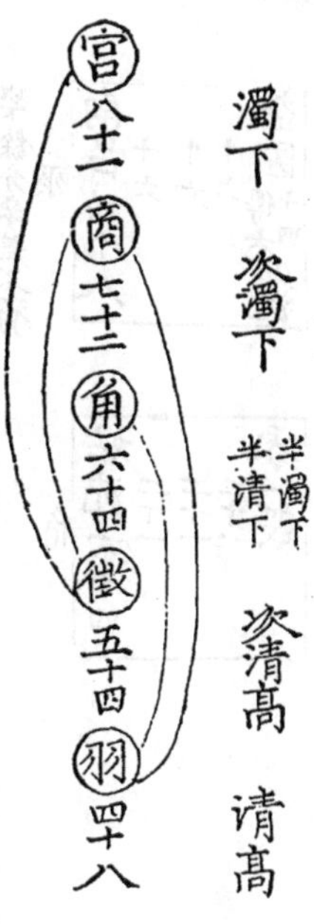

五音相生之图

---

① （宋）朱熹：《四书章句集注》，第 280 页。

② 金幹：《孟子札记》，张立文、王国轩总编纂：《国际儒藏·韩国编·四书部》，《孟子卷》第 1 册，第 660 页。

③ 金幹：《孟子札记》，张立文、王国轩总编纂：《国际儒藏·韩国编·四书部》，《孟子卷》第 1 册，第 660 页。

④ 金幹：《孟子札记》，张立文、王国轩总编纂：《国际儒藏·韩国编·四书部》，《孟子卷》第 1 册，第 660 页。

金幹解释三分损益如下，其曰：

按：三分损益者，凡阳律三分其数，而损一分以下生阴；阴律三分其数，而益一分以上生阳。如黄钟之数，九九八十一为宫，是为五声之本，三分损一下生林钟为征；林钟五十四数，三分益一上生太蔟为商；太蔟七十二数，三分损一下生南吕为羽；南吕四十八数，三分益一上生姑洗为角；姑洗六十四数，三分之得二十一者凡三而零一数，其一数每三分之竟零一数，而分不尽、数不行矣，此音所以止于五者。①

三分损益涉及很复杂的数学验算，为方便了解，金幹绘制三分损益图如下②：

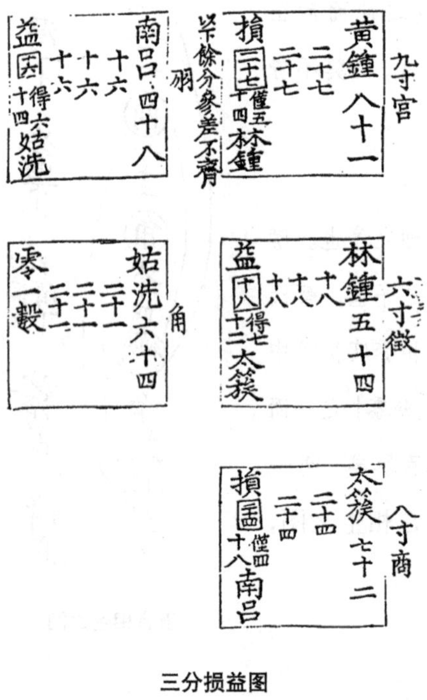

三分损益图

在论述三分损益之前，有必要对十二音律略作介绍。据蔡邕《月令章句》曰："截竹为管谓之律。"因此，律是指用来确定乐音的竹管，古人用十二只长短不一的竹管，吹奏出十二个音阶高低不同的标准音，这十二个标准音就被称为是十二律。十二律分为阴阳两大类，奇数六律是阳律，称为六律；偶数六律为阴律，称为六吕，阴阳十二律合称律吕。十二律根据乐音从高到低的顺序，依次排列如下：

① 金幹：《孟子札记》，张立文、王国轩总编纂：《国际儒藏·韩国编·四书部》，《孟子卷》第1册，第661页。

② 金幹：《孟子札记》，张立文、王国轩总编纂：《国际儒藏·韩国编·四书部》，《孟子卷》第1册，第661页。

表3 十二律

阳律	1黄钟	3太蔟	5姑洗	7蕤宾	9夷则	11无射
阴律	2大吕	4夹钟	6中吕	8林钟	10南吕	12应钟

所谓三分损益，是指阳律减去三分之一而生阴律，阴律增加三分之一而生阳律。比如，黄钟之数八十一为宫，减去三分之一为五十四而生林钟为征。林钟五十四，增加三分之一为七十二而生太蔟为商。太蔟七十二，减去三分之一为四十八而生南吕为羽。南吕四十八，增加三分之一为六十四而生姑洗为角。以下的相生次序为应钟、蕤宾、大吕、夷则、夹钟、无射、中吕。这就是十二律三分损益的相生法则。姑洗之数为六十四，三分之一为二十一点三的循环，不是整数，就是金幹所言“分不尽、数不行”，所以三分损益仅限于宫、商、角、征、羽五音之间。

金幹《孟子札记》还论述了律吕隔八相生的法则，其曰：

> 隔八相生者，如子为黄钟之宫，历丑、寅、卯、辰、巳、午至未而生林钟之征，林钟隔八生太簇商，太蔟隔八生南吕羽，南吕隔八生姑洗角，此黄钟一律备五声也。十二律还相为官，则十二律各备五声也。

金幹也绘制了隔八相生图，其图如下①：

隔八相生问题涉及音律与礼法的配合问题，古人认为十二律可以与十二个月份相配合，其间配合的关系，《礼记·月令》载之甚详：

> 孟春之月，律中太蔟。仲春之月，律中夹钟。季春之月，律中姑洗。孟夏之月，律中仲吕。仲夏之月，律中蕤宾。季夏之月，律中林钟。孟秋之月，律中夷则。仲秋之月，律中南吕。季秋之月，律中无射。孟冬

① 金幹：《孟子札记》，张立文、王国轩总编纂：《国际儒藏·韩国编·四书部》，《孟子卷》第1册，第662页。

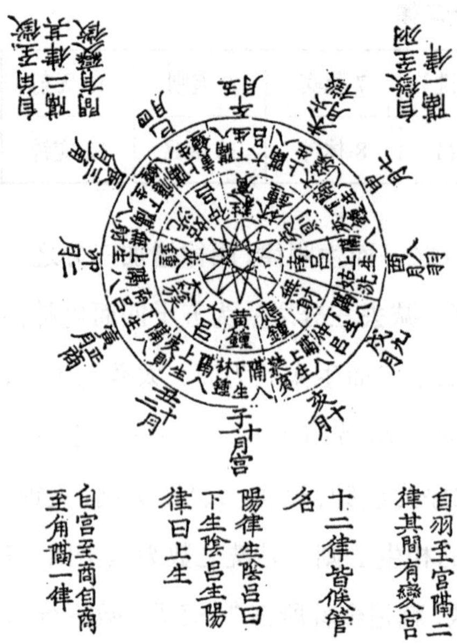

隔八相生图

之月，律中应钟。仲冬之月，律中黄钟。季冬之月，律中大吕。

律应的根据是吹灰，所谓吹灰是古代候气之法，其法是把葭灰装在律管里面，某个月份来临之时，与之相配合的律管里面的葭灰就会飞动起来。《礼记·月令》“律中大蔟”，郑玄注曰：

> 律，候气之管，以铜为之。中，犹应也。孟春气至，则大蔟之律应。应，谓吹灰也。大蔟者，林钟之所生，三分益一，律长八寸。①

所谓隔八相生，如黄钟对应十一月为子为宫，隔丑、寅、卯、辰、巳、午，至未而生林钟六月为征，林钟隔申、酉、戌、亥、子、丑至寅而生太簇正月为商，其他十二律相生关系与此相同。

通过以上论述不难看出，金榦在音律学方面确实有深厚的学术修养，对于律吕相关问题的考证也非常深入全面。当然，金榦的考证也有枝蔓之弊。《孟子》所言“离娄之明，公输子之巧，不以规矩，不能成方员；师旷之聪，不以六律，不能正五音；尧舜之道，不以仁政，不能平治天下”。推究孟子本义，乃是采用模拟修辞的手法，先强调规矩对于方圆制作的重要性，六律对于校正五音的重要性，但是孟子却不是着意于规矩方圆、五音六律等相关知识的探究，而是顺此逻辑强调仁政对于国家治理的重要性，因此，孟子本义不在于具体科学知识的研究，而在于仁政政治观念的阐发，从这个意义

① （汉）郑玄注，（唐）孔颖达疏：《礼记正义》，北京大学出版社 2000 年版，第 524 页。

上说，金幹对于五音、六律知识的考究，就偏离了孟子本义，而有枝蔓游离之弊。同理，金幹对于《孟子》一书中涉及丧礼、明堂等制度的考证也有类似的弊端。

第四章　十八世纪朝鲜半岛《孟子》学

根据《韩国经学资料集成》的统计，18 世纪的朝鲜半岛《孟子》学论著共计 37 部，即郑齐斗《孟子解》《孟子说》、李衡祥《孟子讲义》、朴光一（生卒年无考）《浩然章问答》、李柬《孟子杂著》、李显益《孟子说》、李縡《孟子讲义》、李縡《孟子讲说》、李瀷《孟子疾书》、韩元震《朱子言论同异考（孟子卷）》、韩元震《孟子经义记闻录》、韩元震《孟子杂著》、姜再恒《孟子辨议》、尹东奎《孟子经说》、杨应秀《孟子讲说》、金元行《孟子经义》、李昆秀《孟子讲义》、任圣周《孟子不动心章说》、金谨行《孟子札疑》、安鼎福《孟子疑义》、金钟厚《孟子札录》、柳长源《孟子纂注增补》、柳长源《孟子小注考疑》、金龟柱《孟子札录》、白凤来《孟子通理》、魏伯珪《孟子读书札疑》、洪大容《孟子问疑》、赵有善《孟子经义》、朴胤源《孟子札略》、金相进《孟子经义》、奇学敬《孟子经义条对》、高廷凤《孟子疑义条对》、李元培《孟子经义条对》、金履九《孟子杂识》、崔左海《孟子窃意》、正祖《孟子讲义》。

18 世纪的朝鲜半岛《孟子》学主要有以下三个特点：

第一，阳明学影响下的《孟子》学研究论著出现。

阳明学传入朝鲜半岛之后，对朱子学的官学正统地位造成了一定程度的冲击，为了捍卫朱子学的权威地位，海东多数儒者均视阳明学为异端。但是也有一批学者被阳明学所吸引，并以阳明学的观点阐释《孟子》，江华学派的郑齐斗就是其中的代表。

第二，实学思潮的兴起对《孟子》学研究的影响。

16世纪末至17世纪前期的两次战争，使朝鲜王朝民生凋敝，国势日颓。朱子学日久弊生，烦琐空疏之弊日渐呈露出来。为了解决现实政治危机，纠正朱子学的空疏之弊，以经世致用为目的的实学思潮兴起。《孟子》一书所包含的王道政治、民本思想、井田制度等利用厚生之学，引起了实学家的重视，以李瀷为代表的实学家，重视发掘《孟子》书中的实学价值，并以实学思潮阐释《孟子》，其《孟子疾书》就是以实学解《孟》的开山之作，在《孟子》学发展史上具有重要影响。

第三，帝王《孟子》学的疑孟精神。

朝鲜王朝重视对帝王教育，《孟子》是历代朝鲜国王的必读书目，也是经筵日讲必然讲述的儒家经典。在朝鲜半岛《孟子》学论著中，经筵日讲《孟子》讲义占据很大比重，这些著作是朝鲜王朝帝王《孟子》学的重要载体。帝王《孟子》学与普通学者的《孟子》学既有相似之处，也有很大的学术差异。比如，崇圣尊经是儒者的基本信仰，孟子被封为亚圣之后，孟子的言行就成了儒者绝对尊奉的对象，其真理价值与经典地位不容置疑。帝王则有天子之尊，是治统的象征，能够以治统之政治地位绝对优越平视道统，有些帝王甚至以治统笼罩道统，或者将治统与道统合一。朝鲜王朝的正祖大王就有此野心，认为自己是治统与道统的双重象征，以帝王之尊批评孟子之不足，对孟子不尊周、孟子迂阔等问题有尖锐批评，这些批评有一定的学术合理性，但是也存在政治与学术界限不分明，乃至于以政治压制学术的弊端。

第一节　阳明学东传与《孟子》学新变：郑齐斗《孟子》学研究

郑齐斗（1649—1736），字士仰，号霞谷，延日人。出身仕宦之家，益阳伯郑梦周十一世孙，左赞成郑昌之子。郑齐斗年少多舛，五岁丧父，但依然表现出迥异流俗的道德品格与好学守礼的自我操守，门人沈錥所作《郑齐斗行状》曰：

五岁而孤，被养于大父忠贞公。自在孩提，于长者之教无少违忤。伯父赞成公常奇之曰："小儿乃有如此者耶？"尝侍忠贞公侧，适有玩好物，试令取之，既取遽又还置故处而退。忠贞公叹曰："世之贪得者，有愧此儿多矣。"及就外傅，从学于李教官商翼，时同春堂宋先生入京，问李君童蒙中有颖异者，李以先生对，且曰："商翼不足为其师。"忠贞公卒，先生时十六岁，斋心食素，一如重哀者期年，宗党称焉。①

郑齐斗科举仕途屡次受挫，其弟郑齐泰则与之相反，场屋之间，声名显赫，足以振起家声。郑齐斗征得其母许可之后，以读书治学为平生事业，不以仕途利禄为念。《郑齐斗年谱》曰：

十三年壬子，先生二十四岁。秋中别试，初试对骈俪策，殿试下第。初先生以母夫人命从舅氏李庶尹星龄治公车业，屡占发解。至是季氏广州君有声场屋，先生白母夫人曰："今齐泰足以决科，兄弟俱事利禄，不可。某请从此废举业。"许之。遂杜门谢外事，耽思坟籍，精研六经，恒有不得不措之意。性聪明强记，上自姚姒，下讫于今，数千载间，理乱得失，无不檃括于中。旁逮百家众流之书，阴阳星历之数，兵农医药之论，堪舆卜筮之术，以至稗官小说子集典故，凡载籍所记，一过眼使终身不忘，涵涵停畜，有叩辄应，而毕竟归宿，不出于《诗》《书》六艺之内。经传笺注，先儒义疏，分析毫毛，其旨密微，而钩赜致幽，会通无碍。至于笃老之后，书籍久已不看，而聪明不减于前，有以疑义来问者，不但口诵经文，虽诸家小注，亦冥诵条答，如出己言。少陵崔相公每见之叹曰："某公皮里自有百家诸书，何须较阅编简耶？"②

① [韩] 郑齐斗：《霞谷集》卷10《行状》，《韩国文集丛刊》第160册，第280页。

② 郑齐斗：《霞谷集》卷10《年谱》，《韩国文集丛刊》第160册，第270页。

肃宗六年（1680），领议政金守恒推荐郑齐斗为司圃署别提，此时郑齐斗因攻学太苦，遂有气虚之疾，无法赴任。肃宗八年（1682），除宗簿寺主簿，三十四岁的郑齐斗疾病加重，有濒危之兆，故辞不就。沈錥《郑齐斗行状》曰：

> 始先生攻学太苦，潜思力究，形神为之羸悴，转成劳疾，而工益不懈，至是而疾益甚。先生心亦自危。手书一纸，备言勉戒之意以与季氏。又为书告诀于朴先生，并述平日为学本末焉。母夫人屡叹曰："某之斯疾，实祟刻苦。人情到此，亦不愿其劬学之甚也。"先生深以慈念为忧，于保啬爱养之方亦不敢忽，遂得渐至于充完。中年以后精力强健，视少壮时有胜焉。①

郑齐斗接受阳明学的时间，《行状》《年谱》都没有明确记载，郑齐斗《存言下》曰：

> 余观阳明集，其道有简要而甚精者，心深欣会而好之。辛亥六月，适往东湖宿焉。梦中忽思得王氏致良知之学甚精，抑其弊或有任情纵欲之患。②

郑齐斗自述的这一段记载，是非常重要的文献，遗憾的是郑齐斗在文中提到的辛亥六月这个时间点，是他发现阳明学弊端的时间点，带有总结阳明学利弊的味道，应该是郑齐斗晚年的观点，不太可能是他初步接触阳明学时的认识，因此，辛亥六月应该是英祖七年（1731），时年郑齐斗 83 岁，根据《年谱》记载：

> 二月癸丑往安山，楸谷曾祖妣墓地势倾反，虑日后崩毁，为营迁奉，而宗孙病不能主事，先生躬往经纪。③

尹丝淳《韩国儒学史》、邢丽菊《韩国儒学思想史》等将"辛亥"认定为

---

① 郑齐斗：《霞谷集》卷 10《行状》，《韩国文集丛刊》第 160 册，第 280 页。

② 郑齐斗：《霞谷集》卷 9《存言下》，《韩国文集丛刊》第 160 册，第 264 页。

③ 郑齐斗：《霞谷集》卷 10《年谱》，《韩国文集丛刊》第 160 册，第 277 页。

是显宗十二年（1671）[①]，其时郑齐斗只有23岁，不太可能对阳明学之弊端有如此深刻的认识。况且，根据韩国学者尹南汉、刘明钟的考证，郑齐斗《存言》作于41岁以后，所以出于《存言》的那一条关于阳明学弊端的记载，不太可能是郑齐斗23岁的观点。正如崔在穆《东亚阳明学》所言：

> 由此可见，《存言下》的引文至少记录了40岁以后至晚年的思想。因为从常识来看，从他接纳阳明学到批判阳明学需要一个过程，不可能一接受就持批判立场。因此，将郑齐斗接纳阳明学看成“辛亥六月”不妥。[②]

崔在穆根据尹南汉《朝鲜时代之阳明学》的研究成果，推断郑齐斗“接纳阳明学大致是在24岁左右，对外宣传阳明学是在34岁左右，此后的三四年，他开始大力推广阳明学”[③]。

笔者不认同以上学者的观点，笔者推断郑齐斗系统接受阳明学应该是在34岁。根据如下：

第一，34岁之前，郑齐斗主要还是研习朱子学，郑齐斗门人李匡臣《门人语录》曰：

> 先生初年，从事于考亭之学。凡《大全》《语类》义理精微，蚕丝牛毛，靡不贯穿研索。顾其格致之训，即物穷理之说，终觉有抵牾未入者。……中年得阳明书读之，至其致良知、知行合一之说，乃有发周、程所未发者，遂乃跃然省悟，专心致知于此。[④]

---

① 尹丝淳《韩国儒学史》曰：“而且郑齐斗似乎并不满足王守仁的心学，因为早在他年轻时期（23岁）就曾指出阳明学存在的弱点和缺点。”第273页。邢丽菊《韩国儒学思想史》曰：“霞谷自23岁起便开始痴迷阳明学的高深奥妙，认为阳明之道简洁明了而且不乏精密，甚为欢喜。”第306页。

② ［韩］崔在穆著，朴姬福、靳煜译：《东亚阳明学》，中国人民大学出版社2009年版，第54页。

③ ［韩］崔在穆著，朴姬福、靳煜译：《东亚阳明学》，第54页。

④ 郑齐斗：《霞谷集》卷11《门人语录》，《韩国文集丛刊》第160册，第299页。

根据李匡臣的记录，郑齐斗中年方由朱子学转入阳明学，而23岁或24岁无论如何不能归入中年。

第二，根据《行状》《年谱》的记载，郑齐斗在34岁时，因为读书过于勤苦，以至于身体极为虚弱，露出下世的光景来，而且郑齐斗已经给亲友写下遗书。这次濒临死亡的经历，也迫使郑齐斗检讨之前的学术宗尚与读书之法。朱熹格物致知的向外求理的博观之法无疑是耗费心神的，郑齐斗致病之因想来与此有关，阳明早年以朱熹之法格庭前竹子，也曾病倒。王阳明《传习录下》曰：

> 先生曰："众人只说格物要依晦翁，何曾把他的说去用？我着实曾用来。初年与钱友同论做圣贤，要格天下之物，如今安得这等大的力量？因指亭前竹子，令去格看。钱子早夜去穷格竹子的道理，竭其心思，至于三日，便致劳神成疾。当初说他这是精力不足，某因自去穷格。早夜不得其理，到七日，亦以劳思致疾。遂相与叹圣贤是做不得的，无他大力量去格物了。及在夷中三年，颇见得此意思，乃知天下之物本无可格者。其格物之功，只在身心上做，决然以圣人为人人可到，便自有担当了，这里意思，却要说与诸公知道。"①

与阳明类似，郑齐斗病倒之后，也深刻认识到朱熹学术路径的缺失，从向外求理，开始变为向内求理，而且认为所谓博学也不单是书册上的知识②，学术宗尚也从朱子学转入阳明学。

---

① （明）王守仁：《王文成公全书》，中华书局2015年版，第149页。

② 郑齐斗《存言中》曰："颜回好学云云，何必读书然后为学，颜氏有不善未尝不知云云，是非之心知也云云，文王没文不在兹，天之未丧斯文，夫子之文章云云，孔门之论学字知字文字其义如此。然则学而时习之，博学而切问，不如某之好学，博学之、道问学等学字，安所据而必独为学文讲书之事哉？致知知至学而知之等知字，又何必为知识见问之知哉？博我以文博学于文之文字，又何所取而必独为文字册书事物讲究之文哉？"［韩］郑齐斗：《霞谷集》卷9《存言中》，《韩国文集丛刊》第160册，第257页。

郑齐斗不乐仕进，虽然因其学行出众，多次被举荐，但郑齐斗或者辞不赴任，或者赴任不久就辞职，总之在朝之日不多。受阳明学的影响，相对于著述之空言，郑齐斗更重视内心良知与道德实践，因此亦甚措意于著述，对此申大羽在《郑齐斗墓表》有精当之概括，其文曰：

于是群公怀义，交口迭荐，官内外凡三十一迁，而先生皆遂不至，至亦不能久居也。然国有大疑大政，先生未尝不与闻，有大事未尝不造也。进不近荣，退不近名，无适无莫，惟义之比。不喜著述，不延生徒。卓然独立于甲乙棼争之际，而物莫与竞，所谓不可得以贵，不可得以贱，不可得以亲，不可得以疏者，先生有之矣。①

在郑齐斗的学术体系之中，孟子占据非常重要的位置，郑齐斗对孟子的评价非常之高，其《存言下》曰：

圣人之学在《大学》，圣人之典在《春秋》。述圣人之志，明二经之道者，莫如《孟子》七篇。②

郑齐斗关于《孟子》学的著作主要集中在《霞谷集》卷十四、卷十五《孟子说》，《孟子说》包括浩然章图、浩然章上解、浩然章中解、浩然章下解、浩然章解［二］、浩然章解［三］、浩然章解［四］、浩然章解［五］、浩然章杂解、四端章解、四端章杂解、生之谓性章解、天下之言性章解、集大成解、钟鼓苑囿好勇好货解、诸章杂解与孟子说。著述体例是截取《孟子》原文，附以郑齐斗个人解说，学术上宗尚阳明学，对于朱熹的注解有很多批评。通过《孟子说》的条目可以看出，郑齐斗对浩然章用力甚多，有很多新见，还曾以图表的形式直观地疏通此章文义，其图如下③：

韩国学者对郑齐斗《孟子》学研究的学位论文有임선영《霞谷郑齐斗

① 郑齐斗：《霞谷集》卷 10《墓表》，《韩国文集丛刊》第 160 册，第 288 页。
② 郑齐斗：《霞谷集》卷 9《存言中》，《韩国文集丛刊》第 160 册，第 264 页。
③ 郑齐斗：《霞谷集》卷 14《孟子说上》，《韩国文集丛刊》第 160 册，第 394 页。

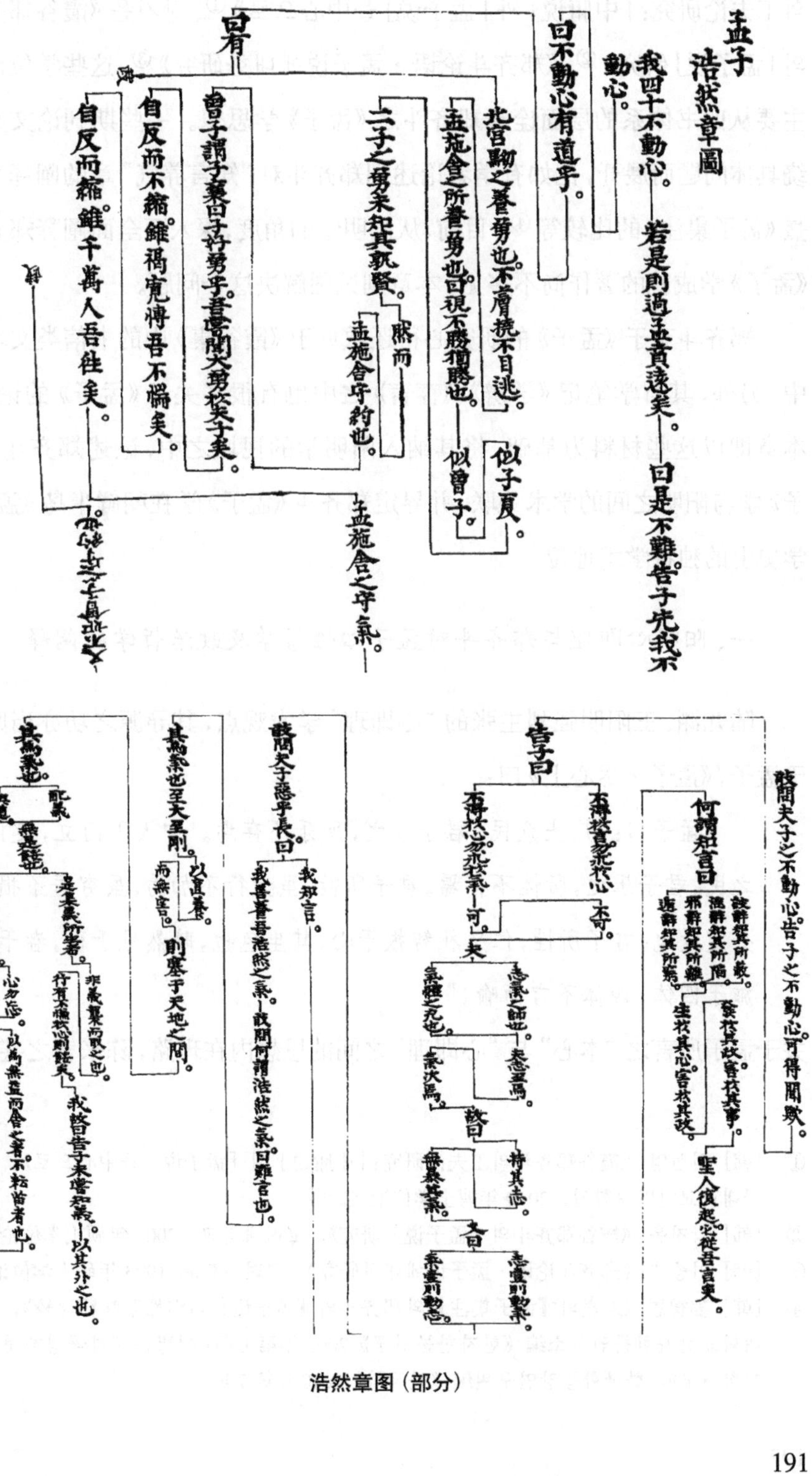
孟子浩然章圖
我四十不動心
曰不動心有道乎
曰有
北宮黝之養勇也不膚撓不目逃
孟施舍之所養勇也曰視不勝猶勝也
似子夏
似曾子
二子之勇未知其孰賢
孟施舍守約也
曾子謂子襄曰子好勇乎吾嘗聞大勇於夫子矣
自反而不縮雖褐寬博吾不惴焉
自反而縮雖千萬人吾往矣
孟施舍之守氣
敢問夫子之不動心告子之不動心可得聞歟
告子曰
何謂知言曰
敢問夫子惡乎長曰
我知言
我善養吾浩然之氣
其爲氣也至大至剛
以直養
而無害
則塞于天地之間

浩然章图（部分）

의工夫论研究:「中庸说」과「孟子说」을中心으로》①、강지은《霞谷郑齐斗의「孟子说」研究》②、《郑齐斗论语·孟子说에대한研究》③,这些学位论文主要从四书体系的层面诠释郑齐斗之《孟子》学思想。一些期刊论文则围绕具体问题而展开,比如有学者论述到郑齐斗对“知言养气”章的阐释与朱熹《孟子集注》的比较等④。目前,从阳明学的角度,深入而全面阐释郑齐斗《孟子》学成就的著作尚不多见,本章则试图解决这个问题。

郑齐斗对于《孟子》的研究心得还散见于《霞谷集》中的书信类文章之中,另外,其哲学笔记《学辨》《存言》之中也有很多关于《孟子》的论述。本章即以这些材料为基础,将其纳入阳明学的视域之中,论述郑齐斗《孟子》学与阳明之间的学术关联,并界定郑齐斗《孟子》学在朝鲜半岛《孟子》学史上的独特学术地位。

一、阳明心即理与郑齐斗对孟子心性哲学及政治哲学的阐释

陆九渊、王阳明强烈主张的“心即理”学术观点,其导源之功亦当归之于孟子,《孟子·尽心上》曰:

> 孟子曰:“广土众民,君子欲之,所乐不存焉。中天下而立,定四海之民,君子乐之,所性不存焉。君子所性,虽大行不加焉,虽穷居不损焉,分定故也。君子所性,仁义礼智根于心,其生色也,睟然见于面,盎于背,施于四体,四体不言而喻。”

关于孟子所言之“本心”与“心即理”之间的思想内在理路,陈来言之甚当:

---

① [韩] 임선영:《霞谷郑齐斗의工夫论研究:「中庸说」과「孟子说」을中心으로》, 성균관대학교일반대학원, 2019年博士学位论文。

② [韩] 강지은:《霞谷郑齐斗의「孟子说」研究》, 고려대학교, 2003年硕士学位论文。

③ [韩] 이종태:《郑齐斗论语·孟子说에대한研究》, 고려대학교,1993年硕士学位论文。

④ [韩] 姜智恩《朱熹의『孟子集注』와郑齐斗의『孟子说』의浩然章注释比较》, 고려대학교한자한문연구소编《한자한문연구》2005年第1期;천병돈《하곡정제두의맹자학연구》, 한국학중앙연구원编《한국학》2010年第7期。

孟子认为"仁义礼智根于心"，这里的"心"在孟子是指"本心"，孟子伦理哲学的基本观点是道德原理根源于人的本心。"本心"的概念孟子虽未加详细讨论，但可以合理地认为，本心是指"四端"或仁义礼智之心。从四端来说，本心具有道德意识的意义（亦含道德情感），从仁义礼智作为道德法则来说，本心就是理，就是道德法则之所从出，因而陆象山提出"心即理"说是合乎孟学内在逻辑的。从陆象山到王阳明，"心即理"或"心外无理"，这里的心都是来源于孟子的本心概念。①

在孟子的基础上，郑齐斗进一步提出了"心外无事物"的学术观点，尽管其中也有陆王心学，尤其是阳明心学的直接刺激，但是导源之功仍当归于孟子。郑齐斗《杂著》曰：

木之自肤寸而至于千丈，可谓脱矣。然其千丈者，其初必起于肤寸，肤寸之外，更无所谓千丈也。噫！苟其不息，则肤寸可以千丈也。夫是之谓有本，是可以喻治心治天下之方欤？今夫木，干株拱抱，枝叶扶疏，观其生气，则一也。干株只是此生气，枝叶只是此生气。不以拱抱之大而不足，扶疏之细而有余，何者？此气外无干株，此气外无枝叶也。何常有其气能生枝叶，而不能生干株者乎？夫治天下固大，治事物固小，然其以此心制之则一也。治天下只是此心，治事物只是此心。不以其小事而有余，不以其大事而不足，无他，此心之外无天下，此心之外无事物也。故其心克全其体，则治事物治天下，以至于参赞化育而无意也。岂非事有大小，而心无分于大小故耶？然则无天下国家，无大事小事，有是心则治，无是心则不治也。噫！尽之木之性者，可以尽之人之性矣；尽之人之性者，可以尽之天地之化育矣。②

① 陈来：《有无之境——王阳明哲学的精神》，北京大学出版社2013年版，第31页。

② 郑齐斗：《霞谷集》卷10《墓表》，《韩国文集丛刊》第160册，第216页。

郑齐斗这一段论述明显是模仿上文所引《孟子·尽心上》“广土众民”一章，在模仿的基础上，也有思想的新阐发。孟子认为仁义礼智等道德规范根植于人的内心，内心具备了这种道德规范之后，道德主体就有充实的道德自信与道德愉悦，内在的道德力量也会在外在的肢体行为上得到完美的展现，即“发出来的神色是纯和温润，它表现于颜面，反映于肩背，以至于手足四肢，在手足四肢的动作上，不必言语，比人一目了然”①。

郑齐斗也采用类似的语言修辞，在论述“心外无实物”之前，先论述了木之生源于生气，生气应该就是指一种充沛的生命力②。肤寸之木长成参天大树，皆是生气充满其中，离开此生气，则木不得而生。顺此逻辑，郑齐斗思考治理天下与治理日常事务的内在根据，是否也如木之生长一样有一内在根据，甚至这一内在根据为何物？郑齐斗认为治理天下与治理日常事务虽然程度有大小，烦难有差别，但是都有内在的根据，此根据即是人人皆有之本心，此本心既包含孟子所言之本心，也如阳明所言之良知之心。此道德本心是外在道德实践的根据，离开这个内在的道德本心，不仅烦难如治理天下之事无从谈起，即使细小如日常事务也很难处理完善。郑齐斗心外无事物的观点很明显地有阳明哲学的因素，阳明屡屡言及心外无事，心外无理，心外无物等，如：

> 《传习录》卷上：“身之主宰便是心，心之所发便是意，意之本体便是知，意之所在便是物。如意在于事亲，即事亲便是一物；意在于事君，即事君便是一物；意在于仁民爱物，即仁民爱物便是一物；意在于视听言动，即视听言动便是一物。所以某说无心外之理，无心外之物。”③

① 杨伯峻：《孟子译注》，第 286 页。

② 李甦平把郑齐斗的哲学称为“主气心学”，李甦平说：“霞谷学的一个显著特点或基本观点，就是把‘气’概念引入阳明学，所以，在这种意义上可以称霞谷学为主气心学。”《韩国儒学史》，第 480 页。

③ （明）王守仁撰，吴光、钱明、董平、姚延福编校：《王阳明全集》，上海古籍出版社 2015 年版，第 6—7 页。

《与王纯甫》："夫在物为理，处物为义，在性为善，因所指而异其名，实皆吾之心也。心外无物，心外无事，心外无理，心外无义，心外无善。"①

郑齐斗对孟子强调本心的哲学倾向有深刻的认识，如《存言中》曰：

斥乡原而进狂狷，黜伯者而专求仁，辟杨墨而恶执一，辨义外而以四端明性善，此明明是孔孟家法。此可以窥圣人之旨，知圣人之学矣，岂在于行事事功上，岂求于物迹间？孟子论货色，岂尝就事论事，求辨于事为上？其推原善端，皆从心上说，以辨其得失。②

郑齐斗认为孟子强调内在德性的重要性，内在德性是外在德行的根本，即道德本心是道德实践的根本。郑齐斗《孟子说》也有类似的表达：

孟子论货色勇乐猎池台苑囿。事虽皆同，其情不同，则仁与不仁各异也。然则王道仁道不在行事上，而在于其心。仁不可求于事也，与百姓同乐，只是心同而好恶同，故能近取譬，推己及人，而不专其好也。吾心之仁尽，而人之心乐无不尽矣。③

夫钟鼓、苑囿、游观之乐，好勇、好货之事，凡天理人情之所固有者，是乃圣愚之所同有之者也。虽是同有，其事则不同；虽是一事，其行则各异，实以理与欲、公与私二者之间耳。其循理而同于天下者，天理之公是也；徇欲而专于一己者，人欲之私是也。是二者之间圣愚之所由分，而其所作为天壤不侔矣。即其事似同而实异，名虽一事，其归远矣，故孟子于此必推原其本而辨正之如此。其所以遏人欲而存天理者，其指似疏而实密矣。④

① （明）王守仁撰，吴光、钱明、董平、姚延福编校：《王阳明全集》，第175页。
② 郑齐斗：《霞谷集》卷9《存言》，《韩国文集丛刊》第160册，第257页。
③ 郑齐斗：《孟子说》，张立文、王国轩总编纂：《国际儒藏·韩国编·四书部》，《孟子卷》第1册，第764页。
④ 郑齐斗：《孟子解》，张立文、王国轩总编纂：《国际儒藏·韩国编·四书部》，《孟子卷》第1册，第758页。

郑齐斗的上述论证涉及孟子的心性之学与政治哲学之间的关系问题，王道仁政是孟子政治哲学的终极目标，这个目标实现的内在根据是王者的内心之善，也就是说，王者的善心决定善政，善政来源于善心。若有此善心，能够时时刻刻与百姓同乐，即使有外在的好货、好色等行为的偏斜，也不会妨碍王道推行。因为，好货、好色、好田猎、好台池、好园囿等是属于气质方面的，属于人的声色物质方面的感官欲求，诚如郑齐斗所言，孟子确实不是如墨家一般的极端简朴主义者，也不排斥王者正当的物质享受，但是这种物质享受不能遮蔽内心的恻隐仁爱之心，也不能是独自享受，而应该与民同乐，以己之欲求推想百姓之欲求。因为此等物质欲求，是人情天理所固有，是圣贤与普通大众共有的诉求。但是在相似的欲求之中，也有天理人欲之辨，公私之分。能够推己及人，与民同乐，是天理之公。反之，只顾个人享乐，置百姓困苦于不顾，则是人欲之私。王者在满足个人欲求的同时，也应该满足百姓类似的欲求，才能建设百姓亲睦、不饥不寒的王道天下。郑齐斗指出，孟子推本王道政治的心性哲学根源，其目的是遏制王者的人欲之私而存在天理之公。郑齐斗对孟子观点的阐发，也是受到阳明哲学的影响，毕竟“存天理，去人欲”是阳明哲学的重要组成部分。

二、阳明的圣贤观念与郑齐斗对孟子人格修养的阐释

人格修养的问题是孟子哲学思想中的重要组成内容，面对外在功利主义的诱惑，孟子强调不动心，明辨诸种异端邪说之谬误，用集义的方法培养浩然正气。对于有一妻一妾的齐人，孟子批判其丧失人格的谋生方式。对于张仪、公孙衍等纵横家的人物，孟子反对其毫无政治操守、只为个人富贵谋利的妾妇之道，高扬大丈夫精神。孟子还提出人人皆可为尧舜的人格修养目标，这种乐观的道德观念，激励着后人成就完美人格。另外，孟子的人格境界理论带有明显的内圣倾向，杨国荣说：

对孟子来说，作为人人皆能达到的境界，理想人格主要表现为一

种内圣的品格。健全的个体固然表现为内在的我与外在的我的统一，但判断一个人是否已经在道德上得到升华，主要以其“存心”为依据，而理想人格（君子）高于一般人的地方，也在于其“存心”：“君子所以异于人者，以其存心也。”所谓存心，主要是内在的德性或道德意识的培养。在此，内在的道德性（内圣）便构成了理想人格（君子）的根本特征。①

这种内圣倾向的人格境界观念，在王阳明的著作里体现得更为明显，比如王阳明非常重视读书人要立定“圣人之志”，如《答刘内重》言之曰：

> 夫学者既立有必为圣人之志，只消就自己良知明觉处朴实头致了去，自然循循，日有所至，原无许多门面折数也。外面是非毁誉，亦好资之以为警切砥砺之地。却不得以此稍动其心，便将流于心劳日拙而不自知矣。②

再如《传习录》卷下曰：

> 先生曰：“诸公在此，务要立个必为圣人之心，时时刻刻，须是一棒一条痕，一掴一掌血，方能听吾说话句句得力。若茫茫荡荡度日，譬如一块死肉，打也不知痛痒，恐终不济事，回家只寻得旧时伎俩而已，岂不惜哉！”③

王阳明认为读书人的内在志向决定日后的人生方向，志向如马之缰，如舟之柁，志向坚定之后，方向才能够明确，后天的修身工夫才有着落。易言之，有圣人之志之则尽管未必能成为圣人，但已经具备了一些成圣成贤的可能性。如果没有圣人之志，则终究还是凡夫俗子。或者说，内在的圣人之志的具备与否，也是区别人格的重要标准，君子小人之分，亦可由此划疆分域。

---

① 杨国荣：《孟子的哲学思想》，华东师范大学出版社 2009 年版，第 114 页。

② （明）王守仁撰，吴光、钱明、董平、姚延福编校：《王阳明全集》，第 219 页。

③ （明）王守仁撰，吴光、钱明、董平、姚延福编校：《王阳明全集》，第 140 页。

郑齐斗受孟子、王阳明影响很深，也有此内圣性的倾向，如《孟子·公孙丑章句下》：

陈臻问曰："前日于齐，王馈兼金一百而不受；于宋，馈七十镒而受；于薛，馈五十镒而受。前日之不受是，则今日之受非也；今日之受是，则前日之不受非也。夫子必居一于此矣。"

孟子曰："皆是也。当在宋也。予将有远行，行者必以赆，辞曰：'馈赆'予何为不受？当在薛也，予有戒心，辞曰：'闻戒，故为兵馈之。'予何为不受？若于齐，则未有处也。无处而馈之，是货之也。焉有君子而可以货取乎？"①

孟子接受宋国黄金七十镒、薛国黄金五十镒，却拒绝了齐王馈赠的黄金百镒，陈臻对此发难，孟子给出了接受与拒绝的充分理由。在金钱利益面前，儒者首先考虑到的是义利之辨，"临财毋苟得"是儒家知识分子的底线，那么金钱利益接受的标准，一般认为是义，符合义者可以接受，否则就应该严词拒绝。在《孟子》阐释学史上，几乎都是以义利之辨的理论来阐释本章，如赵岐注曰：

我在齐无事，于义未有所处也。

朱熹也认同赵岐的注解：

朱子曰："取是罗致之意，轻受之便是被他以货贿笼络了。"问："处字是处物为义之处否？"曰："是。"②

朱子的阐释是把义作为道德主体在处理事物之时所秉持的一个外在标准，这种阐释容易滋生出孟子所反对的"义外"之弊。尽管本章孟子分析了接受与否关乎外在境遇，但是最终决定接受与否的依然是人，依然还是人的动机，也就是不能忽视内在动机的根本性影响。郑齐斗就发现了朱熹阐释

① （宋）朱熹：《四书章句集注》，第245—246页。

② （明）胡广、杨荣、金幼孜等纂修，周群、王玉琴校注：《四书大全校注》，第843页。

所存在的问题，从阳明学的角度进行补偏救弊，郑齐斗曰：

有处而当受，可；无处而货取，不可。尹氏曰，“辞受取与”，“当于理而已”。所谓宜于有处，不宜于货取者，其理即是心也，出于心也。①

郑齐斗认为义或者理，都不是外在的，纯粹客观的，而是内在的，含有主观的色彩，这也是王阳明“心即理”思想的延伸。近代学者唐文治对于本章的阐释与郑齐斗有暗合之处，唐文治曰：

然则有处无处之义，曷凭乎？凭乎本心之不欺而已。……然则孟子曷为以有处、无处定受、不受？曰：是在乎本心之慎独而不欺也，在乎实而不在乎也，在乎己而不在乎人也，在辨之于义，更当盟之于心也。②

郑齐斗在《孟子》阐释中的内圣倾向还见之于“附之以韩魏之家”章：

仁者惟求足于其心，无所顾于其外；得于己之为贵，无所动于贵贱贫富。故虽得韩魏，其为仁有不足，则欿然而已，未尝以为足也。舜禹有天下而不与焉。③

再如“好名之人能让千乘之国止豆羹之义”章：

盖若此者，皆有为于在外之事，而无求尽于其心之志也。求之于外，而无得于己，故虽或得于大，而反失于小，高于一处而不能偏于本体，皆外事上工夫，非尽诸心也。④

在儒家的人格设定之中，除了符合中庸之道的圣贤君子之外，还有狂者与狷者两种类型，相对于乡愿来说，孔子、孟子对于狂狷之人甚多推崇。

---

① 郑齐斗：《孟子说》，张立文、王国轩总编纂：《国际儒藏·韩国编·四书部》，《孟子卷》第1册，第764页。

② 唐文治：《孟子大义》，第100—101页。

③ 郑齐斗：《孟子说》，张立文、王国轩总编纂：《国际儒藏·韩国编·四书部》，《孟子卷》第1册，第765页。

④ 郑齐斗：《孟子说》，张立文、王国轩总编纂：《国际儒藏·韩国编·四书部》，《孟子卷》第1册，第765页。

如《孟子·尽心下》曰：

万章问曰："孔子在陈，曰：'盍归乎来！吾党之小子狂简，进取，不忘其初。'孔子在陈，何思鲁之狂士？"

孟子曰："孔子'不得中道而与之，必也狂狷乎！狂者进取，猥者有所不为也'。孔子岂不欲中道哉？不可必得，故思其次也。"

"敢问何如斯可谓狂矣？"

曰："如琴张、曾皙、牧皮者，孔子之所谓狂矣。"

"何以谓之狂也？"

曰："其志嘐嘐然，曰：'古之人，古之人。'夷考其行，而不掩焉者也。狂者又不可得，欲得不屑不絜之士而与之，是猥也，是又其次也。孔子曰：'过我门而不入我室，我不憾焉者，其惟乡原乎！乡原，德之贼也。'"

曰："何如斯可谓之乡原矣？"

曰："'何以是嘐嘐也？言不顾行，行不顾言，则曰：古之人，古之人。行何为踽踽凉凉？生斯世也，为斯世也，善斯可矣。'阉然媚于世也者，是乡原也。"

万子曰："一乡皆称原人焉，无所往而不为原人，孔子以为德之贼，何哉？"

曰："非之无举也，刺之无刺也，同乎流俗，合乎污世；居之似忠信，行之似廉絜；众皆悦之，自以为是，而不可与入尧舜之道，故曰'德之贼'也。孔子曰：恶似而非者：恶莠，恐其乱苗也；恶佞，恐其乱义也；恶利口，恐其乱信也；恶郑声，恐其乱乐也；恶紫，恐其乱朱也；恶乡原，恐其乱德也。'君子反经而已矣。经正，则庶民兴；庶民兴，斯无邪慝矣。"

王阳明非常重视对这一章的阐释，晚年甚至以狂者自居：如《传习录》下曰：

先生曰："我在南都已前，尚有些子乡原的意思在。我今信得这良知真是真非，信手行去，更不着些覆藏。我今才做得个狂者的胸次，使天下之人都说我行不掩言也罢。"①

王阳明之所以如此推重狂者而鄙夷乡愿，其主要原因倒不是因为狂者有进取精神，而是狂者之心尚未被破坏，乡愿之心则已破坏。钱德洪《阳明先生年谱》曰：

乡愿以忠信廉洁见取于君子，以同流合污无忤于小人，故非之无举，刺之无刺，然究其心乃知忠信廉洁所以媚君子也，同流合污所以媚小人也，其心已破坏矣，故不可与入尧舜之道。狂者志存古人，一切纷嚣俗染举不足以累其心，真有凤凰翔于千仞之意，一克念即圣人矣。

郑齐斗对乡愿、狂者的人格区分标准，是内心的正邪，郑齐斗曰：

行虽不合，而其心却正，有本而不坏者也。是人之缺，不系于其行。②

此其行虽正，而其心却邪，无有其本矣。主于外而不顾其心，所以为德之贼，而不可入尧舜之道也。③

郑齐斗对伯夷、伊尹、柳下惠、孔子四种不同圣人境界的区分标准，也是从内心境界触发，而不是外在的实践与行为，其曰：

伯夷，圣之清；伊尹，圣之任；柳下惠，圣之和；孔子，圣之时。是圣人之出处行止不在于行与事，而在于心也。④

以上郑齐斗对君子人格境界的论述，几乎都是从道德主体的内心出发，此

① （明）王守仁撰，吴光、钱明、董平、姚延福编校：《王阳明全集》，第132页。

② 郑齐斗：《孟子说》，张立文、王国轩总编纂：《国际儒藏·韩国编·四书部》，《孟子卷》第1册，第765页。

③ 郑齐斗：《孟子说》，张立文、王国轩总编纂：《国际儒藏·韩国编·四书部》，《孟子卷》第1册，第765页。

④ 郑齐斗：《孟子说》，张立文、王国轩总编纂：《国际儒藏·韩国编·四书部》，《孟子卷》第1册，第766页。

种阐释的理论依据，如前所述，很明显是来自阳明学。

三、阳明的知识论与郑齐斗对孟子学问之道的阐释

郑齐斗对孟子学问之道的阐释有一种明显的由博返约的倾向，而且相对外在的具体知识而言，郑齐斗更重视内心之理，如郑齐斗对“乐正子有知虑多闻识乎孟子曰否”章的阐释，他说:“圣贤何尝以知虑闻识为学者哉!”① 郑齐斗在《存言中》文中的表述更为详细：

> 以讲究知识言之，如论政事治法，皆有理可求而知，则子欲学为此政法、吏治之功耶？如经书文学，皆有理可学而得，则子欲学为此学究训诂之学耶？今所论只是为学圣贤之道。若果为学圣贤之道，则所谓圣贤之学者，只当学得此仁义礼智中和率性之理，忠孝仁敬之理而已，只在求之吾心性情而可得者，非有求于他处者也，此理只在吾心性情而已足。如技艺等类，物种之理，其本物之理者，亦岂不有在物者也？孟子所谓物，则亦有然矣者，是亦岂不有在物者？然原其本，则皆是一源，未尝有不在于是心者矣。况圣学之所以为功者，其方初不在于彼焉邪！故学者之于技艺之类，在物之理，其知之愈深而其理之愈明，则意欲愈多，机心愈生，人欲愈长，而此理愈蔽，终不可以得正理也。如心体之理既明，既得其体者，此等之理，亦自无不可明者，而其处之自可无不有以尽其性者，然亦未尝又为必皆从事于此等者也，亦未尝以此为功也。②

在这一段文字中，郑齐斗区分了三种不同的知识，即吏治知识、训诂知识与圣贤知识，这三种知识又可分为两类，吏治知识与训诂知识属于外在的专业知识，而圣贤知识则属于内在的道德知识。专业知识属于“在物之

① 郑齐斗:《孟子说》，张立文、王国轩总编纂:《国际儒藏·韩国编·四书部》，《孟子卷》第1册，第764页。

② 郑齐斗:《霞谷集》卷9，《韩国文集丛刊》第160册，第249页。

理”，道德知识属于“仁义礼智中和率性之理”“忠孝仁敬之理”。郑齐斗认为专业知识是末梢，道德知识才是根本，这两种知识尽管有内外本末之差别，但是都本源于心。虽然如此，郑齐斗却认为专业知识的探究，不仅无助于道德境界的提升，反而会助长人欲与机心。反过来说，道德知识却是专业知识的统帅，专业知识的探究却会在道德境界的提升之后，在心体道德意识觉醒之后，迎刃而解。

郑齐斗区分了两种理与两种知识，类似于梁漱溟所言物理与情理，物理即是郑齐斗所言“在物之理”，至于情理，我们可以顺着郑齐斗的逻辑名之曰“在心之理”。这两种理的关系问题，梁漱溟有很深入的分析，可以帮助我们理解郑齐斗的观点，故征引如下，梁漱溟《今天我们应当如何评价孔子》曰：

> 事物之理可简称“物理”，是人们从累次实践中总结经验得来的，存于客观，夹杂一毫主观好恶不得。有一毫主观好恶便自蔽其明。唯有循顺其理而利用之，乃于它的必然中取得吾人的自由。自然科学之理如此，社会科学之理有同然；马克思寻常说的“不以人们的意志为转移”者正谓此。反之，情理则见于人的感情好恶上、意志取舍上，存于主观方面。例如常说的“正义感”，若非出自吾人好正义而恶非正义的感情，则正义非正义其何从而见耶？其他如公平不公平、信实不信实，人人莫不同其好恶、取舍、迎拒者，皆直从人类生命发出来，不学而能，无所待于后天经验，反躬自问始逼真。①

郑齐斗还强调，专业知识的学习，其目的是提升道德境界，儒家所倡导的六艺之学，归根结底还是为了“养心”，郑齐斗《存言下》曰：

> 生人者，无非有用之物，不可空守经籍。学问者，无非养心之方，不可靠溺文义，如礼乐射御书数，是实学问。乐以理心，俾不放舍，又

① 梁漱溟：《梁漱溟先生讲孔孟》，中华书局 2014 年版，第 181 页。

间以射以正其德，间以御以舒其志，间以习礼以整其仪，间以书数正其心画，精其心数，此皆相资相辅，使之无怠于一事，试之于各处。无一时之或间，无一时之或放，无非养心，无非所以为学，非所以习艺也。如此则般柴运水，无非为心学之方。①

既然道德知识是第一位的，专业知识是属于第二位的，专业知识是外在的，而道德知识是内在的，那么为学之道就不能舍本逐末，更应该向心内求索，而非向心外驰求，郑齐斗《存言下》曰：

吾学求诸内而不求诸外。所谓求诸内者，非反观内省而绝外物也。惟求其自慊于内，不复事于外之得失；惟尽其心之是非，不复徇于人之是非；致其实于事物之本；不复拘于事为之迹也。在于吾之内而已，岂与于人哉？②

郑齐斗对孟子学问之道的阐释与王阳明一脉相承，在王阳明的哲学体系中，内在的道德知识根源于良知，良知本身就具备一种道德直觉，这种道德直觉天然就内含着裁断功能，而无须外在知识的助援。《传习录》卷中《答顾东桥书》曰：

夫舜之不告而娶，岂舜之前已有不告而娶者为之准则，故舜得以考之何典，问诸何人而为此邪？抑亦求诸其心一念之良知，权轻重之宜，不得已而为此邪？武之不葬而兴师，岂武之前已有不葬而兴师者为之准则，故武得以考之何典，问诸何人而为此邪？抑亦求诸其心一念之良知，权轻重之宜，不得已而为此邪？使舜之心而非诚于为无后，武之心而非诚于为救民，则其不告而娶与不葬而兴师，乃不孝不忠之大者。③

依照王阳明的思想逻辑，在舜之前并无不告而娶的先例可资借鉴，没

① 郑齐斗：《霞谷集》卷9，《韩国文集丛刊》第160册，第263页。
② 郑齐斗：《霞谷集》卷9，《韩国文集丛刊》第160册，第264页。
③ （明）王守仁撰，吴光、钱明、董平、姚延福编校：《王阳明全集》，第56—57页。

有典籍以资参考，舜不告而娶是本着一念之良知作出的决断，因为不告而娶之不孝相对于不娶无后而言，是一个小不孝，两害相衡趋其轻，舜毅然决定不告而娶。与此同理，周武王不葬文王而起兵讨伐商纣王，也没有先例可资借鉴，也没有典籍以资参考，武王不葬而兴师也是本着一念之良知作出的决断，因为武王志在救民，若守三年之丧，会贻误战机，致使更多百姓遭受商纣王的暴政，武王权衡利弊，毅然决定不葬而兴师。王阳明的这个观点影响了郑齐斗，所以郑齐斗也主张道德境界的提升无须专业知识的助缘。

另外，郑齐斗所言圣贤之学应求诸内而非求诸外，这个观点，王阳明也曾言之在先，如《传习录》卷中《答罗整庵少宰书》曰：

> 天下无性外之理，无性外之物。学之不明，皆由世之儒者认理为外，认物为外，而不知义外之说，孟子盖尝辟之，乃至袭陷其内而不觉，岂非亦有似是而难明者欤？不可以不察也。①

郑齐斗继承了王阳明知识论的思想长处，当然也延续了王阳明知识论的理论偏差。王阳明的读书观念有重视道德境界而轻视知识学习的倾向，如陈来所言：

> 就道德境界的提高而言，知识的学习并不是必要的条件，在这一点上心学的伦理学是有其道理的。但是心学的伦理中心主义立场毕竟太强烈了，以致常常把德性原则与知性原则对立起来，使知性追求丧失了应有的合理的地位，使儒家传统的圣人人格的丰富性不能不因此受到损害。

郑齐斗对孟子学问之道的阐释也有王阳明类似的倾向性或者说思想偏差，关于这一点，前文征引的《存言》中内容就很明显地有所体现，此处就不再赘述了。

① （明）王守仁撰，吴光、钱明、董平、姚延福编校：《王阳明全集》，第 87 页。

总结来说，朝鲜半岛《孟子》学阐释主要理论依据是朱熹《孟子集注》，整个学术界几乎笼罩在朱熹思想之下，鲜有学者敢于提出异议。阳明学传入朝鲜半岛之后，因为官方朱子学的打压，一度被视为异端邪说，阳明学在朝鲜半岛的学术命运一波三折。朝鲜儒者为全身避祸考虑，即使在学术情感上认同阳明学，甚至对阳明学有很深入的研究，也很少有以阳明学自我标榜者，依然借着朱子学的幌子从事阳明学研究，因此外朱内王，就成了朝鲜半岛阳明学的重要特征。对阳明学的身份尚且不敢公开，更遑论以阳明学阐释儒家经典，从这个角度而言，郑齐斗用阳明学阐释《孟子》，并有诸多创获之处，就显得更加难能可贵了。

第二节　实学解《孟》风气的兴起：李瀷《孟子疾书》研究

李瀷（1681—1763），字子新，号星湖，籍贯为骊州，大司宪李夏镇之子。肃宗八年（1682）李瀷出生甫一年，其父李夏镇陷于党争，死于贬谪之所。尹东奎《星湖先生行状》曰：

> 考讳夏镇，司宪府大司宪。在肃庙时，以文章节行，力扶清议，请留许文正穆，不容于朝，左迁晋州牧。继党事起，用事者必欲致重典，擿摭无所得，竟以微事诬捏，谪云山郡而卒。……先生以我肃宗八年辛酉十月十八日，生于大宪公谪所云山郡。其明年壬戌，大宪公弃世，先生生才二岁。①

李夏镇的死对于之后李瀷的成长肯定是一个重大的打击，李瀷对于官场勾心斗角的倾轧陷害，很早就有了切肤之痛。李瀷年少多病，其母悉心调护，不许李瀷过早读书受学，李瀷天资颖悟绝人，年岁稍长之后，刻意奋

① 李瀷：《星湖先生全集》附录卷 1，《韩国文集丛刊》第 200 册，第 187 页。

发，手不释卷，文辞大进。李瀷科举不顺，肃宗三十一年（1705），朝廷增设广科，李瀷以策发解，但是因录名违规，不赴会试。次年，李瀷仲兄李潜又因上疏被杖杀。父兄两次遭遇政治惨祸，遂使李瀷绝意仕进，专心学术事业。李瀷《答息山李先生》云：

> 瀷念昔年迫有立，未尝知有此边一事。只奔走于应俗求名，中罹祸难，陨获失图，便无意于举业文字，则其势将杜门跧伏，日与世龃龉，家有藏书数千，以时翻阅，为消遣之资。①

英祖三年（1727），李瀷以学业德行被举荐为缮工监假监役，不仕。英祖三十九年（1763）以授佥知中枢府事，卒于是年十二月十七日。

李瀷在学问上上承李滉，他常说："退溪，吾师也。"②此外李瀷还深受西学的影响，受到《天主实义》《职方外纪》等书籍的影响。在性理学、西学与实学的综合影响下，李瀷创立了注重学问与实用并举之经世致用的星湖学派，培养了蔡济恭、权哲身、李秉休等实学学者，成为朝鲜实学思想鼎盛期的重要代表。③李瀷著作有《星湖全集》《星湖僿说》《藿忧录》《四书疾书》《家礼疾书》《近思录疾书》《心经疾书》《易经疾书》《尚书疾书》《诗经疾书》等。

《孟子疾书》是《四书疾书》中一种，关于《孟子疾书》之成书，李秉休《星湖先生家状》载之曰：

> 子孟休尝为南县宰，以邑物送饷，先生却之。寄书戒之曰："凡敛于民者，八九是非理，以此奉亲，可乎？吾留吾庐，时穑吾田，足以救饥免冻，鶂鶂之肉，当出而哇之。"此可以见先生之志矣。其于经学，则志学之初，先读《孟子》。是岁，子正郎生，命名曰孟休，以志喜。因

① 李瀷：《答息山李先生》，《星湖先生全集》卷9《书》，《韩国文集丛刊》第198册，第199页。

② 蔡济恭：《星湖先生墓碣铭》，《星湖先生全集》附录卷1，《韩国文集丛刊》第200册，第194页。

③ 邢丽菊：《韩国儒学思想史》，第317页。

撰《孟子疾书》。①

李秉休的记载提供了三个重要的学术信息：

其一，李瀷非常重视《孟子》，认为研治经学应该从《孟子》开始。其《孟子疾书序》亦有类似的表达：

> 其必自七篇始者何？孔子没而《论语》成，曾子述而《大学》明，子思授而《中庸》传，孟子辩而七篇作。以世则后，以义则详。后则近，详则著，故曰求圣人之旨，必自《孟子》始也。②

其二，李瀷对《孟子》的研究还经常运用到现实生活中，其子李孟休做南县宰时，把从百姓那里收敛来的当地物品呈给李瀷以表达孝心，却遭到了李瀷的严厉批评，李瀷在戒子书就援引了《孟子·滕文公下》之典故：

> 仲子，齐之世家也。兄戴，盖禄万钟。以兄之禄为不义之禄而不食也，以兄之室为不义之室而不居也，辟兄离母，处于于陵。他日归，则有馈其兄生鹅者，已频顣曰："恶用是鶃鶃者为哉？"

其三，李瀷《孟子疾书》的撰写始于其子李孟休出生的那一年，结合《孟子疾书序》的记载，李瀷用了五年时间完成了《孟子疾书》的撰写。《孟子疾书序》曰：

> 余之于七篇，用力亦久矣。昔始读此篇，俄而曰："不书无以记也。"于是随身有笔牍，凡有见必载。适当执手咳名之庆，以孟锡嘉，用为志喜。今岁五周矣，颇见儿执卷周旋，往往与余谕义，而余之修润，如风庭扫叶，随扫随有，迄不可以断手，棘棘其犹未熟也。苟非疾其书，殆几乎忘之尽矣。③

《孟子疾书》之命名，尤其是何谓疾书，李瀷在《孟子疾书序》中有明确说明，其文曰：

① 李瀷：《星湖先生全集》附录卷1，《韩国文集丛刊》第200册，第180页。

② 李瀷：《星湖先生全集》卷49，《韩国文集丛刊》第199册，第397页。

③ 李瀷：《星湖先生全集》卷49，《韩国文集丛刊》第199册，第397页。

疾书者何？思起便书，盖恐其旋忘也。不熟则忘，忘则思不复起，是以熟之为贵，《疾书》其次也，亦所以待乎熟也。①

李秉休《星湖先生家状》补充阐释曰：

其曰疾书者，取《横渠画像赞》"妙契疾书"之义也。先生之学，不喜依样，要以自得。经文注说之间，有疑必思，思而得之则疾书之，不得则后复思之，必得乃已，故《疾书》中概多前儒未发之旨。②

疾书之命名，取自朱熹《横渠先生赞》："精思力践，妙契疾书。"李瀷谦称自己读书之时，有所心得，则随笔记载，以备遗忘。李秉休则认为李瀷诸经疾书新见颇多，能发之前儒者所未发，是精心撰述的学术著作，有较高的学术价值。目前学术界对李瀷实学思想的宏观研究较多③，以《孟子疾书》为对象的微观研究较少。本章就以《孟子疾书》为研究对象，阐释该书在《孟子》学发展史上较为独特的价值。

一、《孟子疾书》以譬喻解经的方法及其意义

赵岐《孟子题辞》曰："孟子长于譬喻，辞不迫切，而意以独至。"④后世很多研究者都注意到了孟子修辞上的这个特点，近代著名学者吴闿生评《孟子·告子下》"何以言之曰愿"章，曰："笔势纵荡人，譬喻不测，一片至仁恻怛之音。"⑤如晚期桐城派姚永概《孟子讲义》言之尤其详赡，其曰：

譬喻，亦是文章中一大法门。用之最多且妙者，莫如《战国策》及诸子书，五光十色，令人目眩心折，如白地锦上，添出金碧彩缋。能得

---

① 李瀷：《星湖先生全集》卷 49，《韩国文集丛刊》第 199 册，第 397 页。

② 李瀷：《星湖先生全集》附录卷 1，《韩国文集丛刊》第 200 册，第 181 页。

③ 如：신항수（申恒秀）《李瀷（1681—1763）의经·史解释과现实认识》，高丽大学校大学院 2002 年博士学位论文；권문봉（权文奉）《성호이익의도통론과이단설고찰—『맹자질서』를중심으로》，《원불교사상과종교문화》2012 年第 3 期。

④ （清）焦循：《孟子正义》，第 18 页。

⑤ 高步瀛集解，吴闿生评点：《孟子文法读本》卷 6，香港寰球文化服务社 1979 年版。

此法，文章乃有精神，绝不枯寂。然有一句之譬喻，有双排之譬喻，有连迭之譬喻，有整段之譬喻，有全篇之譬喻，《孟子》七篇，大致已备。如“王好战”一段，是整段也。“刺人杀之”，是一句也。大率整段乃特别说来，一句多随手拈出，总以有风趣为主耳。①

孟子常常运用类推的思维方式对抽象的原理进行具体化的论述，此种类推成为《孟子》思维方法的一大特征，如《孟子·告子上》所云“凡同类者，举相似也”。朝鲜学者李瀷揭橥出《孟子》类推思维方式的丰富内涵。如《孟子·梁惠王上》曰：

梁惠王曰：“寡人之于国也，尽心焉耳矣。河内凶，则移其民于河东，移其粟于河内。河东凶亦然。察邻国之政，无如寡人之用心者。邻国之民不加少，寡人之民不加多，何也？”孟子对曰：“王好战，请以战喻。填然鼓之，兵刃既接，弃甲曳兵而走。或百步而后止，或五十步而后止。以五十步笑百步，则何如？”曰：“不可，直不百步耳，是亦走也。”曰：“王如知此，则无望民之多于邻国也。”②

梁惠王以其“河内凶，则移其民于河东，移其粟于河内。河东凶亦然”作为其尽心于国的具体表现，并认为他对于国家的用心比之邻国国君之用心更多，但是其用心所导致的结果却是“邻国之民不加少，寡人之民不加多”，梁惠王怀着抱怨的心情咨询孟子。孟子并未直接从政治手段与途径的角度加以回答，而是以战争中弃甲曳兵者有逃跑百步者、有逃跑五十步者为譬喻。孟子认为梁国与邻国同样都不振兴的原因，犹如战争中逃跑五十步者嘲笑一百步者一样，都是一样的逃跑，而梁惠王不能从根本上实施王道政治，只是在灾害来临之际，被动地采取一些移民移粟的补救之策，也是五十步笑百步。孟子以譬喻的方式回答梁惠王，梁惠王也更容易接受

① （清）姚永概：《孟子讲义》，黄山书社 1999 年版，第 8 页。

② （宋）朱熹：《四书章句集注》，第 203 页。

这种委婉生动的进谏方式。

孟子运用譬喻的修辞手法，将其较为枯燥的政治理想、哲学理念生动而充分地论述出来，起到了很好的表达效果。孟子长于譬喻，很多学者都有论述，可是却很少有学者运用譬喻的手法进行经学研究。这里面自然是有受到经学著述体例限制的原因，毕竟经学著述有其特定的注疏方式，经学著述是属于学术文本而不是文学文本，譬喻很难运用到经学著述之中。《孟子疾书》的著述体例则不是传统的注疏体例，而是采用学术札记的方式，直接对《孟子》文本进行阐释，著述体例上较为自由灵活①。正因为如此，李瀷就延续了孟子以譬喻说理的传统，并创造性地将譬喻运用到对《孟子》的经学阐释之中。如李瀷对上文所引《孟子·梁惠王上》"寡人之于国也"章的阐释曰：

> 尊经者，必须事事都着己亲切看。读孟子"战喻"，世之为学亦可以知戒矣。夫两锋厮杀，不进则退，彼进则我退，其退也虽或有远近之殊，其机在彼之缓急，非我之所得由意也，何别于百步五十步乎？此可以喻学者义利消长之验，义长则利消，利长则义消，未有一长而一不消也。苟义之长也，虽或有不中节者，是事事都实；苟利之长也，虽或有偶中节者，是事事都虚。以偶中之虚望实力之效，不既远乎？古之君子固有处心行事一出于正，则厄穷终身不得施措于世者，是果非其人之罪也。其或掇拾章句，妄加标榜，而听其言，观其行，日靡靡乎百步五十步之间，居则曰"不吾知也"，未显则愁叹汩其心，已显则颠踣亡其身。然而一切怨尤之曰："我说周公、仲尼之道，而将于世何哉？"此何异于梁王之求多于邻国也乎！②

李瀷将孟子譬喻的修辞手法加以发扬，从譬喻的层面诠释《孟子》，给

---

① 李瀷也比较反对传统经学注疏的章句之学，如李瀷《中庸疾书》曰："自章句之学行于世，人尊之如日月，信之如四时，爱之如骨肉，畏之如铁越。但不能究而得之，知而行之，如日用饮水也。"李瀷：《中庸疾书》，《星湖全书》，骊江出版社 1984 年版。

② 李瀷：《孟子疾书》，张立文、王国轩总编纂：《国际儒藏·韩国编·四书部》，《孟子卷》第 2 册，第 169 页。

予《孟子》文本多维的意义空间。孟子以五十步笑百步譬喻梁惠王不能实行仁政，李瀷则借用此譬喻作了进一步的延伸，用来阐释为学之道。李瀷认为，为学之道首先要辨明义利之分，义利关系是此消彼长，一正一邪。持守正义，虽厄穷终身，亦非其人之罪。反之，若舍弃正义而外慕功名利禄，虽能通训诂章句，自我标榜，但是其言行之间，大节已亏，即使日诵圣贤之言，宣称笃好周公、孔子之道，也是如梁惠王求多于邻国一样荒唐，也不过是另一个五十步笑百步而已。

《孟子·告子上》：

> 孟子曰："五谷者，种之美者也；苟为不熟，不如荑稗。夫仁亦在乎熟之而已矣。"①

朱熹注释曰：

> 荑稗，草之似谷者，其实亦可食，然不能如五谷之美也。但五谷不熟，则反不如荑稗之熟；犹为仁而不熟，则反不如为他道之有成。是以为仁必贵乎熟，而不可徒恃其种之美，又不可以仁之难熟，而甘为他道之有成也。②

朱熹的注释忠实于《孟子》文本，引申腾挪之处不多。李瀷则不同，他用婴儿学步来譬喻王道政治，李瀷曰：

> 予于学步之儿，知熟仁之喻。其步也，十颠八倒，殆不若匍匐之易行。然必艰难移足，不复肯于匍匐。既熟，则始非匍匐所能及，此王伯之别。彼苟焉俗务，不遵先王之道者，多愧于学步之儿。③

《孟子·滕文公下》曰：

> 孟子谓戴不胜曰："子欲子之王之善与？我明告子。有楚大夫于此，

---

① （宋）朱熹：《四书章句集注》，第343页。

② （宋）朱熹：《四书章句集注》，第343页。

③ 李瀷：《孟子疾书》，张立文、王国轩总编纂：《国际儒藏·韩国编·四书部》，《孟子卷》第2册，第253页。

欲其子之齐语也，则使齐人傅诸？使楚人傅诸？”

曰：“使齐人傅之。”

曰：“一齐人傅之，众楚人咻之，虽日挞而求其齐也，不可得矣；引而置之庄岳之间数年，虽日挞而求其楚，亦不可得矣。子谓薛居州，善士也，使之居于王所。在于王所者，长幼卑尊，皆薛居州也，王谁与为不善？在王所者，长幼卑尊，皆非薛居州也，王谁与为善？一薛居州，独如宋王何？”①

在本章之中，孟子依然是运用譬喻的修辞方法，用楚大夫之子学齐语的例子来比喻王道政治的实现需要依靠薛居州一类的善士，如果宋王身边都是薛居州一类的善士，则宋王身边就会形成良好的政治风气，这种风气会促进宋王施行仁政。反之，若宋王身边都是非薛居州一类的奸佞之人，则宋王身边就会形成恶劣的政治风气，这种风气会延缓宋王施行仁政的步伐。此章譬喻之妙用，正如姚永概《孟子讲义》对本章之解读所言：

此章引譬入妙。凡引譬须比喻精切，又须人人意中所有，又须用笔遒峭有致，三者不可缺一，乃足起人兴味。不然，便令闻者索然欲卧。②

李瀷再次借用孟子的譬喻，阐发习俗对于仁政的重要影响，其曰：

父之于子，诚莫重焉。子之蒙稚，言可入矣；傅之为教，挞可施矣。语之齐楚，非关于利害矣；众楚咻，非必欲乱之矣。然狃于习俗，犹不能脱出，而况臣之于君，诚或不至矣。君之尊贵，可以自用矣；善士之为导，挞不可施矣。舍利趋义，莫访于适己矣；谄谀之臣、功利之徒日夜媒孽之者，又不啻楚人之欢噪而已矣。苟非生质之纯、不拔之勇，兼之以君子存列于疑丞辅弼之位，则不可以为善矣。③

① （宋）朱熹：《四书章句集注》，第 273—274 页。

② （清）姚永概：《孟子讲义》，黄山书社 1999 年版，第 103 页。

③ 李瀷：《孟子疾书》，张立文、王国轩总编纂：《国际儒藏·韩国编·四书部》，《孟子卷》第 2 册，第 211 页。

《孟子·告子下》曰：

曹交问曰："人皆可以为尧舜，有诸？"

孟子曰："然。"

"交闻文王十尺，汤九尺，今交九尺四寸以长，食粟而已，如何则可？"

曰："奚有于是？亦为之而已矣。有人于此，力不能胜一匹雏，则为无力人矣；今曰举百钧，则为有力人矣。然则举乌获之任，是亦为乌获而已矣。夫人岂以不胜为患哉？弗为耳。徐行后长者谓之弟，疾行先长者谓之不弟。夫徐行者，岂人所不能哉？所不为也。尧舜之道，孝弟而已矣。子服尧之服，诵尧之言，行尧之行，是尧而已矣；子服桀之服，诵桀之言，行桀之行，是桀而已矣。"

曰："交得见于邹君，可以假馆，愿留而受业于门。"

曰："夫道若大路然，岂难知哉？人病不求耳。子归而求之，有余师。"①

孟子在本章通过乌获一段譬喻，阐发在人格境界的修养方面，每个人都可以达到尧舜一般的理想境界，这种可能性是任何人都具备的，很多人没有达到此境界，不是不能而是不为。孟子的这个譬喻，深得吴闿生的赞赏，他说："此喻极奇而确。"② 李瀷则把尧舜的至高人格境界譬喻为京师，把达到此境界的修身方法譬喻为抵达京师的不同道路，虽然道路不同，但是每条道路均可到达京师，此种譬喻，对于阐释《孟子》本章旨意，大有裨益。李瀷曰：

自孟子以后，经生学子莫不哆口说曰"人皆可以为尧舜"。尧舜，圣之极，疑不可易以至也。自孟子以后，又未闻有至于是者，人于是便说道："此不过君子诱导之话头，其实否也。"向善之心不几于息乎？尝

① （宋）朱熹：《四书章句集注》，第 345—346 页。

② 高步瀛集解，吴闿生评点：《孟子文法读本》卷 6。

试言之。天下至广也，行路至繁也，然侧径傍蹊皆可以远京师。京师，众路之会极也。其生斯长斯者，尧舜也。从郊关之近而立至者，汤武也。或百舍重茧，艰难而至者，困知是也。凡欲至者，毕竟无不可至之理，如曰从某路不可以至京师，则岂非诬乎？但禀质不同，俗习亦异，天不假年则不至，奔走迷涂则不至，自暴自弃则不至，用力缓怠则不至，此皆孟子之所不计也。此有人，智不足以审程，力不足以健步，生于遐裔，将观于上国，咸曰“不可以至矣”，遂就以谋诸知道者，曰：“予不可以至上国者耶？”曰：“否。”明者导之，壮者扶之，积诚不已，期以十百年之久，至矣哉！是以图重事者，必资先觉；虑远迈者，不顾近效。尼人以不至，诬性者也；计较其难易，自贼之甚也。①

李瀷运用譬喻阐释《孟子》，不仅在《孟子》学发展史上是一个创新，放在整个经学阐释史上，此种解经方法已不多见。以譬喻解经，是对传统注疏之学的一个突破，避免了注疏之学的枯燥乏味，更加灵动活泼，有利于读者对经学内蕴的把握。

二、李瀷对朱熹《孟子集注》的补正与《孟子疾书》的实学倾向

朱熹《孟子集注》对朝鲜半岛《孟子》学发展史具有极为强大的学术影响力，在李瀷所处的时代，任何一部《孟子》学著作，都不可能绕过朱熹而独立存在，不管这些《孟子》学著作对《孟子集注》是赞成抑或是反对。在朱子学被奉为庙堂儒学正宗的学术背景下，赞成颂扬《孟子集注》者自然是安全而且合理的，相反，且不说对于《孟子集注》的反对，甚至是对《孟子集注》些微的补正，都会面临来自朝廷指斥为“斯文乱贼”的风险。李瀷《孟子疾书》的撰写也面临这些风险，以至于李瀷不得不在《孟子疾书序》中圆

---

① 李瀷：《孟子疾书》，张立文、王国轩总编纂：《国际儒藏·韩国编·四书部》，《孟子卷》第2册，第253—254页。

转其词，以便脱离这种风险：

> 至朱夫子《集注》出，而群言遂定，播之海外，举同轨而一之，盛矣哉！虽然，发挥诸子，林蓁海滚，未必皆中。而永乐胡广辈起身蔑学，去取无据，使笺释之意或未免湮埋转讹，则《疾书》之作，胡可已也？①

李瀷虽然对朱熹《孟子集注》有很多修正，但是他仍然不敢宣称对朱熹的反叛，而是将批评转移到朱子后学，尤其是永乐年间胡广等奉命编辑的《四书大全》，李瀷试图把《孟子疾书》的撰写目的说成是对《四书大全》的补偏救弊，而不敢将矛头直接指向朱熹，当然，《四书大全》的学术质量也确实存在诸多问题，这些问题也为李瀷《孟子疾书》的撰写留下了足够宽大的学术空间。关于《四书大全》的评价，《四库全书总目》较为公允，援引如下：

> 明永乐十三年，翰林学士胡广等奉敕撰，成祖御制序文，颁行天下，二百余年，尊为取士之制者也。其书因元倪士毅《四书辑释》稍加点窜。顾炎武《日知录》曰："自朱子作《大学中庸章句》《或问》《论语孟子集注》之后，黄氏有《论语通释》。其采语录附于朱子《章句》之下，则始于真氏，祝氏仿之，为附录。后有蔡氏《四书集疏》、赵氏《四书纂疏》、吴氏《四书集成》，论者病其泛滥。于是陈氏作《四书发明》，胡氏作《四书通》，而定宇之门人倪氏合二书为一，颇有删正，名曰《四书辑释》。永乐所纂《四书大全》，特小有增删。其详其简，或多不如倪氏。《大学中庸或问》则全不异，而间有舛误"云云。考士毅撰有《作义要诀》一卷，附刻陈悦道《书义断法》之末，今尚有传本。盖颇讲科举之学者，其作《辑释》，殆亦为经义而设，故广等以夙所诵习剽剟成编欤？初与《五经大全》并颁，然当时程序以《四书》义为重，故《五经》率皆庋阁，所研究者惟《四书》，所辨订者亦惟《四书》。后来《四书》讲章浩如烟海，皆是编为之滥觞。盖由汉至宋之经术，于是始尽变矣。特录存之，

---

① 李瀷：《星湖先生全集》卷49，《韩国文集丛刊》第199册，第397页。

以着有明一代士大夫学问根柢具在于斯，亦足以资考镜焉。①

据顾炎武《日知录》与《四库全书总目》的考证，《四书大全》是在元代学者倪士毅《四书辑释》的基础上抄录成书，学术原创性的意义不大。《四书大全》颁行天下以后，又被奉为科举必读之书，是《四书》讲章的滥觞之作，正如李瀷所言，此书可供指摘之处确实很多。当然，李瀷《孟子疾书》并不满足于《四书大全》的疏漏，李瀷认为很多错谬和疏忽，其实从朱熹《孟子集注》就已经开始了，李瀷《孟子疾书序》曰：

> 呜呼！朱子尊孟子也，后人尊朱子也。后人之尊朱子，殆有甚于朱子之尊孟子。贤希圣，士希贤，其势然也。贤者智有能及之，故于孟子气象未化处，曾不以尊之之笃而讳焉。士者困在下列，故于《集注》无事乎黑白，兹所谓不自信而信可信。此虽学者之正法，其或笃信之余，疑有未释，露于讲贯之际，藏于笔札之私，求有以至于发蒙，斯亦不得已也。人辄绳之以讪上，绳之固若有意，峻法刻刑，奚为于孔子之门？余故曰："今之学者，儒家之申商也。"于是唯诺之风长，考究之习熄，骎骎然底于无学，则今之学者之过也。传曰"事师无隐"，盖不禁其有疑难也。处下欲进，而便自谓涣然者，非愚则谀，余实耻之。是以如画井、建正之类，妄为一说，以补余意，皆朱子所尝置疑也。置疑所以开言路，言之不中，罪在言者，于《集注》又何损？九原可作，吾夫子必将哀其求进，而不诛其不中也。②

李瀷认为朱熹《孟子集注》诚然有很高的学术价值，值得以极为尊重的态度对待之，然而《孟子集注》并非完美无瑕，后世学者在研读《孟子》时也不可能没有新见或者对朱熹《孟子集注》的质疑，这些新见与质疑应该以较为宽容的学术政策允许其公开发布，而不是以盲目地尊崇甚至是打压来防

---

① （清）永瑢等：《四库全书总目》，中华书局1997年版，第473页。

② 李瀷：《星湖先生全集》卷49，《韩国文集丛刊》第199册，第398页。

民之口，因为这些不正常的学术理念会助长学者的唯唯诺诺之风，最终导致《孟子》学研究的停滞不前。另外，李瀷强调，对于朱熹《孟子集注》的商榷之论，即使是存在偏差或者错误，也是研究者的责任，无损于朱熹《孟子集注》的学术地位。李瀷在《孟子疾书序》中就以举例的方式，特别指出《孟子疾书》在画井、建正两个问题上与朱熹《孟子集注》之不同。

所谓画井，处理的是土地分配的田制问题。李瀷非常重视田制问题，认为田制问题是为政之要，而田制的考究必然涉及井田制。李瀷在《星湖僿说·人事门·田制》中说："人物贵贱，所赖者，财必出于田，故政莫大于田制，田制莫良于井。"①

《孟子疾书》对于井田制的考辨，集中见于李瀷对《孟子·滕文公上》第三章的阐释，该章是关于井田制、田赋制度最为翔实的记载，其文曰：

> 夏后氏五十而贡，殷人七十而助，周人百亩而彻，其实皆什一也。彻者，彻也。助者，藉也。龙子曰："治地莫善于助，莫不善于贡。"贡者，校数岁之中以为常。乐岁，粒米狼戾，多取之而不为虐，则寡取之；凶年，粪其田而不足，则必取盈焉。为民父母，使民盻盻然，将终岁勤动，不得以养其父母，又称贷而益之，使老稚转乎沟壑，恶在其为民父母也？夫世禄，滕固行之矣。《诗》云："雨我公田，遂及我私。"惟助为有公田。由此观之，虽周亦助也。②

关于井田制与田赋制度，李瀷对朱熹的修正之处甚多，李瀷直言"井地之法，朱子亦有未尽究竟者"③。李瀷的考证结论非常烦琐，本节仅以田赋制度论述他与朱熹之不同认识。朱熹注曰：

> 夏时一夫受田五十亩，而每夫计其五亩之入以为贡。商人始为井

① 李瀷：《星湖先生僿说》卷10《人事门·田制》，骊江出版社1984年版。

② （宋）朱熹：《四书章句集注》，第257—258页。

③ 李瀷：《孟子疾书》，张立文、王国轩总编纂：《国际儒藏·韩国编·四书部》，《孟子卷》第2册，第202页。

田之制，以六百三十亩之地画为九区，区七十亩。中为公田，其外八家各授一区，但借其力以助耕公田，而不复税其私田。周时一夫授田百亩。乡遂用贡法，十夫有沟；都鄙用助法，八家同井。耕则通力而作，收则收则计亩而分，故谓之彻。其实皆什一者，贡法固以十分之一为常数，惟助法乃是九一，而商制不可考。周制则公田百亩，中以二十亩为庐舍，一夫所耕公田实计十亩。通私田百亩，为十一分而取其一，盖又轻于什一矣。窃料商制亦当似此，而以十四亩为庐舍，一夫实耕公田七亩，是亦不过什一也。彻，通也，均也。藉，借也。①

李瀷对于朱熹这一段注释的修正主要有以下几点：

第一，朱熹认为商朝才开始出现井田制，李瀷则认为井田制在夏朝就已经出现，李瀷曰：

夏少康"有田一成"云，则是夏亦有井之验，而与朱子"殷人始为井"之说不合。②

当代史学的研究表明，李瀷的这个观点是正确的，井田制确实是出现于夏朝，如金景芳《井田制的发生和发展》所言：

我们知道，夏代史料留传于后世的非常之少。在这样少的史料中居然有好几条谈到与井田有关的问题，是难得的，应当引起我们重视，而不应坦率地予以否定。③

第二，朱熹认为周代彻法是兼用夏朝贡法与商朝助法，两种税法根据地域与纳税人身份而不同，即"乡遂用贡法"，"都鄙用助法"。李瀷则持与之相反的观点：

彻者，通也，均也。通力而作，故曰通；计亩而分，故曰均。以稼

① （宋）朱熹：《四书章句集注》，第257—258页。

② 李瀷：《孟子疾书》，张立文、王国轩总编纂：《国际儒藏·韩国编·四书部》，《孟子卷》第2册，第203页。

③ 金景芳：《井田制的发生和发展》，《历史研究》1965年第4期。

稸之事言之，则有通均之义。而至于公家赋敛，则与通均之义不相干涉。若然，则彻乃民间稸稼之事，而非公家赋敛之名也，与贡、助字义又不同。有若曰："盍彻乎？"哀公曰："二，犹不足，如之何彻也？"彻若只是民间稼稸之名，则加赋减赋何与于彻字之义？而问答只但曰彻，何也？使民合作均收，而独不可逐亩税二乎？以此推之，彻之非稼稸之名可知。集注又以通用贡、助之法为彻，与前解不同。然则助不是别法，特彻中一事。孟子既论彻法，则已包助在中，而又举诗而证之，曰："由此观之，虽周亦助。"沿辞究旨，彻非合二代之制而得名可知也。①

盖夏则贡，而殷则助，周人虽兼行二者，而彻之义未必在此；虽合作均收，而彻之义亦未必在此也。彻者，乃国与九夫通均云尔。九夫各出十亩，则国之入为九十亩，九夫亦各收九十亩，是乃所以得通均之名。而多桀寡貉，皆不成彻。故与有若问答之意、一井九夫之说一串贯来，若夏若殷，又皆下彻字不得也。②

李瀷认为彻是通力合作之意，所谓彻法，是指一个农夫从所受百亩私田之中拿出十亩的收成上交国家，剩余的九十亩是个人财产，则同井的九家各出十亩，那么一井之中，国家税收就是九十亩，一井的土地总数是九百亩，那么农夫承担的税收任务还是十分之一，符合孟子对于税收份额的记载。但是李瀷对于井田制的论述与孟子所言完全不相符合，孟子明言是八家同井，每家各有私田百亩，中间百亩为公田，而李瀷却说是九夫（家），一井九百亩皆为私田，九家通力合作，秋季各家将十亩收成上交国家，这是李瀷理解的井田制和彻法。李瀷的这个解释，缺少经典依据，很难取信。比较而言，朱熹的观点更为合理，也为当代学术研究所证明，如金景芳说：

① 李瀷：《孟子疾书》，张立文、王国轩总编纂：《国际儒藏 · 韩国编 · 四书部》，《孟子卷》第 2 册，第 203 页。

② 李瀷：《孟子疾书》，张立文、王国轩总编纂：《国际儒藏 · 韩国编 · 四书部》，《孟子卷》第 2 册，第 204 页。

我认为彻是兼用贡助两种办法，于国中用贡，于野用助。孟子所说的“野九一而助，国中什一使自赋”实际就是周的彻法。《孟子》说：“彻者，彻也。”……上一个彻字没有问题是指周的彻法，下一彻字则可能指的是车辙的辙字。段玉裁《说文解字注》“彻”下注说：“古有彻无辙。”《说文》新附有辙字，徐铉注说：“本通用彻，后人所加。”这都是古时辙只作彻之证。彻的本义应为“车迹”，在古籍里彻又训道、训通，应都是自车迹一义引伸。孟子所以用彻来解释彻，我想不一定取它的引伸义，而很有可能取它的本义。车有两轮，辙有双轨，与彻之兼用贡助适相类，因假以为名。①

第三，井田制中的庐舍问题，朱熹认为周代井田中央的一百亩公田中包含二十亩庐舍，剩余的八十亩公田，八家各自分担十亩的耕作任务作为税收，那么周代井田税收比例是十一分取一。李瀷则认为庐舍不在井田之中，他说：

若夫庐舍之制，古无明文，但以一井九夫之说推之，则似不在各井之中，其必别受以居也。朱子《井田类说》曰：“(平朝) 闾胥［平旦］坐于左塾，比长坐于右塾。毕出而后归。夕亦如之。”何休曰：父老及里正，朝开门坐塾上，“晏出后时者不得出，暮不持樵者不得入”也。若八家同在各井之中，则人居之相距各一里之远也。彼闾胥、里正非八家中人，则何能朝夕奔走于各井之塾？其所谓“田中有庐”，不过力作时所舍，非亩别受之廛也。②

李瀷认为庐舍不在各家井田之中，所谓田中之庐，乃是农夫劳作之时临时搭建的休息之所，并非农夫日常居所，李瀷的这个观点符合上古时期农村聚集而居的历史史实，比朱熹的设想更为合理。

① 金景芳：《井田制的发生和发展》，《历史研究》1965年第4期。

② 李瀷：《孟子疾书》，张立文、王国轩总编纂：《国际儒藏 · 韩国编 · 四书部》，《孟子卷》第2册，第204页。

李瀷对朱熹《孟子集注》的补正还有很多，如《孟子·梁惠王上》曰：

孟子见梁惠王，王立于沼上，顾鸿雁麋鹿，曰："贤者亦乐此乎？"孟子对曰："贤者而后乐此，不贤者虽有此，不乐也。诗云：'经始灵台，经之营之，庶民攻之，不日成之。经始勿亟，庶民子来。王在灵囿，麀鹿攸伏。麀鹿濯濯，白鸟鹤鹤。王在灵沼，于牣鱼跃。'文王以民力为台为沼，而民欢乐之，谓其台曰灵台，谓其沼曰灵沼，乐其有麋鹿鱼鳖。古之人与民偕乐，故能乐也。汤誓曰：'时日害丧？予及女偕亡。'民欲与之偕亡，虽有台池鸟兽，岂能独乐哉？"①

孟子在这一章论述了在台池鸟兽等物质享受方面，君王应该与民同乐，而不是独享其乐，置百姓困苦于不顾。孟子征引了《诗经·大雅·灵台》文本论述此问题，对于"不日成之"，朱熹注曰："不日，不终日也。"②朱熹的这个注释显然常识不符，朱熹忽略了《诗经》"不日成之"乃是夸张之言，并非事实如此，依常识而言，如此高台，即使百姓拥戴，心悦诚服投入建筑之中，也不能不终日即可建成。李瀷发现了这个问题，尽管没有明言，但是不难看出是对朱熹的批评，李瀷曰：

"庶民攻之，不日成之"，非但着文王得民心之效，亦可观文王不侈于游观、兴作之功也。若如后王九层雕镂之为，则虽尽天下力，竭心而为之，岂有倏然神灵之称哉？③。

李瀷还进一步发挥了这一章蕴含的仁民爱物思想，这个内容是朱熹《孟子集注》注释本章时没有注意到的，李瀷曰：

圣人仁民爱物，一物不得其所，圣人耻之，故圣人以物物皆乐为乐。"庶民子来"，则亿兆乐也；"麀鹿濯濯"，则走兽乐也；"白鸟鹤鹤"，则

① （宋）朱熹：《四书章句集注》，第202—203页。

② （宋）朱熹：《四书章句集注》，第202页。

③ 李瀷：《孟子疾书》，张立文、王国轩总编纂：《国际儒藏·韩国编·四书部》，《孟子卷》第2册，第168页。

飞禽乐也；“于牣鱼跃”，则鱼鳖乐也。然后圣人乐之，非乐耳目之娱也，乐万物之并遂而皆得其所也。①

李瀷在此着力发觉孟子仁民爱物的宇宙伦理，认为道德主体的圣人或者圣王，应该用理性生命控制耳目之娱的感官享受，不能因为感官享受而禁锢道德心灵，而是应该把道德心灵的悱恻之感推广开来。推广到百姓身上是为仁民，则民得其所；推广到飞禽走兽身上，则飞禽走兽得其所。在李瀷看来，宇宙万物都是一个有机整体，而不是各自隔离的机械存在，将宇宙万物连接起来的媒介就是人类独有的道德心灵，作为圣人与圣王因为其德行与地位的隆盛，更应该担负起与民同乐、与万物同乐的宇宙伦理责任。

三、李瀷《孟子疾书》中的政治哲学与孟子民本思想之关系

在政治哲学方面，孟子主张仁政与王道，对于列国之间的征伐与霸道，深致不满。在君民关系中，孟子强调民贵君轻，孟子政治哲学带有强烈的民本思想特色。作为实学思想家的李瀷，在政治哲学方面也有很多新颖的见解，这些见解与儒家的民本思想有深层次的关联，如葛荣晋主编《韩国实学思想史》所言：

李瀷的社会改革论的思想基础是儒家的民本论。他把仁德政治这一基本思想贯穿于他的社会改革理论的各方面。②

李瀷认为国家之根本在于民，此种观点与孟子民贵君轻的思想有一致之处。李瀷进一步指出，民之根本在于财富，民无财则败，民败则国破，李瀷曰：

国赖于民，民靠于财，财竭则民败，民败则国破，非难喻也。③

---

① 李瀷：《孟子疾书》，张立文、王国轩总编纂：《国际儒藏·韩国编·四书部》，《孟子卷》第2册，第168页。

② 葛荣晋主编：《韩国实学思想史》，首都师范大学出版社2002年版，第211页。

③ 李瀷：《星湖先生僿说》卷11《人事门》。

> 民生之命悬于财货，财货生于民。上流则末盈而本虚，故民先死而国随之也。①

在孟子政治哲学中，民生问题是孟子着力阐发的内容之一，孟子论述了恒心与恒产之间的关系，《孟子·梁惠王上》曰：

> 无恒产而有恒心者，惟士为能。若民，则无恒产，因无恒心。苟无恒心，放辟邪侈，无不为已。②

朱熹注曰："恒，常也。产，生业也。恒产，可常生之业也。"③ 恒产，是恒常不变的产业，即百姓足以维持正常生活欲求的物质财富。恒心，是恒常不变的道德意识，即百姓人性之善在人类社会中的自然流露。孟子认为，百姓道德意识的提升依赖于物质欲求的满足，在百姓最基本的物质欲求尚未得到满足之时，反而以过高的道德准则要求百姓，百姓为了生存就容易违反法律，违法之后，为政者抓起来处罚百姓，就是"罔民"之举，无异于是设置下网罗陷阱对待百姓。关于恒产与恒心之内涵，杨国荣有深入分析，他说：

> 给老百姓以一定的产业（制民以恒产），这是孟子仁政说的基本内容之一。作为仁道原则的引申与展开，它同时又被赋予了某种道德的意义：正是稳定的产业（恒产），构成了稳定的道德意识（恒心）的必要条件。在这里，孟子已开始注意到道德意识与物质生活及经济境况之间的关系：道德意识的形成，要以物质生活的满足为其基本的前提，这与《管子》一书中"仓廪实而知礼节，衣食足而知荣辱"的思想涵义相近。④

李瀷既然已经认识到财富对于国计民生的重要性，那么就不会排斥利，

① 李瀷：《星湖先生僿说》卷 17《人事门》。

② （宋）朱熹：《四书章句集注》，第 211 页。

③ （宋）朱熹：《四书章句集注》，第 211 页。

④ 杨国荣：《孟子的哲学思想》，华东师范大学出版社 2009 年版，第 77—78 页。

因此，对于义利之辨就有新的阐释，如对《孟子·梁惠王上》“何必曰利”释之如下：

> 君子未尝不欲利，但后义而先利，则流以为欲，而无复义之和矣。故“夫子罕言利”，而未尝不言利。利者，天地间元有此道，君子虽急于喻人，岂宜绝然断绝而废当理之言乎？其或矫枉之过，语涉偏重，则人未必悦绎而从之矣。殆朱子所谓“使世人并与正理而疑之”也。今曰“何必曰利？亦有仁义而已”者，亦“夫子罕言”之意也。如将截然断绝，则当云“不可曰利，只有仁义而已”可矣。今乃不曰“不可”而曰“何必”，不曰“只有”而曰“亦有”，其旨可见。如乌喙，食则必杀人，谓“不可食”则可，谓之“何必食”，可乎？又如天，至大之物，论至大而谓之“只有天”，则可谓之“亦有天”，可乎？①

李瀷认为利是天地间本有之道，有其存在的合理性，百姓日用须臾之间都不可离开利。李瀷通过分析“何必”与“不可”两个词语的表述涵义之不同，证明孟子高扬道德理想主义，也并非崭然拒斥利。义利之辨是《孟子》学史上讨论非常多的问题，但凡是社会凋敝，民生艰难之时，学者都会本着务实的态度，反对空疏迂阔地高谈道德，而承认利的合理性与迫切性。如晚清学者姚永概《孟子讲义》对“何必曰利”之阐释曰：

> 利未尝不可言也，但有公私之分焉。人人讲公利，则其国必强，国强而私利自能完固。人人讲私利，必至视公家之利害与已无涉，其国焉有不弱者乎？国既弱矣，私利何存？②

将利区分为公利与私利，认为孟子强调公利而反对私利，是内忧外患的晚清民国时期，义利之辨阐释的普遍认识，如唐文治《孟子大义》曰：“战国之时，人君未尝不制民之产，而民至救死难唯恐不赡者，因慢经界，私而

---

① 李瀷：《孟子疾书》，张立文、王国轩总编纂：《国际儒藏·韩国编·四书部》，《孟子卷》第2册，第167页。

② （清）姚永概：《孟子讲义》，第2页。

非公也。”① 李瀷所处的朝鲜时代后期，也面临内忧外患的困境，故此李瀷对于利的重要性认识也比较深刻。

孟子对于百姓基本生活欲求满足的理想蓝图设计见之于《孟子·梁惠王上》，孟子曰：

> 五亩之宅，树之以桑，五十者可以衣帛矣；鸡豚狗彘之畜，无失其时，七十者可以食肉矣；百亩之田，勿夺其时，八口之家可以无饥矣；谨庠序之教，申之以孝悌之义，颁白者不负戴于道路矣。老者衣帛食肉，黎民不饥不寒，然而不王者，未之有也。②

如果按照现代经济学的分类，孟子的上述论述涉及诸多经济门类，“五亩之宅”是土地分配问题，“树之以桑”是农林经济问题，“鸡豚狗彘之畜”是畜牧经济问题，“衣帛食肉”是养老问题。孟子认为只有通过相应的经济手段解决好百姓的基本生活问题之后，教育才有稳固的基础，这有点类似于孔子主张的“富而后教”。富虽然不是终极目标，但是终极目标——王道的实现，却必须以富为基础。李瀷对于本章的阐释，也是对孟子这一思想的延伸，他说：

> 孟子以王政劝齐梁之君，莫不以制田宅、树桑畜养为本。一则曰“可以”，二则曰“可以”，“可以”岂非仅足之意乎？“莅中国，抚四夷”，其事极大；而制田宅、树桑畜养，则其本不过平平不难底道也。五十者才衣帛，七十者才食肉，八口之家才不饥寒，则王道之始也。及其论功效，则曰“是心足以王，推恩足以保四海”，“足以”者，岂非绰有余之意乎？盖谓为之不难，而效之必然如此也。由王之欲，则其难如“缘木求鱼”，而“后必有灾”；由此之道，则其易如此，“而不王者未之有也”，顾王何惮而不为也？盖所以深劝之之辞。③

① 唐文治：《孟子大义》，第 21 页。

② （宋）朱熹：《四书章句集注》，第 212 页。

③ 李瀷：《孟子疾书》，张立文、王国轩总编纂：《国际儒藏·韩国编·四书部》，《孟子卷》第 2 册，第 177 页。

孟子民本思想还包含一个重要的内容，即民贵君轻。客观地讲，如果从政治地位的尊卑而言，深居九重、位高权重的君主自然是尊贵无比，孟子却跳出此种以权势论贵贱的习见模式，从重要性的角度重新恒定君民关系，得出民贵君轻的重要思想。《孟子·尽心下》曰：

> 孟子曰："民为贵，社稷次之，君为轻。是故得乎丘民而为天子，得乎天子为诸侯，得乎诸侯为大夫。诸侯危社稷，则变置。牺牲既成，粢盛既洁，祭祀以时，然而旱干水溢，则变置社稷。"①

李瀷继承了孟子民贵君轻的思想，他说：

> 夫君劳心以治之，民劳力以事之，两相报惠，如父育其子，子孝其父，不可阙一。君而无民，亦匹夫。匹夫之养无以报，尚犹可耻，况亿兆之养乎？为人上者，常以匹夫之心为心，亿兆亦将以君心为心，两相报惠而无愧矣。②

李瀷对君民关系又作了新的理论阐发，他认为理想的君民关系如同父子关系，君主如父，臣民如子，君民之间要互相以对方之心为心，两相报惠，但是最主要的还是君主要亲近百姓，以仁爱之心施行仁政，李瀷曰：

> 君至尊也，民至卑也，两皆赖食而生。食出于民，贡为君食，以其有余，分献之上，则谓之贡。吾且饥馁，而上反强取，谓之夺，夺非民之所愿也。以亿兆所生之物取养一人，果何不足而必事劫夺而食之？此人主未必皆本心。其在至尊至卑之际，苟不密察而深求，则其势有不能及。然则惟近民为要也。近之奈何？以时游豫，方便引接，和颜以导之，因事以访之，若朋友之欢恰，父子之亲比，而后方使下情得以上通，而疾苦可得也。③

李瀷尽管继承孟子民贵君轻的思想，但是因为身处君权专制的统治之下，

① （宋）朱熹：《四书章句集注》，第375页。
② 李瀷：《星湖先生僿说》卷14《人事门》。
③ 李瀷：《星湖先生僿说》卷17《人事门》。

对于孟子的很多过激言论，李瀷也时常以巧妙的阐释缓解孟子思想的冲击力，如《孟子·梁惠王下》曰：

齐宣王问曰："汤放桀，武王伐纣，有诸？"

孟子对曰："于传有之。"

曰："臣弑其君可乎？"

曰："贼仁者谓之贼，贼义者谓之残，残贼之人谓之一夫。闻诛一夫纣矣，未闻弑君也。"①

在这一章中，孟子主张天命随着人心而改变，政权随着民众的相背而改变，不存在万古永固的政权，君主保存政权的唯一策略就是赢得民众的支持。如果君主违背民众之心，破坏人伦道德，就会被民众所抛弃，成为独夫民贼。独夫民贼人人得而诛之，所以商汤讨伐夏桀，周武王讨伐商纣王，都是顺应天命人心的正义之举，而非以臣弑君。但是，孟子如此言论，在历代统治者眼中，都是大逆不道之言，《孟子》学家在面对这一章时，阐释都非常小心，李瀷也不例外，他说：

一夫则无亲戚臣庶，既不能君主于天下，而武王实承天命，行天讨，故曰"闻诛一夫纣矣，未闻弑君也"。然孟子此言亦有为而发也，上章既论刑杀之不中而臣庶之离叛，此又甚言一夫无助之患以警觉之，故其言似涉过重，诚以不如此不足以动人也。②

李瀷圆转其词，解释孟子如此言说，乃是为了追求动人心弦的修辞效果，所以言之过重，其实并非鼓动汤武革命。李瀷如此解说，未必符合孟子本义，可是在君主专制的政治体制之下，李瀷的这种阐释也是不得已而为之。

① （宋）朱熹：《四书章句集注》，第221—222页。

② 李瀷：《孟子疾书》，张立文、王国轩总编纂：《国际儒藏·韩国编·四书部》，《孟子卷》第2册，第184页。

第三节　经筵日讲与疑孟思想：正祖《孟子讲义》研究

正祖（1752—1800），名李祘，字亨运，号弘斋、万川明月主人翁等。朝鲜王朝第二十二代君主，庙号正宗。正祖是英宗大王之孙，庄献世子之子。英祖五十二年（1776）三月，英祖去世，正祖即位。正祖在位二十四年，政治较为清明，国力持续发展，文教事业繁荣，开创了朝鲜王朝后期的盛世局面。

在学术方面，正祖亦有较高造诣。正祖为政之暇，经常与经筵讲官讨论经史，命令讲官编著《大典通编》《国朝文苑章程》《尊周汇编》《奎章全韵》等大型图书，正祖本人也曾编选《五经百篇》《八子百选》《朱书百选》《朱子诗选》等书。正祖还撰写了很多诗文和学术著作，后被汇编为《弘斋全书》，共计 184 卷。

正祖非常重视儒家经典的研习，对于孟子尤为偏好，这种偏好在正祖十岁时就已经表现出来，李晚秀《健陵行状》曰：

> 秋七月，命依皇明故事，以世孙为东宫。设春桂坊官。凡宾对讲筵，大小诸臣入侍，频命王侍坐。或辨论经旨，或参听朝政。尝于宾筵问曰："三南告歉，何以济民？"王对曰："有粟则可济。"曰："何处得粟来？"对曰："如梁惠王事亦可也。"英宗笑曰："善。今日宾对问答，欲使汝早知之也。"①

面对国家遭遇的自然灾害，幼小的正祖已经能够准确地征引《孟子·梁惠王上》移民就粟、移粟赈灾的救济之法，即"河内凶，则移其民于河东，移其粟于河内。河东凶亦然"。足见正祖对孟子的熟稔，并且反映出正祖对孟子的经世之道有较多的关注。

---

① 李晚秀：《屐园遗稿》卷 70，《韩国文集丛刊》第 268 册，第 302 页。

另外，在年幼之时，正祖就对孟子的心性之学与圣王之道抱以极大的兴趣，李晚秀《健陵行状》载正祖十一岁之事曰：

> 癸未春，召接赞善宋明钦。时讲《孟子》，明钦仰问《孟子》宗旨。王曰："遏人欲，存天理也。"明钦请问立志。王曰："所愿则尧舜也。"明钦退语人曰："聪明英睿，上智之姿，东方之福也。"①

正祖与孟子相关的著作主要有四种，即《邹书敬选》、《邹书商订》、《邹书春记》和《孟子讲义》。《邹书敬选》是孟子文选，1798年，正祖作《邹书敬选序》述其编选概况曰：

> 予喜读孟子书，手选七章，朝夕以诵之，而名之曰《邹书敬选》。一曰以羊易牛章也，二曰养气章也，三曰滕文公问为国章也，四曰神农言者许行章也，五曰夫子好辩章也，六曰牛山之木章也，七曰鱼我所欲章也。②

正祖《邹书敬选》特异之处在于用《周易》哲学思想来阐释《孟子》，正祖曰：

> 今予之选与不可选，岂无义欤？抑予闻之，孟子不言《易》而善用《易》，《易》之妙涵于七章。予虽謏闻浅智，而自以为独得其传也。何则？初一取诸《咸》，次二取诸《井》，次三取诸《益》，次四取诸《夬》，次五取诸《艮》，次六《蹇》以之，次七《大壮》如之。此可与知者道也。③

正祖之前的中国学者很早就注意到孟子在经学方面的成就，如汉儒赵岐说："孟子通《五经》，尤长于《诗》《书》。"④ 在赵岐的基础上，宋儒程颐还着重论述了孟子的《易》学修为，他说：

> 孟子曰："可以仕则仕，可以止则止，可以久则久，可以速则速。孔子，圣之时者也。"故知《易》者莫若孟子。⑤

---

① 李晚秀：《屐园遗稿》卷70《韩国文集丛刊》，第268册，第303页。

② 正祖：《弘斋全书》卷9，《韩国文集丛刊》，第262册，第154页。

③ 正祖：《弘斋全书》卷9，《韩国文集丛刊》，第262册，第154页。

④ （清）焦循：《孟子正义》，第7页。

⑤ （宋）程颢、程颐：《二程集》卷25，中华书局1981年版，第327页。

程颐说得过于简略，元儒郝敬有进一步的展开，其言曰：

> 孟子言四端，即《易》之四德也。仁义，即《易》立人之道也。性善，即《易》继善成性也。知性、知天，即《易》穷理尽性至于命也。兵贵人和得诸《师》，养大体得诸《颐》，圣人于天道得诸《乾》，收放心、养夜气得诸《复》，寡欲得诸《无妄》，与王驩、稷下诸人处包荒不失其正得诸《否》，学孔子圣之时得诸先后天。他可类推，则是知《易》诚未有如孟子者矣！①

正祖与郝敬有类似之处，都是将孟子具体的篇章对应《周易》的具体卦象，找出二者的深层对应关系，以之说明孟子的《易》学修为，并通过《周易》哲学来阐释《孟子》。但是在具体的卦象对应上，正祖和郝敬却有不同观点。比如《孟子 · 告子上》“牛山之木章”，郝敬对应《复》卦，正祖对应《蹇》卦。两者相较，正祖的对应更为合理。孟子原文曰：

> 孟子曰：“牛山之木尝美矣，以其郊于大国也，斧斤伐之，可以为美乎？是其日夜之所息，雨露之所润，非无萌蘖之生焉，牛羊又从而牧之，是以若彼濯濯也。人见其濯濯也，以为未尝有材焉，此岂山之性也哉？虽存乎人者，岂无仁义之心哉？其所以放其良心者，亦犹斧斤之于木也，旦旦而伐之，可以为美乎？其日夜之所息，平旦之气，其好恶与人相近也者几希，则其旦昼之所为，有梏亡之矣。梏之反复，则其夜气不足以存；夜气不足以存，则其违禽兽不远矣。人见其禽兽也，而以为未尝有才焉者，是岂人之情也哉？故苟得其养，无物不长；苟失其养，无物不消。孔子曰：‘操则存，舍则亡；出入无时，莫知其乡。’惟心之谓与？”②

所谓“夜气”，依照杨伯峻的注释，即是“夜来所发出的善念”③。郝敬认为，“夜气”类似于《复》卦初九一爻。《复》卦上卦为坤，下卦为震，一阳在下，

① （清）朱彝尊：《经义考》卷 231，《文渊阁四库全书》本。

② （宋）朱熹：《四书章句集注》，第 337—338 页。

③ 杨伯峻：《孟子译注》，第 244 页。

五阴在上。虽然初九在五阴爻重压之下，但是初九代表的是“天地之心”，是宇宙的生生之德，正如邵雍所言，是“一阳初动处，万物未生时”[①]。“夜气”所代表的善念与《复》卦所言“天地之心”确有相似之处，然而，孟子此处所强调的重点却不在“夜气”，而是强调存养“夜气”的重要性，即“故苟得其养，无物不长；苟失其养，无物不消”。易言之，孟子本章落脚点在工夫论，而非本体论。《复》卦突出初九所代表的生生之德，正是本体论的思维方式，与孟子工夫论的观点还是有很大的差异。正祖将此章对应《蹇》卦更为准确，《蹇》卦《象》曰：“山上有水，蹇；君子以反身修德。”《蹇》卦上卦为坎，下卦为艮，坎为水，艮为山，是山上有水之象。孔颖达《周易正义》曰：“山者是岩险，水是阻难；水积山上，弥益危难。故曰‘山上有水，蹇’。‘君子以反身修德者’，蹇难之时，未可以进，惟宜反求诸身，自修其德，道成德立，方能济险。故曰‘君子以反身修德’也。”[②]很明显，《蹇》卦所彰显的“君子以反身修德”的工夫论，更契合孟子原意。另外，正祖其他六个《孟子》文本与《周易》之间的对应关系，也都非常准确。可见，以《周易》阐释《孟子》，确实是正祖孟子学的一大特色。

《邹书敬选》对后世有较大的影响力，尤其是在朝鲜王朝皇室成员的教育方面，该书已经成为必读之作。纯祖二十四年（1824）六月初七日，讲官洪敬谟召对鉴讲厅时，就曾向正祖之子纯祖力荐此书，他说：

> 总群圣之道者，莫大乎六经。绍六经之教者，莫尚乎孟子。而孟子拔邪树正，高行厉辞，导王化之源而以救时弊，开圣人之道而以断群疑。其言精而赡，其旨渊而通，汪洋浑厚，行其所无事，亦可谓文章家根基。故学者每于孟子用力者多，而虽今匹庶之士，亦必多读是书，以畅其文理，以培其文气，此则不可与论于圣人之学。而曾于书筵进讲

① （宋）朱熹：《周易本义》，中华书局 2016 年版，第 110 页。
② （唐）孔颖达：《周易正义》，北京大学出版社 2000 年版，第 194 页。

> 是书，今于召对，又讲是书。臣不胜钦仰。而昔我先朝选其最好者几章，名其篇曰《邹书敬选》。邸下亦尝睿览矣，常置案头，时以讽诵，则大有补于睿学。①

正祖的另一部孟子学论著《邹书春记》，是正祖二十三年（1799），正祖回答讲官金近淳关于孟子问题的君臣问答录，由金近淳笔录成书，正祖《日得录》卷十八载其成书过程曰：

> 正祖曰："予于经义讲论，自有欲罢不能之痼癖苦心。每机务有暇，引接臣僚，所雅言者《诗》《书》也，所讲讨者义理也。言之不足，必讲确之。讲确之不足，必札录之。乐与贤士大夫，日孳孳为事。接见则言皆出入经传，未接见之时，则亦必往复论难。有暇则必为，既始则不辍。所成者积有卷数。一以之温故而知新，一以之牖蒙而发愚。然此只是自娱而已，姑不编入于内阁所编御制中，而会当有编示诸僚之日，汝亦有意为此事否？予虽未之学，为汝师则自以为优优。汝须退以某卷经书起疑而质问也。"贱臣承命以退。时方读《孟子》，乃敢逐日札纳。每奏一纸，辄不住下答。尽七篇凡若干日编成，命名曰《邹书春记》。亲制小序而弁之。斯荣也古未之闻也！②

正祖《邹书春记序》曰：

> 朱夫子平生精力尽在《四书》，而讲说于鹅湖、玉山之间，听之者往往兴动。及与群弟子言，言皆出入经传，《语类》诸录是耳。顾予习性在经传，自幼非经传不读，至白纷如也，有能领悟予意者。每清燕多暇，讨论经义以自娱，庸追湖山盛事。《邹书商订》，即其一也。随其问即答之，答辄书诸策，时当春暮，日以为课，故名之以《邹书春记》。虽深思奥义，不足以上绳考亭之隅坐言志，其于牖蒙发愚之资，庶几有少

---

① 洪敬谟：《冠岩全书》第八册，《韩国文集丛刊》，第113册，第213页。

② 正祖：《弘斋全书》卷178，《韩国文集丛刊》，第267册，第485页。

补其翼。岁庚申闰吉。万川明月主人翁。①

据此可知，在此之前，正祖与群臣讨论孟子的问答录曾经编为《邹书商订》一书。而《邹书春记》则是1799年春，与阁臣金近淳的问答录，编订成书的时间是在正祖二十四年（1800）闰四月。

《孟子讲义》是正祖与经筵讲官之间研讨孟子的著作，体例是正祖提问，讲官回答，共计四卷，收入《弘斋全书》卷七十六至卷七十九，包括正祖五年（1781）讲义，问答条目138个。《弘斋全书》曰："辛丑，选李时秀、洪履健、李益运、李宗燮、李显默、朴宗正、徐龙辅、金载瓒、李祖承、李锡夏、洪仁浩、曹允大、李鲁春等对。"② 正祖七年（1783）讲义，问答条目33个。《弘斋全书》曰："癸卯，选李显道、郑万始、赵济鲁、李勉兢、金启洛、金熙朝、李昆秀、尹行恁、成种仁、李晴、李翼晋、沈晋贤、徐滢修、申馥、姜世纶等对。"③ 正祖八年（1784）、十年（1786）、十一年（1787）讲义，问答条目40个。《弘斋全书》曰："甲辰，选李书九、韩商新。丙午，选郑晚锡、金祖淳。丁未，选尹永僖、尹光颜、李羲观等对。"④ 正祖编定的《群书标记》书目对《孟子讲义》亦有著录，正祖撰写的解题有助于理解《孟子讲义》的学术价值，故录之如下：

《孟子讲义》，卷四，写本。

条问辛丑选二卷，条问癸卯选一卷，乙巳，命抄启文臣徐滢修编次条问。甲辰、丙午、丁未选一卷，辛亥，命抄启文臣徐有榘编次。

朱子尝谓孟子难读，盖言性则不杂乎气质而直探本源，言情则以恻隐、羞恶、辞让、是非为仁、义、礼、智之端，他如夜气之说，求放心之训，知言养气之论，无往非义理之精蕴，学问之头脑，此其所以难读。而孟子之功不在禹下，亦在于此。予于四子盖尝年课月程，而于此七

① 正祖：《弘斋全书》卷120，《韩国文集丛刊》，第265册，第465页。
② 正祖：《弘斋全书》卷76，《韩国文集丛刊》，第264册，第117页。
③ 正祖：《弘斋全书》卷78，《韩国文集丛刊》，第264册，第152页。
④ 正祖：《弘斋全书》卷79，《韩国文集丛刊》，第264册，第164页。

篇，尤费探玩之工，尚庶几朱子所谓须教他在吾肚中先千百转，便自然纯熟者。而巾箧之札记，亦已堆积卷轴矣。其条问诸臣，则虽随手拈出，训诂支义之错见而反复致意，多在于恻隐章之四端，不动心章之集义工夫，告子篇之理气界分云。①

《孟子讲义》比较集中地反映了正祖的孟子学思想，涵盖内容非常广泛，本文则专论其中的疑孟思想。在具体论述正祖疑孟思想之前，有必要将学术史上的疑孟思想谱系，略作梳理。

《孟子》在宋代由子部升格到经部②，尊孟是当时学术界的主要潮流。当然，也存在一个质疑孟子、批评孟子的次要潮流，这种次要潮流在宋代的开启者是冯休《删孟》，正如晁公武《郡斋读书志》卷三《删孟》提要所言：

右皇朝冯休撰。其序云："观孟轲书时有叛违经者，殆轲之没，其门人妄有附益耳。将删去之，惧得罪于独见。遂著书十七篇，以别其伪。"其后温公、苏子瞻皆尝疑轲之言有与经不合者，盖始于休云。③

朱彝尊《经义考·冯氏休删孟子》提要征引《郡斋读书志》并进一步梳理了质疑孟子的学术谱系：

前乎休而非轲者荀卿，刺轲者王充；后乎休而疑轲者温公，与轲辨者苏东坡，然不若休之详也。④

最早对孟子提出激烈批评的代表性论著是《荀子·非十二子》，汉代则有王充《论衡·刺孟》，宋代对孟子持否定性态度的著作更多，影响较大的有冯休《删孟》、司马光《疑孟》、李觏《常语》以及苏轼的一些论述。宋代疑孟学派的过激言论也引起了尊孟学者强烈不满，著书立说，回击疑孟学派的

---

① 张伯伟编：《朝鲜时代书目丛刊》第2册，第985—986页。

② 徐洪兴：《唐宋间的孟子升格运动》，《中国社会科学》1993年第5期。

③ （宋）晁公武撰，孙猛校证：《郡斋读书记校证》，上海古籍出版社1990年版，第420—421页。

④ （清）朱彝尊：《经义考》卷233，《文渊阁四库全书》本。

辩难，如余允文《尊孟辩》、张栻《南轩先生孟子说》等，尊孟思潮至朱熹《孟子集注》问世而臻于顶峰。随着朱熹《孟子集注》学术权威地位的树立，以及程朱理学官学化的确立，疑孟思潮就成了学术的潜流。

目前，学术界对正祖《孟子》学的研究主要集中在具体学术问题的探讨，全面系统论述正祖疑孟思想的成果较少①，还有意识到正祖疑孟思想的思想史意义。具体到朝鲜时代来说，程朱理学是官学正统，朱熹《孟子集注》是朝鲜半岛孟子学的权威著作，故此很少有学者对孟子和朱熹提出批评。在此学术背景下，正祖则试图打破这种牢笼，不仅对朱熹《孟子集注》提出批评，而且对孟子也有质疑之声。正祖对孟子的质疑主要集中在以下四个方面，即义利之辨的问题、孟子迂阔的问题、道势之争的问题以及孟子不尊周的问题②。

---

① 如최두진（崔斗镇）《정조대의초계문신교육제도연구》，부산대학교，2009 年硕士学位论文；정성식：《「经史讲义」에나타난정조（正祖）의맹자관：「孟子条问」을중심으로》，퇴계학부산연구원编《退溪学论丛》2012 年第 5 期；정일균：《正祖의『孟子』论—『邹书春记』를중심으로》，한국실학학회编《한국실학연구》2012 年第 3 期。

② 孙海波所撰《御制孟子条问》提要有一定的参考价值，录之如下："御制孟子条问一卷 · 奎章阁藏写本。朝鲜正祖撰。是编杂取《孟子》书中辞义之可疑者，而条记之。每条之下间有注明年月者，如《梁惠王上》篇下记云壬寅正月廿七日，《公孙丑上》篇下记云壬寅二月初八日，《万章》篇下记云壬寅三月，《尽心》篇下记云壬寅五月，知为其平日读书之日录也。其中驳诘孟子，极多趣语。如孟子讥梁惠王云："望之不似人君。"条问云："此曰望之不似人君，襄王虽无人君之仪，圣贤言辞气象，似不当如是迫切，而孟子之言如此者何也？"又如"燕王不悦则勿取"句，条问云："孟子以文王喻之，然则文王欲取商，而以商人之不悦而止耶？齐之伐燕，本不衬着于文武之事，而孟子取以为譬何也？"凡此所驳，并非有深切之义，不过正祖为君人者摆脱一切耳。如清乾隆批《通鉴》，于宋大程子《宰相以天下为己任札子》下，批语多不满之辞。其例正同。此篇首数条，论人臣出辞辞令，自《万章》篇以下，皆论《孟子》言义理之处。若《万章》篇之论性善，不仁者不可与言章之论仁，《告子》章之论仁义，夜气章之论良知，引申程朱之说，以与《孟子》相印证。其言人性皆善，指理一之体，人物不同，指气局之殊。大抵孟子言性，就人则专言其理，并与物则又不能遗是气。又谓五常之性，对太极浑然之体而言，则为气质之性，各指其气之理，故有五者之分焉。对气禀善恶之性而言，则为本然之性，不杂乎气质而言，故纯善无恶，是皆有得于心者，故言之自觉亲切。是书之作，始于壬寅正月，成于五月，而正祖以万机之暇，五月之力，著为一书，足以见其平日读书之富矣。"中国科学院图书馆整理：《续修四库全书总目提要 · 经部》下册，第 936 页。

一、义利之辨的问题

《孟子》一书，开篇即揭橥义利之辨，《梁惠王上》曰：

孟子见梁惠王。王曰："叟不远千里而来，亦将有以利吾国乎？"孟子对曰："王何必曰利？亦有仁义而已矣。王曰：'何以利吾国？'大夫曰：'何以利吾家？'士庶人曰：'何以利吾身？'上下交征利而国危矣。万乘之国弑其君者，必千乘之家；千乘之国弑其君者，必百乘之家。万取千焉，千取百焉，不为不多矣。苟为后义而先利，不夺不餍。未有仁而遗其亲者也，未有义而后其君者也。王亦曰仁义而已矣，何必曰利？"①

正祖非常重视这一章在《孟子》全书中的作用，希望从中找到统领全书的纲领性宗旨。正祖问曰：

开卷第一义，从古著书家之所致慎也。历观经传，莫不以一部宗旨托始于篇首。《易》之《乾》《坤》，《书》之二《典》，《诗》之二《南》，《论语》之学，《中庸》之性，《大学》之明德，皆是例也。若就此章之中求其包括一部之宗旨，则当于何处见得耶？

晚锡对：恐当以仁义二字为一部宗旨矣。②

郑晚锡将"仁义"二字定为《孟子》全书的宗旨，无疑是过于狭窄的，毕竟道德理想主义的仁义只是孟子对于个体的道德要求，无法涵摄政治层面的王道观念，因此正祖对这个回答是不满意的。更何况作为帝王的正祖，不仅与梁惠王有同样的政治身份，更有同样的政治诉求，即富国强兵之类的功利主义政治期待。正祖功利主义的重利思想与理想主义的重义思想之间有很大的鸿沟，义利之辨的儒家论题再次在异域的君臣之间展开。正祖念兹在兹的依然在利，而经筵讲官则固守义的底线。正祖问：

---

① （宋）朱熹：《四书章句集注》，第 201—202 页。

② 正祖：《孟子讲义》，张立文、王国轩总编纂：《国际儒藏·韩国编·四书部》，华夏出版社、中国人民大学出版社 2010 年版，《孟子卷》第 3 册，第 415 页。

《大学》“平天下”章反复言“以义为利”，“不以利为利”，则以义之利固未始不可言也。梁王初见宾师之日，先以“利吾国”为问，则此与利吾身不同，其利之以义、以利姑未可辨。孟子何不以以义之利因其势利导之，如答齐王好货、好色之问，而必以“何必曰利”折之者，何也？

时秀对：先儒云“梁王之问非不在利字，实在利吾国三字。他只晓得有我，不知有大夫士庶”，此说尽然。既曰“利吾国”，则其以利为利，不待问而可知。①

正祖对孟子的质疑有两点值得注意：第一，正祖认为孟子泛言“何必曰利”，利的涵义含混不清。正祖援引《大学》：“国不以利为利，以义为利也。”对利进行了分类，将利分为“以利为利”和“以义为利”者两类。第二，正祖认为“利吾身”者是“以利为利”，是功利主义的，应该反对；“利吾国”者是“以义为利”，是仁政王道，应该赞成。因此，正祖认为孟子深闭固拒梁惠王“何以利吾国”的做法是武断的。

对利进行分类考察并不是正祖的首创，王充《刺孟》已经有此分类：

夫利有二，有货财之利，有安吉之利。惠王曰“何以利吾国”，何以知不欲安吉之利，而孟子径难以货财之利也？《易》曰“利见大人”，“利涉大川”，“乾，元亨利贞”。《尚书》曰：“黎民亦尚有利哉。”皆安吉之利也。行仁义，得安吉之利。孟子不且语问惠王何谓利吾国，惠王言货财之利，乃可答若。设令惠王之问，未知何趣，孟子径答以货财之利。如惠王实问货财，孟子无以验效也；如问安吉之利，而孟子答以货财之利，失对上之指，违道理之实也。②

王充将利分为“货财之利”和“安吉之利”两类，所谓“货财之利”是从物质

① 正祖：《孟子讲义》，张立文、王国轩总编纂：《国际儒藏·韩国编·四书部》，《孟子卷》第3册，第376页。

② （汉）王充：《论衡》，上海人民出版社1974年版，第156—157页。

财富方面立论，“安吉之利”是从和谐顺利方面立论。正祖对王充的观点也有继承，正祖曰：

利有义理之利，有利欲之利。《易》所谓“利物和义”之利、“利用安身”之利，皆以义理言者也；《论语》所谓“放于利”之利、“小人喻于利”之利，皆以利欲言者也。梁王“利国”之问，安知其全出于利欲，而必如是深斥耶？说者谓：梁王之失全在“吾国”二字，只求自己一身之利，并抛大夫士庶之利，故下文以大夫之“吾家”、士庶之“吾身”对他“吾国”二字，而言其交征利之失。此说果如何？假使梁王不曰“利吾国”，而曰“利吾民”云尔，则孟子将许之耶？①

正祖所谓的“义理之利”类似于王充“安吉之利”，“利欲之利”类似于王充“货财之利”，正祖和王充对利的分类与孟子的本义差异甚大。孟子所言之利只是“货财之利”和“利欲之利”，是否定性的概念，并不包含肯定性的“义理”和“安吉”之意。如《滕文公下》：“且夫枉尺而直寻者，以利言也。如以利，则枉寻直尺，而利亦可为与?”《告子下》：“先生以利说秦楚之王，秦楚之王悦于利，以罢三军之师，是三军之士乐罢而悦于利也。为人臣者懷利以事其君，为人子者懷利以事其父，为人弟者懷利以事其兄，是君臣、父子、兄弟终去仁义，懷利以相接，然而不亡者，未之有也可也。”

正祖还试图把利分为公利和私利，“利吾国”为公利，“利吾身”为私利。李时秀借鉴前人观点，认为梁惠王所谓的“利吾国”仍然是从己身出发，着眼点在一“吾”字，利的对象并不涵盖国民，因此梁惠王的“利吾国”与“利吾身”并无二致，还是私利。前文李时秀所言“先儒”是明代学者汤宾尹，正祖所言“说者”亦是此人，陆陇其《四书讲义困勉录》载其言曰：

汤（宾尹）霍林曰：梁王之非不止在利，又在“利吾国”三字，他只

① 正祖：《孟子讲义》，张立文、王国轩总编纂：《国际儒藏·韩国编·四书部》，《孟子卷》第3册，第416页。

> 晓得有我，便不知有大夫、士、庶，故孟子意以仁义挽他仁义，便是大公无我之心。①

李时秀征引汤宾尹的观点，格正祖君心之非，认为梁惠王所言“利吾国”乃是私利而非公利，是“以利之利”而非“以义之利”。正祖仍不甘心，正祖认为，即使如汤宾尹所言“利吾国”是私利，那么“利吾民”是不是就是公利，孟子自然不会提倡私利，那么公利孟子是否会反对呢？正祖触及到了儒学思想史上的一个重要的命题，即“义利之辨”与“公私之别”，即公利是不是义、私利是不是利的问题，或者说孟子反对的利是否只是私利，至于公利，孟子又持何种态度？

黄俊杰《先秦儒家义利观念的演变及其思想史的涵义》指出，孟子所倡导的仁义之中已经内含了公利的讲求，只是在孟子那里，公利还没有提升到公义的高度，其文曰：

> 在中国思想史中，“义”“利”之辨与“公”“私”之别这两条思想线索是密切绾合的。孔孟所反对的是“私利”的讲求，至于“公利”与孔孟所提倡的“义”是并行不悖的。但不论孔子或孟子都没有明白提出“公义”的概念，因为孔孟大体上都把“义”当作属于“我”的范畴的个人修德问题。但是，到了战国晚期，荀子把“公”与“义”这两个概念结合而提出了“公义”的概念，使孔孟思想中特重内省的“义”转而取得外铄的涵义，从“个体”（我）的范畴突破而指涉“群体”（人）范畴的问题。②

正祖对于公利的强调，自然有现实政治实用主义的目的，当然与孟子的民本思想也并不违背。正祖认为孟子反对私利而倡导公利的观点是正确的，诚如冯友兰所言：

---

① （清）陆陇其：《四书讲义困勉录》卷24，《文渊阁四库全书》本。

② 黄俊杰：《先秦儒家义利观念的演变及其思想史涵义》，《汉学研究》第4卷第1期（1986年6月），第137页。

儒家所谓义利的分别，是公私的分别。伊川说："义与利，只是个公与私也。"（《遗书》卷十七）孟子说："鸡鸣而起，孳孳为善者，舜之徒也；鸡鸣而起，孳孳为利者，跖之徒也。"为义者，不是不为利，不过其所为底利，是公利不是私利。①

正祖对于"义利之辨"的认识既有经典文本为之依据，又有现实政治的实用价值，是通经致用的开明经学观念。与之相反，李时秀、郑晚锡还在固守程朱的形上之论、迂腐之言，不仅对于《孟子》本文的学术阐发无益，更容易对现实政治造成巨大的灾难，晚明大儒刘宗周就曾指出其空疏误国之弊：

正言仁义功用，天地赖以常运而不息，人纪赖以接续而不坠，遗亲、后君便非仁义，不是言仁义未尝不利。自后世儒者事功与仁义分途，于是当变乱之时，力量不足以支持，听其陆沉鱼烂，全身远害，是乃遗亲、后君者也。此是宋襄、徐偃之仁义，而孟子为之乎？②

与宋明理学家偏重内圣的心性之论不同，正祖强调内圣外王的统一，或者说更为偏重外王的事功。正祖没有宋明儒学的高深玄妙，也规避了宋明儒学的空疏之弊，显得更为笃实切用，在《孟子》学发展史上，有其独树一帜的价值。

二、孟子迂阔的问题

在义利之辨的问题上，正祖不满于宋明儒者的空疏之弊，对于孟子的道德理想主义也有批评，他认为孟子的王道理想在实践层面的操作性不强，有迂阔之弊。

关于孟子的迂阔之弊，始见于《史记·孟子荀卿列传》：

---

① 冯友兰：《新原人》，《三松堂全集》第4册，河南人民出版社2001年版，第550页。

② 黄宗羲：《孟子师说》卷1，《黄宗羲全集》第1册，浙江古籍出版社2005年版，第49页。

道既通，游事齐宣王，宣王不能用。适梁，梁惠王不果所言，则见以为迂远而阔于事情。当是之时，秦用商鞅，富国强兵；楚、魏用吴起，战胜弱敌；齐威王、宣王用孙子、田忌之徒，而诸侯东面朝齐。天下方务于合从连衡，以攻伐为贤，而孟轲乃述唐、虞、三代之德，是以所如者不合。①

功利主义者对孟子有迂阔的批评，认为孟子仅能载之空言，无法见诸实事。在霸道盛行的战国时代，孟子的政治理想自然无有立足之地，难以付诸实施，以至于有人怀疑仁义等道德理想是虚文，对政治无有实际效用。虽然，孟子的仁政王道理想没有从正面得以彰显，却从反面得以印证。秦王朝二世而亡的原因，就是贾谊《过秦论》所言"仁义不施而攻守之势异也"。离开孟子倡导的仁政王道，即使是如秦国一样国力雄厚，也会土崩瓦解。对此熊禾有精辟之论：

熊勿轩曰：当时孟子止言深耕易耨，孝悌忠信，则可以制挺而挞秦楚，自一等富强而言，岂不大迂阔而不切于事情？然后来秦亡不过起于揭竿斩木之匹夫，坚甲利兵果足恃乎？孟子之言，不我诬也！②

驳斥孟子迂阔论的学者代不乏人，如王安石《孟子》："沉魄浮魂不可招，遗编一读想风标。何妨举世嫌迂阔，故有斯人慰寂寥。"经过宋代尊孟学者的驳议，孟子迂阔的问题其实已经解决。可是，作为帝王的正祖与梁惠王、齐宣王类似，有强烈的实用主义目的，现实事功的考虑与理想主义的坚守之间有难以弥合的鸿沟，以至于正祖认为孟子的某些政治策略形同虚设，并无现实意义。如《孟子·梁惠王下》：

滕文公问曰："滕，小国也。竭力以事大国，则不得免焉。如之何则可？"

① 《史记》卷，中华书局1959年版，第2343页。

② （清）孙奇逢：《四书近指》卷14，《文渊阁四库全书》本。

> 孟子对曰："昔者大王居邠，狄人侵之。事之以皮币，不得免焉；事之以犬马，不得免焉；事之以珠玉，不得免焉。乃属其耆老而告之曰：'狄人之所欲者，吾土地也。吾闻之也：君子不以其所以养人者害人。二三子何患乎无君？我将去之。'去邠，逾梁山，邑于岐山之下居焉。邠人曰：'仁人也，不可失也。'从之者如归市。或曰：'世守也，非身之所能为也。效死勿去。'君请择于斯二者。"①

宋儒杨时注此章曰："孟子所论，自世俗观之，则可谓无谋矣。"② 正祖确如杨时所言，批评孟子迂阔无谋，正祖曰：

> 孟子以"大王去邠"及"效死勿去"二者请择于文公。而当文公之时，"效死勿去"可矣。滕国，五十里之外皆他国也，未有如大王之膴原西浒为可建国，则虽欲去而之他，将安所适？然则"去邠"之说不免虚设。③

对于孟子提供给滕文公的两个选择，正祖认为滕国地小民穷，筑城凿池，带领国民，死守滕国，"效死勿去"，是唯一的选择。至于效法周大王，离开滕国而徐图自强，根本无此可能。因为当时滕国处在齐、楚两个大国之间，没有一块权力真空地带供其施行仁政，与周大王之时的情景已不可同日而语。因此，孟子所言"大王去邠"，对于滕文公来讲是形同虚设，是脱离滕国现实的空想。

针对正祖的质疑，讲官金载瓒对曰：

> 此章"去邠"，权也；死守，经也。以经权分言，使文公自择而已。可迁之有地无地，顾何必论耶？④

金载瓒的观点是承袭朱熹《孟子集注》之成说，朱熹注曰：

① （宋）朱熹：《四书章句集注》，第225—226页。

② （宋）朱熹：《四书章句集注》，第226页。

③ 正祖：《孟子讲义》，张立文、王国轩总编纂：《国际儒藏·韩国编·四书部》，《孟子卷》第3册，第378页。

④ 正祖：《孟子讲义》，张立文、王国轩总编纂：《国际儒藏·韩国编·四书部》，《孟子卷》第3册，第378页。

> 能如大王则避之，不能则谨守常法。盖迁国以图存者，权也；守正而俟死者，义也。审己量力，择而处之可也。①

正祖和金载瓒君臣都误读了朱熹的注释，更误读了孟子的本意。殊不知孟子对于滕国的艰危处境早已洞若观火，滕国之被邻国吞并、社稷丘墟乃是必然之事，作为国君的滕文公若要忠于社稷，恐怕只有“效死勿去”之唯一选择。但劝人舍身取义，实在是难开其口，更何况面对的是一国之君。不得已孟子才虚设迁国一策，虽是两策并举，实则只是一策。滕文公反躬自省、审时度势，应该也能明白孟子本意。

朱熹引申孟子之意，指出滕国难保社稷：

> 滕是必亡无可疑者，况王政不是一日行得底事。他又界在齐、楚之间，二国视之，如太山之压鸡卵耳。若教他粗成次第，此二国亦必不见容也。若汤、文之兴，皆在空闲之地，无人来觑他，故日渐盛大。若滕，则实是难保也。②

朱熹弟子辅广比较了解其师本意，他疏解朱熹注曰：

> 迁国以图存者，太王是也；守正而俟死者，国君死社稷是也。在文公唯有此二法，故并举以告之。然权非大贤以上不能为，经则人皆当勉也。故使文公审己量力，择而取其一焉。夫太王之事，非文公所能为。然则孟子之意，固欲文公勉守其常法耳。③

据史学家研究，滕国灭亡的时间在公元前300年左右。根据钱穆《先秦诸子系年·孟子游滕考》，可以确定孟子初到滕国是在公元前322年，离开滕国是在公元前320年。因此，孟子回答滕文公的时间距离滕国灭亡的时间仅有短短二十年，孟子在滕时，滕国已经是国运衰微，孟子纵有鲁阳之戈，也难挽虞渊落日。时势使然，虽圣贤亦无如之何？正祖责难孟子迂阔无谋，

① （宋）朱熹：《四书章句集注》，第226页。

② （明）胡广等纂修，周群、王玉琴校注：《四书大全校注》，第803页。

③ （明）胡广等纂修，周群、王玉琴校注：《四书大全校注》，第803页。

求全责备，有失公允。

三、孟子不尊王者的问题

正祖既然有时已经认定孟子迂阔无谋，那么对于孟子所享受的礼遇就深致不满，认为孟子所享受的崇高礼遇与其政治贡献并不匹配，正祖与彭更一样，都怀疑孟子所享受的礼遇过高，甚至有泰侈之失，《孟子·滕文公下》曰："彭更问曰：'后车数十乘，从者数百人，以传食于诸侯，不以泰乎？'"①

正祖认为当时的国君如梁惠王、齐宣王等对孟子是非常尊重的，他们都给孟子以极高的政治礼遇，又给孟子提供了很高的物质俸禄，可谓是尽到了礼贤下士的责任。与这些国君相比，孟子的态度似乎是不恭敬的，对待国君的态度有时是拒人千里之外，如《孟子·公孙丑下》：

> 孟子致为臣而归。王就见孟子，曰："前日愿见而不可得，得侍，同朝甚喜。今又弃寡人而归，不识可以继此而得见乎？"
>
> 对曰："不敢请耳，固所愿也。"
>
> 他日，王谓时子曰："我欲中国而授孟子室，养弟子以万钟，使诸大夫国人皆有所矜式。子盍为我言之？"
>
> 时子因陈子而以告孟子，陈子以时子之言告孟子。
>
> 孟子曰："然。夫时子恶知其不可也？如使予欲富，辞十万而受万，是为欲富乎？季孙曰：'异哉子叔疑！使己为政，不用，则亦已矣，又使其子弟为卿。人亦孰不欲富贵？而独于富贵之中，有私龙断焉。'古之为市者，以其所有易其所无者，有司者治之耳。有贱丈夫焉，必求龙断而登之，以左右望而罔市利。人皆以为贱，故从而征之。征商，自此贱丈夫始矣。"②

① （宋）朱熹：《四书章句集注》，第 271 页。

② （宋）朱熹：《四书章句集注》，第 250—251 页。

正如景丑所言，正祖也只看到齐王尊敬孟子，未曾看到孟子尊敬齐王，正祖曰：

> 齐王之就见也，临别之言眷眷于继此得见；向慕之意申申于中国万钟，至欲使国人矜式。则其所尊礼爱敬，固可谓勤且挚矣。圣人亦有际可之仕，孟子何若是迈迈，至引龙断之说而拒之不受耶？①

"际可之仕"见于《孟子·万章下》："孔子有见行可之仕，有际可之仕，有公养之仕。于季桓子，见行可之仕也；于卫灵公，际可之仕也；于卫孝公，公养之仕也。"② 朱熹注曰："见行可，见其道之可行也。际可，接遇以礼也。公养，国君养贤之礼也。"③ 据此可知，所谓"际可之仕"就是国君以礼相待、待遇丰厚，士人可以出仕。正祖认为齐王对待孟子完全符合"际可之仕"的要求，孟子拒绝齐王而浩然离去，未免显得有些倨傲不恭。

对于正祖的质疑，李鲁春对曰：

> 齐王之言，外虽尊礼，实非诚心。孟子之适齐本为行可之仕，则言不见用之后，岂可苟縻于矜式之虚文而不知去哉？若圣人际可之仕，其初亦以际可而来故也。④

李鲁春的观点是在程朱基础上的进一步延伸，朱熹注征引程子之言曰：

> 程子曰："齐王所以处孟子者，未为不可，孟子亦非不肯为国人矜式者。但齐王实非欲尊孟子，乃欲以利诱之，故孟子拒而不受。"⑤

李鲁春认为孟子到齐国来的目的，是为了得君行道，说服齐王施行仁政，出仕齐国乃是行可之仕而非际可之仕，即孟子不是为高官厚禄而来，自

---

① 正祖：《孟子讲义》，张立文、王国轩总编纂：《国际儒藏·韩国编·四书部》，《孟子卷》第3册，第382页。
② （宋）朱熹：《四书章句集注》，第325页。
③ （宋）朱熹：《四书章句集注》，第325—326页。
④ 正祖：《孟子讲义》，张立文、王国轩总编纂：《国际儒藏·韩国编·四书部》，《孟子卷》第3册，第383页。
⑤ （宋）朱熹：《四书章句集注》，第251页。

然也不会因齐王的利禄之诱而羁留齐国。另外，齐王在实际政治上并不接纳孟子的仁政构想，至于“使国人矜式”孟子的虚文俗套，也无非是为了博取尊贤养士之名，表面上看是对孟子的尊礼，实则并非出于诚心。因此，孟子离开齐国，其过原本就在齐王，正如陈栎所言：“齐王固不得待孟子之道，尤为不知孟子之心。”①

孟子不接受齐王万钟之禄的物质诱惑，浩然离开齐国，在正祖看来，是属于行为上对国君的不敬。正祖还指出，孟子对国君的不敬，有时还表现在君臣交往的语言上。如《孟子·梁惠王下》

> 孟子谓齐宣王曰：“王之臣有托其妻子于其友，而之楚游者。比其反也，则冻馁其妻子，则如之何？”王曰：“弃之。”曰：“士师不能治士，则如之何？”王曰：“已之。”曰：“四境之内不治，则如之何？”王顾左右而言他。②

正祖针对此章发问曰：

> 此章前二节发问，专为四境之内不治而设也。辞气得无欠于雍容耶？若《论语》则无此等问答。且使齐王知愧谢过，其于说而不绎、从而不改，何哉？恐不如直说王政之直捷径约。此所以为圣贤之分耶？先儒或云“四境之内不治”只是冷讽他，不着宣王身上，或云直说在宣王身上。两说孰是？③

正祖对孟子“辞气”的批评，是儒学史上的一个大命题，即圣贤在对君主表达观点时的言语选择和辞气态度问题。汉代以后，君主专制强化，这个问题就显得更为迫切。宋代儒者甚至以此评判孔孟圣贤境界之高下，如：

> 又曰：“孟子有些英气。才有英气，便有圭角，英气甚害事。如颜

---

① （明）胡广等纂修，周群、王玉琴校注：《四书大全校注》，第 849 页。

② （宋）朱熹：《四书章句集注》，第 220 页。

③ 正祖：《孟子讲义》，张立文、王国轩总编纂：《国际儒藏·韩国编·四书部》，《孟子卷》第 3 册，第 378 页。

子便浑厚不同，颜子去圣人只豪发间。孟子大贤，亚圣之次也。”或曰：“英气见于甚处？”曰：“但以孔子之言比之，便可见。且如冰与水精非不光，比之玉，自是有温润含蓄气象，无许多光耀也。”①

正祖提问中所援引之先儒乃是明代学者张振渊，陆陇其《四书讲义困勉录》卷二十五载张振渊之言曰：“四境之内不治，亦只是大概冷讽他，不着宣王身上。”② 明代学者蔡清则持与之截然相反的观点，他说孟子是“直说在王身上”③。孟子是否直接针对齐宣王发难，这是正祖比较关心的问题，他以此为问，讲官李显默对曰：

显默对：孟子之引君当道、格其非心者，固为第一义。而此章辞气英发，圭角太露。若使孔子处之，恐不当如是。然此特泛论事理，而未必直指齐王身上。臣以前说为得正义。④

李显默也感到这个问题非常棘手，君臣关系固化之后，在骄主顺臣眼中，孟子确实有圭角太露之嫌。但是李显默既要维护君主的政治权威，更要维护孟子的道统地位，故此为圣贤开脱弥缝，说孟子是泛泛而论事理，并不针对齐宣王本人。其实李显默何尝不知孟子本心，如此曲解圣贤之意，也是高压政治下为道统争空间的不得已之策。

其实，正祖不满于孟子对待国君的倨傲态度，所反映的本质问题还是道势之争，正祖的君主身份使他更为关注社会地位的优越性，而择善固执于民本思想和道德理想的孟子，则坚持以道抗势。关于孟子以道抗势的思想史意义，杨国荣《政道与治道——以孟子为中心的思考》有较为深入的分析，他说：

① （宋）朱熹：《四书章句集注》，第199页。

② （清）陆陇其：《四书讲义困勉录》卷25，《文渊阁四库全书》本。

③ （明）蔡清：《四书蒙引》卷9，《文渊阁四库全书》本。

④ 正祖：《孟子讲义》，张立文、王国轩总编纂：《国际儒藏·韩国编·四书部》，《孟子卷》第3册，第378页。

“道”和“善”以社会理想（包括道德理想）和道德追求为内容，“势”则表征着社会的地位。这里包含二重含义：就君主而言，其贤明性往往表现在不以自身在社会政治结构中的地位（势）自重，而是将道德的追求放在更优先的方面（所谓“好善而忘势”）；就贤士而言，其人格的力量则在于不迎合或屈从于外在的地位，以道的认同消解势位对人的压抑（“乐道而忘势”）。在君臣关系的如上形态中，似乎已多少流露出某种交往对等性的要求。……德位之分、乐道忘势等观念，同时也蕴含着对个体内在人格力量的肯定。……如果说，君臣之义及等级差异包含着某种个体从属、依附的观念，那么，对人格独立性的彰显，则多少意味着在道德境界的层面逸出人与人之间的依附关系。①

诚如杨国荣所言，以孔子、孟子为代表的原始儒家确实试图把君臣关系发展成对等性关系，如《论语·八佾》：

定公问：“君使臣，臣事君，如之何？”孔子对曰：“君使臣以礼，臣事君以忠。”

皇侃疏曰：

言臣之从君如草从风，故君能使臣得礼，则臣事君必尽忠也。君若无礼，则臣亦不忠也。②

孟子进一步发展了孔子的君臣关系对等性思想，《孟子·离娄下》曰：

孟子告齐宣王曰：“君之视臣如手足，则臣视君如腹心；君之视臣如犬马，则臣视君如国人；君之视臣如土芥，则臣视君如寇雠。③

孟子并不反对臣子对君主的忠诚，也把君臣关系视为五伦关系中的重要一伦，但是孟子极力反对愚忠，反对无条件盲目信从。孟子认为在君臣关系之中，君主是作用力，而臣子是反作用力，君主的行为决定了臣子的态度。

① 杨国荣：《孟子的哲学思想》，华东师范大学出版社 2009 年版，第 158—159 页。
② （梁）皇侃：《论语义疏》卷 2，高尚榘校点，中华书局 2013 年版，第 69 页。
③ （宋）朱熹：《四书章句集注》，第 295 页。

因此，君臣关系和谐与否，责任在君主而非臣子，和谐的君臣关系是君仁臣忠，不和谐的君臣关系则是因君主德不配位所导致的。在孟子看来，君主不单是一个权力主体，更是一个道德主体。如果君主不能履行其道德责任，还要固守其政治权威的话，那么以汤武革命的形式将其推翻也未尝不可。故《孟子·梁惠王下》曰：

> 齐宣王问曰："汤放桀，武王伐纣，有诸？"孟子对曰："于传有之。"曰："臣弑其君可乎？"曰："贼仁者谓之贼，贼义者谓之残，残贼之人谓之一夫。闻诛一夫纣矣，未闻弑君也。"①

但是在董仲舒提出三纲，至班固《白虎通义》将三纲六纪固化以后，君为臣纲就成了处理君臣关系的金科玉律。以至于韩愈在《拘幽操文王羑里作》中想象周文王面对独夫民贼殷纣王时，竟然宣称"臣罪当诛兮，天王圣明"。程颐还表彰韩愈"道得文王心出来，此文王至德处也"②。孔孟所强调的君臣关系原本有对等性伦理的诉求，至此已经完全变质为强制性伦理，即君主对臣子的强制性伦理规范。在君为臣纲的伦理规范下，不要说汤武革命，即使是稍微对君主权威造成威胁的言论都会被认为是大逆不道。即使这些言论是出自儒家经典，甚至出自孟子口中，也要遭受质疑批判。如《孟子·公孙丑下》记载，孟子准备入朝觐见齐王，齐王派使者来，谎称自己有寒疾，不能亲自来见孟子，希望孟子主动来拜见他。齐王态度不诚，不是对待贤者应该有的态度。孟子以其人之道还治其人之身，告诉使者自己也不幸生病，无法入朝。景丑氏批评孟子不敬齐王，孟子对曰：

> 天下有达尊三：爵一，齿一，德一。朝廷莫如爵，乡党莫如齿，辅世长民莫如德。恶得有其一以慢其二哉？③

齐王虽然爵位高于孟子，但是孟子年龄长于齐王，德行高于齐王，齐王不应

---

① （宋）朱熹：《四书章句集注》，第 221—222 页。

② （宋）程颢、程颐：《二程集》，第 232 页。

③ （宋）朱熹：《四书章句集注》，第 244—245 页。

该怠慢孟子。但是正祖认为孟子仰仗自己德高年长，三达尊有其二，孟子反而有怠慢齐王之嫌。既然孟子可以怠慢齐王，齐王为何不可怠慢孟子呢？故正祖问曰：

> 此云"安得有其一以慢其二哉"，使齐王齿尊于孟子，则是有其二矣，可以慢孟子之一耶？①

正祖还是在三达尊的数量多寡上较高下，其实三达尊不是平行关系，三者的重要性也不是均等的，正如讲官洪履健所言：

> 三达尊之中，德最重，齿次之，爵又次之。苟有其德，则只此一个足以优于彼，况兼德与齿乎？然当时齐王之所以尊孟子在德不在齿，则假使齐王齿尊于孟子，其为不可慢均矣。孟子此训特主于德而论其道理而已，顾何尝以王一我二较量多寡也？②

南宋学者饶鲁评注此章曰："景子之言，是人臣事君之常；孟子之言，是人君尊贤之道。"③这个评注也可以用来审视正祖对孟子的批评，孟子择善固执，强调的是君主尊贤之道，而正祖念念不忘的还是君主的政治权威，强调的是臣子对君主的诚敬。一言以蔽之，孟子是以道抗势，而正祖则是以势抗道，归根结底，还是一个道势之争的老命题。

四、孟子不尊周的问题

正祖对孟子的政治思想颇多訾议，尤其是孟子对待残存的周天子及周政权的态度问题。孟子主张仁政，游说梁惠王、齐宣王施行王道政治，正祖认为孟子的政治主张对周政权造成了巨大的威胁，对周天子毫无尊重之意。

---

① 正祖：《孟子讲义》，张立文、王国轩总编纂：《国际儒藏·韩国编·四书部》，《孟子卷》第3册，第382页。

② 正祖：《孟子讲义》，张立文、王国轩总编纂：《国际儒藏·韩国编·四书部》，《孟子卷》第3册，第382页。

③ （明）胡广等纂修，周群、王玉琴校注：《四书大全校注》，第841页。

《孟子·梁惠王上》之“寡人之于国也”章，针对梁惠王富国强兵的愿望，孟子提出了王道政治的理想蓝图：

> 不违农时，谷不可胜食也；数罟不入洿池，鱼鳖不可胜食也；斧斤以时入山林，材木不可胜用也。谷与鱼鳖不可胜食，材木不可胜用，是使民养生丧死无憾也。养生丧死无憾，王道之始也。①

朱熹注曰：“王道以得民心为本，故以此为王道之始。”② 孟子的王道理想是一个完整的政治设计，首尾完足，有始有终，孟子又论述了“王道之成”所必备的条件：

> 五亩之宅，树之以桑，五十者可以衣帛矣；鸡豚狗彘之畜，无失其时，七十者可以食肉矣；百亩之田，勿夺其时，数口之家可以无饥矣；谨庠序之教，申之以孝悌之义，颁白者不负戴于道路矣。七十者衣帛食肉，黎民不饥不寒，然而不王者，未之有也。③

朱熹注曰：“此言尽法制品节之详，极裁④ 成辅相之道，以左右民，是王道之成也。”⑤ 孟子对梁惠王曾经抱有希望，故以王道政治相期许。孟子认为在魏国原有的政治实力基础上，加上自己的王道设计，就能够深得民心，实现王天下的理想。对于孟子舍弃周天子而劝说梁惠王施行王道的做法，正祖深表不满，他说：

> 程子之论此章曰：“圣贤亦何心哉？视天命之改与未改耳。”先儒释之曰：“天命之改与未改，验之人心而已。”此固然矣。而但梁王之问不出利国，齐王之问只在桓文，则周室虽云衰微，当时诸侯犹不敢辄窥天王之家，即此可见。然则孟子何由知天命之必改，人心之必离，而遽

① （宋）朱熹：《四书章句集注》，第203页。
② （宋）朱熹：《四书章句集注》，第204页。
③ （宋）朱熹：《四书章句集注》，第204页。
④ 裁：中华书局本《四书章句集注》作“财”，《文津阁四库全书》本《四书章句集注》作“裁”，今据改。按，“财”亦可同“裁”。
⑤ （宋）朱熹：《四书章句集注》，第204页。

以王道劝齐梁之君耶？[①]

正祖所言“程子”是指程颐，程颐论之曰：

或谓孔子尊周，孟子欲齐王行王政，何也？先生曰：譬如一树，有可栽培之理则栽培之，不然须别种。贤圣何心？视天命之改与未改尔。[②]

正祖所言“先儒”是指南宋理学家陈栎，陈氏论此章曰：

天命之改未改，验之人心而已。人心犹知尊周，可验天命未改，则当守天下之经，文王、孔子之事是也。人心不知有周，可验天命已改，不得不达天下之权，武王、孟子之事是也。[③]

正祖并不否定人心决定天命、天命取决于人心，但是正祖质疑孟子之处在于，孟子是如何确定周王朝已失人心，进而窥见天命已改？讲官金载瓒对曰：

孟子之时，周室将亡，人心已去，天命之必改，盖无难知。而齐梁之君言不及王道者，特其伎俩不外于富强一事，故孟子告之以王道。岂其彼犹尊周而反使夺周耶？[④]

金载瓒的观点有点含混不清，不如朱熹说得明白透彻，《朱子语类》曰：

伊川说：“孟子说齐梁之君行王政，王者，天下之义主也。圣贤亦何心哉，视天命之改与未改尔。”于此数句，未甚见得明。

先生却问：至云天命之改与未改，如何见得？

曰：莫是周末时礼乐征伐皆不出于天子，生民涂炭，而天王不能正其权以救之否？

曰：如何三晋犹尚请命于周？

曰：三晋请命既不是，而周王与之亦不是。如温公所云云，便是天

① 正祖：《孟子讲义》，张立文、王国轩总编纂：《国际儒藏·韩国编·四书部》，《孟子卷》第3册，第376页。

② （宋）程颢、程颐：《二程集》，第415页。

③ （明）胡广等纂修，周群、王玉琴校注：《四书大全校注》，第771页。

④ 正祖：《孟子讲义》，张立文、王国轩总编纂：《国际儒藏·韩国编·四书部》，《孟子卷》第3册，第376—377页。

王已不能正其权。

曰：如何周王与之不是，便以为天命之改？

曰：至见得未甚明。旧曾记得程先生说譬如一株花，可以栽培则须栽培，莫是那时已是栽培不得否？

曰：大势已去了。三晋请命于周，亦不是知尊周，谩假其虚声耳。大抵人心已不复有爱戴之实。自入春秋以来，二百四十年间，那时犹自可整顿。不知周之子孙，何故都无一人能明目张胆出来整顿。到孟子时，人心都已去。①

朱熹师徒认为周朝天命转移、民心离散的表征有三个：第一，礼乐征伐不自天子出，周王朝失去了实际的政治权威；第二，虽然三晋等诸侯国依然朝觐请命于周天子，但那只是仪式上的虚文，并无实际尊周之意；第三，生民涂炭，周天子不能救民于水火。因此，周王朝大势已去的政治现实已经是战国时期的共识，这一点对于孟子来说，并非什么难知难晓之事。正如劳思光所言：

孔子以重建周之文制为目的，故平生言说未详论政权转移之道。而修《春秋》时则以"尊周"为基本宗旨，盖孔子在意向上欲重振周政权，而并非有意建立一新政权；于是在理论上对政权之转移亦无定说。孟子则生当战国。其时，周室衰甚。世之论政者固皆知兴周之不可能，孟子亦遂以建立新政权为志。以孟子与孔子相较，则可说孔子以"尊周"及"存周"为志，而孟子则有"代周"之志。②

但是出于君主本位立场的正祖始终不肯承认这个政治现实，他认为既然周天子尚且在位，周王朝尚且维持残存的统治，周朝的政治名分尚在，那么，孟子就不该另择新主。《孟子·离娄上》曰：

---

① （宋）黎靖德编：《朱子语类》，中华书局2007年版，第1224页。

② 劳思光：《新编中国哲学史（一）》，第132页。

> 孟子曰："三代之得天下也以仁，其失天下也以不仁。国之所以废兴存亡者亦然。天子不仁，不保四海；诸侯不仁，不保社稷；卿大夫不仁，不保宗庙；士庶人不仁，不保四体。今恶死亡而乐不仁，是犹恶醉而强酒。"①

正祖责难孟子曰：

> 孟子之时，周室虽微，犹天子也。况宣平之际，朝觐会同，未尝去周室而之他。故幽厉之不仁也，而天下犹不能不尊周。则孟子之于此章直曰"三代之失天下"，何也？孟子之意，固以东迁以后不足谓有天下而为天子。然天子之名故在也，岂容遽归之失天下耶？②

其实，正祖对孟子的责难并非首创，关于孟子不尊的批评之声在北宋曾经引起了巨大的争议。黄俊杰在《宋儒对孟子政治思想的争辩及其蕴涵的问题》一文中指出："宋儒关于孟子政治思想争辩的论点甚多，其所蕴涵之问题亦复不少，但是他们对孟子的争议之引爆点在于：孟子不尊周的态度。"③较早提出孟子不尊周问题的学者是宋人李觏，《宋稗类钞》记载李觏轶事曰：

> 李觏，字泰伯，盱江人。贤而有文章，苏子瞻诸公极推重之。素不喜佛，不喜孟子。好饮酒。一日，有达官送酒数斗，泰伯家酿亦熟，然性介僻，不与人往还。一士人知其富有酒，无计得饮，乃作诗数首骂孟子，其一云："完廪捐阶未可知，孟轲深信亦还痴。丈人尚自为天子，女婿如何弟杀之。"又云："乞丐何曾有二妻，邻家焉得许多鸡。当时尚有周天子，何必纷纷说魏齐。"李见诗大喜，留连数月，所与谈莫非骂孟子也。④

李觏认为在对待周天子的态度上，孟子甚至不如五霸之君，五霸之君尚知

① （宋）朱熹：《四书章句集注》，第282—283页。

② 正祖：《孟子讲义》，张立文、王国轩总编纂：《国际儒藏·韩国编·四书部》，《孟子卷》第3册，第387页。

③ 黄俊杰：《中国孟学诠释史论》，第114页。

④ （清）潘永因编：《宋稗类钞》卷25，《文渊阁四库全书》本。

尊周，哪怕只是虚有其表，也表明了一种尊周的态度。至于孟子，这个态度也没有了。故其《常语》曰：

孟子曰："五霸者，三王之罪人也。"吾以为孟子者，五霸之罪人也。五霸率诸侯事天子，孟子劝诸侯为天子，苟有人性者，必知其逆顺耳矣。孟子当周显王时，其后尚且百年而秦并之。呜呼！孟子忍人也，其视周室如无有也。①

何以孟子急切地游说梁惠王、齐宣王施行王道，甚至劝其取周天子而代之，李觏认为孟子完全是出于个人利禄考虑，他说：

夫周显王未闻有恶行，特微弱尔。非纣也，而齐、梁不事之；非桀也，而孟子不就之。呜呼！孟子之欲为佐命，何其躁也！②

李觏对孟子的责难曾经引起很大的波澜，宋儒余允文撰《尊孟辩》逐条驳斥，李觏的观点几乎被全部驳倒。尤其是经过朱熹的表彰之后，尊孟已经成为思想史上的主要潮流，疑孟的潮流日渐式微。

明太祖朱元璋出于君主专制的立场，删减孟子文本，命臣下编订《孟子节文》，对孟子的批评达到了顶峰。正祖对孟子不尊周问题的批评，学术观点上与李觏大致相似，在政治立场上与朱元璋基本相同。何以孟子的政治观点会引起专制帝王的反感？因为孟子是民本位的政治立场，孟子非常重视民心，孟子认为，天命嬗变取决于民心向背，民心决定天命的走向、决定政治的成败。政权的合法性取决于民心，君主的政治地位也取决于民心。如果君主违背民心，倒行逆施，那么其统治也就行将结束。这就是孟子著名的"民贵君轻"思想，关于这种思想的政治内涵，徐复观《儒家政治思想的构造及其转进》一文有深入分析，其文曰：

《尚书》"民为邦本"的观念，正与德治的观念互相表里。中国政

---

① （宋）余允文：《尊孟辩》卷中，《文渊阁四库全书》本。
② （宋）余允文：《尊孟辩》卷中，《文渊阁四库全书》本。

治思想，很少着重于国家观念的建立，而特着重于确定以民为政治的唯一对象。……由此可知孟子“民为贵”的说法，只是中国政治思想之一贯的观点。在人君上面的神、人君所凭借的国以及人君本身，在中国思想正统的儒家看来，都是为民而存在，都是以对于民的价值的表现为各自价值的表现。可以说神、国、君都是政治中的虚位，而民才是实体。所以不仅残民以自逞的暴君污吏在儒家思想中不承认其政治上的地位，即不能“以一人养天下”而要“以天下养一人”的为统治而统治的统治者，中国正统的思想亦皆不承认其政治上的地位。①

在君民关系的轻重缓急问题上，正祖与孟子的观点可谓是背道而驰，作为君主的正祖无论如何也不可能接受君主为虚位的政治设计，这也是正祖批评孟子不尊周问题的关键所在。孟子的王道政治和民本主义不见用于专制帝王，也是历史局限性的必然结果，正如黄俊杰所言：

因为孟子的政治思想以人民的福祉为施政的最高标准，是建立在“人民主体性”之上的。但是自从秦始皇统一中国以后几千年来的中国政治现实，是以一家一姓的利益为中心而展开的，是建立在“君主主体性”之上的。德川时代的日本与李朝时代的朝鲜也是如此。因此，孟子的政治思想之不为帝制中国、德川日本以及李朝的专制统治者所接受，乃是历史的必然。②

余　论

除了前文所论之外，正祖对孟子的批评还有很多，正祖多次指出孟子在立身处世方面有自相矛盾之处。如《孟子·公孙丑下》：

① 徐复观：《学术与政治之间》，九州岛出版社 2014 年版，第 49—50 页。

② 黄俊杰：《孟子》，生活·读书·新知三联书店 2013 年版，第 93 页。

孟子去齐。充虞路问曰:“夫子若有不豫色然。前日虞闻诸夫子曰:‘君子不怨天,不尤人。’”曰:“彼一时,此一时也。五百年必有王者兴,其间必有名世者。由周而来,七百有余岁矣。以其数则过矣,以其时考之则可矣。夫天未欲平治天下也,如欲平治天下,当今之世,舍我其谁也?吾何为不豫哉?”①

正祖与充虞有相似的疑问,对于孟子前后言论行为之不一致,忧乐感情变化之不同,表示难以理解,正祖曰:

充虞有不怨尤之问,而孟子以“彼一时,此一时”答之,则孟子此时固不能无不豫,可知。末又曰:“吾何为不豫哉?”一章之内,首尾得不矛盾耶?②

讲官曹允大对曰:

不能无不豫,圣贤之忧世也;吾何为不豫,圣贤之乐天也。故此章“以其时考之”以上以理言也,理当如此而不如此,则不能无不豫者,不亦宜乎? “天未欲平治”以下以气数言也,气数之所使,虽圣贤亦未如之何,则吾何为不豫者,不亦宜乎?豫与不豫似若矛盾,而固皆有所以也。③

曹允大的对答几乎全是沿袭辅广之成说,辅广释此章曰:

不能无不豫,忧世之志也;实未尝不豫,乐天之诚也。忧乐,自常情观之,则相反;自圣贤言之,则并行而不悖也。自五百年至则可矣观之,则孟子不能无不豫然也;自夫天未欲平治以下观之,则孟子实未尝不豫也。④

再如《孟子·离娄上》:

① (宋)朱熹:《四书章句集注》,第252—253页。

② 正祖:《孟子讲义》,张立文、王国轩总编纂:《国际儒藏·韩国编·四书部》,《孟子卷》第3册,第383页。

③ 正祖:《孟子讲义》,张立文、王国轩总编纂:《国际儒藏·韩国编·四书部》,《孟子卷》第3册,第383页。

④ (明)胡广等纂修,周群、王玉琴校注:《四书大全校注》,第852页。

> 孟子曰："天下有道，小德役大德，小贤役大贤；天下无道，小役大，弱役强。斯二者天也。顺天者存，逆天者亡。齐景公曰：'既不能令，又不受命，是绝物也。'涕出而女于吴。今也小国师大国而耻受命焉，是犹弟子而耻受命于先师也。如耻之，莫若师文王。师文王，大国五年，小国七年，必为政于天下矣。"①

正祖质疑曰：

> 此云："天下有道，小德役大德，小贤役大贤；天下无道，小役大，弱役强。斯二者，天也。顺天者存，逆天者亡。"信斯言也。当天下无道之时，虽有大德大贤，不惟其力之所不能及，亦不当逆天而强服之也，明矣。孟子之时，天下之无道孰甚焉？下文又曰："师文王，大国五年，小国七年，必为政于天下。"前后之言得不矛盾耶？②

正祖认为孟子既然说政治昏暗之时，国力弱小的国家受制于国力强盛的国家，这是难以否定的客观事实，强调了弱小国家在霸道政治之下的艰难处境。下文又强调弱小国家实施王道的重要性，哪怕这个国家弱小如文王发迹之时，也可以在很短的时间内强盛起来。正祖认为孟子的王道理想主义确实有脱离现实之弊，说来甚是简单，但是处在列国纷争之时，施行起来又谈何容易。

讲官李鲁春对曰：

> 天下有道之时，气数与天理沕合，而人事无庸变之，此只当顺天而不可逆天也。天下无道之时，气数与天理乖舛，而人事不得不变之，此可以反漓为淳，反乱为治，则天地之气数，亦岂无转衰为盛之道乎？上节以顺天言，下节以回天言，若相矛盾而实相发明也。③

① （宋）朱熹：《四书章句集注》，第284页。

② 正祖：《孟子讲义》，张立文、王国轩总编纂：《国际儒藏·韩国编·四书部》，《孟子卷》第3册，第387—388页。

③ 正祖：《孟子讲义》，张立文、王国轩总编纂：《国际儒藏·韩国编·四书部》，《孟子卷》第3册，第388页。

李鲁春的观点也是宋明儒者的惯常论调，如饶鲁释此章曰：

> 小德大德，小贤大贤，以理言；小大强弱，以势言。盖天下有理有气，就事上说气，便是势。才到势之当然处，便非人之所能为，即是天了。又曰贤兼才德，以政事言也。虽曰时势如此，然有大德者便能回天，便胜这势。如文王自小至大，由百里而三分有二，不为纣所役，此可以见德足以胜时势处。①

李鲁春所言"气数"即是饶鲁"势"，即特定的历史事实；"天理"即是饶鲁所言"理"，即历史发展的客观规律；"人事"即饶鲁所言"政事"，即人对于历史的创造性。饶、李两家都承认历史发展有其客观规律，人处在历史的脉络中，不能违背现实的历史处境，也不能与历史发展的客观规律背道而驰，从这个意义上说，人是历史的创造物。但是历史的发展有时会偏离正常的轨道，此时贤德之士就有责任和义务力挽狂澜，将失衡的历史复归到正常的轨道上来，比如将霸道政治转变为王道政治，如此说来，历史又是人的创造物。正祖忽视了人对历史的能动性改造，单方面强调人对历史的顺从，难免认为孟子的观点前后不一，自相矛盾。

在本节结束之前，论述一下正祖疑孟思想的积极意义。正祖对于孟子的批评有些时候是误读，但误读的动机各有不相同，误读所产生的意义也有正负之分。正祖的有些误读的动机是无意之误读，这种误读是属于学术层面的理解偏差，其意义自然是负面的，不利于学术的正常发展。正祖对于孟子心性之学的质疑，几乎都是属于这种误读，比如正祖对《孟子·告子篇》的心性解读，多与孟子本意抵牾扞格。在更多情况下，正祖的误读是有意之误读，正祖对于孟子政治观点的批评，多是有意与孟子为难，这种误读是属于政治层面的分歧，有积极性的意义。不可否认，孟子在道德理想主义规约下的王道政治设计，如井田制等复古政治理论，明显与当时的历史

---

① （明）胡广等纂修，周群、王玉琴校注：《四书大全校注》，第852页。

现实不符。孟子其他的政治理论，也并非完美无瑕。另外，朱熹之后的孟子学，研究重心落在了心性之学上，重视内圣而忽视外王，重视人性论而忽视政治论，玄言空疏之弊日渐呈露。正祖从经世致用的角度出发，批评孟子政治理论的不合理之处，对于孟子学研究中的空疏之弊是有警示作用的。最后，对照正祖和讲官的问答，精妙处是在正祖之提问，而非讲官之回答。讲官的回答受朱熹的笼罩太深，大都唯唯诺诺、谨小慎微，从《孟子集注大全》中缀拾前人成说，绾合归纳，而学术创见甚少。反观正祖，不单质疑孟子，怀疑经文，更对朱熹注释时有反驳，精光闪耀之处颇多，有助于打破当时学界对朱熹孟子学的迷信，消解朱熹孟子学在朝鲜半岛的权威学术地位。

第五章　十九世纪以后朝鲜半岛《孟子》学

根据《韩国经学资料集成》的著录，朝鲜半岛19世纪以后的《孟子》学论著共计51部，即：丁若镛《孟子要义》、徐滢修《孟子讲义》、南景羲《孟子讲义》、沈就济《孟子说》、金羲淳《孟子讲说》、尹志恁《孟子随笔》、吴熙常《孟子读书随记》、姜必孝《孟子时习录》、柳健林《东儒孟子解集评（附：〈四书总论〉）》、金近淳（生于1772年，卒年不详）《邹书春记》、金鲁谦（生于1781年，卒年不详）《孟子论性纂要》、金鲁谦（生于1781年，卒年不详）《孟子问》、崔象龙《孟子辨疑》、崔象龙《孟子图》、李恒老《孟子杂著》、许传《孟子讲义》、金在洛《孟子演义散录（附：〈孟子不动心图〉）》、奇正镇《孟子答问》，《芦沙集》本、李埈《孟子杂著》、朴宗永《孟子经旨蒙解》、李象秀《孟子笔程》、申教善《读孟庭训》、李震相《孟子札义》、朴文一《孟子经义》《孟子问目》、卢佖渊《孟子考略》、柳重教《孟子讲说杂稿》、徐基德《孟子经义问对》、金永三《孟子问答》、石禹钟《孟子讲义》、田愚《孟子杂著》、李嵚《孟子经义问答》、金秉宗《孟子读书漫录》、朴文镐《孟子集注》《孟子或问》《孟子性学辑考》《孟子补传》《孟子随笔》《孟子集注详说》、郭钟锡《孟子问答》、李建昌《读孟子》、郑灏镕《孟子问答》、李琼锡《孟子札疑》、吴弦默（生卒年不详）《孟子章句》、任百禧（生于1765年，卒年不详）《孟子讲义》、林翰周（生卒年不详）《孟子杂著》、车鸿（生卒年不详）《孟子问答》、任公烈（生卒年不详）《孟子问答》、金埴（生卒年不详）《孟子札疑》、朴章铉《孟子类集》、纯祖（李玜）命编《孟子人物类聚》。

19世纪以降的朝鲜半岛《孟子》学具有以下三个特点：

第一，实学解《孟》的巅峰之作出现。

丁若镛是朝鲜时代后期著名的思想家，也是朝鲜时代实学思潮的集大成者，其《孟子要义》一书是这一时期《孟子》学史上最为重要的学术论著，该书也具有集朝鲜半岛《孟子》学之大成的性质。对于《孟子》学研究的基本问题，如知言养气章的阐释、孟子人性论的阐释，以及朝鲜半岛旷日持久的人物性异同论，都能以实事求是的学术态度，采集诸家之长，同时客观地指出诸家之短处，在前人基础上提出学术新见。丁若镛又能继承朴世堂、李瀷等学者的实学思潮，并将实学解《孟》的学术成就推向巅峰。

第二，布衣儒学对官方儒学的补益。

朝鲜时代后期政治更加腐败，士林倾轧、党派之争愈演愈烈，洁身自好之士纷纷选择归隐山林，远离官场政治，大量布衣儒者应运而生，崔象龙即是其中之代表。布衣儒者既然远离了庙堂，对于官方儒学自然有较大学术分歧，对于官方《孟子》学权威之作《孟子大全》的不足之处，能够以客观态度提出批评，并加以补正。布衣儒者放弃科举仕进，对于《孟子》一书中的政治哲学论述较少，对于士大夫的立身处世之则，尤其是基本的儒家伦理，却有更多开掘，崔象龙《孟子辨疑》就体现出对儒家伦理的坚守。

第三，体例综合与旧学终结。

朝鲜半岛《孟子》学发展到19世纪，各种著述体例几乎都已出现，并被学者反复运用，这些体例为本时期儒者提供了诸多借鉴，申教善《读孟庭训》就集合了学术札记、学术问答、文法分析、义理阐释、考据辩证等多种著述体例，在方法上具有综合诸家之长的性质。但是，在传统的经学研究体系之内，前期积累的优秀学术成果甚多，除了丁若镛之外，这一时期学者的《孟子》学研究突破不大，集成性的著作多，突破性的成果较少。西方学术传入以后，现代学术体系慢慢建立，传统经学日渐衰微，《孟子》学亦不例外。

第一节 实学解《孟》的巅峰：丁若镛《孟子要义》研究

丁若镛（1762—1836），字曰美庸，又曰颂甫，号曰俟庵，堂号曰与犹。父丁载远，荫仕至晋州牧使。母海南尹氏，英宗三十八年（1762）六月十六日，生丁若镛于京畿道广州郡马岘。丁若镛治学之初，受实学派大师李瀷影响很深，丁若镛《自撰墓志铭》曰：

> 镛幼而颖悟，颇知文字。九岁有母之丧。十岁始督课。五年之间，先考闲居不仕，镛得以是读经史古文颇勤，又以诗律见称。十五而娶，适先考复仕为户曹佐郎，侨居京内。时李公家焕以文学声振一世，姊夫李承熏又饬躬励志，皆祖述星湖李先生瀷之学，镛得见其遗书，欣然以学问为意。①

正祖十三年（1789），丁若镛以表文泮试居首，殿试居甲科第二人，付禧陵直长。次年，被荐入翰林，为艺文馆检阅。正祖十五年（1791）冬，入仕之初，就因对答《毛诗讲义》受到正祖的表彰，丁若镛《自撰墓志铭》曰：

> 辛亥冬，内降《毛诗讲义》八百余条，镛所对独得多算。御批有曰："泛引百家，其出无穷。苟非素蕴之淹博，安得如是？条条评奖，悉逾所期。"②

丁若镛历任成均馆直讲、兵曹参议、金井察访、谷山府使等职务，丁若镛博学多识，多次受到正祖的极高礼遇，如正祖十九年（1795），丁若镛陪侍正祖在宫中宴饮之状，丁若镛《自撰墓志铭》载之曰：

① 丁若镛：《与犹堂全书》第1集《诗文集》卷16，《韩国文集丛刊》第281册，第340页。
② 丁若镛：《与犹堂全书》第1集《诗文集》卷16，《韩国文集丛刊》第281册，第340页。

既数日，上苑百花盛开，上于映花堂下骑马，内阁臣蔡济恭以下十余人及臣镛等六七人，皆骑内厩马扈从。循宫墙一匝，还至石渠门下马，转至笼山亭曲宴。凡禁苑中水石花卉之胜，几案图书之秘，无不窥者。既又移跸至瑞葱台，上发射，令诸臣观。向夕引至芙蓉亭，赏花钓鱼。令镛等泛舟太液池，应教赋诗。宣饭讫，赐御烛归院。后数日，上幸洗心台赏花，镛又从焉。酒既行，上赋诗，令诸学士赓和。内侍进彩笺一轴，上命镛入御幕中写诗。镛于榻前抽笔，上以地势不平，命安轴于御榻上写之，镛频首不敢进，上亟命之，镛不得已如命。挥毫点墨，上皆逼视之称善。其见待如此。①

正祖的宠遇也给丁若镛之后的政治惨剧埋下了伏笔，正祖去世之后，丁若镛因信奉天主教被敌对党弹劾，《李朝实录》纯祖元年（1801）二月二十六日记载：

推鞫酌处邪学罪人。罪人李家焕供以为：罪人丁若镛，一直以邪学谓正道，作天主昼像，间七日瞻礼，以为“天主，大君也，大父也。不知事天，生不如死”。祭祖先拜坟墓，皆谓以罪过。甚至于谓父为大仇，向君上，亦作罔测之说。灭伦败常，莫此为甚，以犯上不道，捧迟晚正法。

丁若镛职是之故，被流放庆尚道长鬐县。十一月，改配全罗道康津县，丁若镛在此度过了18年的流放生活。纯祖十八年（1818）八月十七日，丁若镛解配还乡。丁若镛被流放的主要原因是陷入了党争之中，被弹劾的罪名是信奉西洋邪教。当然，丁若镛对于天主教确实十分尊崇，其《自撰墓志铭》坦言：“甲辰夏，从李檗舟下斗尾峡，始闻西教，见一卷书。”② 据此可知，在正祖八年（1784）23岁的丁若镛就接触到天主教。丁若镛不仅对天主教极为信奉，对于西洋科技也有深入钻研，采用西洋科技为水原城制造过起

① 丁若镛：《与犹堂全书》第1集《诗文集》卷16，《韩国文集丛刊》第281册，第342页。

② 丁若镛：《与犹堂全书》第1集《诗文集》卷16，《韩国文集丛刊》第281册，第340页。

重机，还推广种痘之法，救活无数婴孩。在相对封闭的朝鲜半岛，丁若镛对西方宗教与科技如此推崇，受到保守派政敌的排挤，也是不难想象的。

丁若镛性格坚毅笃实，勤于读书著述，虽在贬谪之所，也是著述不辍，故此留下卷帙浩繁的学术著作，丁若镛《自撰墓志铭》曰：

> 镛既谪海上，念幼年志学，二十年沉沦世路，不复知先王大道，今得暇矣，遂欣然自庆，取六经四书，沉潜究索。凡汉魏以来，下逮明清，其儒说之有补经典者，广搜博考，以定讹谬，著其取舍，用备一家之言。以先大王所批《毛诗讲义》十二卷为首，而别作《讲义补》三卷、《梅氏尚书平》九卷、《尚书古训》六卷、《尚书知远录》七卷、《丧礼四笺》五十卷、《丧礼外编》十二卷、《四礼家式》九卷、《乐书孤存》十二卷、《周易心笺》二十四卷、《易学绪言》十二卷、《春秋考征》十二卷、《论语古今注》四十卷、《孟子要义》九卷、《中庸自箴》三卷、《中庸讲义补》六卷、《大学公议》三卷、《熙政堂大学讲录》一卷、《小学补笺》一卷、《心经密验》一卷，已上经集共二百三十二卷。①
>
> 又所作诗律十有八卷删之可六卷、杂文前编三十六卷、后编二十四卷。又杂纂门目各殊，经世遗表四十八卷，未卒业。《牧民心书》四十八卷、《钦钦新书》三十卷、《我邦备御考》三十卷未成、《我邦疆域考》十卷、《典礼考》二卷、《大东水经》二卷、《小学珠串》三卷、《雅言觉非》三卷、《麻科会通》十二卷、《医零》一卷。总谓之文集，共二百六十余卷。②

这些著作被汇集整理成《与犹堂全书》，共计五百余卷，内容包含经史子集四部，还有一些科技著作，丁若镛以其宏富精湛的学术著作，奠定了他在朝鲜时代后期的学术地位，可以说，丁若镛是朝鲜时代实学思想的集大

① 丁若镛：《与犹堂全书》第1集《诗文集》卷16，《韩国文集丛刊》第281册，第345页。

② 丁若镛：《与犹堂全书》第1集《诗文集》卷16，《韩国文集丛刊》第281册，第347页。

成者，也是那个时代最为博学的学者。

《孟子要义》是丁若镛著作中的一种，根据丁若镛对《孟子·告子上》“告子曰生之谓性”章的阐释，可以考证出《孟子要义》的成书时间，丁若镛在该章阐释中提到参与正祖经筵日讲时的年份，这一年正祖针对人物性同异问题质询过丁若镛，丁若镛载其事曰：“庚戌十月阁课，御问。”① 庚戌是正祖十四年（1790）。庚戌对问是回忆之事，丁若镛又在此章阐释中记载了当时的心境，他说：“庚戌课讲，今二十有五年矣，一问一对，恍如隔晨。顾其所对不能称所问，抚卷流涕，何嗟及矣。”② 正祖十四年（1790）下推二十五年，是纯祖十五年（1815），此时距离正祖驾崩已经 15 年，丁若镛回忆当时正祖的宠幸之情，才有恍如隔世之感，泫然流涕之悲。据此也可以考证出来，《孟子要义》之成书在纯祖十五年（1815），丁若镛时年 54 岁。

《孟子要义》著述体例是广泛征引前人著作，如以“赵曰”代指赵岐《孟子章句》，“《集》曰”代指朱熹《孟子集注》。在征引前人研究成果之后，以“镛案”的方式表明个人的学术新见。

值得注意的是，丁若镛对《孟子》的解读是汉宋兼采，没有强烈的汉宋之争的门户之见。既吸收宋明理学家的研究成果，如朱熹、蔡清等；也吸收汉学家的考据成果，如清代考据学家顾炎武、毛奇龄、翁方纲等。丁若镛本着实事求是的态度，对于汉宋学家的学术创建，广泛地采纳，并给予表彰。如《孟子·公孙丑上》曰：

> 恻隐之心，仁之端也；羞恶之心，义之端也；辞让之心，礼之端也；是非之心，智之端也。③

---

① 丁若镛：《孟子要义》，张立文、王国轩总编纂：《国际儒藏·韩国编·四书部》，《孟子卷》第 3 册，第 492 页。

② 丁若镛：《孟子要义》，张立文、王国轩总编纂：《国际儒藏·韩国编·四书部》，《孟子卷》第 3 册，第 493 页。

③ （宋）朱熹：《四书章句集注》，第 239 页。

关于“端”字的解释，赵岐注曰：“端者，首也。人皆有仁义礼智之首，可引用之。”丁若镛非常推崇赵岐的这个注释，他说：“赵注十七字，字字金石，点点珠玉，诚一毫无憾。”①

如《孟子·公孙丑上》曰：

孟子曰：“仁则荣，不仁则辱。今恶辱而居不仁，是犹恶湿而居下也。如恶之，莫如贵德而尊士。贤者在位，能者在职。国家闲暇，及是时明其政刑。虽大国，必畏之矣。诗云：‘迨天之未阴雨，彻彼桑土，绸缪牖户。今此下民，或敢侮予？’孔子曰：‘为此诗者，其知道乎？能治其国家，谁敢侮之？’今国家闲暇，及是时般乐怠敖，是自求祸也。祸福无不自己求之者。诗云：‘永言配命，自求多福。’太甲曰：‘天作孽，犹可违；自作孽，不可活。’此之谓也。”②

丁若镛对于这一章的阐释就征引了赵岐和蔡清的观点，并认为两人的注释各有所长，丁若镛曰：

赵曰：行仁政则国昌而民安，得其荣乐。镛案：荣者，华艳也；辱者，屈折也。《易》例《震》为仁，《巽》为不仁；《震》为敷蕃，《巽》为挠屈。故《否》之大象曰：“不可荣以禄。”

赵曰：殷王太甲言，天之妖孽，尚可违避。（譬）若高宗雊雉、宋景守心之变，皆可以德消去也。自己作孽者，若帝乙慢神震死，是为不可活。蔡曰：天作孽，如水火盗贼之灾。至于奸盗诈伪以失其身者，是真无所逃于天地之间，而举天地之间皆为牢狱也。镛案：“天作孽”，赵注好；“自作孽”，蔡说好。③

---

① 丁若镛：《孟子要义》，张立文、王国轩总编纂：《国际儒藏·韩国编·四书部》，《孟子卷》第3册，第446页。

② （宋）朱熹：《四书章句集注》，第237—238页。

③ 丁若镛：《孟子要义》，张立文、王国轩总编纂：《国际儒藏·韩国编·四书部》，《孟子卷》第3册，第444页。

当然，对于之前学者注释的错误或者存疑之处，丁若镛也本着实事求是的态度客观地作出判断，如《孟子·尽心下》：

孟子曰："有布缕之征，粟米之征，力役之征。君子用其一，缓其二。用其二而民有殍，用其三而父子离。"①

朱熹注曰：

征赋之法，岁有常数，然布缕取之于夏，粟米取之于秋，力役取之于冬，当各以其时；若并取之，则民力有所不堪矣。今两税三限之法，亦此意也。②

朱熹认为不同季节征收不同赋税，夏季征收布缕，秋季征收粟米，冬季农闲之时征发人力。丁若镛认为朱熹的这种说法缺少依据，其注曰：

《周礼》"里布、屋粟"本非罚惰之意，故亦尝家输而人纳之。至于战国，军兴赋重，故孟子之言如此。集注以夏秋冬分征之，恐未必然。③

丁若镛怀疑朱熹注释的依据是《周礼·地官·司徒下》："凡宅不毛者有里布，凡田不耕者出屋粟，凡民无职事者出夫家之征。"相对于朱熹，丁若镛更认同赵岐的注释。丁若镛认为，战国时期，诸侯国连年征战，军需用品增加，百姓赋税负担加重，故此三种赋税应该是临时加派的军税。丁若镛的这个观点很显然是来自赵岐，赵注曰：

征，赋也。国有军旅之事，则横兴此三赋也。布，军卒以为衣也。缕，铁铠甲之缕也。粟米，军粮也。力役，民负荷斯养之役也。④

比较而言，朱熹的观点不如赵岐，正如焦循所言："且屋粟里布，国之常赋，不容缺缓，即用二用三，何致民有殍而父子离，则赵氏义为长。"⑤ 丁若

① （宋）朱熹：《四书章句集注》，第379页。

② （宋）朱熹：《四书章句集注》，第379页。

③ 丁若镛：《孟子要义》，张立文、王国轩总编纂：《国际儒藏·韩国编·四书部》，《孟子卷》第3册，第520页。

④ （清）焦循：《孟子正义》，第999页。

⑤ （清）焦循：《孟子正义》，第1000页。

镛应该也是比较了朱熹、赵岐之优劣，最终肯定赵岐的观点而怀疑朱熹的观点。

同样，丁若镛本着实事求是的学术态度，对于赵岐的注释错误，也客观地指出来，如《孟子·离娄上》：

> 孟子曰："伯夷辟纣，居北海之滨，闻文王作，兴曰：'盍归乎来？吾闻西伯善养老者。'太公辟纣，居东海之滨，闻文王作，兴曰：'盍归乎来！吾闻西伯善养老者。'二老者，天下之大老也，而归之，是天下之父归之也。天下之父归之，其子焉往？诸侯有行文王之政者，七年之内，必为政于天下矣。"①

丁若镛注曰：

> 赵曰："文王时难故久，谓七年。衰周时易故速也，谓五年。上章言大国五年者，大国地广人众，故五年足以治。"镛案：此云七年，亦据孟子当时而言。赵注误。

孟子本章确实如丁若镛所言是立足当时诸侯国现状而言，意谓当时诸侯国君若能如文王一般施行仁政，则七年之内一定可以掌握天下的政权，而不是说文王之时与衰周之时，因此赵岐的注释确实有丁若镛指出的错误。

再如，《孟子·公孙丑上》"知言养气章"，赵岐注释"勿正"曰："言人行仁义之事，必有福在其中，而勿正"。丁若镛批评赵岐曰："赵注忽为徼福求福之说，迂陋甚矣。②"

丁若镛《孟子要义》在著述体例上还创设了三个条目，即引证、考异与附论，丁若镛虽然没有说明这三个条目的具体含义，但是我们可以根据条目之下的内容，大致考察出这三个条目的具体所指。

引证，大致是其他著作征引或化用《孟子》文本。如《孟子·梁惠王上》

① （宋）朱熹：《四书章句集注》，第288页。

② 丁若镛：《孟子要义》，张立文、王国轩总编纂：《国际儒藏·韩国编·四书部》，《孟子卷》第3册，第443页。

曰："君子之于禽兽也，见其生，不忍见其死；闻其声，不忍食其肉。是以君子远庖厨也。"① 丁若镛曰：

> [引证]《玉藻》云：君子远庖厨。贾谊《新书》云：圣王之于禽兽也，闻其声不忍（食）[尝]其肉。②

这种引证是直接征引《孟子》文本，还有化用《孟子》文本的引证类型，如《孟子·梁惠王上》："庖有肥肉厩有肥马，民有饥色，野有饿莩，此率兽而食人也。"③ 丁若镛曰：

> [引证]《汉·王吉传》："今民大饥而死，死又不葬，为犬猪所食。人至相食，而厩马食粟，苦其太肥，气盛怒至，乃日步作之。王者受命于天，为民父母，固当若是乎？"毛曰："此借孟子语疏而为言。"④

考异，大致是其他典籍的记载与《孟子》文本之相异处。如《孟子·告子下》："五霸者，三王之罪人也；今之诸侯，五霸之罪人也；今之大夫，今之诸侯之罪人也。"⑤ 丁若镛曰：

> [考异]《盐铁论》引《孟子》云：今之士、今之大夫皆罪人也。麟曰：与今本不同。⑥

再如《孟子·尽心上》曰："墨子兼爱，摩顶放踵利天下，为之。"⑦ 丁若镛曰：

> [考异]《文选》注引《孟子》曰："墨子兼爱，摩顶致于踵。"赵岐曰：

---

① （宋）朱熹：《四书章句集注》，第 208 页。

② 丁若镛：《孟子要义》，张立文、王国轩总编纂：《国际儒藏·韩国编·四书部》，《孟子卷》第 3 册，第 434 页。

③ （宋）朱熹：《四书章句集注》，第 205 页。

④ 丁若镛：《孟子要义》，张立文、王国轩总编纂：《国际儒藏·韩国编·四书部》，《孟子卷》第 3 册，第 433 页。

⑤ （宋）朱熹：《四书章句集注》，第 350 页。

⑥ 丁若镛：《孟子要义》，张立文、王国轩总编纂：《国际儒藏·韩国编·四书部》，《孟子卷》第 3 册，第 504 页。

⑦ （宋）朱熹：《四书章句集注》，第 364 页。

"致，至也。"麟曰：今本作"放踵"。注无"致至也"三字。①

附论，大致是丁若镛对个人论点的进一步延伸。附论这个条目在《孟子要义》一书中出现的次数比较少，仅出现过一次，是在丁若镛对《孟子·尽心上》"广土众民"章的阐释中，这是丁若镛对人性好善的进一步阐释，他说：

> 余尝以性为心之嗜好，人皆疑之，今其证在此矣。欲、乐、性三字，孟子分作三层：最浅者，欲也；其次，乐也；其最深而遂为本人之癖好者，性也。"君子所性"，犹言君子所嗜好也。但嗜好犹浅，而性则自然之名也。若云性非嗜好之类，则"所性"二字不能成文。欲、乐、性三字既为同类，则性者，嗜好也。②

综上所述，丁若镛《孟子讲义》本着实事求是的学术态度，突破了汉学与宋学的门户之见，能见汉学与宋学之所长，也能客观地拨正其所短。另外，在著述体例上增设引证、考异与附论三个条目，有创新之处。

目前，学术界对于丁若镛《孟子要义》的研究主要集中在具体问题的探讨方面③，全面而系统地剖析《孟子要义》学术成就的论著还比较少，这

---

① 丁若镛：《孟子要义》，张立文、王国轩总编纂：《国际儒藏·韩国编·四书部》，《孟子卷》第3册，第513页。

② 丁若镛：《孟子要义》，张立文、王国轩总编纂：《国际儒藏·韩国编·四书部》，《孟子卷》第3册，第512页。

③ 곽민정《茶山丁若镛의人性论에관한연구：『孟子要义』를중심으로》，成均馆大学校教育大学院，1999年硕士学位论文；함윤식《丁若镛의『孟子』解释에나타나는道德的自我에대한探究》，성균관대학교일반대학원，2012年博士学位论文；서근식《일반논문：다산（茶山）정약용（丁若镛）의『맹자요의（孟子要义）』에나타난심성론（心性论）연구》，온지학회编《温知论丛》第5期；함영대《일본（日本）고학파（古学派）의『맹자（孟子）』해석（解释）과다산（茶山）정약용（丁若镛）의『맹자요의（孟子要义）』—인의예지（仁义礼智）에대한해석（解释）을중심으로》，한국한문학회编《韩国汉文学研究》2009年第8期；박병구《丁若镛借鉴孟子「内圣外王」思想研究》，万卷楼2019年版；백민정《정약용인성론에서'천명지성'개념이갖는의미—본연지성（本然之性），도의지성（道义之性），천명지성（天命之性）에대한다산의관점을중심으로：정약용인성론에서'천명지성'개념이갖는의미》，한국동양철학회《동양철학》2007年第5期。

正是本章着力之处，对于《孟子要义》的学术旨趣以及在《孟子》学史地位，详细论述之如下。

一、丁若镛《孟子要义》阐释“知言养气章”疏义

“知言养气章”历来都是《孟子》学研究史上的重要关注对象，宋代理学兴起以后，对这一章的关注程度更是远超前哲，如程子就谆谆提醒学者潜心玩索此章，他说：“孟子此章扩前圣所未发，学者所宜潜心而玩索也。”① 朱熹对于本章的研究倾注的心血更多，而且朱熹也很自信地认为他对于本章的释读已经无限接近孟子本义，朱熹曰：“孟子养气一段，某说得字字子细，请子细看。”②“某解此段，若有一字不是孟子意，天厌之”③。朝鲜半岛的学者对于本章也是非常关注，而且在朱熹的基础上不断拓展出新的阐释空间，丁若镛就是其中的代表之一。丁若镛《孟子要义》对“知言养气章”的阐释内容翔实，新见颇多，为方便全面展示其阐释成就，故以疏义的形式分解如下。引文顺序为先引《孟子》原文，再引丁若镛之阐释。

第一，关于“不动心”问题的阐释。

> 公孙丑问曰：“夫子加齐之卿相，得行道焉，虽由此霸王不异矣。如此，则动心否乎？”
>
> 孟子曰：“否。我四十不动心。”④

丁若镛首先探讨了动心的原因，他认为动心的原因有多种，其中最主要的原因是动于情。外物之来，无疑会引起主体情感的波动，喜怒忧哀恐惧等情随之而起。情之所起，外感于物，内发于心，若不加节制，情动则心

① （明）胡广等纂修，周群、王玉琴校注：《四书大全校注》，第 824 页。

② （宋）黎靖德编：《朱子语类》卷 52，第 1248 页。

③ （宋）黎靖德编：《朱子语类》卷 52，第 1251 页。

④ （宋）朱熹：《四书章句集注》，第 230 页。

亦随之而动。恐惧之情最难克制，所以不动心以无恐惧为首务，但不动心的原因不至于无恐惧。另外，心动则乱，乱则内无所主，故不能从事于政治实践。即丁若镛所言：

> 人之所以动心，其端不一。凡外物之来，或可喜可怒可忧可哀恐惧之等，皆足以动吾心。若吾之喜怒忧哀恐惧之情随物乱动、无所节制，则不可以居高镇物，此所以处大位当大任者首以不动心为贵。……特以诸情之中恐惧之情最难裁制，故不动心者以无惧为首。此孟子所以历言北宫黝、孟施舍之所守，曾子、子襄之所言，以明无惧之义，其实不动心不止于无惧而已。①

丁若镛进而采用以史解孟的阐释方法，经学阐释与历史史实相结合，将不动心的类型根据主体的身份差异区分为四种，即古圣人之不动心、帝王之不动心、大臣之不动心与将臣之不动心：

> 古人赞美贤宰相，必称太山乔岳、深林巨谷、中流之砥、大厦之柱，诚以其不动心如是，然后方可以居百僚之上、镇万物之情也。虞舜入麓弗迷，文王羑里演《易》，周公流言弗避，孔子魋匡不畏，此先古圣人之不动心也；汉高祖百骑赴宴，唐太宗下马脱兜，宋真宗过桥亲征，明太祖招降入幕，此后世帝王之不动心也；陈平燕居深念，谢安围棋如故，赵普补缀进奏，韩琦引首受剑，此大臣之不动心也；周亚夫坚卧不起，李广纵马解鞍，贾复裹疮督战，费祎开门弹琴，此将臣之不动心也。虽其大小真伪各自不同，要其所以植身镇物，皆足以处大位而当大任。若夫得一馈孩然以悦，遭一骂愎然以忿，值一患色然以骇者，其局量浅小，气象轻薄，不足以居此位而当大任。故皋陶九德之目，若刚强塞毅诸德，皆以不动心为准，断之曰："彰厥有常，吉哉！"常者，不动也，即

① 丁若镛：《孟子要义》，张立文、王国轩总编纂：《国际儒藏·韩国编·四书部》，《孟子卷》第3册，第439—440页。

不动心。三字乃三古以来居大位、当大任者头一件题目。①

按照丁若镛对不动心的分类，孟子“加齐之卿相”而不动心，应该也当归之于古圣人不动心一类。孟子内有高迈之德，即使位高权重，也能临大事而不惧，担大任而无恐，不会因为外在的政治地位的提升而动其心。可见，丁若镛对于不动心的阐释主要还是从内在情感的角度着手，而不是采用知识的路径，因此对于朱熹以“不惑”解释“不动心”的方式，丁若镛不能认同。朱熹集注曰：“四十强仕，君子道明德立之时。孔子四十而不惑，亦不动心之谓。②”丁若镛辩驳朱熹曰：

至若先儒之所言，恐非本旨。何也？我之大德有足以受大任行大道，则自当无惧；我之才德本自不足君子，宜逡巡退缩以让贤路，岂可强求其无惧乎？况惑与不惑，系于知识。知所不及，安得不惑？孔子称四十不惑，孟子称四十不动心，故朱子遂以不动心为不惑。然经所云“不动心”非谓是也，古人称定大事、决大议，垂绅整笏，不动声色而措天下于太山之安。一问一答，当以是求之。③

不可否认，孔子四十不惑与孟子四十不动心，不仅是年龄上的类似，更是强调到此年龄达到的道德境界。不惑与不动心即使有很大的相似性，自然也不能完全等同。从这个意义上说，丁若镛对朱熹的批评是有其合理性的。然而，丁若镛对朱熹的批评也有过当之处。丁若镛认为不惑关乎知识，知识不够，自然心志迷惑，而孟子所言未必纯从知识立场出发，因此朱熹之言未必合理。殊不知，朱熹立论亦有其坚实的理论基础与文本依据。不惑自然包含知识方面的原因，知识纯熟，通达事理，即可不被异端邪说所迷惑，

① 丁若镛：《孟子要义》，张立文、王国轩总编纂：《国际儒藏·韩国编·四书部》，《孟子卷》第3册，第439页。

② （宋）朱熹：《四书章句集注》，第229页。

③ 丁若镛：《孟子要义》，张立文、王国轩总编纂：《国际儒藏·韩国编·四书部》，《孟子卷》第3册，第440页。

朱熹以不惑解释不动心，有下文孟子所言“知言”为文本依据。另外，不惑也不排斥情感因素，外在情感的过与不及均足以迷惑主体之心志，以中庸之道为准则，情感充分而合理地发露方能不动其心。不惑有两种情况，一是不惑于知，一是不惑于情，朱熹偏重前者，而丁若镛更强调后者，路径不同，结论亦有参差。

下文孟子与公孙丑的问答则关乎不动心的年龄阶段问题，其文曰：

曰：“若是，则夫子过孟贲远矣！”

曰：“是不难，告子先我不动心。”①

丁若镛曰：

赵曰：夫子志气坚勇过孟贲。镛案：不动心之差优差劣本无形迹，何以知甲与乙相过之远乎？疑当时称孟贲五十不动心，俗有此语，故公孙丑言之如是。②

丁若镛的这个解释很奇怪，可以说是对孟子本义的一种误读。丁若镛此处对赵岐的反驳是错误的，赵岐是正确的，公孙丑称誉孟子超过孟贲，是从道德境界方面而言，而且亦如朱熹所言，孟贲是古代勇士，其不动心仅是血气之勇，不如孟子圣贤境界高超，赵岐很准确地概括孟子之勇是“勇于德”③。孟贲与孟子之差别，如毛奇龄《逸讲笺》云：

夫子过孟贲，非借之赞不动心之难，正以气强之人，心有捍护，易于不动。故勇者多桀骜自逞，遗落一切，此正与养勇养气相接入。④

丁若镛却把“过”字误解为年龄上的高下，以至于推导出孟子四十不动心，孟贲五十不动心的怪论。丁若镛对“告子先我不动心”的解释也存在同

---

① （宋）朱熹：《四书章句集注》，第230页。

② 丁若镛：《孟子要义》，张立文、王国轩总编纂：《国际儒藏·韩国编·四书部》，《孟子卷》第3册，第440页。

③ （清）焦循：《孟子正义》，第189页。

④ （清）焦循：《孟子正义》，第189—190页。

样的问题，他说：

> 赵曰：告子之勇，未四十而不动心。集注不言未四十。镛案：告子以未四十不动心见称，故孟子特谓之"先我"。当时若无此称，先我二字不可解也。孟贲五十始不动心，故公孙丑闻四十之说，而称夫子过之；告子未四十已不动心，故孟子闻过远之说，而称告子"先我"。详其语脉，所争在四十前后。①

丁若镛的这个解释是沿袭了赵岐的错误，认为告子未满四十岁已经达到了不动心的境界，而孟子四十岁方不动心，从达到不动心的年龄大小来说，孟子谦称告子先我不动心。实则此处之先，应该是指告子所处的时代在孟子之先。从赵岐开始，很多研究者都认为告子是孟子弟子，梁启超《墨子年代考》纠正了这个长期被误解的观点，考证出告子是墨子弟子，时代在孟子之前，他说：

> 今案孟子本文，无以证明告子为孟子弟子。非惟不是弟子，恐直是孟子前辈耳。……即如吾所推定，墨子卒下距孟子生亦不过十余年，则以弱冠的告子得上见晚年的墨子，以老宿的告子得下见中年的孟子，年代并非不相及。②

既然目前的研究成果已经支撑告子时代先于孟子，年龄长于孟子，那么孟子所言告子先我不动心之先，就不是四十岁之先后的问题。

---

① 丁若镛：《孟子要义》，张立文、王国轩总编纂：《国际儒藏·韩国编·四书部》，《孟子卷》第3册，第440页。按："详其语脉，所争在四十前后。"《国际儒藏》本句读为："详其语脉所争，在四十前后。"

② 转引自庞朴《告子小探》，庞朴著，刘贻群编《庞朴文集》第1卷《六家浅说》，山东大学出版社2005年版，第152页。庞朴不仅考证出告子所处的大致时代，而且还考证出告子的学术宗尚与学派归属，他说："墨、孟两书中告子实系一人。其人既不是儒者，也不是墨者。他的称墨言以毁墨行、生之谓性、仁内义外、不动心等思想和工夫，既不见容于墨子，也不见容于孟子，倒是自成体系，别树一帜；而这些思想和工夫，却或上同于杂有道家思想的《管子》，或下比于道家大著的《庄子》，或既上同于《管子》又下比于《庄子》。所以，他是一位道家者流。"第160页。

第二，关于养勇问题的阐释。

不动心是勇的一种重要表现，故孟子在不动心之后进而论述养勇的问题，并列举了三种不同的养勇方法，首先是北宫黝的养勇之法：

曰："不动心有道乎？"

曰："有。北宫黝之养勇也，不肤挠，不目逃，思以一豪挫于人，若挞之于市朝。不受于褐宽博，亦不受于万乘之君。视刺万乘之君，若刺褐夫。无严诸侯。恶声至，必反之。孟施舍之所养勇也，曰：'视不胜犹胜也，量敌而后进，虑胜而后会，是畏三军者也。舍岂能为必胜哉？能无惧而已矣。'"①

丁若镛曰：

集曰：黝以必胜为主，而不动心者也；舍以无惧为主，而不动心者也。又曰：黝务敌人，舍专守己。镛案：黝与舍皆刺客麤夫也。圣师贤弟坐论心学，忽引此辈以为证援，大是怪事。盖以林林众生之中，原有一种大胆男子，不由学习，不假矫饰，自能悍然无惧，如黝与舍者，往往有之。欲讲不动心之法者，俯求其所以不动心之故，于是换其志趣，而用其执守之髣髴，抑亦无伤，此孟子所以取之为引喻也。原夫天下之事，有成有败，有利有钝，居大位、当大任者当以必成必利为心，然及其成功，则天也。惟成败利钝不以为欣戚，然后方可曰不动心。二子之事虽小，可以喻大。②

在丁若镛看来，北宫黝、孟施舍是刺客粗鲁之人，与儒家圣贤人格迥然非其同类，孟子援引以为养勇之证，也是采用引喻之法。丁若镛上述之言有一点值得注意，即勇的问题不仅关乎后天的修身工夫，也有先天遗传的因素，如北宫黝与孟施舍之勇就是典型的天生而成一类，"不由学习"就是

① （宋）朱熹：《四书章句集注》，第230—231页。

② 丁若镛：《孟子要义》，张立文、王国轩总编纂：《国际儒藏·韩国编·四书部》，《孟子卷》第3册，第440页。

无关乎知识,“不假雕饰”就是无关乎思索,天然而然,是自然生命的强盛所致,或者说是一种血气之勇。

但是孟子虽然承认这种先天血气之勇的客观存在,却并不十分看重,孟子更看重的是道义之勇。换言之,相对于自然生命的强盛而言,孟子更加重视文化生命的淬炼,即通过不断的道德修养工夫,克服自然生命的怯懦之弊,傲然挺立文化生命的道义之勇。在援引刺客之流之后,孟子道出了孔门之真勇:

> 孟施舍似曾子,北宫黝似子夏。夫二子之勇,未知其孰贤,然而孟施舍守约也。①

丁若镛曰:

> 赵曰:曾子长于孝。孝,百行之本。子夏知道虽众,不如曾子孝之大也。集曰:子夏笃信圣人,曾子反求诸己。镛案:四科十哲无不笃信圣人,何必子夏而已。子夏、曾子于孔门诸弟盖以执守见称,故孟子之言如此。今必取《论语》句语以证子夏之执守,亦归于摸索而已。至于曾子之守,解在下节,不必他求。毛云:若笃信他人,则与黝之不受必反之学正自相反。②

朱熹认为子夏笃信圣人,曾子反求诸己,即子夏完全以孔子之言为标准,而曾子反求诸内心,以内心之良知之安否为标准。笃信圣人未尝不是,但是不如反求诸己真切。丁若镛并不认同朱熹的注解,因为孔门弟子尤其是四科十哲无不笃信圣人,岂止是子夏一人,曾子也在笃信圣人之列。而且丁若镛还援引毛奇龄的观点作为反驳朱熹的佐证,既然孟子明言“孟施舍似曾子,北宫黝似子夏”,而且北宫黝养勇的方法是守内心之气,不顾外在干扰,这种守内弃外的养勇之法,与朱熹所言“子夏笃信圣人”的外化养

① (宋)朱熹:《四书章句集注》,第230页。

② 丁若镛:《孟子要义》,张立文、王国轩总编纂:《国际儒藏·韩国编·四书部》,《孟子卷》第3册,第440页。

勇之法正好相反。这确实是问题所在，遗憾的是，丁若镛虽然指出了朱熹的问题所在，但是他也没有给出更好的解释。

关于曾子养勇之法，孟子曰：

> 昔者曾子谓子襄曰："子好勇乎？吾尝闻大勇于夫子矣：自反而不缩，虽褐宽博，吾不惴焉；自反而缩，虽千万人，吾往矣。"孟施舍之守气，又不如曾子之守约也。①

丁若镛曰：

> 赵曰：缩，义也。《集》曰：缩，直也。镛案：《集》义不可易。
>
> 赵曰：惴，惧也。内自省有不义不直之心，虽褐宽博，不当轻惊惧之也。②
>
> 《集》曰：惴，恐惧之也。镛案：赵注大谬，而朱子因之也。吾不惴焉者，吾岂不惴焉也？上下节论无惧之法，皆我心之无惧也，敌人之惧与不惧，岂所问哉？自反而不直，敌虽寡弱，君子当恐惧自修，此大勇无惧之法也。③

曾子的养勇之法是反躬自问，察识正义是否在我，如果正义不在我，即使是卑微之人，也不去恐吓他。若是正义在我，即使面对的是千军万马，也要勇往直前。赵岐、朱熹的注释并没有问题，作为恐惧之义的惴字，是行为主体（我）使对方感到恐惧，正如杨伯峻所言惴是"动词使动用法，使他惊惧之意"④，或者说是恐吓对方，主语是我。丁若镛却误以为恐惧的主语是"褐宽博"，即"褐宽博"感到恐惧。丁若镛说养勇之法是反躬自问，只要内心无惧，至于敌人惧与不惧，与我无关，这很显然是一个很大的误读。另外，

① （宋）朱熹：《四书章句集注》，第230页。

② 按："虽褐宽博，不当轻惊惧之也"。《国际儒藏》本句读为"虽褐宽博不当轻，惊惧之也"。

③ 丁若镛：《孟子要义》，张立文、王国轩总编纂：《国际儒藏·韩国编·四书部》，《孟子卷》第3册，第440—441页。

④ 杨伯峻：《孟子译注》，第64页。

丁若镛将“褐宽博”引申为寡弱之敌，也缺少训诂学上的支撑。

第三，关于言、心、志、气关系问题的阐释。

既然告子在孟子之前就已经达到了不动心的境界，公孙丑就顺带咨询孟子与告子不动心之相异之处：

> 曰：“敢问夫子之不动心与告子之不动心，可得闻与？”
>
> “告子曰：‘不得于言，勿求于心；不得于心，勿求于气。’不得于心，勿求于气，可；不得于言，勿求于心，不可。夫志，气之帅也；气，体之充也。夫志至焉，气次焉。故曰：‘持其志，无暴其气。’”
>
> “既曰‘志至焉，气次焉’。又曰‘持其志无暴其气者’，何也？”曰：“志壹则动气，气壹则动志也。今夫蹶者趋者，是气也，而反动其心。”①

上述引文涉及三个重要概念，即言、心、气，这三个概念的具体含义以及三者之间的关系，都比较含混而复杂，朱熹的注解比较有代表性，其注曰：

> 告子谓于言有所不达，则当舍置其言，而不必反求其理于心；于心有所不安，则当力制其心，而不必更求其助于气，此所以固守其心而不动之速也。孟子既诵其言而断之曰，彼谓不得于心而勿求诸气者，急于本而缓其末，犹之可也；谓不得于言而不求诸心，则既失于外，而遂遗其内，其不可也必矣。然凡曰可者，亦仅可而有所未尽之辞耳。②

依照朱熹的解释，告子所谓言是指言论或思想，即对于新奇异端邪说之言，若不能理解认同，就应该舍弃其言，不必在心上验证其言是否合理，以免内心被其言迷惑动摇；气是指情感意气，若内心有所不安，就应该控制住本心，不必求助于外在的意气。朱熹强调，三者之中，以心为本，心有不安而不求助于意气，是持守根本而缓其末节，所以孟子尚能认可；至于不得外在之言，便弃之不顾，是外不能得言且内不能得心，是内外两者都有缺憾，

---

① （宋）朱熹：《四书章句集注》，第231—232页。

② （宋）朱熹：《四书章句集注》，第231—232页。

这是孟子极力反对的。

朱熹的这个注释影响很大，朱熹之后的学者基本都奉之为圭臬，可是杨伯峻却指出朱熹的注解存在很大的问题，杨伯峻曰：

> 不得乃不能得胜之意。这几句都是讲养勇之事，故以胜负言。旧注皆未得其义。“不得于言”谓人家能服我之口却未能服我之心。①

杨伯峻的观点是正确的，毕竟上文都是针对养勇的事情具体而言，从行文逻辑上而言，这一段还是继续对养勇问题进行争辩，不太可能如朱熹所言，是抽象地辩论言、心、气三者之间的关系问题。杨伯峻还感叹古代学者没有注意到朱熹的错误，而且还都是沿袭朱熹的错误，其实，杨伯峻可能没有机会读到丁若镛的阐释。丁若镛的观点与杨伯峻基本吻合，甚至说得更为透彻：

> 赵曰：不得者，不得人之善心善言也。释告子之言。镛案：不得于言，谓言有所跲，犹言一毫挫于人。不得于心，谓心有不慊，犹言自反而不缩。告子以为言有所跲，便当弃置，勿复求其故于吾心，所以自守而不动心也。心有不慊，便当弃置，勿复求其验于吾气，亦所以自守而不动心也。告子之学盖不问是非，惟以不动心为主。言有所跲则必其心有所蔽陷矣，心有不慊则必其气随而沮馁矣。言有跲而求于心，则可知病祟；心不慊而求于气，则可见病证。然祟在病前，证在病后。治病者不求于证犹之可也，不求于祟大不可也。此与孟子知言养气之学如角弓反张处。

丁若镛所言之“跲”是绊倒之意，如《中庸》：“言前定则不跲。”“言有所跲”意为在与人辩论之时，未能取胜以至于理屈词穷，如同上文北宫黝之“一毫挫于人”，与之类似，“不得于心”犹如孔子所言“自反而不缩”，这样解释就疏通了这一段与上文之间的内在逻辑关系，基本符合孟子文本之义，

① 杨伯峻：《孟子译注》，第64页。

与杨伯峻的新说也有一致之处。丁若镛以医术解《孟子》，不仅有新意，而且贴切易懂。丁若镛认为心内言外，言之病起于心，不得于言而求之于心，如同医术，可以辨明发病之因；心内气外，心有病则气亦随之而病，不得于心而求于气，可以查验疾病发露时表现出来的症状。病因在前而病症在后，医者治病，不管症状尚有可能，不追致病之因，则无法疗疾。因此，孟子说"不得于心，勿求于气，可；不得于言，勿求于心，不可。"

孟子接着论述了志与气的关系，孟子强调志是气的统帅，气是志的卒徒，气随着志而动，志到哪里，气随之在哪里表现出来。对于志气关系问题，历来较少争议。丁若镛曰：

> 赵曰：志，心所念虑也。气，所以充满形体为喜怒也。①
>
> 又曰：志帅气而行之。集曰：志为气之将帅。镛案：志为将帅，气为卒徒。朱子之义不可易也。孔子曰：三军可夺帅，匹夫不可夺志。以志为帅，亦有所本。但志者心之所之，此固然矣。志字象"心"上有"之"。②

但是对于气的理解，丁若镛却有自己独特的认识，与朱熹有很大不同，他说：

> 气之为物，不可不核，若以后世理气之说浑合言之，则大不可也。原夫吾人之所以生养动觉，惟有血气二物。论其形质，血粗而气精，血钝而气锐。凡喜怒哀惧之发，皆心发为志，志乃驱气，气乃驱血，于是见于颜色，达于四体。志者，气之帅也；气者，血之领也。③故孔子论好色好斗之理兼言血气，而孟子论不动心之理单言气，以气之为物，驱

① 按："志，心所念虑也。气，所以充满形体为喜怒也。"《国际儒藏》本句读为"志心所念，虑也；气所以充满形体，为喜怒也。"

② 丁若镛：《孟子要义》，张立文、王国轩总编纂：《国际儒藏·韩国编·四书部》，《孟子卷》第3册，第441页。

③ 按："志者，气之帅也；气者，血之领也。"《国际儒藏》本句读为"志者气之帅也，气者血之领也。"

驾血液，其权力次于志也。故孟子自注曰：气者，体之充。① 夫充于体者何物？非他，气也。是气之在人体之中，如游气之在天地之中。故彼曰气，此亦曰气，总与理气之气不同。②

丁若镛所言后世以理气之说混合言之，很显然是针对朱熹而发，朱熹说："气，只是一个气，但从义理中出来者，即浩然之气；从血肉身中出来者，为血气之气耳。"③ 朱熹认为气虽然只是一个，但是有从义理之中生发出来的抽象的、精神性的气，也有从血肉生发出来的具体的、生理性的气。丁若镛则反对这种二分法，他只承认生理学意义上血气，而否定精神性的义理之气。与朱熹形而上的思维不同，作为实学家的丁若镛更为强调形而下的血气，当然，丁若镛对血气的认识也有一些是符合科学常识的，比如他认为气可以驱使血液等。血液一词，除了丁若镛之外，很少出现在理学家的论著中。其实，细查《孟子》原文，在孟子的表述中，这两种气其实都存在，正如杨伯峻所言："大概孟子把'体气''意气'看做一回事。"④ 那么，丁若镛所言之气大致属于体气，而忽视了意气，有其偏颇之处。

"无暴其气"，丁若镛也从训诂学角度提出了新的见解，他说：

赵曰：暴，乱也。集曰：亦不可不致养其气。程子云：无暴乱其气。陈曰：集注谓"致养其气"，即无暴。气发得暴，失养故也。镛案：暴者，急也，疾也。不动心之法，先当持其志，使之宁静，于是制其气，勿令急疾，然后喜怒忧惧乃不必形于色，而成败利钝、死生祸福有不足以动其心者。"无暴"之暴字尤是至要之诀，而旧说训之为"乱"，集注都无明说，今人皆读之为"自暴自弃"之暴，岂可通乎？陈潜室"发得暴"

① 按："气者，体之充。"《国际儒藏》本句读为"气者体之充。"

② 丁若镛：《孟子要义》，张立文、王国轩总编纂：《国际儒藏·韩国编·四书部》，《孟子卷》第3册，第441页。

③ （宋）黎靖德编：《朱子语类》，第1243页。

④ 杨伯峻：《孟子译注》，第64页。

三字已得此意。疾风谓之暴风，读之当如此。程子《四勿箴》曰“发禁躁妄，内斯静专”，此正是无暴其气。①

赵岐训“暴”为“乱”影响很大，当代学者基本认同这个解释，如杨伯峻就把“无暴其气”译为“不要滥用自己的意气感情”②。丁若镛提供了一种新的训释，他把“暴”训释为“急”或者“疾”，所谓“无暴其气”，就是以志统帅气，使气达到宁静平和的状态，有此状态方能不动心。丁若镛还征引了程子《四勿箴》作为佐证，其观点可备一说。

第四，关于知言养气问题的阐释。

知言养气问题，是这一章理解的难题，在辨析丁若镛与前代儒者阐释优劣之前，先征引《孟子》原文如下：

“敢问夫子恶乎长？”

曰：“我知言，我善养吾浩然之气。”

“敢问何谓浩然之气？”

曰：“难言也。其为气也，至大至刚，以直养而无害，则塞于天地之间。其为气也，配义与道；无是，馁也。是集义所生者，非义袭而取之也。行有不慊于心，则馁矣。我故曰，告子未尝知义，以其外之也。必有事焉而勿正，心勿忘，勿助长也。无若宋人然：宋人有闵其苗之不长而揠之者，芒芒然归。谓其人曰：‘今日病矣，予助苗长矣。’其子趋而往视之，苗则槁矣。天下之不助苗长者寡矣。以为无益而舍之者，不耘苗者也；助之长者，揠苗者也。非徒无益，而又害之。”③

丁若镛非常准确地揭示了本段文字与前文的内在联系，尤其是揭示了孟子与告子思想的不同以及孟子强调知言养气的思想意义，他说：

① 丁若镛：《孟子要义》，张立文、王国轩总编纂：《国际儒藏·韩国编·四书部》，《孟子卷》第3册，第441—442页。

② 杨伯峻：《孟子译注》，第60页。

③ （宋）朱熹：《四书章句集注》，第232—233页。

镛案：告子不得于言，勿求于心，我知言；告子不得于心，勿求于气，我善养吾浩然之气。一言一气，彼我相照。所以然者，心不直则气不旺，气不旺则辞不壮。此所以所讲者不动心，而养气知言为之枢纽也。此一篇之要旨。①

浩然之气是孟子本章之中非常抽象的一个概念，冯友兰的定义比较有代表性，他在《孟子浩然之气章解》一文中说：

浩然者，大也。其所以大者何在？孟施舍等所守之气，是关于人与人底关系者，而浩然之气，则是关于人与宇宙底关系者。有孟施舍等之气，则可以堂堂立于人间而无惧，有浩然之气，则可以堂堂立于宇宙而无惧。浩然之气能使人堂堂立于宇宙之间而无惧。所以说："其为气也，至大至刚，以直养而无害，则塞于天地之间。"②

浩然之气的培养方法是"其为气也，配义与道"，徐复观释之曰："在主观者为义，在客观者为道。气之所以能浩然，乃因其合于义与道。"③对于"配义与道"历来学者较少分歧，但是对于"无是，馁也"的理解争议就很大了，争议的焦点就集中在对"是"的理解上，朱熹认为"是"所指为气，朱熹的这个观点引起了很多批评之声，不仅中国的学者很多不能赞同，在韩国与日本同样激起了反对之声。④丁若镛也不能认同朱熹的观点，他先征引朱熹之言曰：

集曰：馁，饥乏而气不充体也。言人能养成此气，则其气合乎道义而为之助，使其行之勇决，无所疑惮；若无此气，则其一时所为虽未必

① 丁若镛：《孟子要义》，张立文、王国轩总编纂：《国际儒藏·韩国编·四书部》，《孟子卷》第3册，第442页。

② 冯友兰：《中国哲学史》，华东师范大学出版社2000年版，第429页。

③ 徐复观：《〈孟子〉知言养气章试释》，《中国思想史论集》，上海书店出版社2004年版，第120页。

④ 黄俊杰：《朱子对孟子知言养气说的诠释及其回响》，《中国孟学诠释史论》，第166—222页。

不出于道义，然其体有所不充，则亦不免于疑惧而不足以有为矣。朱子《答吕子约书》曰：若如来喻，以是为指道义而言，若无此道义，即气为之馁，则孟子于此亦当别下数语，其下亦不须更说是集义所生矣。①

丁若镛批评朱熹并发表个人学术见解，其言曰：

镛案：朱子之意以为无浩气则体馁，吕氏之意以为无道义则气馁，此一讼案也。窃尝思之，体馁非君子之攸忧也，唯是集义积善之功有所不至，则内疚外怍，苶然自沮，气为之馁，是乃君子之所耻也。孟子以集义为生气之本，而朱子以养气为行义之助，其先后本末似颠倒也。原夫浩然之气，不可徒生，不可强养，唯是由道行义，日积月累，则心广体胖，俯仰无愧。于是乎贫贱不能戚，威武不能屈，以至于气塞天地。若有意养气，以气为业，则除了呴嘘呼吸，熊经鸟伸，无所事于养气也。揠苗助长之戒正在于此，非"义袭取"之句亦以申明此义，不知朱子何故而固拒吕说也。配者，合也。谓浩气须道义以生，须道义以养，不能相离也。②

丁若镛认为朱熹误读了孟子本义，孟子认为浩然之气之所以能够浩然乃是因为集义，所以集义为生气之根本，但是朱熹却违背孟子本旨，朱熹以为养气方能行义，养气是行义的助力。丁若镛进一步指出，浩然之气不是无缘无故而来，也不能勉强造作养成。养气之法是以道义为行为准则，通过不断地道德实践，日积月累，逐步培养而来。如果主体之行为均能合于道义，则内无愧于心，故能心广体胖，外无愧于天，故能俯仰天地。从主观上来讲，若养气得法，则能够达到富贵不能淫、贫贱不能移、威武不能屈的道德境界；从客观上讲，也能达到塞于天地之间的宇宙境界。另外，丁若镛

① 丁若镛：《孟子要义》，张立文、王国轩总编纂：《国际儒藏·韩国编·四书部》，《孟子卷》第3册，第442页。

② 丁若镛：《孟子要义》，张立文、王国轩总编纂：《国际儒藏·韩国编·四书部》，《孟子卷》第3册，第442页。

认为如果气脱离了道义，就丧失了形而上的道德力量，而沦为形而下的生理之气，徒然养此生理之气，仅具有道家的养生功能，而不具备指导实践的道德功能。

丁若镛对朱熹的批评深得孟子本旨，一些当代学者的观点于此也有类似之处，如徐复观《〈孟子〉知言养气章试释》曰：

> 孟子说“其为气也，配义与道，无是，馁也”。配是合而为一之意。程子的“无道义则气馁而不浩然”，乃朱元晦解释为无是气则道义馁，不知道义之本身无所谓馁与不馁，下文“行有不慊于心则馁矣”之“馁”，是就气说，此处亦以就气说为顺。又程、朱在这种地方牵连到天地之气上面去说，这实是自汉以来的歧出，没有什么意义。浩然之气，是人格向上的统一，完成的一种气象。若作具体指陈，即使孟子在另处所说的“见大人则藐之”，及“富贵不能淫，贫贱不能移，威武不能屈”的大丈夫。这样，自然会不动心，而对于道义的担当、对于人类命运的担当，乃是全面的担当，其间无一毫折扣、假借。到了此一地步，才能“不枉尺而直寻”，才能“舍生取义”，才能“行一不义、杀一不辜而得天下，不为也”。此处才真浮出了人格尊严的形象，而感到人与天地参了。①

“是集义所生者，非义袭而取之也。行有不慊于心，则馁矣。我故曰，告子未尝知义，以其外之也”。对于这段话的理解，也有很大分歧，尤其是在对“集”的理解上，赵岐注曰：

> 集，杂也。密声取敌曰袭。言此浩然之气，与义杂生，从内而出，人生受此气所自有者。②

赵岐认为“集”是“杂”之意，也就是间杂的意思。朱熹不取赵岐之训

① 徐复观：《中国思想史论集》，第127页。

② （清）焦循：《孟子正义》，第202页。

诂，另辟新说，将“集义”训为“犹言积善也”，那么“集”就是积累之意。朱熹对这段话的注曰：

集义，犹言积善，盖欲事事皆合于义也。袭，掩取也，如齐侯袭莒之袭。言气虽可以配乎道义，而其养之之始，乃由事皆合义，自反常直，是以无所愧怍，而此气自然发生于中。非由只行一事偶合于义，便可掩袭于外而得之也。慊，快也，足也。言所行一有不合于义，而自反不直，则不足于心而其体有所不充矣。然则义岂在外哉？告子不知此理，乃曰仁内义外，而不复以义为事，则必不能集义以生浩然之气矣。①

丁若镛对这段话的阐释认同朱熹而反对赵岐，他说：

镛案：浩然之气非一朝之所能生，必积仁累义，养之无害，然后其气乃成。赵注非矣。此气既是道义所成，视上“志、气”之气又超一层，则似不当名之曰气。然神形妙合，肥瘠相关，心广则体胖，欲盛则眸眊，美在中则睟面而盎背，愧在内则汗出而色赧，皆神形妙合之明验也。今日行一义，明日行一义，义之既积，气以之养，是其体力之广大虽可以塞天地，而其妙合之所常寓终不离于形躯之内，斯其所以名气也。②

丁若镛驳斥赵岐的核心在于，丁若镛认为“是集义所生者”之气不是普通意义上的气，不是生理学意义上的气，而是浩然之气，是超越生理意义的道德之气。赵岐说浩然之气是“人生受此气所自有者”，强调浩然之气与生具有的先天性，就容易将浩然之气与生理之气相混淆，而且过分强调浩然之气的先天性，会削弱“集义”的后天修养功夫，这是丁若镛与赵岐的分歧所在。

“必有事焉，而勿正，心勿忘，勿助长也”。孟子主张仁义内在，把义作为内在之物，对于义的培养要采用合理的方法，但是也不能有过于强烈而

---

① （宋）朱熹：《四书章句集注》，第233页。

② ［韩］丁若镛：《孟子要义》，张立文、王国轩总编纂：《国际儒藏·韩国编·四书部》，《孟子卷》第3册，第442—443页。

狭窄的目的性。不能让义放任自流，不管不问，也不能操之过急，揠苗助长。对此，赵岐注曰：

言人行仁义之事，必有福在其中，而勿正但以为福，故为仁义也。但心勿忘其为福，亦勿汲汲助长其福也。汲汲则似宋人也。①

丁若镛反对赵岐的观点，他说：

此节乃养浩气之玄诀也。浩然之气不可袭而取之，但积道义，任其自然，是本法也。若当有事之时自期自必要发浩然之气，是所谓揠苗也。故孟子戒之曰：必于有事之时，勿先设正，但于心内勿忘正直底道理，心勿忘。切勿助长以犯揠苗之病，此养浩气之法也。旨哉，妙哉！非躬行心得者，何以与是！赵注忽为徼福求福之说，迂陋甚矣。②

丁若镛的驳斥很有道理，赵岐以“福”训“事”缺少坚实有力的证据。如焦循所言：“赵氏以‘必有福在其中’解之，是以福释事，乃事无福训也。③”

养气问题结束之后，孟子又论述了知言，其文曰：

“何谓知言？”

曰：“诐辞知其所蔽，淫辞知其所陷，邪辞知其所离，遁辞知其所穷。生于其心，害于其政；发于其政，害于其事。圣人复起，必从吾言矣。”④

丁若镛认为养气与知言密不可分，孟子强调此二者，也是基于对告子不动心之法的驳斥，提出个人不动心的哲理依据。其中丰富而复杂的思想内涵，丁若镛疏解如下：

镛案：告子不得于言，勿求于心；孟子不得于言，必求于心，此其所

① （清）焦循：《孟子正义》，第 203 页。

② 丁若镛：《孟子要义》，张立文、王国轩总编纂：《国际儒藏·韩国编·四书部》，《孟子卷》第 3 册，第 443 页。

③ （清）焦循：《孟子正义》，第 203 页。

④ （宋）朱熹：《四书章句集注》，第 234 页。

以相反也。诐淫邪者，言之有失者，所谓不得于言也。即言之诐而知其心之有所蔽，即言之淫而知其心之有所陷，即言之邪而知其心之有所离，所谓不得于言，必求于心也。心不直则气不旺，气不旺则辞不壮，此必然之理。而告子曰："不得于言，勿求于心。"此决然非理之言。言者，心之旗中，告子分为二物，岂可通乎？孟子知浩然之气生于心直，通畅之辞亦生于心直，故曰"我知言"，故曰"我养气"。今人读此章，不知言气二者之上下通贯，何以解矣。①

丁若镛心直则气旺、气旺则辞壮，不仅是形而上的哲思，也有丰富的社会经验可以作为佐证。值得注意的是，丁若镛不说理直气壮，不认同朱熹以明理解释知言的阐释，而是根据孟子原文直接论述心、气、言三者的关系。朱熹注曰：

人之有言，皆本于心。其心明乎正理而无蔽，然后其言平正通达而无病；苟为不然，则必有是四者之病矣。即其言之病，而知其心之失，又知其害于政事之决然而不可易者如此。非心通于道，而无疑于天下之理，其孰能之？彼告子者，不得于言而不肯求之于心，至为义外之说，则自不免于四者之病，其何以知天下之言而无所疑哉？②

丁若镛反对此种阐释，其言曰：

明理不足以知言，必其心秉义正直，无所蔽陷，然后乃无诐淫之病。如浩然之气生于集义，不可作明理说。③

比较而言，丁若镛的阐释更为符合孟子本义。因为言为心声，言辞上的诐、淫、邪、遁是病症，病根则在心上，是因为心有所蔽、有所陷、有所离、

① 丁若镛：《孟子要义》，张立文、王国轩总编纂：《国际儒藏·韩国编·四书部》，《孟子卷》第3册，第443页。

② （宋）朱熹：《四书章句集注》，第234页。

③ 丁若镛：《孟子要义》，张立文、王国轩总编纂：《国际儒藏·韩国编·四书部》，《孟子卷》第3册，第443页。

有所穷，心有病则辞有病。心不可见，言辞可闻可知，可以通过外在的言辞之病症，寻究到内心的病根。孟子直接论述的心与辞之间的关系问题，不涉及所谓明理的问题，朱熹以明理解释知言，属于增字解经，失之偏颇。孟子所谓的知言好像是知识论的问题，其实内在的依据还是道德问题，至于知言的目的，也是用来指导道德实践的，即孟子所言“其事”“其政”。孟子这种围绕内在道德而展开的道德实践探讨，与朱熹知识论的立场有很大差异。

至于“生于其心，害于其政；发于其政，害于其事。圣人复起，必从吾言矣”，丁若镛的阐释也很精彩，他说：

> 镛案：生于其心者，言也；发于其政者，亦言也。政，大事也；事，小政也。诐淫之言生于其蔽陷之心，以害其政事，此所谓一心为万事之本也。心有病，则不得发无病之言；言有病，则不得行无害之事。万言万事之本在于一心，恶得云“不得于言，勿求于心”乎？故自说而自断之曰：圣人必从吾言。①

丁若镛所言“心为万事之本”，明显与朱熹不同，倒是与阳明心学有契合之处。当然，仔细推敲孟子文本，丁若镛的解释是符合孟子本义的。

二、丁若镛《孟子要义》对孟子人性论的阐释

人性问题是《孟子》一书处理的核心命题之一，历代《孟子》学研究者都对此问题展开了深入讨论，丁若镛对此也有新的认识。丁若镛对孟子人性论的阐释有三个创新之处，首先，丁若镛认为“行之为之，而后仁义之名立焉”，赋予人性论以实学意义；其次，强调“性者，吾心之所好也”，从人类喜好之情感阐释人性；最后，延续孟子开创的人禽之辨传统，主张人物性

---

① 丁若镛：《孟子要义》，张立文、王国轩总编纂：《国际儒藏·韩国编·四书部》，《孟子卷》第3册，第443页。

情不同。

《孟子·告子上》“杞柳章”曰：

告子曰：“性，犹杞柳也；义，犹桮棬也。以人性为仁义，犹以杞柳为桮棬。”

孟子曰：“子能顺杞柳之性而以为桮棬乎？将戕贼杞柳而后以为桮棬也？如将戕贼杞柳而以为桮棬，则亦将戕贼人以为仁义与？率天下之人而祸仁义者，必子之言夫！”①

告子把人性比作杞柳，把仁义比作桮棬，杞柳是做成桮棬的材料，制作桮桊的过程是需要后天的加工的②。依照此逻辑，告子认为人性是做成仁义的材料，人性之中并不存在仁义，仁义是人后天的行为造成的。孟子强烈反对告子的观点，孟子认为仁义是人性先天本有，后天的仁义之举是道德主体在人性的指引下，顺着人性而完成的道德实践，而不是违背人性的矫揉造作之举。

对于本章，朱熹注曰：

性者，人生所禀之天理也。杞柳，柜柳。桮棬，屈木所为，若卮匜之属。告子言人性本无仁义，必待矫揉而后成，如荀子性恶之说也。言如此则天下之人皆以仁义为害性而不肯为，是因子之言而为仁义之祸也。③

朱熹认为人禀天地之气以为形，禀天地之理以为性，把人性的根据究极到外在的天理，这是朱熹个人的哲学认识，与孟子本意有很大差别。孟

① （宋）朱熹：《四书章句集注》，第 331 页。

② 此处参照牟宗三观点，牟宗三《〈告子篇〉上疏解》曰：“在此对辩中，告子以杞柳喻性，是把性看作材料，是中性所义的性，并无所谓善恶，其或善或恶是后天造成的，因而其中亦无所谓仁义，仁义亦是后天造成的，因而仁义是外在于人性的。而孟子则主张仁义是内发于人性，不是后天造成的，如是，则孟子心目中的性必不是中性的材料之性。”牟宗三《圆善论》，《牟宗三先生全集》第 22 册，第 2 页。

③ （宋）朱熹：《四书章句集注》，第 331 页。

子认为人性根源于人心，人有四端之心，才有仁义礼智之性。

丁若镛的观点与朱熹不同，与孟子也有差异，他说：

镛案：告子曰“以人性为仁义”，孟子曰“戕贼人以为仁义欤”，两个为字最宜明目。为仁者，行仁也；为义者，行义也，行之为之，而后仁义之名立焉。若云人性之中本有仁义，则两个为字不可解也。性者，吾心之所好也。告子曰：“人性不好仁义，必待挢揉而后可以为之。”若云所禀之天理，则又恶能生心于挢揉乎？①

丁若镛对于本章及其他章节的阐释，有以下三点尤其值得注意的理论创辟，分别论述如下：

首先，行之为之，而后仁义之名立焉。

丁若镛认为，理解孟子与告子本章辩论有一个关键的字，就是“为”字，之前也有学者注意到这个字的重要性，如牟宗三说：

这个为字是什么意思呢？为字有两个意义：一个是作是解，一个是作作成解。假定这个为字作是字解，那么，人性就是仁义，这就不是材料了，那就成了孟子的主张。但告子并不这么想。什么意义的性可以当作材料看，什么意义的性不可以当作材料看，这是很明显的。告子杞柳之喻，是把仁义看做成桮棬的材料。……告子把人性看成是材料，就好像杞柳在桮棬以外，经过木匠加工加上去的。人性在仁义以外，经过后天的教育、训练而培养成的。那么，这个仁义成后天的了，那就是后天造作而成。荀子就说：“人之性恶，其善者伪也。”这个伪就是后天造作的意思，不是虚伪的意思，虚伪是引申义。仁义是后天造成的，那就是说，仁义不在人性中。用康德的词语表达，那就是说，仁义与人性的关系是一个经验综和关系。因为仁义不能从人性分析出来，就

① 丁若镛：《孟子要义》，张立文、王国轩总编纂：《国际儒藏·韩国编·四书部》，《孟子卷》第3册，第492页。

好像桮棬不能从杞柳的本性中分析出来，这个很清楚。这就是告子的意思。①

牟宗三把“为”字解作“作成”是合理的，杨伯峻《孟子译注》把“为”解作“制成”②，意思大致相同。丁若镛则训“为”字作“行”，所谓“行”即是施行、实践之意。丁若镛在《孟子·公孙丑上》“人皆有不忍人之心”章也曾举例论述“为”字是“作”之意，他说：

有子曰：“孝弟也者，其为仁之本。”孔子曰：“为仁由己。”曾子曰：“堂堂乎张也！难与并为仁矣。”仁本在内之理，则何以谓之“为仁”？为，犹作也。用力行事之谓为也，着手图功之谓为也。在心之理，何以着手而用力乎？③

丁若镛认为“为仁”就是实践仁，“为义”就是实践义。切切实实践行了仁义，仁义的名称才得以确立。离开实践，空谈仁义，毫无意义。

丁若镛反对人性之中含有先天仁义，也反对朱熹的人性禀赋于天理的说法。丁若镛将此观点提炼为“行之为之，而后仁义之名立焉”，或者“仁义理知之名成于行事之后”。后者见于丁若镛对“人皆有不忍人之心”章的阐释，本章见于《孟子·公孙丑》上，其文曰：

孟子曰：“人皆有不忍人之心。先王有不忍人之心，斯有不忍人之政矣。以不忍人之心，行不忍人之政，治天下可运之掌上。所以谓人皆有不忍人之心者，今人乍见孺子将入于井，皆有怵惕恻隐之心。非所以内交于孺子之父母也，非所以要誉于乡党朋友也，非恶其声而然也。由是观之，无恻隐之心，非人也；无羞恶之心，非人也；无辞让之心，非人也；无是非之心，非人也。恻隐之心，仁之端也；羞恶之心，义之端

① 牟宗三：《〈孟子〉讲演录（二）》，《鹅湖月刊》第30卷第1期总号第249。

② 杨伯峻：《孟子译注》，第234页。

③ 丁若镛：《孟子要义》，张立文、王国轩总编纂：《国际儒藏·韩国编·四书部》，《孟子卷》第3册，第446页。

也；辞让之心，礼之端也；是非之心，智之端也。人之有是四端也，犹其有四体也。有是四端而自谓不能者，自贼者也；谓其君不能者，贼其君者也。凡有四端于我者，知皆扩而充之矣，若火之始然，泉之始达。苟能充之，足以保四海；苟不充之，不足以事父母。”①

本章是集中反映孟子人性论的重要章节。在孟子看来，人人皆有怜恤别人之心，此种怜恤别人之心在政治领域的具体运用就是怜恤别人的政治，即孟子一贯主张的仁政。孟子从日常生活经验的角度论证人皆有怜恤别人之心，具体的事例即是孺子将入于井。作为一个正常的人，看到幼小生命的非正常消失，都会激发出内心的悲伤怜悯之心，此种悲伤怜悯之心，无关乎外在的功利得失荣辱，是人类自然而本有的独特情感属性。人类不光有恻隐之情，还有羞恶之情、辞让之情与是非之情，也有仁义礼智之性。恻隐之情是仁之端绪，羞恶之情是义之端绪，辞让之心是礼之端绪，是非之心是智之端绪。人类有此四端之情与性，就如同人类有四肢一样。四端之心是一种道德情感与道德意识，人类还应该将此付诸道德实践，并将道德实践从个体、家族推广至天下宇宙万物。如果能推广，就足以平定四海；如果不能推广，即使一门之内也难以和谐。

丁若镛对本章的阐释，就明确提出“仁义理智之名成于行事之后”的观点，他说：

镛案：仁义礼智之名成于行事之后，故爱人而后谓之仁，爱人之先，仁之名未立也；善我而后谓之义，善我之先，义之名未立也；宾主拜揖，而后礼之名立焉；事物辨明，而后智之名立焉。岂有仁义礼智四颗，磊磊落落，如桃仁、杏仁伏于人心之中者乎？②

丁若镛认为仁义礼智不仅是德性还是德行，内在的德性指导外在的德

① （宋）朱熹：《四书章句集注》，第238—239页。

② 丁若镛：《孟子要义》，张立文、王国轩总编纂：《国际儒藏·韩国编·四书部》，《孟子卷》第3册，第446页。

行，外在的德行是内在德性的具体展开与实现。当代学者劳思光对本章的阐释也强调德性的扩充，他说：

> 此即孟子之“性善”理论。孟子由当前意识中之能有价值判断，而推定人必有价值自觉，又以此种自觉为“人”独有之“本性”，故一面立“四端”，一面谓无四端者即“非人”。最后提出“扩而充之”一义，表明价值自觉须作扩充，即指进德之努力。盖孟子只肯定人有内在价值自觉，并非谓人自然具有完满德性。世俗不知“扩充”之义，故讥评孟子，实则未解孟子之说也。①

相对于德性而言，作为实学家的丁若镛更重视德行，即外在的道德实践。丁若镛的这个观点，也是对朱熹的一种批评，朱熹对“人皆有不忍心之心”的注释曰：

> 天地以生物为心，而所生之物因各得夫天地生物之心以为心，所以人皆有不忍人之心也。②

朱熹从先天禀赋的角度说人性，依照朱熹的观点，仁义礼智就如四颗桃仁、杏仁一般潜伏在人心之中，后天的德行是这四颗种子的萌生成长，这恰恰是丁若镛所不能认同的。丁若镛指出，人性不是一句空谈，人性的彰显与完成依赖于“人功”，丁若镛分别论述了仁义礼智离不开“人功”，正是因为有了“人功”，仁义礼智才得以实现，他说：

> 颜渊问仁，子曰“克己复礼为仁”，明仁之为物成于人功，非赋生之初天造一颗仁块插于人心也。克己复礼之时，岂不费许多人力乎？
>
> 孟子曰“舍鱼而取熊”、“舍生而取义”，明一生一义皆在彼处，我得就彼拣择，舍其短而取其长也。若于赋生之初原有一颗义块插在心内，则又安得舍之取之乎？

① 劳思光：《中国文化要义新编》，中文大学出版社1998年版，第49页。

② （宋）朱熹：《四书章句集注》，第238页。

《礼》曰“春秋教以礼乐”，若礼在心，何以教矣？《礼》曰二十始学礼，若礼在心，何以学矣？

宁武子邦有道则智，若其天赋之性原有此智，则邦无道时又恶能拔其智而去之乎？孔子曰“仁者不忧，知者不惑”，苟使天赋之性原有仁智，则人人皆不忧不惑，仁者智者顾何以别有色目乎？

凡五经、四书其有仁义礼智之字者，逐一点检，莫不如此，余不暇更仆而数之也。①

丁若镛进一步指出，如果深切体悟到仁义礼智必须赖于德行而后才能实现，那么道德主体就会黾勉努力，笃实奋进，就会避免空谈光景，避免养成一个虚空寂静的无用之儒。丁若镛从实学的角度出发，论述德行重要性的同时，也时时指摘程朱理学的空疏之弊，如：

仁义礼智，知可以行事而成之，则人莫不俛焉孳孳冀成其德；仁义礼智知以为本心之全德，则人之职业但当向壁观心、回光反照，使此心体虚明洞澈，若见有仁义礼智四颗依稀髣髴受我之涵养而已，斯岂先圣之所务乎？②

“仁者，本心之全德③”是朱熹对《论语·颜渊》“颜渊问仁”章的注释，丁若镛认为苦思此理并无益处。至于程朱理学对于仁德多种描述和定义，丁若镛也有很尖锐的批评。丁若镛认为与其劳心耗神为仁下定义，不如切切实实地行仁，即在事父之孝、事君之忠、牧民之慈等具体方面实践仁德的要求，他说：

知事父孝为仁，则温凊滫瀡便当朝夕着力，谓天地生物之心为仁，

① 丁若镛：《孟子要义》，张立文、王国轩总编纂：《国际儒藏·韩国编·四书部》，《孟子卷》第3册，第445页。

② 丁若镛：《孟子要义》，张立文、王国轩总编纂：《国际儒藏·韩国编·四书部》，《孟子卷》第3册，第445页。

③ （宋）朱熹：《四书章句集注》，第133页。

则惟瞑目端坐而已；知事君忠为仁，则匡拂扶持便当奔走竭力，谓东方木德为仁，则惟土木形骸，自命曰爕理阴阳而已；知牧民慈者为仁，则怀绥惠恤便当恪恭致力，谓满腔子一团和气为仁，则惟默然无语，闭门涵养而已，其功绩之所成就岂不万倍以相悬乎？①

丁若镛对于行的重视，似乎也受到阳明学知行合一观点的影响，丁若镛的上述论述，与《传习录》中一些记载有相似之处，如：

就如称某人知孝，某人知弟，必是其人已曾行孝行弟，方可称他知孝知弟，不成只是晓得说些孝弟的话，便可称为知孝弟。又如知痛，必已自痛了，方知痛。知寒，必已自寒了。知饥，必已自饥了。知行如何分得开？②

丁若镛对于实践的重视是符合孟子本意的，毕竟孟子指出“人皆有不忍人之心”，其目的不单单是讨论人性人情问题，而是为了给“不忍人之政”寻找人性论的依据，“不忍人之政”或者仁政才是孟子关注的焦点。对此，唐文治有深入的论述，他说：

人徒有不忍人之心，无益也，要必力行之于实政。心之发为喜、怒、哀、惧、爱、恶、欲，先王因此七者，用之于正。发皆中节，则谓之和，由是而施之实政。亲亲而仁民，仁民而爱物，老有所安，少有所怀，推而至于飞潜动植，咸若其性，所以位天地、育万物者在此实政，所以赞天地之化育、与天地参者亦在此实政。③

从这个意义上说，丁若镛的阐释是抓住了孟子的要点，而朱熹内圣学的阐释却偏离了孟子论述的中心。

① 丁若镛：《孟子要义》，张立文、王国轩总编纂：《国际儒藏·韩国编·四书部》，《孟子卷》第3册，第445—446页。

② （明）王守仁撰，吴光、钱明、董平、姚延福编校：《王阳明全集》，上海古籍出版社2015年版，第4页。

③ 唐文治：《孟子大义》，第79页。

其次，性者，吾心之所好也。

对于孟子的性善论，丁若镛提出了新的观点，他以嗜好说性，认为性之本义在于嗜好。丁若镛认为孟子的性善论不是人性本善，而是人性好善。丁若镛的这种阐释是一个理论创新，在此之前没有从嗜好的角度来阐释孟子性善之义，丁若镛新说一出，对当时的思想界有很大的冲击，也赢得了很多学者的支持。如丁若镛长兄丁若铨曰：

> 常于孟子性善之说不能无疑，以为孟子专主善一边劝人矣。及闻性字之义在于嗜好，则如披云都天，七篇中许多论性处，涣然冰释，无复可疑。孟子真吾师也，何快如之！嗟呼！性之为嗜好，无人不茶饭说话，而发此键于孟子者，必待美镛之手，此非君眼高而然，天欲成君之名，悭秘而出之，幸勿自多如何？①

丁若铨表彰丁若镛的观点是发千古不传之秘，因为亲缘的关系，这个评价尽管有主观阿好的成分在内，但是也切实道出了丁若镛的理论创新价值。

在对《孟子》的阐释中，丁若镛以嗜好说性见之于对《孟子·滕文公上》"滕文公为世子"章的阐释。《孟子·滕文公上》曰："孟子道性善，言必称尧舜。"朱熹注曰：

> 道，言也。性者，人所禀于天以生之理也，浑然至善，未尝有恶。人与尧舜初无少异，但众人汩于私欲而失之，尧舜则无私欲之蔽，而能充其性尔。②

丁若镛不认同朱熹的观点，他从儒家经典中找到了将"性"训为"人心之嗜好"的文本依据：

> 《召诰》曰"节性惟日其迈"，蔡云：节其骄淫之性。《王制》曰"修

① 丁若镛：《与犹堂文集》，韩国学中央研究院图书馆藏手抄本。转引自蔡振丰《朝鲜儒者丁若镛的四书学——以东亚为视野的讨论》，华东师范大学出版社2012年版，第77页。
② （宋）朱熹：《四书章句集注》，第254页。

六礼以节民性”，孟子曰“动心忍性”，此所云性者，人心之嗜好也；《商书》祖伊之言曰“不虞天性”，子思曰“率性”，孟子曰“性善”，此所云性者，道心之嗜好也。虽其所主不同，其以嗜好为性则同。①

丁若镛还从孟子文本中找到了最为贴切的证据，《孟子·尽心上》“广土众民”章曰：

孟子曰：“广土众民，君子欲之，所乐不存焉。中天下而立，定四海之民，君子乐之，所性不存焉。君子所性，虽大行不加焉，虽穷居不损焉，分定故也。君子所性，仁义礼智根于心。其生色也，睟然见于面，盎于背，施于四体，四体不言而喻。”②

丁若镛阐释之曰：

余尝以性为心之嗜好，人皆疑之，今其证在此矣。欲、乐、性三字，孟子分作三层：最浅者，欲也；其次，乐也；其最深而遂为本人之癖好者，性也。“君子所性”，犹言君子所嗜好也。但嗜好犹浅，而性则自然之名也。若云性非嗜好之类，则“所性”二字不能成文。欲、乐、性三字既为同类，则性者，嗜好也。③

对于丁若镛来说，《孟子》此章是一个强有力的证据，所欲、所乐、所性三者虽然是三个不同的层次，但是三者都共同反映了人类的心理需求。拥有广大的土地、众多的人口，是君子的政治需求，或者说是国家层面的需求，类似于治国方面的需求，这是所欲。居于天下的中央位置，安定天下的百姓，是君子的王道需求，或者说是天下层面的需求，类似于平天下的需求，这是所乐。所性与所乐、所欲不同，它更多是属于内在的道德层面，属于道德满

① 丁若镛：《孟子要义》，张立文、王国轩总编纂：《国际儒藏·韩国编·四书部》，《孟子卷》第3册，第454页。

② （宋）朱熹：《四书章句集注》，第362页。

③ 丁若镛：《孟子要义》，张立文、王国轩总编纂：《国际儒藏·韩国编·四书部》，《孟子卷》第3册，第512页。

足感，是人类对于道德之乐的嗜好，或者如后人所言为善最乐。从这个意义上说，丁若镛把性善定义为嗜好善，是有文本依据的。

丁若镛还通过性格上的嗜好来论述人性之嗜好，他说：

> 余谓性者主于嗜好而言，若所谓谢安石性好声乐，魏郑公性好俭素，或性好山水，或性好书画，皆以嗜好为性，性之字义本如是也。故孟子论性必以嗜好言之，其言曰口之于味同所嗜、耳之于声同所好、目之于色同所悦，皆所以明性之于善同所好也。性之本义非在嗜好乎？①

丁若镛通过现实生活中的事例论证人性好善是根于天性，即使是为恶之人，此种好善之性也未曾泯灭，一经点拨，其好善之本性也会自然流露出来，他说：

> 人莫不好财色，人莫不好安逸，其谓之性善者，何也？孟子以尧舜明性善，我则以桀跖明性善。穿窬之盗负赃而走，欣然善也。明日适其邻，见廉士之行，未尝不油然内怍。古所谓梁上君子可与为善，此性善之明验也。此地有尹氏子为盗，余令其兄弟谕之以仁义，盗泫然以泣。又有郑氏子，恶人也，余临溪打鱼，使之切脍，郑长跪赧色而自数其罪，曰"我恶人也，我杀无惜者也"，缕缕言不已。苟性不善，岂有是也？此以羞恶之心明性善。②

上文是丁若镛通过羞恶之心论证人性好善，人人皆有羞恶之心，羞恶之心是义之端，人性好善，包含着对义的嗜好。此种嗜好根植于人之天性，即使是盗贼与恶人，也有好义之善，故听闻义言义语，也会羞愧难当。

丁若镛又通过是非之心论证人性好善，他说：

> 里有不孝子，不知者誉之为孝则悦，彼其心以孝为善，故悦也；里

---

① 丁若镛：《孟子要义》，张立文、王国轩总编纂：《国际儒藏·韩国编·四书部》，《孟子卷》第3册，第453页。

② 丁若镛：《孟子要义》，张立文、王国轩总编纂：《国际儒藏·韩国编·四书部》，《孟子卷》第3册，第453页。

有奸淫妇，不知者誉之为贞则悦，彼其心以贞为善，故悦也；贪官污吏聚敛掊克，无所不为，奸人谄之以清白则悦；谗夫佞臣卖弄欺诈，无所不为，奸人谄之以忠直则悦。彼其心皆乐善而耻恶，故虽知其违于实而第以为悦也。所谓性善，亶以是也。苟为不然，明明举天下之人方且从恶如崩、从善如登，而孟子以空言称性善，人其有信之者乎？诗云："民之秉彝，好是懿德。"性之谓"秉彝"，而必以好德为说，性之字义其不在于嗜好乎？人性之必好为善，如水性之必好就下，火性之必好就上。赋生之初，天命之以此性，虽贪淫虐杀无所不为，而此性仍然不变。见忠臣孝子，则美之为善也，与国人同；见贪官污吏，则疾之为恶也，与国人同，此所谓性善也。此以是非之心明性善。①

丁若镛指出人人皆有是非之心，是非之心是智之端也。人性好善本身就包含着人性好智，此种智不仅是科学认知，更是道德认知，是对行为是非善恶的判断能力。人知孝为是，知不孝为非，所以即使不孝之子，当别人以孝子之名称誉他时，他仍然充满喜悦之情。淫贱女子虽所行卑污，却依然知贞洁为是，淫荡为非，当别人以贞女称誉她时，她也有喜悦之情。贪官污吏虽聚敛不已，却依然知清廉为是，贪污为非，当别人以清官称誉他时，他也有喜悦之情。凡此种种喜悦之情，都是对是非标准的喜好，是人性好善中的好智一类。

其他仁、礼两德，可依次类推，无疑也源于人性好善之心，总而言之，丁若镛认为孟子所言性善乃是人性好善。丁若镛总结其观点曰：

因此性而感之，贪淫虐杀者有一朝迁义之理，不善而能然乎？言性者必主嗜好而言，其义乃立。②

① 丁若镛：《孟子要义》，张立文、王国轩总编纂：《国际儒藏·韩国编·四书部》，《孟子卷》第3册，第454页。

② 丁若镛：《孟子要义》，张立文、王国轩总编纂：《国际儒藏·韩国编·四书部》，《孟子卷》第3册，第454页。

丁若镛立定人性好善之说，对于学术史上其他对人性的论说，均有驳斥。丁若镛反对朱熹"性者，人所禀于天以生之理也，浑然至善，未尝有恶"①：

若谓此虚灵无形之物，其体浑然至善，一毫无恶，则赤子始生，但知啼哭、索乳、求抱，安得硬谓之纯善乎？②

丁若镛也反对杨雄从人类后天之行为论述性善恶混杂之说：

若以其自主之权能而言之，则其势可以为善，亦可以为恶，扬雄以此为性，故命之曰"善恶浑"。③

丁若镛还反对荀子从私欲角度论述性恶的理论：

若以其形气之私欲而言之，则不惟可善而可恶，抑亦难善而易恶，从善如登，从恶如崩，非过语也，荀卿以此为性，故命之曰"性恶"。④

至于佛教明心见性之说，更在丁若镛摈斥之列：

佛家号为明心见性，其千言万语皆所以赞美此物，然其本意与孟子性善之说相去万里。彼所言者，本体之虚灵奇妙也；此所言者，谓其能乐善耻恶，如水之就下也，岂同趣之言乎？⑤

孟子的性善理论在处理后天出现的恶的问题上没有过多论述，以至于引起了后世儒者诸多争议，甚至是误解。毕竟社会上既有善人，也有恶人，如何面对此类问题，程子提出个体禀赋的差异理论，认为禀赋清者为贤人，禀赋浊者为愚者。丁若镛不认同程子之说：

---

① （宋）朱熹：《四书章句集注》，第254页。

② 丁若镛：《孟子要义》，张立文、王国轩总编纂：《国际儒藏·韩国编·四书部》，《孟子卷》第3册，第454页。

③ 丁若镛：《孟子要义》，张立文、王国轩总编纂：《国际儒藏·韩国编·四书部》，《孟子卷》第3册，第454页。

④ 丁若镛：《孟子要义》，张立文、王国轩总编纂：《国际儒藏·韩国编·四书部》，《孟子卷》第3册，第454页。

⑤ 丁若镛：《孟子要义》，张立文、王国轩总编纂：《国际儒藏·韩国编·四书部》，《孟子卷》第3册，第454页。

> 程子曰：禀（之）［其］清者为贤，禀（之）［其］浊者为愚。镛案：人之善恶不系气禀之清浊。周勃、石奋气质大抵浊，王莽、曹操气质大抵清，商受有才力之称，宋襄有浑厚之气，岂必清者为贤，浊者为恶？舜之璿玑玉衡，非聪慧者不能；而号泣旻天，底豫顽嚚，不系乎聪明才识。今闾巷卑微之民，椎卤如牛，而能成孝子之行者，不可胜数。妇人清歌妙舞、辩慧机警者，鲜不为淫；而黄首黑面，恂愁陋劣者，多办烈女之节。善恶之不系乎清浊也如此。①

丁若镛认为人的善恶与气禀之清浊无关，也就是说丁若镛反对人有先天的善恶，人的善恶不是命定的，而是通过后天行为而表现出来的结果。丁若镛举例说，闾巷农夫虽然气禀一般，没有多少才识，却能黾勉孝道，成就孝子之行，所以气禀虽浊，不害其为善；相反，貌美才高之女子，禀气者虽清，却有淫乱之行，气禀虽清，所行未必不恶。

程朱所倡言之气质之性，以及将人性分为本然之性与气质之情两类，对于这些观点，丁若镛也有批评，他先征引程朱学派之言曰：

> 程子曰：论性不论气，不备；论气不论性，不明，二之则不是。
>
> 朱子曰：孟子之言性善者，前圣所未发。此言又孟子所未发。
>
> 陈北溪曰：只论大本而不及气禀，则所论有欠缺未备。
>
> 陈潜室曰：孔子说气质之性，孟子说本然之性。②

丁若镛驳斥以上诸说，并申阐个人观点。丁若镛首先指出孟子专言道义之本性，乃是针对告子认定气质之欲为本性而发，是补偏救弊之言，是不得已而专论道义之性，而不是全然忽略气质方面的探讨，因此程子批评孟子论性不论气不备是偏颇的。丁若镛曰：

---

① 丁若镛：《孟子要义》，张立文、王国轩总编纂：《国际儒藏·韩国编·四书部》，《孟子卷》第3册，第496页。

② 丁若镛：《孟子要义》，张立文、王国轩总编纂：《国际儒藏·韩国编·四书部》，《孟子卷》第3册，第496页。

镛案："论性不论气"者，病孟子也。然若使孟子平日与门人平说心性之理，则气质边事或当并论。今所言者，皆因告子而发。告子全执气质之欲，指为性命。孟子之心如遇火，救火不得不用水，岂得抱薪以救火乎？其专举道义之本性，势固然矣。①

更为重要的是，丁若镛认为人虽然有气质方面的欲求，但是不能简单把气质之性等同于人性，其曰：

大抵气质之欲虽人之所固有，而万不可名之曰人性。何也？物之品有四等。荀子曰："水火有气而无生，草木有生而无知，禽兽有知而无义，人有气、有生、有知，[亦且] 有义。"斯其所以为尊品也。今论草木之身，明有形质，亦有生活，然必以生活言之者，生活贵于形质也；又论禽兽之身，明有生活，亦有动觉，然必以动觉言之者，动觉贵于生活也。人身虽有动觉，乃于动觉之上，又有道义之心为之主宰，则论人性者，主于道义可乎？兼言动觉可乎？论草木者单言生活之性，不可曰未备；论禽兽者，单言动觉之性，不可曰未备。论人者，单言道义之性，何以谓之未备也？美公输者必言其手巧，而赞孔子者不言其多能鄙事者，以其道德在鄙事之上，有足掩之也。人性原有道义，有足以掩气质之欲，恶得以不论气为未备乎？②

丁若镛借助荀子的观点，把宇宙万物简单分为四类，每一类都有每一类的规定性或者说内在属性。水火的内在属性有气而无生，植物（草木）的内在属性是有生而知，动物（禽兽）的内在属性是有知而无义，人类则有生、有气、有知也有义，所以在四类之中以人为贵。丁若镛认为，此类事物之所以高于彼类，不是看共同拥有的属性，而是看此类拥有而彼类没有的特殊

① 丁若镛：《孟子要义》，张立文、王国轩总编纂：《国际儒藏·韩国编·四书部》，《孟子卷》第 3 册，第 496 页。

② 丁若镛：《孟子要义》，张立文、王国轩总编纂：《国际儒藏·韩国编·四书部》，《孟子卷》第 3 册，第 496—497 页。

属性，这种特殊属性就是此类高于彼类的属性，也是足以代表此类事物的本性。如草木高于水火，不在于共有之气，而在于独有之生，特殊属性之生即是草木之本性；禽兽高于草木，不在于共有之生，而在于独有之知，特殊属性知即是禽兽之性；人高于水火、草木、禽兽，不在于共有之气、之生、之知，而在于独有之义，特殊属性义即是人之本性。因此，气质之欲是人与动物相同者，不能从价值上把人与动物区别开来，因为动物也有气质之欲，所以孟子不把气质之性规定为人性，而把人所独有而动物所没有的道义作为人的本然之性，这样才能从价值上把人与动物区别开来。孟子单言本然之性作为人性，而舍弃气质之性作为人性，是有坚实的理论设计初衷的，不存在程子所言未备的偏失。

丁若镛的这个观点很有创辟性的价值，有助于摆脱程朱理学以本然之性、气质之性二分来论述人性的弊端，是对程朱理学的反叛，更是对孟子人性论的回归。而且，丁若镛的观点与当代学者的认识，也有契合之处，如牟宗三曰：

> "生之谓性"之自然之质可直接被说为是生就而本有的。但此所谓生就而本有是生物学的本有，是以"生而有"之"生"来定的，与孟子所说"仁义礼智我固有之也，非由外铄我也"之"固有"不同。孟子所说之"固有"是固有于本心，是超越意义的固有，非生物学的固有，亦非以"生而有"定，盖孟子正反对"生之谓性"故。因此，"生之谓性"一原则必限制出对于性之实之一种主张，因而遂有孟子之反驳而提出另一种主张，即不由"生之谓性"说性而单由道德义理之当然以说人之义理之性，这样便可在道德价值上把人与牛马区别开。①

牟宗三论述了孟子反对告子"生之谓性"，不把"生之谓性"之性作为人性，就是因为此"生之谓性"之性不能从价值上把人与动物区别开来。这

① 牟宗三：《圆善论》，《牟宗三先生全集》第22册，第5—6页。

与丁若镛不把气质之性作为人性有相似之处，因为气质之性也不能从价值上把人与动物区别开来。

既然丁若镛不认同恶的起源是因为所禀赋之气为浊的观点，那么在丁若镛看来，恶的起源来自哪里呢？或者好善的人是因何而从事恶的行为的呢？丁若镛回归到孟子提出的人性陷溺说。《孟子·告子上》“富岁子弟多赖”首次提出了陷溺说，《孟子》原文曰：

孟子曰：“富岁，子弟多赖；凶岁，子弟多暴，非天之降才尔殊也，其所以陷溺其心者然也。”①

丁若镛继承并进一步发展了孟子的陷溺说，丁若镛指出孟子把不善归于陷溺，宋儒把不善归于气质，其曰：

盖云人性本善，其或所行不善者，必由陷溺。陷溺之法，或以财利，或以酒色，而大抵多由于培养，故继之以麰麦之喻。孟子论性，以不善归之于陷溺；宋儒论性，以不善归之于气质。②

丁若镛反对将不善归于气质，因为若是将不善归于气质，存在着两个巨大的理论弊端：

其一，气质禀赋于天，个体所禀赋之气质有清有浊，清者为贤，浊者为恶。那么从本源意义上来说，禀赋说不仅有偶然性，而且更不能保证人性的平等，反而会导致人性之不平等。丁若镛曰：

天之赋予，原自不均，或予之以纯美纯清之气质，使之为尧为舜；或予之以纯恶纯浊之气质，使之为桀为跖。天之不公，胡至是也？夫所谓尧舜者，吾不知其为善，适其所得者，清气也；而所谓桀跖者，吾不知其为恶，适其所得者浊气也。既予之以清气，又归之以圣人之名，何厚于尧舜乎？既予之以浊气，又加之以恶人之名，何薄于桀跖乎？

① （宋）朱熹：《四书章句集注》，第335—336页。

② 丁若镛：《孟子要义》，张立文、王国轩总编纂：《国际儒藏·韩国编·四书部》，《孟子卷》第3册，第497页。

使桀跖而死而有知也，则将日号泣于旻天，以愬其冤枉矣。[①]

其二，禀赋说容易滋生命定论，因为依照禀赋说的逻辑，清者自清，清者不能使之浊，浊者自浊，不能使之清，此种命定论会强化先天固有之善恶，而削弱甚至否定后天为善去恶的修养功夫。丁若镛曰：

> 陷溺由己，其救有术；气质由天，其脱无路。人孰不自暴自弃，甘自归于下流之贱乎？……陷溺之术，或以形气之私欲，或以习俗之熏染，或以外物之引诱。以此之故，良心陷溺，至于大恶，何得以气质为诿乎？尧舜周孔未尝无数者之害，而明于利害，察于祥殃，故能克去其害而不为所陷溺，所以为上智也。丰年子弟多赖，而犹或有亡赖者，尧子丹朱之类也；凶年子弟多暴，而犹或有不暴者，瞽子虞舜之类也。其随众而赖暴者，习相远之凡人也。[②]

丁若镛肯定孟子的陷溺说而否定禀赋论，是对孟子人性理论的回归。一方面，丁若镛肯定人的本然之性，为道德实践提供内在的人性论根据，是从本体说功夫。另一方面，丁若镛又强调摆脱外诱对人性的陷溺，强调为善去恶的修身功夫，是从功夫说本体。内外兼重，本末一体，即是对程朱理学的批评，也是对孟子人性论的呼应，也有丁若镛自我的理论创新，有很高的学术价值。

最后，人物不能同性也。

人性与物性是否相同，或者说人物性同异之争，是朝鲜儒学史重要的议题，对于这个问题，丁若镛的观点是人物性异。如崔英辰所言："关于湖洛论争，茶山虽没有直接言及，但他通过批判朱熹的人物性同论，间接表达了对人物性同论的否定态度。"[③]《孟子·告子上》"告子曰生之谓性"章触

---

① 丁若镛：《孟子要义》，张立文、王国轩总编纂：《国际儒藏·韩国编·四书部》，《孟子卷》第3册，第497页。

② 丁若镛：《孟子要义》，张立文、王国轩总编纂：《国际儒藏·韩国编·四书部》，《孟子卷》第3册，第497页。

③ ［韩］崔英辰著，邢丽菊译：《韩国儒学思想研究》，东方出版社2008年版，第314页。

及到人物性同异的问题，丁若镛也围绕此章的阐释表达其观点。《孟子》文本曰：

告子曰："生之谓性。"

孟子曰："生之谓性也，犹白之谓白与？"

曰："然。"

"白羽之白也，犹白雪之白；白雪之白，犹白玉之白与？"

曰："然。"

"然则犬之性，犹牛之性；牛之性，犹人之性与？"①

为方便比较丁若镛与朱熹观点之不同，先将朱熹注释征引如下：

生，指人物之所以知觉运动者而言。告子论性，前后四章，语虽不同，然其大指不外乎此，与近世佛氏所谓作用是性者略相似。白之谓白，犹言凡物之白者，同谓之白，更无差别也。白羽以下，孟子再问而告子曰然，则是谓凡有生者同是一性矣。孟子又言若果如此，则犬牛与人皆有知觉，皆能运动，其性皆无以异矣，于是告子自知其说之非而不能对也。愚按：性者，人之所得于天之理也；生者，人之所得于天之气也。性，形而上者也；气，形而下者也。人物之生，莫不有是性，亦莫不有是气。然以气言之，则知觉运动，人与物若不异也；以理言之，则仁义礼智之禀，岂物之所得而全哉？此人之性所以无不善，而为万物之灵也。告子不知性之为理，而以所谓气者当之，是以杞柳湍水之喻，食色无善无不善之说，纵横缪戾，纷纭舛错，而此章之误乃其本根。所以然者，盖徒知知觉运动之蠢然者，人与物同；而不知仁义礼智之粹然者，人与物异也。孟子以是折之，其义精矣。②

丁若镛对这一章的阐释花费了很多精力，从时间跨度上来讲，很多思

① （宋）朱熹：《四书章句集注》，第332页。

② （宋）朱熹：《四书章句集注》，第332页。

考至少持续了25年。正祖十四年（1790）十月，在经筵日讲上，正祖围绕这一章御问讲臣，丁若镛记载曰：

庚戌十月阁课，御问曰："犬牛人之性是本然之性欤？是气质之性欤？以率性之性论之，犬率犬之性，牛率牛之性，人率人之性，各率其性之自然，则犬牛人之性似本然之性；以犹字与欤字观之，是言不同也。犬不能为牛之性，牛不能为犬之性，犬牛不能为人之性，则犬牛人之性似气质之性，此当作何边看欤？说者曰：'孟子论性不论气，未尝言气质之性，何独于此言气质之性？'此则恐未然。孟子言性善虽不兼气说，如云'动心忍性'之性、'四肢[之于]安佚[也]，性也'之类，何尝不言气质之性欤？或曰：'孟子只道性善，况方斥告子之认气为性，当以本然之性言之，不当又以气质之性告之。以是知犬牛人之性非气质之性。'此说何如？"①

正祖的疑点主要在于，犬牛之性是气质之性还是本然之性。丁若镛回答如下：

臣对曰："人之性只是一部人性，犬牛之性只是一部禽兽性。盖人性者，合道义、气质二者而为一性者也；禽兽性者，纯是气质之性而已。今论人性，人恒有二志，相反而并发者，有馈而将非义也，则欲受而兼欲不受焉；有患而将成仁也，则欲避而兼欲不避焉。夫欲受与欲避者是气质之欲也，其欲不受而不避者是道义之欲也。犬与牛也，投之以食，欲食焉而已；怵之以刃，欲避焉而已，可见其单有气质之性也。且人之于善恶皆能自作，以其能自主张也；禽兽之于善恶不能自作，以其为不得不然也。人遇盗，或声而遂之，或计而擒之；犬遇盗，能吠而声之，不能不吠而计之。可见其能皆定能也。夫人性之于禽兽性若是悬绝，

① 丁若镛：《孟子要义》，张立文、王国轩总编纂：《国际儒藏·韩国编·四书部》，《孟子卷》第3册，第492页。

而告子只就其生觉运动之同处便谓之一性，岂不谬乎？臣以为犬牛人之性，同谓之气质之性，则是贬人类也；同谓之道义之性，则是进禽兽也，二说俱有病痛。臣谓人性即人性，犬牛之性即禽兽性。至论本然之性，人之合道义、气质而为一性者是本然也，禽兽之单有气质之性亦本然也，何必与气质对言之乎？①

丁若镛的观点有很多层次，分析如下：

第一，丁若镛认为人性与犬牛之性完全不同，人性兼有道义与气质，犬牛之性仅有气质而无道义。

第二，人类因为有道义之性，且道义之性高于气质之性，人类可以用道义之性引导气质之性，而犬牛只有气质之性。概括言之，人类行为是理性而自主的，可以用道德约束本能，而动物只能随顺本能，动物的行为是遵循本能而不能自主的，不能在本能之外另有提升。丁若镛所言之“定能”，就含有本能之意。丁若镛举例来说，在财富面前，若人类本着气质之性，则贪欲人人皆有，应该将财富据为己有，但是人又有道义之性，不义之财，又当舍弃。在灾难面前，若人类本着气质之性，则贪生恶死之心人人皆有，应该趋利避害，但人类本着道义之性，却能舍生取义、迎难而上。动物则只能遵循本能，没有本能之外的自主性，如丁若镛所言，在食物面前，动物饥饿则必食，本能决定之，动物不会理性思考此食物是否合于道义，更不可能有不食嗟来之食的壮举。在危险面前，动物畏惧而逃，也是本能决定的，动物不会理性思考此危险是否合于道义，也不能有杀身成仁的义举。

第三，丁若镛认为人性就是人性，动物性就是动物性，两种性迥然不同，无法用本然之性抑或气质之性简单比附。因此，程朱理学用本然之性与气质之性论述人物之性的做法，在出发点上就是有问题的。丁若镛说依照程

① 丁若镛：《孟子要义》，张立文、王国轩总编纂：《国际儒藏·韩国编·四书部》，《孟子卷》第3册，第492—493页。

朱理学的逻辑，如果说人性与动物之性都是气质之性，则是贬低人类，把人类降低到动物的程度，把人性降低到本能的层次。如果说人性与动物之性是本然之性，则是提高了动物，把动物提升到人类的高度，把动物的本能提升到了道义的层次。程朱理学论性逻辑，无法摆脱此两种思想困境，故丁若镛极力反对。

或许正是因为丁若镛的观点与程朱理学有很大的分歧，为了维护程朱理学的权威，正祖经筵日讲汇集而成的《孟子讲义》舍弃丁若镛的对答，而著录了另一位较为传统的儒者尹光颜的观点。《孟子讲义》著录的正祖的御问与《孟子要义》完全相同，为节约篇幅，省略正祖的御问而征引尹光颜对答之言：

> 光颜对：观乎犹字欤字，则孟子之意盖谓人物之性不同也。夫知觉运动，人与物同；而仁义礼智，人与物异。则孟子此言固指本然之性，而非气质之性。然人物之性所以不同者，亦由于气质之通塞，则虽以此章为兼言气质，亦可矣。①

尹光颜的这个回答几乎全部是朱熹《孟子集注》的观点，毫无创新之处，但是《孟子讲义》却舍弃丁若镛而著录尹光颜，可见当时朱熹思想作为庙堂正统之学的权威性是很难撼动的。

25年之后，纯祖十五年（1815），丁若镛回忆当时的对答，感觉有未尽之处，他说："庚戌课讲，今二十有五年矣，一问一对，恍如隔晨。顾其所对不能称所问，抚卷流涕，何嗟及矣。②"丁若镛对此问题作了更进一步的阐释，他说：

> 今详御问之意，盖云朱子原谓本然之性即人与禽兽之所同得，若

① 正祖：《孟子讲义》，张立文、王国轩总编纂：《国际儒藏·韩国编·四书部》，《孟子卷》第3册，第423页。

② 正祖：《孟子讲义》，张立文、王国轩总编纂：《国际儒藏·韩国编·四书部》，《孟子卷》第3册，第493页。

论本然之性，则犬牛人之性实无毫发差殊，而孟子驳告子谓犬牛人之性不可相犹，即孟子所言明是气质之性，乃朱子于此训告子之知气不知理，知生不知性，反以告子所言为气质之性，诚为难破之疑案，故下问如此。呜呼！圣人在上作之君、作之师，下与文学之士讲论性道之精蕴，而其所对乃反模糊而不白，岂不恨哉！①

丁若镛回忆正祖设问之本意，乃是对于朱熹注释有所疑惑，因为若是按照本然之性人与物同，那么孟子说人之性不同于犬牛之性，此性应该是气质之性，但是朱熹又批评告子知气而不知理，知生不知性，反而认为告子所言是气质之性，那么，孟子与告子论性都是在气质之性的层面上，这显然是违背孟子本旨的。正祖设问，正是发现了朱熹逻辑的漏洞。

丁若镛对此有新的认识，他说：

伏惟本然气质之说，不见六经，不见四书，然朱子《中庸》之注曰："天以阴阳五行化生万物，气以成形，[而]理亦赋焉。"此所谓本然之性，谓赋生之初其理本然，此所谓人物同得也。然臣独以为本然之性原各不同：人则乐善耻恶、修身向道，其本然也；犬则守夜吠盗、食秽踪禽，其本然也；牛则服轭任重、食刍齝触，其本然也，各受天命，不能移易。牛不能强为人之所为，人不能强为犬之所为。非以其形体不同不能相通也，乃其所赋之理原自不同。故禽兽之中，其异族同形而其性不同者，不可胜数：狼与犬同形，而其性不能相通；雉与鸡同形，而其性不能相通，天赋之命原自不同故也。②

丁若镛认为朱熹本然之性与气质之性，缺少原始儒家经典文本依据，乃是宋代理学家，尤其是朱熹个人独创之名称。依照朱熹对《中庸》的注解，

① 正祖：《孟子讲义》，张立文、王国轩总编纂：《国际儒藏·韩国编·四书部》，《孟子卷》第3册，第493页。

② 正祖：《孟子讲义》，张立文、王国轩总编纂：《国际儒藏·韩国编·四书部》，《孟子卷》第3册，第493页。

本然之性是“天理被禀受到个体人物身上所形成的性”①，是一种抽象的普遍宇宙法则，既然带有普遍性，那么人物所禀赋之理，这个根本的理并无差别。但是丁若镛理解的本然之性与朱熹完全不同，如前所述，丁若镛所理解的本然是天然，这种天然之性在后天的行为过程中就体现为本能。顺此逻辑，丁若镛认为人类与动物之不同，恰恰是禀赋的理不同，这与朱熹的观点正好相反。另外，依照朱熹的观点，天地之间有理也有气，人物禀赋理以为性，禀赋气以为形。禀赋气有不同，所以形有诸多差别，但是禀赋之理并无二致。对于这个观点，丁若镛也不认同，他举例说，世间形相似而理悬殊的事例很多，如犬与狼形同而性异，雉与鸡形同而性异，导致性异的根本是禀赋之理不同。所以，对于朱熹的理同气异之说，丁若镛也不能认同，其曰：

> 朱子尝曰：“论万物一原，则理同而气异；观万物之异体，则气犹相近，而理绝不同。”镛案：万物一原，悉禀天命，苟以是而谓之理同，则谁曰不可。但先正之言，每云理无大小，亦无贵贱，特以形气有正有偏，得其正者理即周备，得其偏者理有梏蔽。至云“本然之性人物皆同，而气质之性差有殊焉”，斯则品级遂同，岂唯一原之谓哉？梁惠王命孟子为宾师，命太子申伐齐，命鸿雁麋鹿居沼上，其受梁王之命，孟申雁鹿固无异焉。若以其同受王命，而遂谓所受无贵贱，则非其实矣。齐威王赐群臣酒，其一人以爵，其一人以觯，其一人以散。于是爵受者得一升，觯受者得三升，散受者得五升。理同气异者谓酒无二味，而唯以器小之故，虎狼得三升，蜂蚁得一升。此所谓梏于形气之偏塞，而无以充其本体之全者也。试观虎狼蜂蚁之性，其果与吾人之性同是一物乎？人所受者，酒也；虎狼蜂蚁之所受者，秽汁败浆之不可近口者也。恶得云理同而气异乎？②

① 陈来：《宋明理学》，华东师范大学出版社2004年版，第136页。

② 正祖：《孟子讲义》，张立文、王国轩总编纂：《国际儒藏·韩国编·四书部》，《孟子卷》第3册，第494页。

丁若镛进一步指出，正是因为禀赋之理不同，所以呈现出的本性不同，本能亦不同，其曰：

诸先生之言曰："理无大小，气有清浊。本然之性之寓于气质也，如水之寓器，器圆则水圆，器方则水方。"此臣之所未晓也。圆器之水饮之可以解渴，方器之水饮之亦可以解渴，为其性本同也。今也人不能踪禽吠盗，牛不能读书穷理。若其本同，何若是不相通也？人物之不能同性也，审矣。①

丁若镛不接受朱熹以本然之性与气质之性论人物性同异的做法，而是回归到儒家经典《尚书》，以道心、人心论述人的生理欲求与道德法则，其曰：

大抵人之所以知觉运动、趋于食色者与禽兽毫无所异，惟其道心所发，无形无质，灵明通慧者，寓于气质以为主宰，故粤自上古已有人心道心之说。人心者，气质之所发也；道心者，道义之所发也。人则可有此二心。若禽兽者，本所受者气质之性而已，除此一性之外，又安有超形之性寓于其体乎？气质之性即其本然也。②

知觉运动是生理本能与生理欲求，人类在生理层次上与动物差别不大。但是人不仅有生理欲求还有道德原则，丁若镛所言之人心是生理欲求，道心是道德原则。人类兼有此人心与道心，动物则仅有知觉运动之生理本能，此种生理本能是气质所发，是人类与动物均有者，而道心则是人类所独有，是人类高于动物之所在。因此，丁若镛与朱熹针锋相对，朱熹认为本然之性人与物同，气质之性人与物异；丁若镛则认为气质之性人与物同，道义之性，人所独有。其曰：

① 正祖：《孟子讲义》，张立文、王国轩总编纂：《国际儒藏·韩国编·四书部》，《孟子卷》第3册，第493页。

② 正祖：《孟子讲义》，张立文、王国轩总编纂：《国际儒藏·韩国编·四书部》，《孟子卷》第3册，第493页。

> 然则孟子所言者，道义之性也；人之所独有。告子所言者，气质之性也。人物所同得。朱子之言自与孟子不合而已。孟子之时本无本然之说，岂可执后出之谬名，欲以解先圣之微言乎？气质之性，明明人物同得，而先儒谓之各殊；道义之性，明明吾人独得，而先儒谓之同得，此臣之所深惑也。①

综上所述，丁若镛人性论的三个内容，是对朱熹人性理论的重大突破，也是越过朱熹，对原始儒家尤其是孟子人性论的回归。丁若镛的人性论试图剥离朱熹抽象的形而上学论述，从日用伦常的角度论述人性好善，还人性论以日用伦常的可操作性。另外，反对朱熹本然之性与气质之性的成说，对于朝鲜时代人物性同异论的旧说也有集成性与开新性的创获。最后，强调人性的实现有赖于后天的道德实践，反对空谈人性，体现出实学家重视实践的特色。凡此种种，在东亚儒学人性论方面，均有较大的理论价值与实用价值。

三、丁若镛《孟子要义》的实学化倾向

丁若镛是朝鲜时代实学的集大成者，他的学术始终贯穿着经世致用的特色，反对空谈之学，正如他在《经世遗表》中所言："大凡国之大计，贵在务实，不在虚文。"② 丁若镛的经学研究，也与实学密切相关，在丁若镛丰富的学术著作中，经学著作与实学著作兼而有之，本末一贯，交相辉映。③ 丁若镛在《自撰墓志铭》中说："镛之志也，六经四书以修己，一表二书以之为天下国家，所以备本末也。"④ 一表二书，是丁若镛的实学著作，即《经世遗

---

① 正祖：《孟子讲义》，张立文、王国轩总编纂：《国际儒藏·韩国编·四书部》，《孟子卷》第3册，第493—494页。

② 丁若镛：《与犹堂全书》第5集，第15页。

③ 李甦平：《韩国儒学史》曰："茶山实学思想的基本内容包括两部分，即：一、经学之实学，二、经世之实学。"第544页。

④ 丁若镛：《与犹堂全书》第1集，第337页。

表》《牧民新书》与《钦钦新书》。可见，丁若镛经学具有强烈的实学化倾向，这种实学化倾向也体现在《孟子要义》一书中。分三点论述如下：

首先，古学用力在行事，而以行事为治心。

丁若镛重视经世致用，借用儒家内圣外王的概念来说，丁若镛对于外王的重视程度大于内圣。程朱理学虽然也不排斥外王，但是对于内圣的论述更多，内圣化的倾向很明显。另外，理学对于天理人性等抽象的哲理问题有非常的关注，以至于程朱理学也被称为性理之学。丁若镛反对此种虚浮的解经方式，更多地强调实践，如《孟子·告子上》曰：

> 孟子曰："牛山之木尝美矣，以其郊于大国也，斧斤伐之，可以为美乎？是其日夜之所息，雨露之所润，非无萌蘖之生焉，牛羊又从而牧之，是以若彼濯濯也。人见其濯濯也，以为未尝有材焉，此岂山之性也哉？虽存乎人者，岂无仁义之心哉？其所以放其良心者，亦犹斧斤之于木也，旦旦而伐之，可以为美乎？其日夜之所息，平旦之气，其好恶与人相近也者几希，则其旦昼之所为，有梏亡之矣。梏之反复，则其夜气不足以存；夜气不足以存，则其违禽兽不远矣。人见其禽兽也，而以为未尝有才焉者，是岂人之情也哉？故苟得其养，无物不长；苟失其养，无物不消。孔子曰：'操则存，舍则亡；出入无时，莫知其乡。'惟心之谓与？"①

这一章孟子主要讨论如何存心的问题，丁若镛从训诂上确定存与亡的具体含义，丁若镛认为存是保存、亡是丧亡，与朱熹将存界定为留住、亡界定为逃去不同，丁若镛曰：

> 镛案：前篇曰："人之所以异于禽兽者几希，庶民去之，君子存之。"又曰："君子所以异于人者，以其存心。"存者，保存也；亡者，丧亡也。若如集注之义，存者，留住也；亡者，逃去也。《易》曰"知进退存亡"，

① （宋）朱熹：《四书章句集注》，第337—338页。

传曰“国之所以兴废存亡”，皆以保存为存，丧亡为亡，未有以留住为存，逃去为亡也。①

丁若镛接着论述了孔孟所言存心之法与后世学者存心之法的根本不同：

后世之所谓静存、默存、存养、存持，固亦修道者之善事，然孔子所谓“操则存，舍则亡”必非此说。孔子之所谓“操存”者，欲于应事接物之时，强恕行仁，言必忠信，行必笃敬，勿循私欲，一听道心，非欲瞑目端坐，收视息听，回光反照，以为涵养之功也。涵养之功非曰不善，但非孔子“操存”之遗法也。人之休养在于夜气，既朝既昼，则所急在于行事。仕者朝于君，牧者莅于民，子省其父，妇省其姑，农作其田，商列其货，宾至而将命，师起而问业，奚暇为静存之工哉！于此百忙之中默坐若泥塑之人，则君以为不敬，民以为不勤，父母舅姑嗔其怠慢，农虞工商失其机会，弟子宾客损其欢心。计非深入山林，结茅庵而坐蒲团者，不能为此。②

丁若镛指出，孔孟所言存心是要在事上磨练心志，道德主体应该在道心的指引下，通过行事或时间安放心灵。而后世的涵养心性之法，却有喜静厌动、摒绝外在事务的弊端，如同佛教道教一般，遁入山林，遗世而独立，蒲团静坐，收摄心神，尽管能达到心如止水的境界，却是木雕泥塑，于世道人心并无多少帮助。因此，丁若镛强调应该恢复孔孟之古学，而远离今世之俗学，以积极入世的态度，做兼济天下的事业，其曰：

故古之所谓学者，入而事其父兄，出而事其长上；千乘之国治其财赋，大理之司片言折狱；宗庙会同，端章甫以为相，军旅之事，挥戈矛

① 丁若镛：《孟子要义》，张立文、王国轩总编纂：《国际儒藏·韩国编·四书部》，《孟子卷》第3册，第499页。

② 丁若镛：《孟子要义》，张立文、王国轩总编纂：《国际儒藏·韩国编·四书部》，《孟子卷》第3册，第499页。

以溃师。今之所谓学者，清平之世，遁入山林，山巾野服，默坐静存，君召不赴，民困不救，其注官而任职也，授之以军旅、宾客、财赋、讼狱之任，则大臣弹之以非礼，言官击之以慢贤，惟经筵侍讲之职指为当窠，朝廷待之以道士，都民望之为异人，位至卿相犹称山林。苟究其故，盖其学术大与古异：古学用力在行事，而以行事为治心；今学用力在养心，而以养心至废事故也。欲独善其身者，今学亦好；欲兼济天下者，古学乃可。此又不可以不知也。①

在对《孟子·离娄上》“仁之实事亲是也”章的阐释中，丁若镛也是持类似的观点，《孟子》原文曰：

孟子曰：“仁之实，事亲是也；义之实，从兄是也。智之实，知斯二者弗去是也；礼之实，节文斯二者是也；乐之实，乐斯二者，乐则生矣，生则恶可已也，恶可已，则不知足之蹈之、手之舞之。”②

丁若镛阐释曰：

孔孟言仁义，皆主行事而言，不以为在心之理，且理与实不能为对。臣恐此章所言，皆名实之实。盖战国之时，假仁义，饰礼乐，专尚诈智，其所以为五者之实者，不过乎继存征讨、朝聘燕乐、权谋之智，而孝弟之道几乎熄矣。于是孟子推本尧舜之道，以孝弟二者为五者之实。实者，虚之反，名之对也。③

丁若镛所言孔孟思想中的仁义，强调的是实践，而不是内心抽象的道德法则，这很显然是针对朱熹而发，朱熹对仁义的注释曰：“仁者，心之德、爱之理，义者，心之制、事之宜也。”④ 在朱熹的阐释之中，仁义更多是指向

---

① 丁若镛：《孟子要义》，张立文、王国轩总编纂：《国际儒藏·韩国编·四书部》，《孟子卷》第3册，第499页。

② （宋）朱熹：《四书章句集注》，第292—293页。

③ 丁若镛：《孟子要义》，张立文、王国轩总编纂：《国际儒藏·韩国编·四书部》，《孟子卷》第3册，第471页。

④ （宋）朱熹：《四书章句集注》，第201页。

内在的道德原则，而丁若镛更多强调外在的实践。

其次，仁者，二人也。

丁若镛还把仁阐释为一种人与人之间的伦理关系，并强调在相互对待的伦理关系中，伦理双方应尽的道德责任，丁若镛曰："仁者，二人也。父子二人也，君臣二人也，民牧二人也[①]"。依照丁若镛的训释，仁是二人关系的合理对待。如父子关系，父慈子孝，则父子二人皆为仁者；君臣关系，君仁臣忠，则君臣二人皆为仁者等。

再如丁若镛对《孟子·告子上》"仁人心也"章的阐释。《孟子·告子上》曰：

> 孟子曰："仁，人心也；义，人路也。舍其路而弗由，放其心而不知求，哀哉！人有鸡犬放，则知求之；有放心，而不知求。学问之道无他，求其放心而已矣。"[②]

朱熹注解"仁义"二字曰：

> 仁者心之德，程子所谓"心如谷种，仁则其生之性"是也。然但谓之仁，则人不知其切于已，故反而名之曰人心，则可以见其为此身酬酢万变之主，而不可须臾失矣。义者行事之宜，谓之人路，则可以见其为出入往来必由之道，而不可须臾舍矣。[③]

丁若镛反对朱熹对仁义的注解，他说：

> 镛案："仁，人心也"注之曰"仁者，心之德"，则"义，人路也"注之曰"义者，路之德"，然后其例均正。若云义不是路之德，则便知仁亦非心之德。此是则彼非，彼是则此非，必不敢两从者也。[④]

① 丁若镛：《孟子要义》，张立文、王国轩总编纂：《国际儒藏·韩国编·四书部》，《孟子卷》第3册，第510页。

② （宋）朱熹：《四书章句集注》，第340页。

③ （宋）朱熹：《四书章句集注》，第340页。

④ 丁若镛：《孟子要义》，张立文、王国轩总编纂：《国际儒藏·韩国编·四书部》，《孟子卷》第3册，第500页。

丁若镛诘难朱熹，孟子说“仁，人心也”，朱熹注之曰“仁，心之德”；那么孟子还说“义，人之路”，从修辞学的对称原则来说，朱熹应该把义注释成“义，路之德”。丁若镛的诘难带有诡辩的性质，其实这不是修辞的问题，而是丁若镛对仁义的认识，与朱熹是完全不同的，所以丁若镛阐释个人见解如下：

> 余谓心者，吾人神明之所宅也。神明以为心宅，以为安居，此云“仁，人心也”者，犹言“仁，人宅也”。仁者，人之安宅；义者，人之正路，固亦孟子之所言。此章彼章，岂得异解乎？仁者，二人也。事亲孝为仁，子与父二人也；事君忠为仁，臣与君二人也；牧民慈为仁，牧与民二人也。人与人尽其分，乃得为仁，故曰“强恕而行，求仁莫近焉”。在心之理，安得为仁乎？唯德亦然。直心所行，斯谓之德。故《大学》以孝弟慈为明德，《论语》以让国为至德。实行既著，乃称为德。心体之湛然虚明者，安有德乎？心本无德，况于仁乎？①

总而言之，丁若镛反对把仁说成是人内心的道德原则，他认为人心湛然虚明，没有实体的道德原则安插在其中。丁若镛也反对程子把仁说成桃仁、杏仁之仁，好像有一颗种子埋藏在内心之中，而道德行为是这颗种子的萌芽成长。丁若镛的观点是，仁德的实现离不开行仁，德性的彰显离不开德行，德行作为道德实践是在处理具体伦理关系中体现出来的，所以丁若镛强调，“仁，二人也”，也强调“实行既著，乃称为德”。

最后，万物不出人伦之外。

在中国伦理学发展史上，《孟子》占据重要的地位，孟子首先提出了五伦的观念，即在《孟子·滕文公上》中所言：“使契为司徒，教以人伦：父子有亲，君臣有义，夫妇有别，长幼有序，朋友有信。”丁若镛把仁界定为“仁，

① 丁若镛：《孟子要义》，张立文、王国轩总编纂：《国际儒藏·韩国编·四书部》，《孟子卷》第3册，第500页。

二人也”，也是体现出来对孟子人伦思想的重视或者说回归。而且，丁若镛在对《孟子》一些很抽象的篇章进行阐释时，也尽量淡化抽象哲理的论述，增加实学的内容。比如《孟子·尽心上》曰：

孟子曰：“万物皆备于我矣。反身而诚，乐莫大焉。强恕而行，求仁莫近焉。”①

这是非常抽象的一章，丁若镛征引前代学者注释如下：

赵曰：物，事也。

集曰：此言理之本然也。大小当然之理，无一不具于性分之内。

程复心曰：一物之中，莫不有万物之理。②

对于这些观点，尤其是朱熹人性之中含有万物之理的说法，丁若镛均不能认同，丁若镛质疑曰：

镛案：万物，不必如是作广大之言。天地万物之理各在万物身上，安得皆备于我？犬有犬之理，牛有牛之理，此明明我之所无者，安得强为大谈曰“皆备于我”乎？③

不同于朱熹，对于这一章的阐释，朱熹着眼点在前半段，尤其是“万物皆备于我”。丁若镛则着眼在后半段，即“反身而诚，乐莫大焉。强恕而行，求仁莫近焉”。丁若镛对于本章的突破点还在于，他把“反身而诚”界定为忠，即“反身而诚者，忠也；我之所以施于人者，反求诸己，无一不忠，则乐莫大焉④”。把“强恕而行”界定为恕，以忠恕之道的实践性替换了“万物皆备于我”的抽象性。并且，以忠恕之道阐释本章，也有《论语》《大学》等儒

① （宋）朱熹：《四书章句集注》，第357页。

② 丁若镛：《孟子要义》，张立文、王国轩总编纂：《国际儒藏·韩国编·四书部》，《孟子卷》第3册，第509页。

③ 丁若镛：《孟子要义》，张立文、王国轩总编纂：《国际儒藏·韩国编·四书部》，《孟子卷》第3册，第509页。

④ 丁若镛：《孟子要义》，张立文、王国轩总编纂：《国际儒藏·韩国编·四书部》，《孟子卷》第3册，第510页。

家典籍的文本支撑，是对本章阐释的一大突破，其曰：

> 此章乃一贯忠恕之说。我好色，便知民亦好色；我好货，便知民亦好货；我好安逸，知民之亦好安逸；我恶贱侮，知民之亦恶贱侮。路欲先行，门欲先入，阶欲先登，席欲先坐，冬欲先温，夏欲先凉，饥欲先食，渴欲先饮，日用常行，万事万物之情之欲皆备于我，不必问其情、察其色而后知人之与我同也。于是所恶于上，无以使下；所恶于下，无以事上；所恶于前，无以先后；所恶于后，无以从前；所恶于左，无以交于右；所恶于右，无以交于左，其法例如是也。故所求乎子以事父，所求乎臣以事君，所求乎前后者徐行后长，所求乎左右者坐不横肱。此孔子所谓"一贯"，谓万物纷错，我以一恕字贯之也。孔孟之学，其真切卑近如此。而先儒于孔子"一贯"之说、孟子"万物"之解，皆言之太广，释之太阔，通天地万物之理，而无一不具于方寸之中，浩浩荡荡，靡有涯岸，使后学茫然不知入头着手之处，岂不恨哉？①

通过比较，丁若镛发现孔孟之学的特点是"真切卑近"，重视实践，切实可行，程朱理学家，尤其是朱熹这一章的阐释却失之浮泛，迂阔难行，让后学摸不着头脑，找不到实践的下手处。丁若镛从忠恕之道出发，承认个人与他者的合理欲求，以"己欲立而立人，己欲达而达人"的忠道尽量实现他者的合理欲求，以"己所不欲，勿施于人"的恕道尽量避免将不合理的欲求强加于人，从而实现个人与他者关系的和谐，即丁若镛所言："所谓'万物'不出人伦之外，故结之曰'强恕而行，求仁莫近焉'"。② 这就是丁若镛从实学角度，对"万物皆备于我"的创辟性阐释。

---

① 丁若镛：《孟子要义》，张立文、王国轩总编纂：《国际儒藏·韩国编·四书部》，《孟子卷》第 3 册，第 509—510 页。

② 丁若镛：《孟子要义》，张立文、王国轩总编纂：《国际儒藏·韩国编·四书部》，《孟子卷》第 3 册，第 509—510 页。

第二节　儒林布衣与《大全》小补：崔象龙《孟子辨疑》研究

崔象龙（1786—1849），字德容，号凤村居士，庆州人。师从崔华镇、邹宗鲁学习程朱理学，对于本国学者韩元震尤为推崇。纯祖二十二年（1822），中司马，然性不乐仕进，退隐乡间，以著书立说与培养后进为终身事业。著有《凤村集》二十二卷。崔益铉《凤村集序》分析崔象龙学术宗尚与学术成就甚详，节录之如下：

> 凤村公内以漆室翁为师，外而服勤于立斋郑山丈，以及于梅山洪先生，而资益洪多，则渊源交游，尤甚端的，乃尚志东冈，一步一趋，绳尺斩然。专门《四子》，老而靡倦。……附以杂著、序、记若干篇，为原集几卷。其外《小学赘疑》《在迩录》《四子辨疑》《启蒙札疑》等篇。……念昔朱先生于《语》《孟》《庸》《学》，专一生之力，用寸阴之功，漫笺琐训，动盈数稿，而孔、孟、思、曾之道，如日星之中天，人得以见之。然一传再传，诵言迷旨，乐浑全而恶分开者有之，逐末流而昧本源者有之，而缴绕穿凿，反失其真，非细故也。公为是之惧，乃取诸家之说，参以退、栗以下并近日诸先生议论，比并较量，究极同异，论正得失，务得至当之归，则其微言大义，有关于天命人心，入道积德之肯綮筌本。诚未知一一得中，盛水不漏，而其近述潭巴之大经，远宗洛建之成法，蕴诸德行，发于事功者，不可诬也。使今与后之人，读其文，论其世，不只为雇佣耳目，益求其用工得力之所自，而因进于古人成己成物之地，则是集之传，岂少也哉！噫！使东韩全幅，于中于外，得如公者数人，为之师表导率，修明彝教，则我殷师数千年衣裳礼义之俗，必不入于西洋禽兽之域矣。①

① 崔益铉：《勉庵先生文集》卷 17《凤村集序》，《韩国文集丛刊》第 325 册，第 420）—421 页。

根据崔益铉的序文可知，崔象龙在学术上宗奉程朱理学，学术著作有《小学质疑》《在迩录》《启蒙札疑》等。崔象龙对《四书》用功极深，老而不倦，著有《四书辨疑》，该书的著述初衷是，朱熹《四书章句集注》传入朝鲜半岛之后，受到了海东学者的广泛关注，对《四书章句集注》的再度阐释之作不断涌现，这些著作有些学术价值较高，有些则是鱼目混珠之作，反而混淆了朱熹学说的本来面目。崔象龙以《四书章句集注》与《四书大全》为主，参照海东儒者李珥、李滉、韩元震等学者的著作，认真比对这些著作与朱熹观点的异同优劣，并辅以个人学术判断，以期达到去伪存真的学术目的。另外，如崔益铉所言，当时基督教传入朝鲜半岛，很多知识分子被其教义吸引而放弃儒家信仰，让崔象龙、崔益铉等学者产生了文化危机感，因此，崔象龙对儒家学术的笃定坚守也有排斥基督教的文化意义。

《孟子辨疑》是《四书辨疑》中的一种，《孟子辨疑》卷首有崔象龙《孟子小序》，反映了他对《孟子》深厚的学术兴趣与对《孟子》的基本认识，其文曰：

> 先儒论《孟子》曰秋杀、曰雄辩、曰粗拳大踢，以至圭角太露、英气害事等语，皆可谓深知《孟子》。然若言晚年造诣，则恐不可以此目之。观于《尽心》一篇，可见其几于无迹。且一篇大旨在遏人欲、存天理，而为初学之兴起者，无异于《诗经》之感发惩创，故吾夫子曰兴于《诗》，愚亦曰兴于《孟子》。朱夫子尝曰“先读《大学》，次读《论语》，次读《孟子》，以观其发越”，发越二字，有合兴之一字。区区所以兴起初心者，此书为大。而问质于先师，尤详于此书，故并录之。①

崔象龙在序文中坦言其立志儒家之道，受惠于《孟子》一书的启示尤多。与孔子所言“兴于《诗》”类似，崔象龙认为《孟子》也有感发兴起之作用。只是，崔象龙将《孟子》一书的大旨概括为“遏人欲、存天理”，值得商

① 崔象龙：《孟子辨疑》，张立文、王国轩总编纂：《国际儒藏·韩国编·四书部》，《孟子卷》第3册，第688页。

権,"遏人欲、存天理"是宋明理学家的习见话头,在先秦儒学体系中未见此种提法,以此概括《孟子》,有失公允。另外,理学家批评孟子人格气象的不圆满之处,如英气、圭角等,崔象龙为了维护孟子,认为早年孟子确有此人格之不圆满,晚年则臻于圣境,无此等行迹可供指摘,并以《尽心》篇为证。崔象龙区别孟子人格气象早年与晚年之不同,自然是合理之论,只是《孟子》一书并非编年体[①],《尽心》篇排列在全书之末,其内容并非全部是孟子晚年之作。崔象龙以《尽心》篇作为孟子晚年人格气象的论据,值得进一步商榷。

目前,韩国学术界对崔象龙《孟子辨疑》的研究还比较薄弱,有两篇硕士论文以之为题[②],全面深入剖析《孟子辨疑》的论著尚不多见,下文拟弥补这一学术薄弱环节,详细论述《孟子辨疑》的学术成就。

一、崔象龙《孟子辨疑》中的"活看"之法

崔象龙《孟子辨疑》对于解读《孟子》之法多有探索,提出要"活看",即根据上下文的语境,采用以意逆志的方法,灵活看待《孟子》一书的义理与逻辑。在崔象龙之前,权得已也曾提出"活看"之法,他在解读《孟子·尽心下》"民为贵"章时就指出:"孟子之言当活看,不可拘执[③]"。在此之后,李惟泰、林泳、李衡祥、韩元震等都采用此法阐释《孟子》,可以说已经形成

① 崔象龙认为《孟子》七篇是以时间为序编辑,其曰:"按七篇皆有次序,首篇游梁齐之初,第二篇留齐稍久之时,第三篇游滕宋之时,故多记与时君问答。此篇虽非人君问答,而所言皆人君之事,则恐亦游列国时所言。观下乐正子之言,则无乃在齐时言耶?至《告子》《尽心》,恐是退与门人难疑者。"[韩]崔象龙《孟子辨疑》,张立文、王国轩总编纂:《国际儒藏·韩国编·四书部》,《孟子卷》第3册,第703页。

② 김순현《19세기岭南儒学者의孟子解释研究——崔象龙、李震相、郭钟锡을중심으로》,대구한의대학교일반대학원,2018年博士学位论文;이혜인《봉촌최상룡의맹자해석연구》,성균관대학교일반대학원,2014年硕士学位论文。

③ 权得已:《孟子僭疑》,张立文、王国轩总编纂:《国际儒藏·韩国编·四书部》,《孟子卷》第1册,第236页。

了阐释方法传统，崔象龙继承并发展了这种方法。如《孟子·离娄上》曰：

孟子曰："仁之实，事亲是也；义之实，从兄是也。智之实，知斯二者弗去是也；礼之实，节文斯二者是也；乐之实，乐斯二者，乐则生矣，生则恶可已也，恶可已，则不知足之蹈之、手之舞之。"①

朱熹对"义"的注释为"义主于敬，而敬莫先于从兄"②。崔象龙弟子裴克绍对此有疑问，崔象龙作出了解答：

裴克绍问：礼主乎敬，故孟子曰"恭敬之心，礼也"。又曰"礼人不答反其敬"，而此注曰"义主于敬"，何也？"

答曰：以性言，则敬之理为礼，而以事言，则敬无不该，而尊处尤切。故君臣，义也，而《大学》曰"为人臣止于敬"，孟子又尝曰孩提知敬兄，此处当活看。③

裴克绍的认识比较僵化，拘执孟子所言"恭敬之心，礼也"，认为恭敬之情只能用来解释礼，不能用来解释义。殊不知仁、义、礼、智四种道德之中均含有恭敬之情，而且四种道德也并非泾渭分明，主体各种复杂的道德情感也均有互相融摄。崔象龙的"以性言"，是从人性方面来看待；"以事言"，是从道德实践方面来看待。两者并不矛盾，而且进一步指导弟子，对于《孟子》应该运用"当活看"的解读方法。

崔象龙所言"活看"之法，也包含对《孟子》书中提到的历史典故，尤其是古代圣王事迹的认识问题。孟子援引舜、文王、武王等古代圣王事迹甚多，孟子的本意是借助这些事迹来阐发其学术观点，或者如黄俊杰所言，"儒家的历史叙述是证立普遍原则的手段"④，而不仅仅是历史考据。因此，这些

① （宋）朱熹：《四书章句集注》，第 292—293 页。

② （宋）朱熹：《四书章句集注》，第 292 页。

③ 崔象龙：《孟子辨疑》，张立文、王国轩总编纂：《国际儒藏·韩国编·四书部》，《孟子卷》第 3 册，第 706 页。

④ 黄俊杰：《儒家思想与中国历史思维》，华东师范大学出版社 2016 年版，第 92 页。

圣王事迹，有些是有历史依据可查的，有些则未必符合历史史实，然而不符合历史真实的事迹，未必不符合情理的真实，因为这些圣王事迹本来就是孟子借用来说理的材料。如《孟子·梁惠王下》曰：

> 齐宣王问曰："文王之囿方七十里，有诸？"孟子对曰："于传有之。"①

在文王时代，方圆七十里之囿未必存在，有很多学者对此提出疑问，崔象龙则抓住了本章的核心不在于讨论囿之广狭，而在于强调文王"与民同之"，其曰：

> 按：于传虽有此，似不可信，而孟子之言每急于反之以正理，故不暇其书之可信不可信。如舜之不告而娶，似不可信，而反之以无后为大之义。今将言"与民同"之意，故言七十里之犹小。然以文王"经始勿亟"之心，岂占七十里之囿哉？②

可见，囿之大小不是关键，君主能否"与民同之"才是关键，亦如唐文治所言："然则囿无所谓大，亦无所谓小，惟视乎一心之公私，而吾民心目之间因以为转移耳。圣王至公无私，故能与民同乐，而得民之心③"。

再如《孟子·离娄上》曰：

> 孟子曰："不孝有三，无后为大。舜不告而娶，为无后也，君子以为犹告也。"④

舜生活在一个非常不幸的家庭，父母兄弟都对舜极端敌视。按照传统婚礼规定，子女婚嫁必须征得父母同意。舜之父母不慈，舜若告诉父母，必然遭到反对而不得娶妻。不得娶妻则无后，古人认为无后是绝宗祀，是大

① （宋）朱熹：《四书章句集注》，第 214 页。

② 崔象龙：《孟子辨疑》，张立文、王国轩总编纂：《国际儒藏·韩国编·四书部》，《孟子卷》第 3 册，第 691 页。

③ 唐文治：《孟子大义》，第 26—27 页。

④ （宋）朱熹：《四书章句集注》，第 292 页。

不孝。舜两害相衡取其轻，故决定不告而娶。这是符合情理之事，却未必是符合史实之事，孟子关注的焦点也不在史实之真伪，崔象龙阐释曰：

> 舜之不告而娶，是后世传言之误。而孟子因其语而反之于义理，如文王之囿岂至七十里之大，而反之以“与民同乐”，以证“犹以为小”之意。《书》曰：“有鳏在下”止“克谐以孝，烝烝乂，不格奸”。帝之妻舜在于“烝烝乂，不格奸”之后，则“不格奸”之父使子不得娶乎？且尧使其子九男二女，百官牛羊仓廪备，以事舜于畎亩之中，则瞽瞍是时在于何处，而不知其子之将娶帝女乎？浚井、完廪，亦非经传之所著，则又安知非俗传之误耶？但孟子之言既合于义理，而后篇申言“帝亦知告焉则不得(娶)[妻]”，后辈只当从之而已，岂敢别立己见乎？①

崔象龙通过《尚书》等文献作为佐证，论述了在大舜娶妻这件事上，其父瞽瞍不可能不知情，孟子以舜不告而娶，是强调儒家对于孝道的重视。孟子多次提到舜与瞽瞍这对父子，意在说明，即使不慈如瞽瞍，舜也要孝敬。在儒家的价值体系中，孝是基本伦理，孝是绝对原则，而不是对等原则，不是说父慈而后子孝，而是不管父慈与不慈，孝是作为人子必须履行的道德责任。

二、《孟子辨疑》对《孟子大全》之补正

崔象龙《孟子辨疑》在广泛征引前贤训诂成果的基础上，以按语的形式提出个人观点，在训诂学方面有一定的学术价值。

如《孟子·滕文公上》曰：

> 盖上世尝有不葬其亲者。其亲死，则举而委之于壑。他日过之，狐狸食之，蝇蚋姑嘬之。其颡有泚，睨而不视。夫泚也，非为人泚，中

① 崔象龙：《孟子辨疑》，张立文、王国轩总编纂：《国际儒藏·韩国编·四书部》，《孟子卷》第3册，第705页。

心达于面目。盖归反蔂梩而掩之。掩之诚是也，则孝子仁人之掩其亲，亦必有道矣。①

本章孟子推想原始丧葬之兴起，乃源于孝子事亲之真情，无甚难解之处。只是在于“归反蔂梩而掩之”之“归”字上，出现了异解，崔象龙征引其文曰：

沙溪《辨疑》曰：退溪曰：“归，归其家也。”愚谓归，归尸处也。若以此谓归家取器而反于尸处，违文理，背注意。

按：上文既曰“他日过之”，则已至尸处矣，恐不可曰归尸处也。若曰归其家，则反字当作“反取”之意，而集注释“反”谓“覆”，则归家而何以覆其尸乎？然以见尸泚颡而言，则不得不以“归”为“归家”也。且不归家而何以作蔂梩乎？且以“反”谓“掩覆”之“覆”，则与下掩字意叠而不通。若作“重覆”之意看，则盖言既弃之尸，重以蔂梩而掩之也，与“掩覆”之“覆”不同。小注以上覆字如字读，而下覆字乃言敷救反，其以是耶？如此说，则退溪训似是，而大抵此句多未晓。②

崔象龙与金长生的分歧在于，金长生认为归是归于尸体处，崔象龙认同李滉的观点，认为归是归于家。依照赵岐的注释：“蔂梩，笼臿之属，可以取土者也③”。应该是归于家取埋葬工具，然后回到尸体处，将亲人尸体掩埋。如杨伯峻译文所言：“回家去取了锄头畚箕再把尸体埋葬了。”④如果赞同赵岐的观点，那么李滉、崔象龙归家之说可以成立。然而，金长生的观点则更近于朱熹，朱熹注曰：

反，覆也。蔂，土笼也。梩，土舆也。于是归而掩覆其亲之尸，此

① （宋）朱熹：《四书章句集注》，第266页。

② 崔象龙：《孟子辨疑》，张立文、王国轩总编纂：《国际儒藏·韩国编·四书部》，《孟子卷》第3册，第701页。

③ （清）焦循：《孟子正义》，第404页。

④ 杨伯峻：《孟子译注》，第125页。

葬埋之礼所由起也。①

朱熹把“反”解释为“覆”，即掩埋的意思。且下句“归而掩覆其亲之尸”，明显是说回到尸体之处，所以金长生对李滉的质疑是有道理的。当然，归家还是归至尸体处，都是为了掩埋其亲，孟子借此说明丧礼的起源，归的两种解释都无伤此主旨。但是，在如此细微之处，朝鲜儒者锱铢必争的学术态度，也令人敬佩。

又如《孟子·尽心上》：

孟子曰：“仁言，不如仁声之入人深也。善政，不如善教之得民也。善政民畏之，善教民爱之；善政得民财，善教得民心。”②

崔象龙曰：

按：“得民”下恐当有深字。政既善，则非不得民，而但不如善教之得之深。如是看，方与上节之意合，而亦得孟子本意。下文虽言善政得民财，而得民财者岂不得民心乎？是以孟子尝言三代之得民，而所欲与之聚之，则孟子岂言善政之只得财而不得心也？但不如善教之得之深也。故以民财言政，以民心言教尔，此不可不察也。③

崔象龙认为从修辞与义理两个方面都可以推测出，“得民”下当有“深”字。从修辞学角度而言，“不如善教之得民深也”与上句“不如仁声之入人深也”，句法相同。从义理角度而言，善政未必不能得民，善教与善政均能得民，只是得民之程度善政不如善教，因此，得民是程度深浅问题，而不是有无问题。从这两个方面来看，崔象龙的观点有其合理性，然而也有添字解经之弊，毕竟尚无证据证明“深”字是脱文。

再如《孟子·告子下》：

① （宋）朱熹：《四书章句集注》，第267页。

② （宋）朱熹：《四书章句集注》，第360页。

③ 崔象龙：《孟子辨疑》，张立文、王国轩总编纂：《国际儒藏·韩国编·四书部》，《孟子卷》第3册，第719页。

鲁欲使乐正子为政。孟子曰："吾闻之，喜而不寐。"

公孙丑曰："乐正子强乎？"

曰："否。"

"有知虑乎？"

曰："否。"

"多闻识乎？"

曰："否。"

"然则奚为喜而不寐？"

曰："其为人也好善。"

"好善足乎？"

曰："好善优于天下，而况鲁国乎？夫苟好善，则四海之内，皆将轻千里而来告之以善。夫苟不好善，则人将曰：'訑訑，予既已知之矣。'訑訑之声音颜色，距人于千里之外。士止于千里之外，则谗谄面谀之人至矣。与谗谄面谀之人居，国欲治，可得乎？"①

朝鲜时代儒者关于本章争议的关键细节在"则人将曰"之"人"所指为谁，他们普遍不认同朱熹，尤其是辅广的观点，朱熹对"訑訑"的注释直接沿用赵岐之注，其曰：

訑訑，自足其智，不嗜善言之貌。②

辅广注曰：

庆源辅氏曰："世间此等人亦甚多。然其所谓智者，是乃所以为愚也。然原其始，则起于予既已知之之意萌于中而已，可不畏乎？"③

虽然朱熹、辅广没有明言"人将曰"之人为谁，但是根据其注释语气推测，则应该是指孟子所言"不好善"之人。崔象龙不认同这个观点，其曰：

① （宋）朱熹：《四书章句集注》，第353—354页。

② （宋）朱熹：《四书章句集注》，第354页。

③ （明）胡广等纂修，周群、王玉琴校注：《四书大全校注》，第1018页。

人将曰：訑訑。

沙溪曰："'人将曰'之'人'，指不好善之人，非他人也。"张溪谷曰："但若然，则人字、曰字皆不妥帖。好善、不好善之人，皆指上之人，好善则四海之内如彼，不好善则人将曰如此云尔。若以人字为不好善之人，则上下文势不成说话。其间着则字，可乎？且曰字不当在人字下，而当在'訑訑'之下矣。"愚谓溪谷说似是。本文之声音颜色四字，集注貌之一字，皆以他人所知上说。①

崔象龙认同张溪谷（名张维）的观点，认为此人不是"不好善"之人，乃是他人，后面的"訑訑，予既已知之矣"，也是他人复述的"不好善"之人的言论。杨伯峻将此译为"那别人会（模仿他的话）说：'呵呵！我早已都晓得了'"②。崔象龙的无疑是正确的，可是他对于金长生有误解，其实首先提出这个观点的正是金长生，金长生《孟子辨疑》曰：

按：若如辅氏说，则人字、曰字、予字、知字皆属不好善之人。郑子容云："曾闻于尹海平，其见亦然。"张持国曰："辅氏说诚是，但若然，则人字、曰字皆不妥帖。"或曰：辅注非是。上下章"好善、不好善"，皆指为政者言也。好善，则四海之内如彼；不好善，则人将曰如此云耳。若以人字为不好善之人，则不成文势。苟如此说，则其间何必着则字乎？且"曰"字不当在"将"字下，而当在"訑訑"之下矣。③

两相对照，就不难发现崔象龙的引文不全，且有杂糅之处。金长生征引了郑弘溟、张维的观点，又在"或曰"里提出了个人的观点。崔象龙把本属于金长生的"或曰"误认为是张维的观点，以至于埋没了金长生的贡献。

① 崔象龙：《孟子辨疑》，张立文、王国轩总编纂：《国际儒藏·韩国编·四书部》，《孟子卷》第3册，第717页。

② 杨伯峻：《孟子译注》，第275页。

③ 金长生：《孟子辨疑》，张立文、王国轩总编纂：《国际儒藏·韩国编·四书部》，《孟子卷》第1册，第183页。

其实，在崔象龙之前的学者，都没有此误解，几乎都能准确地把此处训诂成就归在金长生身上，如李惟泰《孟子答问》曰：

问："訑訑，予既已知之"，小注庆源辅氏以为"予既已知之之意萌于中"，是以予为不好善之人。

答："非是。见《辨疑》。"①

李惟泰去世时崔象龙还未出生，因此，此处《辨疑》乃是金长生《孟子辨疑》，而非崔象龙《孟子辨疑》。金榦《孟子札记》也承认金长生之贡献，关于这一段的训诂，全部照录金长生《孟子辨疑》的内容②。时隔多年之后，崔象龙重新提起这个问题，也有其价值，在崔象龙之后，对于此"人"的训诂，基本上就再无异词了，如石禹钟《孟子讲义》曰：问："人将曰'訑訑，予(其)［既已］知之'章，小注辅氏以此人字属不好善之人。此其然乎？盖人字指外人也，非不好善之人也。辅说恐误。"③

训诂之外，崔象龙在义理方面对《孟子大全》亦有补正。如《孟子·尽心上》曰：

孟子曰："人之有德慧术知者，恒存乎疢疾。独孤臣孽子，其操心也危，其虑患也深，故达。"④

《孟子大全》载辅广注曰：

德之慧，谓慧德也，与昏正相反；术之知，谓知术也，与愚正相反。⑤

崔象龙曰：

---

① 李惟泰：《孟子答问》，张立文、王国轩总编纂：《国际儒藏·韩国编·四书部》，《孟子卷》第1册，第364页。

② 金榦：《孟子札记》，张立文、王国轩总编纂：《国际儒藏·韩国编·四书部》，《孟子卷》第1册，第705页。

③ 石禹钟：《孟子讲义》，张立文、王国轩总编纂：《国际儒藏·韩国编·四书部》，《孟子卷》第4册，第257页。

④ （宋）朱熹：《四书章句集注》，第361页。

⑤ （明）胡广等纂修，周群、王玉琴校注：《四书大全校注》，第1033页。

集注以慧谓德之通敏，以智谓术之觉悟，而辅氏反以慧知为德术之本，似未然。且孟子以知言而辅氏以智言，可乎？德恐以心言，术恐以事言。①

朱熹注释曰："德慧者，德之慧。术知者，术之知。"② 朱熹的这个注释很模糊，辅广对于朱熹注释的阐释也是搅扰不清，崔象龙对此有所批评，崔象龙提出"德"是内在的道德，发源于心；"术"是外在的行为，因事而显。这个认识是把"德慧术知"作为四种不同的品德，避免了朱熹与辅广的模糊之言，有其合理之处。其实，赵岐就已经这样认识，赵岐注曰："人所以有德行、智慧、道术、才智者，在于有疢疾之人，疢疾之人又力学，故能成德。"③ 杨伯峻也是把"德慧术知"译为"道德、智能、本领、知识"④。

崔象龙对《孟子大全》的补正也并非毫无瑕疵，在一些篇章的阐释方面，崔象龙就存在不如《孟子大全》，甚至是错误的地方。比如《孟子·尽心上》曰：

孟子曰："杨子取为我，拔一毛而利天下，不为也。墨子兼爱，摩顶放踵利天下，为之。子莫执中，执中为近之，执中无权，犹执一也。所恶执一者，为其贼道也，举一而废百也。"⑤

孟子本章论述了行仁的道德实践应该符合中庸之道。杨朱主张即使拔一根毫毛而对天下有利，都不去做。只知有己而不知有人，这种极端的个人主义，不肯为国家之事贡献力量，在行仁方面是不及，是孟子所言无君。墨子主张兼爱，即使磨秃头顶，磨破脚跟，只要有利于天下，都会去做。墨子爱无偏差，无法体现亲亲之仁的道德优先性，无法彰显父母的尊崇地位，

---

① 崔象龙：《孟子辨疑》，张立文、王国轩总编纂：《国际儒藏·韩国编·四书部》，《孟子卷》第3册，第719页。

② （宋）朱熹：《四书章句集注》，第361页。

③ （清）焦循：《孟子正义》，第902页。

④ 杨伯峻：《孟子译注》，第285页。

⑤ （宋）朱熹：《四书章句集注》，第364页。

在行仁方面是过，是孟子所言无父。过与不及，程度虽有不同，但无父无君，皆非中庸之道。《孟子大全》注“杨子取为我”曰“此失之不及”，深得孟子本旨，崔象龙却有反驳，其曰：

“杨子取为我”小注曰：此失之不及。

按：杨之为我，分明过也。朱子以孟子所谓“可以取，可以无取”，取谓不及，则为我之病失于不取矣，其非过乎？先儒以隐士为过，仕者为不及，则为我之病在于不仕矣，其非过乎？徒见子莫之执中，遂以杨为不及，以墨为太过。然子莫之执，非执过不及之中也，是执两边皆过之中。如东亦过，西亦过，而取东西之中也，故朱子曰“不敢为杨朱之深”，深字其不类过字乎？①

崔象龙上述之言有两个错误，其一，“杨子取为我”之“取”，是“主张”之意②，而非“可以取，可以无取”之“取”，后一个“取”字是“索取”之意，二者差异甚大。其二，崔象龙说子莫执中，是执两者皆过之中，即杨朱与墨子在行仁方面同属于过，而不是执过与不及之中。从文法修辞角度，细查孟子本旨，子莫之执中，正是执过与不及之中。如唐文治所言：

“执中”二字，见于古书。此“执”字非固执之“执”，乃操执之“执”。言执乎过与不及之中也，贵乎有权以审度之。③

如上所论，崔象龙将杨朱之失界定为过，不符合孟子本旨。崔象龙不迷信《孟子大全》，实事求是地指出其错误并加以补正，有其学术贡献。当然，崔象龙对于《孟子大全》之批评补正也有失之细碎之弊，甚至是错误之处，这也是崔象龙《孟子辨疑》之白璧微瑕。

---

① 崔象龙：《孟子辨疑》，张立文、王国轩总编纂：《国际儒藏·韩国编·四书部》，《孟子卷》第3册，第720页。

② 杨伯峻：《孟子译注》曰：“《老子》云：‘取天下常以无事；及其有事，不足以取天下。’又云：‘以正治国，以奇用兵，以无事取天下。’诸‘取’字当作‘治’字解。《孟子》此‘取’字亦当训‘治’，故译为‘主张’。”第290页。

③ 唐文治：《孟子大义》，第478页。

三、崔象龙“诲曰”中的布衣儒学

从著述体例上来讲，崔象龙《孟子辨疑》主要有两种体例：对于《孟子大全》的补正或者与前贤观点的商榷，崔象龙通过按语的体例阐发个人观点；另外一种是继承了语录体学术著作的体例，对于友生提出的疑问，崔象龙以“诲曰”的体例进行回答。按语体例主要用于训诂等方面，“诲曰”则重点在于义理阐发，因崔象龙一生未曾出仕，以布衣教授生徒，故此在“诲曰”之中，也彰显出崔象龙的布衣儒学精神。

首先，固守华夷之辨，抵制天主教之学术冲击。

16世纪末17世纪初，天主教传入朝鲜半岛，历经两个多世纪的发展，至崔象龙的时代，天主教的影响力很大，对儒家学术造成了极大的冲击。崔象龙等学者，主动从儒家学术传统中发掘出华夷之辨的古老传统，以此应对天主教的学术冲击。崔象龙的著作就有此学术现实功用，如崔益铉《凤村集序》曰：

> 使东韩全幅，于中于外，得如公者数人，为之师表导率，修明彝教，则我殷师数千年衣裳礼义之俗，必不入于西洋禽兽之域矣。①

崔象龙也将华夷之辨的思想用来阐释《孟子》，如《孟子·梁惠王下》曰：

> 滕文公问曰：“滕，小国也，间于齐楚。事齐乎？事楚乎？”
>
> 孟子对曰：“是谋非吾所能及也。无已，则有一焉：凿斯池也，筑斯城也，与民守之，效死而民弗去，则是可为也。”②

崔象龙《孟子辨疑》曰：

> 问：孟子答齐宣王交邻之问，而以小事大谓之畏天；于滕文公事齐楚之问，不许其事某国，而告之以效死守之。前后之义恐相径庭。

① 崔益铉：《勉庵先生文集》卷17《凤村集序》，《韩国文集丛刊》第325册，第420—421页。
② （宋）朱熹：《四书章句集注》，第225页。

诲曰："以小事大，虽是智者畏天之事，而如滕之于齐楚，则交受其伐，虽欲事之而不可得，故但告以筑城凿池。盖到末如何处，只得如此自守，可也。然其有命有义而安之者，亦是智者事，而不害为畏天。前后之说，岂相径庭哉？"又诲曰："楚，蛮夷之国；齐，冠带之国。孟子何不告之以事齐乎？"①

本章滕文公向孟子咨询了一个迫切需要解决的现实问题，滕国是小国，处在齐国与楚国之间，在列国兼并之际，滕国随时都面临被齐楚吞没的危险。滕文公欲在齐楚之间作出选择，希望孟子给予建议。孟子深知作为弱小的滕国，很难幸免，但是滕文公将祖宗基业拱手让出的不负责任之举，孟子更不认同。孟子认为，滕国当务之急不是投降，而是要高筑城墙、深挖护城河，得滕国之地利，加强工事防护。另外，还要推行王道，争取民心，与百姓一同死守，得滕国百姓之民心。如果百姓宁死不屈服，宁死不迁徙，那么滕国才有徐图自强的可能性。滕文公亡国之忧是迫在眉睫，孟子的建议在短时间内难以奏效，以至于孟子被人讥讽为迂阔。其实孟子所言是治国常道，不可以迂阔之论而视之。崔象龙认同孟子对滕文公之答复，且更进一步，认为如果确实需要选择一方作为投降对象，崔象龙建议滕文公选择齐国而远离楚国，因为楚国是蛮夷之国，而齐国是冠带之国。崔象龙以华夷之辨之传统，阐发滕文公所言之政治现实问题，很显然，这不仅是一个政治问题，也是一个学术认同问题，在朝鲜时代后期天主教盛行之际，崔象龙认同儒家思想，并以华夷之辨来抵制天主教之思想冲击。

其次，重视孝悌，建构家庭伦理。

儒家思想特别重视孝悌之道，以至于把孝敬父母与尊敬兄长视作为仁之根本，孝道又是家庭伦理的根本所在，孔子以来，历代儒家无不对孝道重

① 崔象龙：《孟子辨疑》，张立文、王国轩总编纂：《国际儒藏・韩国编・四书部》，《孟子卷》第 3 册，第 693 页。

视有加。《孟子》一书阐发孝道者甚多，尤其是通过大舜与瞽瞍这对特殊父子关系而论述之。如《孟子·离娄上》曰：

> 孟子曰："天下大悦而将归己。视天下悦而归己，犹草芥也，惟舜为然。不得乎亲，不可以为人；不顺乎亲，不可以为子。舜尽事亲之道而瞽瞍厎豫，瞽瞍厎豫而天下化，瞽瞍厎豫而天下之为父子者定，此之谓大孝。"①

大舜身处于父子伦理困境之中，其父瞽瞍梗顽不慈，难以感化。大舜为孝子，虽贵为天子，富有四海，百姓悦服，然而不能不得瞽瞍的欢心，大舜依然将此等名位财富视如草芥。大舜尽心竭力侍奉瞽瞍，瞽瞍终于被感化。瞽瞍变得高兴起来，大舜孝亲之心才得到安定，天下之风俗也因此而转移，父子伦常也因大舜之表率而从者云集。瞽瞍之梗顽尚且能被大舜孝心所感，罗仲素就提出"只为天下无不是底父母"，这一主张影响很大，也引起了崔象龙师徒的讨论：

> 问：罗仲素之言以为无不是底父母，而不见其不是矣。不见其非，而何以为争子乎？
>
> 诲曰："见"字与"知"字有异。见者，非之之心留滞于心者也。父母有过，不可不知，知便谏，谏便忘。有过之前，视以贤父母；既谏之后，又视以贤父母。所谏之非，归之于偶然、适然。诚如是也，虽日日谏争，自不害为不见其不是矣。②

崔象龙认为，人非圣贤，孰能无过？父母也不可能不犯错误，孝子面对父母之过，不能不知，不知是不明，不明则不能谏，不算是孝子。崔象龙还进一步指出，知与见不同，见有苛察之失，对于父母之过常怀腹诽之念，势必导致对父母之不敬，也是不孝行为。所以，对于父母之过，要能知能谏，知过之前视父母为

① （宋）朱熹：《四书章句集注》，第 293 页。

② 崔象龙：《孟子辨疑》，张立文、王国轩总编纂：《国际儒藏·韩国编·四书部》，《孟子卷》第 3 册，第 707 页。

贤父母，父母接受谏言改过迁善，视父母仍为贤父母，如此方才是孝子。

《孟子》一书中“周公诛管蔡”的内容，就涉及长幼伦常关系问题，《孟子·公孙丑下》曰：

> 燕人畔。王曰：“吾甚惭于孟子。”
>
> 陈贾曰：“王无患焉。王自以为与周公，孰仁且智？”
>
> 王曰：“恶！是何言也？”
>
> 曰：“周公使管叔监殷，管叔以殷畔。知而使之，是不仁也；不知而使之，是不智也。仁智，周公未之尽也，而况于王乎？贾请见而解之。”
>
> 见孟子问曰：“周公何人也？”
>
> 曰：“古圣人也。”
>
> 曰：“使管叔监殷，管叔以殷畔也，有诸？”
>
> 曰：“然。”
>
> 曰：“周公知其将畔而使之与？”
>
> 曰：“不知也。”
>
> “然则圣人且有过与？”
>
> 曰：“周公，弟也；管叔，兄也。周公之过，不亦宜乎？且古之君子，过则改之；今之君子，过则顺之。古之君子，其过也，如日月之食，民皆见之；及其更也，民皆仰之。今之君子，岂徒顺之，又从为之辞。”①

孟子回答陈贾的质疑之词比较简略，以至于引起了后世的争论，崔象龙弟子认为周公对于他人皆有知人之明，但是对于管叔，其智慧却被亲情干扰，不能预先察知管叔之恶，并以此问题向崔象龙发问：

> 问：若使周公在他人，则必知其将畔，而以兄弟故不知其将畔，似近于蔽于私。
>
> 诲曰：管叔未论其才智如何是《麟之趾》所谓“振振公子”之一也，

① （宋）朱熹：《四书章句集注》，第249页。

其仁厚可想。周公以兄弟之至情，何以知他日之将畔乎？此其所以使之监殷，而终归于有过之地。然其过也，乃宜也，非异也。虽在他人罪恶未彰之前，亦难逆料而预处之，故尧之于四凶，亦容其俱在于服事之列，大禹所谓"知人则哲，惟帝其难之"者，又非以是耶？孟子非谓在他人则可逆探未形之恶，是岂有蔽于私之嫌乎？①

崔象龙认为周公待人以至诚，不会以恶意揣测他人，而且他人罪恶未曾暴露之时，虽在圣贤，亦无从预见，无法预防。更何况，管叔是周公之兄，早年因才德而被列入"振振公子"之中。周公无论如何难以逆料其兄之反叛，本着亲亲之仁、孝悌之道，周公也不忍心逆料其兄之反叛。兄弟阋于墙，是人伦之大不幸，周公秉持至诚之心，固守孝悌之道，管叔之反叛实出其意料之外，并非蔽于亲情而无从用其智。崔象龙于此等处辨析入微，不仅于学术探讨有深入之功，亦可将此运用到家庭伦理建构之中，有助于营造父慈子孝、兄友弟恭之和谐家庭关系。

最后，弘扬师道，重视延续儒家道统。

师道亦为历代儒家所尊奉，从身份认同方面来说，儒者一般都兼有师者的身份。师生之间是慧命之延续，如果说父子是自然生命的传承，那么师生就是文化生命的传承，儒家道统的传承有序，一定程度上也与历代儒者推崇师道有密切关系。韩愈《师说》是重振儒家文化的宣言，宋代以后中国"天地君亲师"的信仰遍布寰宇，这都显示出中国文化对于师道的推崇。这种尊师重道的传统可以溯源到《论语》《孟子》。《孟子 · 滕文公上》记载子贡在孔子去世之后，守丧六年的感人之举：

昔者孔子没，三年之外，门人治任将归，入揖于子贡，相向而哭，皆失声，然后归。子贡反，筑室于场，独居三年，然后归。②

① 崔象龙：《孟子辨疑》，张立文、王国轩总编纂：《国际儒藏 · 韩国编 · 四书部》，《孟子卷》第 3 册，第 699 页。

② （宋）朱熹：《四书章句集注》，第 264 页。

崔象龙师徒围绕此章亦有探讨，其曰：

问：子贡之事，果合于中道，则诸子之去，似自处以慕圣之不及；诸子之去为是，则子贡之独居恐似过中。

诲曰：子贡之独居，非更服心丧也，慕圣之切而不忍便去耳。岂可以过中言之乎？诸子则其慕圣人之切固未必及此，而各有事，故如曾子过子贡远矣，急于归养，遂去之，是亦皆中道也。吾无间然。然每想子贡独居心事，令人感发更深。①

崔门弟子的问题比较尖锐，是把守丧六年的子贡与守丧三年的其他孔门弟子对立起来，如果子贡符合中庸之道，那么其他弟子则是不及，反之，若是其他弟子符合中庸之道，子贡守丧六年则是过乎中庸之道。崔象龙认为，孔子去世之后，弟子以父丧三年之礼为孔子守丧，已经足以表达对孔子的深沉思慕之情，也足以彰显孔子作为师长的人格魅力。因此，孔门弟子守丧三年符合中庸之道，况且有些弟子迫于生计，有些亲老需要供养，故此相继离开，也是尽了师礼。子贡家资饶富，无事缠身，故能再守丧三年。崔象龙强调，子贡之守丧六年不为多，其他弟子之守丧三年不为少，均是缘起于对孔子高尚人格的思慕之情。然而，子贡守丧六年的壮举，依然引起了崔象龙的无比敬仰之情。因为在子贡身上，崔象龙看到了尊师重道的可贵精神。

崔象龙终身不仕，一生以布衣教授生徒，他的布衣身份也决定了解经的不同视野。因为不在庙堂之上，所受限制较少，故能以较为灵活之方式阐释《孟子》，并且对于官方《孟子》学权威之作《孟子大全》方能本着实事求是之态度，指陈其缺憾，补正其过失。作为布衣的崔象龙对于孟子的哲学论述较少，而对于孟子的伦理学则重点论述，体现出将孟子伦理学内化到人伦日用中的布衣儒学精神。

① 崔象龙：《孟子辨疑》，张立文、王国轩总编纂：《国际儒藏·韩国编·四书部》，《孟子卷》第 3 册，第 701 页。

第三节　诂经新体与商量旧学：申教善《读孟庭训》研究

申教善（1786—1858），字祖卿，号湋泉。申教善出身名门望族，申氏出于谷城，高丽元勋太师申崇谦殉身救主，赐籍平山，遂为平山人。朝鲜时代，申氏家族象村先生申钦官至领议政，是国之重臣，死后配食仁祖庙庭。其子申翊圣，尚宣祖第三女贞淑公主，封东阳尉。此后几代人皆为显宦，申教善之父申龟朝，为弘文馆应教，受到正祖的宠幸知遇，正祖驾崩之后，申龟朝隐居不出。申教善虽然出身仕宦之家，少有才名，可是在科举上却屡试不中，遂绝意仕进，闭门读书，奉养其父。关于申教善的交游与学术造诣，朴珪寿《处士湋泉申公墓志铭》言之甚详，其辞曰：

> 应教公既闭门闲居，公怡愉忠养，花竹图史，以供娱乐，与孺人竭力滫旨，岁时伏腊，奉觞尽欢。应教公悠然自得，不知其见摈于世者十有余年。及应教公卒，世父参判公爱公逾己子，而相继下世。公遂归于斗陵丙舍，穷山寥栗，环堵萧然，处之怡如。专攻经术，诵读钞写，日夜不辍。盖饭疏饮水者三十八年，未尝一日不对卷帙，而于四子书能自得师，尤用力于《尚书》，研几精深，胸次坦夷，持论公平。教子弟循循格言，皆可为后人训也。平昔交游，多一时名宿，而台山金公迈淳契最深，以道义相切劘，每扁舟相逢，联枕卧数日夜，商论古今。……公所著诗文有《湋泉存稿》若干卷，所治经传，有《读孟庭训》七卷、《尚书札录》若干卷，草稿未成书累数百卷。①

据此可知，申教善与金迈淳交往密切，学术方面的成就主要是《四书》学与《尚书》学，学术著作有《尚书札录》《湋泉存稿》等，关于《孟子》的著

① 朴珪寿：《瓛斋先生集》卷5，《韩国文集丛刊》第312册，第392页。

作即是《读孟庭训》。关于《读孟庭训》的著述体例与学术成就，李时敏《读孟庭训序》有简明扼要的归纳，其文曰：

> 先生于家庭讲讨之余，搜罗采摭，会通折衷，小而只字半句，统而全章大旨，审核窾要，附以论说，如磁引针，如镜照物，期底于犁然理顺，洞然无疑。其深造妙诣者，非架叠床屋也；其精思明辨者，非横生枝叶也，究为孟氏之宗臣而朱门之羽翼。吁，其盛矣！先生积数十年精力，用志不分，有得必书，为此《读孟庭训》七编。如是而曰笃学，如是而曰穷理，其可谓善读《孟子》也。①

申教善此书的学术成就依然在义理学方面，基本的义理依据是朱熹《孟子集注》，也广泛汲取了蔡谟、金履祥、蔡清、吕留良、陆陇其的学术成果，对朱熹《孟子集注》有很多补正。此书比较奇怪之处在于，全书几乎没有征引任何本国学者的《孟子》学研究成果，这在朝鲜半岛《孟子》学发展史上比较罕见。

一、学术问答与诂经新体

申教善《读孟庭训》的著述体例是问答体，围绕《孟子》具体问题展开学术问答，其体例类似于黎靖德编纂的《朱子语类》。尽管都是学术问答体，但是《读孟庭训》与《朱子语类》又有所不容，《朱子语类》一般都是朱门弟子或朱熹朋友提出问题，朱熹作出解答；《读孟庭训》问题的提出者没有明确的身份指向，而是笼统地以“问”提出问题，是一种设为学术问题体例，这些学术问题有可能是学生提出的，但是多数问题应该是申教善自已拟定的，至于回答这些问题的“翁曰”之“翁”自然是申教善本人。从《读孟庭训》的著述体例来说，这种设为经学问答的体例在《孟子》学发展史上尚不

① 申教善：《读孟庭训》，张立文、王国轩总编纂：《国际儒藏·韩国编·四书部》，《孟子卷》第4册，第3页。

多见，可以说是一种诂经新体，体例有创新之处，《读孟庭训》所讨论的学术问题，依然是关于《孟子》学的基本问题。因此，《读孟庭训》可以说是诂经新体与商量旧学的结合体。

诚如李时敏《读孟庭训序》所言，《读孟庭训》学术问答之内容包罗甚广，小到字词训诂，大到全章大旨，均有涵摄。

字词训诂方面，如《孟子·梁惠王下》：

> 滕文公问曰："齐人将筑薛，吾甚恐。如之何则可？"
>
> 孟子对曰："昔者大王居邠，狄人侵之，去之岐山之下居焉。非择而取之，不得已也。苟为善，后世子孙必有王者矣。君子创业垂统，为可继也。若夫成功，则天也。君如彼何哉？强为善而已矣。"①

此章提到"邠"地，朱熹注曰："邠与豳同。"② 顾炎武《日知录》卷一《孟子字样》较早关注到"邠"与"豳"之异同，申教善对此字的考证，几乎全部借鉴了顾炎武的观点，以表格形式呈现两者关系如下：

表 4　顾炎武《日知录》、申教善《读孟庭训》"邠""豳"考释异同

顾炎武《日知录》	申教善《读孟庭训》
《九经》《论语》皆以汉石经为据，故字体未变。《孟子》字多近今，如知多作智，说多作悦，女多作汝，辟多作避，弟多作悌，疆多作强之类，与《论语》异，魏晋以下之传录也，然则石经之功亦不细矣。《唐书》言邠州故作豳，开元十三年以字类幽，故为邠，今惟《孟子》书用邠字。③	问：太王"居邠"、"去邠"之"邠"，即是豳字。而惟《孟子》书用以邠字，何耶？ 翁曰：《唐书》，邠州故作"豳"，开元十三年，以字类"幽"，故改为"邠"。然则《孟子》之书已用邠字，殊可疑。《孟子》之书或改刊于开元十三年以后，而追易以"邠"欤？④

① （宋）朱熹：《四书章句集注》，第 225 页。

② （宋）朱熹：《四书章句集注》，第 225 页。

③ （清）顾炎武著，黄汝成集释：《日知录》上海古籍出版社 2006 年版，第 444 页。

④ 申教善：《读孟庭训》，张立文、王国轩总编纂：《国际儒藏·韩国编·四书部》，《孟子卷》，第 4 册，第 19 页。

顾炎武认为《孟子》用字喜用今字，从地名学角度而言，豳与邠所指为一地，豳是古地名，邠是唐开元十三年以后所改。其实不然，如翟灏《四书考异》曰：

《说文》"邠"字下云："周太王国。重文作豳。"是邠实古字。《汉书·匡衡传》疏："大王躬仁邠国，贵恕已用之。"师古注云："邠即今豳州。"师古尚在开元前，得云传录变乎？"①

申教善沿袭了顾炎武的判断，进一步指出，古本《孟子》应该是"豳"，开元十三年之后，受唐代改豳州为邠州的影响，新刊刻的《孟子》就将"豳"改为"邠"。参考翟灏《四书考异》就不难发现，顾炎武、申教善的判断是错误的。另外，从《孟子》学论著东传方面来说，翟灏《四书考异》与焦循《孟子正义》在朝鲜半岛的传播范围有限，影响力不是特别大，申教善可能没有看到翟灏与焦循等汉学家的考证成果。

申教善在训诂方面的问答，再如《孟子·离娄上》："诗曰：'天之方蹶，无然泄泄。'泄泄，犹沓沓也。"申教善《读孟庭训》训释"泄泄"曰：

问："泄泄，犹沓沓也。"泄泄是古之方言，沓沓是时之方言也；故孟子解其义，曰"泄泄，犹沓沓也"欤？

翁曰：泄泄、沓沓，皆古语也。虞伯生云："唐虞之臣师师，三代之臣謇謇，隆周之臣蔼蔼，衰周之臣泄泄，战国之臣沓沓。"以此说观之，泄泄是周时人语，沓沓是战国时人语。故集注曰"孟子时人语如此"。②

申教善所征引虞伯生之言见于陆陇其《四书讲义困勉录》，申教善认同朱熹、陆陇其的观点，认为泄泄是周朝时之方言，而沓沓是战国时方言，《诗经》成书年代较早，语词古奥，战国时人不易理解，故孟子以时下之言释之，

---

① （清）焦循：《孟子正义》，第 161 页。

② 申教善：《读孟庭训》，张立文、王国轩总编纂：《国际儒藏·韩国编·四书部》，《孟子卷》第 4 册，第 70 页。

申教善的这个训释是符合语言学实际的。

在孟子生平事迹方面，申教善也有较为深入的探讨，如孟子是否幼年丧父的问题。《孟子·梁惠王下》曰：

> 乐正子入见，曰："君奚为不见孟轲也？"
>
> 曰："或告寡人曰'孟子之后丧逾前丧'，是以不往见也。"
>
> 曰："何哉君所谓逾者？前以士，后以大夫；前以三鼎，而后以五鼎与？"
>
> 曰："否。谓棺椁衣衾之美也。"
>
> 曰："非所谓逾也，贫富不同也。"①

本章争论的一个焦点问题就是孟子葬母的标准高于葬父，通过本章不难看出，孟子丧父在前，丧母在后，但是孟子之父丧于何时，历来学者多有争论。申教善的观点如下：

> 问：孟子夙丧其父，幼被慈母三迁之教，见《孟子题辞》。则其前丧在孟子幼时，棺椁衣衾惟孟母主之。乐正子何不举此实状，一言以破惑，而乃以三鼎五鼎、贫富不同等语，费辞以对耶？
>
> 翁曰：孟母三迁之教见于《列女传》。赵氏据此而意其早孤也，故有慈母之教，乃谓之夙丧其父。然或父远离而母教子者有之，或父病老而母教子者亦有之，而况孟母之贤哲迥出寻常，则其父虽在，岂不任其教子乎哉！迁舍而处仁，断机而劝学，遂成大儒，则天下之人咸称其慈母之教而已，其父之在不在，谁复知之？孟子早孤之说不见于经传，不可以赵氏一言，遽信以为然也。②

申教善指出，尽管刘向《列女传》记载了孟母三迁教子的故事，但是这则记载并不能证明孟子幼年丧父。疑点有两个：

---

① （宋）朱熹：《四书章句集注》，第226—227页。

② ［韩］申教善：《读孟庭训》，张立文、王国轩总编纂：《国际儒藏·韩国编·四书部》，《孟子卷》第4册，第19—20页。

第一，孟子之父有可能外出谋生，或因老病不能教子。

第二，孟母是非常贤德的母亲，即使孟子之父健在，也不影响孟母教子。而且申教善也反对赵岐《孟子题辞》的观点，赵岐曰："孟子生有淑质，夙丧其父，幼被慈母三迁之教。"① 根据清代学者周广业的考证，孟子丧父是在四十岁以后，与其丧母时间相去不远。周广业《孟子出处时地考》曰：

> 赵氏《题辞》云："孟子生有淑质，夙丧其父，幼被慈母三迁之教。"及注后丧逾前丧云："孟子前丧父约，后丧母奢。"前后虽无定时，然以士大夫三鼎五鼎之言推之，相隔必不甚久远。《礼》曰："丧从死者，祭从生者。"祭以三鼎，则孟子丧父，在为士之后甚明，其时年盖四十余矣。《题辞》所谓夙丧者，亦以父先母没耳，非必幼孤也。陈镐《阙里志》、薛应旂《四书人物考》遂谓孟子三岁丧父，考《韩诗外传》《列女传》俱无此说。且《列女传》载孟母断机事云："绩织而食，中道废而不为，宁能衣其夫子，而长不乏粮食哉！"观此言则非嫠恤可知，后人殆因孟父无闻，妄为说耳。夫士及三鼎，断非襁褓间事，且去丧母五六十年，鲁人亦何从知其前后丰俭悬绝，而臧仓得以行其毁鬲邪？王复礼曰："若前丧在三岁，则丰啬非所自主，仓安得谮之？"盖孟父实未尝卒，其三迁断机，或者父出游，慈母代严父耳。"②

周广业所征引王复礼之言，即是申教善问题中内容，申教善考证的结论与周广业类似，都认为赵岐《孟子题辞》所言孟子"夙丧其父"失之武断，缺少文献依据，也不符合人情常理。

在章旨方面，申教善也能在前人学术成果的基础上，提出个人的新见。如《孟子·滕文公下》：

① （清）焦循：《孟子正义》，第7页。

② （清）焦循：《孟子正义》，第7页。

匡章曰："陈仲子岂不诚廉士哉？居于陵，三日不食，耳无闻，目无见也。井上有李，螬食实者过半矣，匍匐往将食之，三咽，然后耳有闻，目有见。"

孟子曰："于齐国之士，吾必以仲子为巨擘焉。虽然，仲子恶能廉？充仲子之操，则蚓而后可者也。夫蚓，上食槁壤，下饮黄泉。仲子所居之室，伯夷之所筑与？抑亦盗跖之所筑与？所食之粟，伯夷之所树与？抑亦盗跖之所树与？是未可知也。"

曰："是何伤哉？彼身织屦，妻辟纑，以易之也。"

曰："仲子，齐之世家也。兄戴，盖禄万钟。以兄之禄为不义之禄而不食也，以兄之室为不义之室而不居也，辟兄离母，处于于陵。他日归，则有馈其兄生鹅者，已频顣曰：'恶用是鶂鶂者为哉？'他日，其母杀是鹅也，与之食之。其兄自外至，曰：'是鶂鶂之肉也。'出而哇之。以母则不食，以妻则食之；以兄之室则弗居，以于陵则居之。是尚为能充其类也乎？若仲子者，蚓而后充其操者也。"①

根据《孟子》记载，陈仲子应该是战国时期的隐士之流，其兄陈戴位高权重，禄有万钟，陈仲子却对当时齐国的昏暗政治深致不满，认为其兄之俸禄为不义之财，拒绝接受其兄长之馈赠。其狷介自守的操守，相对于鱼肉百姓以自肥的禄蠹官员，自然算得上是廉洁之士，所以孟子许之为齐国士人之巨擘，但孟子在下文对陈仲子又有深刻的批评，二者之间似乎有矛盾之处，申教善对此有精彩的分析，其曰：

问：孟子以仲子为齐之巨擘焉，则是许其贵且大也。虽有避兄离母之失，其廉介高尚之操有足可取故欤？

翁曰：巨擘，岂是贵且大之喻欤？夫人之身体，语其贵则耳、目、鼻、口也，语其大则头、脚、腹、背也。至若手之十指，极其细微，而以

① （宋）朱熹：《四书章句集注》，第278—279页。

其中一指之稍巨者为喻，此岂贵且大之云乎？孟子曰“仲子恶能廉”，则是岂取其廉介之操耶？盖其避兄离母，大伦既废，虽有廉介之操，将安所施哉？①

申教善的阐释抓住了问题的核心，春秋战国时期，诸子百家争鸣，儒道之争也是异常激烈。《论语》一书中就记载了孔子与荷莜丈人、长沮、桀溺的论难，孟子批评陈仲子“蚓而后可”，与孔子批评荷莜丈人“欲洁其身而乱大伦”，有思想脉络的一致性。孔孟都非常重视人伦道德，具体说来就是五伦，即父子、长幼、夫妇、君臣、朋友，荷莜丈人与其子不废父子、长幼伦常，但是隐居避地，却抛弃了君臣伦常，逃避了人应该承担的社会政治责任。孟子也是从人伦角度对陈仲子进行批评，正如申教善所言，陈仲子避兄离母，离母是不孝，避兄是不悌，孝悌为仁之本。以道德之大小轻重而论之，廉洁自守远逊于孝悌之仁，陈仲子不孝不悌，虽能廉洁自守，亦是人伦有亏，故此见讥于孟子②。

申教善《读孟庭训》在朝鲜半岛《孟子》学发展史上的另一个特色，是注意到了《孟子》文学成就，在此之前，海东儒者多是对《孟子》义理成就进行阐发，论及《孟子》文法则甚少，只有杨应秀、金龟柱等少数学者关注到这一点。申教善能够比较多地论述到《孟子》的文学成就，难能可贵。如《孟子·离娄上》曰：

孟子曰：“离娄之明，公输子之巧，不以规矩，不能成方员；师旷之聪，不以六律，不能正五音；尧舜之道，不以仁政，不能平治天下。今有仁心仁闻而民不被其泽，不可法于后世者，不行先王之道也。故曰，

① 申教善：《读孟庭训》，张立文、王国轩总编纂：《国际儒藏·韩国编·四书部》，《孟子卷》第4册，第67页。

② 申教善之论亦有所本，朱熹《四书章句集注》曰：“范氏曰：‘天之所生，地之所养，惟人为大。人之所以为大者，以其有人伦也。仲子辟兄离母，无亲戚君臣上下，是无人伦也。岂有无人伦而可以为廉哉？”第279页。

徒善不足以为政,徒法不能以自行。"①

申教善《读孟庭训》阐释本章文法之妙曰:

问:本章语气,如"不以仁政"等句,句皆以反言,而不作正语,何也?

翁曰:湖南讲曰,"正言之只一语'法先王之道'便了,那有许多文字?盖非正言则不稳实,非反言则不激切。《论语》说理浑融,一两语已无剩意,故多用正语。《孟子》全是文章,有开阖顿挫之法,以逆出正意,故多用反语。"此说深见得《孟子》文章之妙,读者宜细玩。"②

申教善征引清代学者陆陇其《四书讲义困勉录》的观点,论述了本章修辞之法是以反语营造急切的表达效果,以否定性的论说方式表达肯定性的结论,申教善之言确实能得本章文法之妙。

再如,《孟子·滕文公下》曰:

公都子曰:"外人皆称夫子好辩,敢问何也?"

孟子曰:"予岂好辩哉?予不得已也。天下之生久矣,一治一乱。当尧之时,水逆行,氾滥于中国。蛇龙居之,民无所定。下者为巢,上者为营窟。《书》曰:'洚水警余。'洚水者,洪水也。"③

关于"洚水警余"及孟子自注"洚水者,洪水也",申教善《读孟庭训》曰:

问:孟子舍《尧典》"汤汤洪水方割"之文,而特引《大禹谟》"洚水儆予"之句者,何也?又曰:"洚水者,洪水也。"此人所共知而自为注释者,何也?

翁曰:《困勉录》云,"大抵因当时人只知尧时有洪水,而不知洚水

① (宋)朱熹:《四书章句集注》,第280页。

② 申教善:《读孟庭训》,张立文、王国轩总编纂:《国际儒藏·韩国编·四书部》,《孟子卷》第4册,第68页。

③ (宋)朱熹:《四书章句集注》,第275页。

之名，故又著'洚水者，洪水也'一句，不然则只引'洚水儆予'一句足矣。"此说似是。然"洚水儆予"见于《大禹谟》，则当时人岂有不知洚水之名者哉？意者古人文法亦有如是故耳。云峰胡氏曰："洚水系乎气化，而'儆予'未尝不自反而求诸人事也。所以此一乱即转而为一治也。"此说简而易晓，特引"洚水儆予"之义，其在是欤？①

陆陇其《四书讲义困勉录》认为当时人只知尧时有洪水，却不知洚水之名，所以孟子添加了注解。申教善不赞成陆陇其的观点，申教善征引胡炳文《四书通》的观点，认为孟子舍弃《尧典》"汤汤洪水方割"而征引《大禹谟》"洚水儆予"，有反求诸己的义理考虑。另外，因"洚水"一词较为生僻，孟子添加一句注释，也是为了方便与公都子对话，减少对话中的障碍。申教善进一步指出，作者自注，在先秦古书中并不罕见。申教善的这个判断是正确的，在先秦文献中，确有自注的情况，如《中庸》："仁者，人也，亲亲为大；义者，宜也，尊贤为大。"

二、《读孟庭训》对赵岐《孟子章句》之批评

赵岐《孟子章句》是现存最早最完整的《孟子》注本，在《孟子》学发展史上占据重要的学术地位，如《四库全书总目》所言：

汉儒注经，多明训诂名物，惟此注笺释文句，乃似后世之口义，与古学稍殊。然孔安国、马融、郑玄之注《论语》，今载于何晏《集解》者，体亦如是。盖《易》《书》文皆最古，非通其训诂则不明；《诗》《礼》语皆征实，非明其名物亦不解；《论语》《孟子》词旨显明，惟阐其义理而止，所谓言各有当也。其中如谓宰予、子贡、有若缘孔子圣德高美而盛称之，孟子知其太过，故贬谓之污下之类，纰缪殊甚。以屈原憔悴为征

① 申教善：《读孟庭训》，张立文、王国轩总编纂：《国际儒藏·韩国编·四书部》，《孟子卷》第4册，第64页。

于色，以宁戚扣角为发于声之类，亦比拟不伦。然朱子作《孟子集注》《或问》，于岐说不甚掊击，至于书中人名，惟盆成括、告子不从其学于孟子之说，季孙、子叔不从其二弟子之说，余皆从之。书中字义，惟折枝训按摩之类不取其说，余亦多取之。盖其说虽不及后来之精密，而开辟荒芜，俾后来得循途而深造，其功要不可泯也。①

赵岐《孟子章句》是集汉代以前《孟子》学之大成，对于汉代以后的《孟子》学也有深远的影响。如托名孙奭的《孟子注疏》即是以赵岐注为疏解依据，朱熹《孟子集注》《孟子或问》对赵岐注也有大量吸收。清代焦循作《孟子正义》，对赵岐《孟子章句》的疏解考证更为细密深入。根据《奎章总目》的记载，托名孙奭《孟子注疏》在朝鲜半岛流传甚广，焦循《孟子正义》则未见著录，因此，申教善所征引的赵岐注应该是根据《孟子注疏》而非焦循《孟子正义》。尽管赵岐《孟子章句》有很高的学术价值，但是也存在一些错谬之处，申教善对此也有诸多批评与补正。

对于《孟子》七篇命名方法与寓意的阐释，申教善与赵岐之间既有一致性，也存在很大的分歧。如对《孟子·梁惠王》篇题解释，申教善就是完全照录赵岐的原文：

问：《梁惠王》为篇目，无或近于猥慢之嫌欤？

翁曰：孔子时，诸侯问疑质礼，若弟子之问师也，故《论语》或以弟子名篇，而有《卫灵公》《季氏》之篇。孟子亦以大儒为诸侯师，是以《梁惠王》《滕文公》题篇，与《公孙丑》等而为之一例者也。②

在《公孙丑》《滕文公》《告子》篇名上，申教善与赵岐观点一致，但是在《离娄》《万章》《尽心》三篇篇名上，申教善与赵岐的观点就有很大的差

① （清）永瑢等：《四库全书总目》，中华书局1965年版，第289页。

② 申教善：《读孟庭训》，张立文、王国轩总编纂：《国际儒藏·韩国编·四书部》，《孟子卷》第4册，第4页。翁曰文字全部照录赵岐原文，赵岐文字可参考（清）焦循《孟子正义》，第31页。

异。申教善对《离娄》篇名的阐释曰：

问：离娄，何时人欤？此独以古人之名为篇目，非《梁惠王》《公孙丑》为一例者也，亦有拟乎《论语》名篇之义者乎？

翁曰：离娄，黄帝时人也。黄帝游乎赤水之北，登乎昆仑之山，南望而归，遗其玄珠。使知索之不得，使离朱索之。见《庄子》。赵氏云："离朱，即离娄也，能视于百步之外，见秋毫之末，然必须规矩乃成方员，犹《论语》'述而不作，信而好古'，故以名篇。"此说全是传会，盖以篇首二字为一篇之目亦出于《论语》，何必更事传会哉！①

申教善认为赵岐之言有傅会之弊，《离娄》篇命名方式，是以篇首"离娄"二字题篇，并无赵岐傅会的深意，申教善的这个批评是正确的，赵岐傅会之弊，也见于《尽心》篇名阐释。申教善《读孟庭训》曰：

问：孟子篇目皆以君之谥号、人之姓名题之，而独于终篇题以《尽心》者，何义欤？

翁曰：赵氏云，"尽心者，人之有心，为精气主。思虑可否，然后行之，犹人法天。天之执持纲维以正二十八舍者，北辰也。《论语》曰：'北辰居其所，而众星共之。'心者，人之北辰也，苟存其心，养其性，所以事天也。故以尽心为篇题。"恐是附会之说。盖以篇首二字为名，如《论语·学而》篇之例也。②

赵岐从存心养性的重要性角度论述《尽心》篇之命名，认为"尽心"二字是本章核心要旨所在，因此《尽心》篇是通过提炼章旨进行命名的。申教善认为赵岐的观点失之附会，其实《尽心》篇也是以该篇篇首二字命名，与《离娄》是同一例。再如，申教善论《万章》篇名曰：

---

① 申教善：《读孟庭训》，张立文、王国轩总编纂：《国际儒藏·韩国编·四书部》，《孟子卷》第4册，第68页。

② 申教善：《读孟庭训》，张立文、王国轩总编纂：《国际儒藏·韩国编·四书部》，《孟子卷》第4册，第143页。

问：万章是弟子之名，而以为篇目，亦如公孙丑之例耶？

翁曰：赵注，“万，姓。章，名。孟子弟子也。万章问舜孝，犹《论语》颜渊问仁，因以题［其］篇也。”盖以《公孙丑》《万章》为篇目，如《论语》《颜渊》《子路》等名篇之例。而至“若万章问舜孝，犹颜渊问仁”云云，恐是传会之说。”①

诚如申教善所言，《孟子·万章》命名方式是以人名命名，《梁惠王》《公孙丑》《滕文公》皆是如此，此种题篇方式，《论语》已开其端，如《颜渊》《子路》等，从这个意义上说，赵岐对于《孟子·万章》篇名的命名方式阐释，确实附会过多。

申教善对赵岐的批评不是出于意气之争、门户之见，而是本着实事求是的态度，对赵岐观点进行学术恒定，既有对赵岐疏漏之处的批评，也有对赵岐观点的认同。如《孟子·万章上》曰：

伊尹相汤以王于天下。汤崩，太丁未立，外丙二年，仲壬四年。太甲颠覆汤之典刑，伊尹放之于桐。三年，太甲悔过，自怨自艾，于桐处仁迁义；三年，以听伊尹之训已也，复归于亳。②

本章涉及历史考据问题，朱熹《孟子集注》同时胪列了赵岐与程子的观点，朱熹本人没有对这两家观点进行取舍评判：

赵氏曰：“太丁，汤之太子，未立而死。外丙立二年，仲壬立四年，皆太丁弟也。太甲，太丁子也。”程子曰：“古人谓岁为年。汤崩时，外丙方二岁，仲壬方四岁，惟太甲差长，故立之也。”二说未知孰是。③

申教善赞同赵岐的观点，其《读孟庭训》曰：

问：“外丙二年，仲（任）［壬］四年”，程子之训与赵氏注相反，当

① 申教善：《读孟庭训》，张立文、王国轩总编纂：《国际儒藏·韩国编·四书部》，《孟子卷》第4册，第96页。

② （宋）朱熹：《四书章句集注》，第314页。

③ （宋）朱熹：《四书章句集注》，第314页。

从赵氏耶？抑从程子耶？

翁曰：此义详辨于《四书释地又续》。其说曰："外丙、仲壬，自程子谓年为岁始为异说，后（益）聚讼［争］。要程说亦本《书序》《书传》，朱子曰：'二书皆后人所撰者，岂可凭是也？'余谓一代有一代之礼。唐虞禅，夏后、殷、周继，此帝王［之］殊礼也。殷道亲亲，立弟；周道尊尊，立子。周道太子死，立适孙；殷道太子死，立其弟。此殷周［之］殊礼也。故文王当伯邑考死，虽有伯邑考之子在，舍之而立武王，先儒以为殷礼者是。孔子曰'立孙，自为周言之也'。善乎，艾千子有言：'果商必世适，则孟子此二语为赘辞。果其为二岁四岁而不之立，乃及于太甲也，此特伊尹意中未形事，何缘流传至战国时，而待孟子乃言之耶？汤之寿数诚不可考，皇甫谧云其寿百岁。太丁既死，而外丙、仲（任）［壬］均汤之子，仅二岁四岁，长幼相去如此悬绝乎？且即以齿序而先外丙于仲（任）［壬］乎？姑存吾说，以俟来学。'余谓程（子）复起，亦当从此说。"此说有据有理，从赵注为可。①

申教善引证毛奇龄《四书释地》的考据成果，指出了程子新说的不合理之处。而且赵岐的观点也有史实作为依据，其依据是司马迁《史记·殷本纪》：

汤崩，太子太丁未立而卒，于是乃立太丁之弟外丙，是为帝外丙。帝外丙即位二年，崩，立外丙之弟中壬，是为帝中壬。帝中壬即位四年，崩，伊尹乃立太丁之子太甲。太甲，成汤适长孙也，是为帝太甲。帝太甲元年，伊尹作《伊训》，作《肆命》，作《徂后》。帝太甲既立三年，不明，暴虐，不遵汤法，乱德，于是伊尹放之于桐宫。三年，伊尹摄行政当国，以朝诸侯。帝太甲居桐宫三年，悔过自责，反善，于是伊尹乃迎帝太甲

① 申教善：《读孟庭训》，张立文、王国轩总编纂：《国际儒藏·韩国编·四书部》，《孟子卷》第4册，第103—104页。

而授之。帝太甲修德，诸侯咸归殷，百姓以宁。伊尹嘉之，乃作《太甲训》三篇，褒帝也。①

程子将外丙、仲壬在位的年份，错误地理解为年龄。对于程子的这个错误，博学多识的朱熹未必没有看出来，只是朱熹学术思想受程子影响极大，不愿与之向左，但是朱熹又不可能罔顾史实，故此将赵岐观点列举出来，供读者自行抉择，其实慧眼之人，不难看出朱熹的微妙学术用意。申教善则学兼汉宋，不迷信程朱之言，以清代考据学的最新成果，纠正程子的错误观点，是求真务实的学术态度。

申教善对赵岐的批评也存在错误之处，本来赵岐的观点是正确的，申教善的批评反而是错误的，如《孟子·尽心上》：

孟子曰："附之以韩魏之家，如其自视欿然，则过人远矣。"②

申教善《读孟庭训》曰：

问：大夫既自有其家之富，而以百乘之韩家附益之，又以百乘之魏家附益之，是所谓富益富矣，然且自视欿然，则可见其人有不夺不餍之欲，而曰"过人远矣"，何也？

翁曰："欿，《集韵》《正韵》并音坎。"欿然"，不自满足意。"自视欿然"，非不自知足之谓也，《书》所谓"不自满假"是也。赵注云："而其人欿然不以足，自知仁义之道不足也。"谬矣。《存疑》云："'自视欿然'，是自简身心，不自满足，不是韩魏之家犹不满其愿。"此说甚是。③

本章所言以汉魏两家大臣的财富来增强他，是从财富或者利益的角度来强调，但是此人拥有巨额财富却并不自满，且深感有不足之处，则此人所缺乏

① （汉）司马迁：《史记》，第98—99页。

② （宋）朱熹：《四书章句集注》，第359页。

③ 申教善：《读孟庭训》，张立文、王国轩总编纂：《国际儒藏·韩国编·四书部》，《孟子卷》第4册，第146—147页。

者自然不是财富而是道德，这是儒家思想中义利之辨的另外一种表达方式，其本意还是强调道德具有比财富更高更恒久的价值。因此，赵岐“自知仁义之道不足”的阐释是准确的，申教善援引明代学者林希元《四书存疑》的观点驳斥赵岐之言为“谬矣”，其实“谬矣”者是申教善。

三、申教善《读孟庭训》之不足

申教善《读孟庭训》也存在一些不足，如部分问题设计过于琐碎，有些论述偏离《孟子》主题，如《孟子·梁惠王上》曰：

> 孟子见梁惠王，王立于沼上，顾鸿雁麋鹿，曰：“贤者亦乐此乎？”
>
> 孟子对曰：“贤者而后乐此，不贤者虽有此，不乐也。《诗》云：‘经始灵台，经之营之，庶民攻之，不日成之。经始勿亟，庶民子来。王在灵囿，麀鹿攸伏，麀鹿濯濯，白鸟鹤鹤。王在灵沼，于牣鱼跃。’文王以民力为台为沼，而民欢乐之，谓其台曰灵台，谓其沼曰灵沼，乐其有麋鹿鱼鳖。古之人与民偕乐，故能乐也。汤誓曰：‘时日害丧？予及女偕亡。’民欲与之偕亡，虽有台池鸟兽，岂能独乐哉？”①

正如赵岐所言，本章章旨是“圣王之德，与民共乐，恩及鸟兽，则忻戴其上，太平化兴；无道之君，众怨神怒，则国灭祀绝，不得保守其所乐也”②。孟子重视礼乐文明的建设，也不反对君主有一定的物质享受，园囿鸟兽之乐，也不在孟子禁绝之内。但是孟子强调君主的物质享受必须满足两个必要条件：第一，是物质享受不应该是君主所追求之先务，要在百姓不饥不寒，养生送死无憾，即百姓基本的生活欲求得以满足的前提下，方能追求适度的物质享受；第二，君主追求园囿鸟兽的物质享受，要与民同乐，与民共享，而非刻薄寡恩，独享其成。申教善对本章的阐释明显偏离本章章旨，《读

① （宋）朱熹：《四书章句集注》，第202—203页。

② （清）焦循：《孟子正义》，第50页。

孟庭训》曰：

问：文王虽曰“经始勿亟”，竟劳民力筑台凿沼。则汉文罢台之役，贤于文王欤？

翁曰：古者帝王之居，必有望氛祲之台。后世因之，而必侈大之，为饮酒行乐之所。是故楚灵王为章华之台，伍举曰：“先君庄王为匏居之台，高不过望国氛。”见《国语》。引此诗以证古帝王为台之制。文王之台何可与汉文之台之役同日而论乎？露台之费可百金，则又与灵台“不日成之”，其相悬不翅天渊矣！①

申教善的阐释明显有利于本章主旨之外，汉文帝鉴于汉初经济形势，采用休养生息的治国方略，罢露台百金之花费，此事见于《史记·孝文本纪》：

孝文帝从代来，即位二十三年，宫室苑囿狗马、服御无所增益，有不便，辄弛以利民。尝欲作露台，召匠计之，直百金。上曰：“百金中民十家之产，吾奉先帝宫室，常恐羞之，何以台为！”②

申教善问题中所涉及的汉文帝典故主旨是简朴节约，与孟子本章与民同乐之旨相去甚远。因此也不能因为汉文帝罢露台，周文王以民力修灵台，就得出汉文帝贤于周文王的结论。另外，汉文帝之露台不同于周文王之灵台，两者功能建制无法证明是一致的，而且也没有文献佐证灵台就是申教善所言“望氛祲之台”。毛传对灵台的解释也只是说“神之精明者称灵，四方而高曰台”③，并没有将灵台与“望氛祲之台”等同。

在一些篇章的义理阐释方面，申教善也不能超越朱熹的注释，对义理的阐发也不甚明白，如《孟子·尽心上》：

---

① 申教善：《读孟庭训》，张立文、王国轩总编纂：《国际儒藏·韩国编·四书部》，《孟子卷》第4册，第5页。

② （汉）司马迁：《史记》，第433页。

③ （清）焦循：《孟子正义》，第45页。

孟子曰："形色，天性也；惟圣人，然后可以践形。"①

孟子在这一章表达了其践形理论，颇为抽象难解，是历来《孟子》学家关注的重点篇章，申教善也不例外，其曰：

问：告子曰："食色，性也。"孟子斥之，而曰："形色，天性也。"形色之谓性，食色之谓性，何以异欤？

翁曰：告子不知人性，以其知觉运动指以为性，故谓人之甘食悦色者即其性，遂有仁内义外之说，是逐道理出形气外去者也。故孟子斥之。至此章有曰"形色，天性也"，盖人之有形有色，莫不各有自然之理，是所谓天性也。人之所得于天之理谓之性，则人之形色岂无所得于天之理乎？是引形气入道理中来者也。此章与告子"生之谓性"，阳明"能视能听"是性，正有是非邪正之辨。②

申教善关于"形色，天性也"的观点来自朱熹，朱熹《孟子集注》曰："人之有形有色，无不各有自然之理，所谓天性也。"③在朱熹的基础上，申教善认为既然人性整体上来自天理，那么作为外在的形体也含有天理的成分，因此，形体与容貌也可以视作为人性。这是从人的禀赋处来讲外在形体与容貌是人性，与王阳明从感应方面来谈外在形体的功能不同，王阳明《传习录》曰：

目无体，以万物之色为体；耳无体，以万物之声为体；鼻无体，以万物之臭为体；口无体，以万物之味为体；心无体，以天地万物感应之是非为体。④

王阳明认为目耳鼻口心作为人的形体，不能离开具体形体的感应对象

① （宋）朱熹：《四书章句集注》，第368页。

② 申教善：《读孟庭训》，张立文、王国轩总编纂：《国际儒藏·韩国编·四书部》，《孟子卷》第4册，第152页。

③ （宋）朱熹：《四书章句集注》，第368页。

④ （明）王守仁著，吴光、钱明、董平、姚延福编校：《王阳明全集》，第123页。

而存在，或者说，具体形体的功能若是离开具体的感应对象，则其具体形体的功能就无法体现出来，如耳朵离开声音，在无声的环境下，耳朵的功能就无法发挥出来。所以，阳明说外在形体要在对象的感应过程中而确认其功能，外在形体并无所谓寡头的本体功能。这与申教善秉持的朱熹禀赋论观点相去甚远，故此不能为申教善接受。

至于践形，申教善曰：

> 问："践形"之义未详。
>
> 翕曰：践犹践言、践约之践。《蒙引》云："践形，犹云实其形，谓不虚之也，以能尽其形之理也。"又曰："践形，犹言成人，必尽人之道，方为成人；必尽形之性，方为践形。因是说以推之，天之生人，人之得于天，其具耳目口鼻者，莫不皆有此理。耳便必聪，目便必明，口便知味，鼻便别臭，是其理也。惟圣人，然后于耳无一不尽其聪，于目无一不尽其明，于口鼻莫不皆然。如舜之明四目、达四聪，是能践耳目之形者也。自圣人以下，虽大贤君子欲践其形，而未尽其得形之理者也。"①

申教善上述言论也是来自朱熹，朱熹曰："践，如践言之践。盖众人有是形，而不能尽其理，故无以践其形；惟圣人有是形，而又能尽其理，然后可以践其形而无歉也。②"朱熹的阐释很明白，强调以内在的道德指导充实外在的形体，使外在形体的表现形式合乎抽象的道德理性，即合乎天理。申教善却又杂糅了功能意义进入践形理论，圣人能践形，就是在内在的道德指导下，圣人可以将外在形体的功能发挥到极致，很明显，这两者之间并无逻辑因果关系。内在的道德指导可以保证外在形体的表现形式合乎道德理性，却未必能将外在形体的功能充分发挥出来。如老人眼花，以道德约

① 申教善：《读孟庭训》，张立文、王国轩总编纂：《国际儒藏·韩国编·四书部》，《孟子卷》第4册，第152页。

② （宋）朱熹：《四书章句集注》，第368页。

束眼睛，可以做到非礼勿视，却未必能做到明察秋毫。朱熹从抽象角度论述践形，具有形而上学的理论价值，申教善却杂糅进去形而下的、生物意义的功能价值[①]，就出现了搅扰不清的弊端。

---

① 当代学者也有从形而下、生物学价值角度论述践形理论的，如牟宗三曰："'形色，天性也'，即是说形色是天生的。'形色'是指人的四肢百体，这'色'字亦不好解，色非颜色之色，而是如佛教所说色法之色，即物质的东西，有形体可见的具体的东西。故西方人译此色字时，意译是物质的东西（material things），就字面的意义直译，则译为形体、形态（forms），此 forms 是具体的意义，非柏拉图所说之理型义。故'形色，天性也'即是说四肢百体是天生的，自然而有的。……何谓践形？人人都有四肢百体，但谁能好好地用其四肢百体呢？故有耳的，当该善用其耳；有目的，当该善用其目，这便是践形。"牟宗三：《牟宗三先生晚期文集》，联经出版事业股份有限公司 2003 年版，第 338—340 页。

结　语

研究古代朝鲜半岛《孟子》学发展史，不能离开中国《孟子》学这个学术参照系，朝鲜半岛《孟子》学发源于中国，又在漫长的发展过程中呈现出独特的学术特色，比较中国与古代朝鲜半岛《孟子》学发展史，不难发现，二者是同源异流的关系。古代朝鲜半岛《孟子》学具有与中国《孟子》学类似的普遍性的特征，也有其特殊性的特征，同时，二者《孟子》学的交流互动也有诸多不平衡性。

一、中国与古代朝鲜半岛《孟子》学史的普遍性特征

中国与古代朝鲜半岛《孟子》学同处于东亚儒学的宏大学术体系之中，《孟子》是构成东亚儒学整体的重要典籍，是东亚儒者共同尊奉的圣贤之书，在塑造东亚儒学思想的进程中发挥着举足轻重的作用。如朝鲜王朝宣祖三十年（1597）冬季，朝鲜燕行使李睟光在《赠安南国使臣二首》诗其二中曰：

> 义安何地不安居，礼接诚交乐有余。彼此虽殊山海域，渊源同一圣贤书。交邻便是信为本，进德深惟敬作舆。记取使轺回国日，东南五色望云车。①

正如该诗颔联所言，安南与朝鲜虽然山川异域，但是都秉承着相同的

① 李睟光：《芝峰先生集》卷 8，《韩国文集丛刊》第 66 册，第 85 页。

儒学思想渊源，包括《孟子》在内的儒家圣贤之书广被东亚，在东亚汉字文化圈内形成了一个广阔的儒学共同体。

在古代朝鲜半岛，《孟子》获得了与在中国同样的被尊奉地位，朝鲜半岛儒者对《孟子》的阅读热情、熟悉程度丝毫不亚于中国儒者，阅读《孟子》数百、数千遍的记载屡屡见于朝鲜时代儒者的诗文集中。如崔慎《华阳闻见录》载宋时烈之言：

> 问："人言先生读《孟子》千遍，未知是否？"
>
> 先生微笑曰："余读《孟子》千遍，而初二数篇，一生所诵者也，不知其几千遍也。"①

长期以来，《孟子》在朝鲜半岛都是最为重要的启蒙读物之一，家弦户诵，流播甚广。《孟子》对于朝鲜时代儒者的学术根基与人格塑造起到了至关重要的作用。如李埈《寄诸儿》训诫其子曰：

> 熟读《孟子》数百遍，从头至尾，句句字字，须以段段烂熟为限。学业之不及人不患矣。高彦先云："修学须是出于本心，不待父师督责，造次不忘，寝食在念，然后可成功。"此言甚好，须心体而力行之。②

《孟子》是朝鲜时代科举考试中的重要儒学典籍，熟读《孟子》无疑会促成科举考试的成功。如柳梦寅《与尹进士彬书》曰：

> 李鹅溪山海期读《孟子》千遍，至五百登第已。李左相恒福期千读《孟子》，至二百亦登第已。余亦期读千《孟子》，至二百登第已。俗称期读《孟子》千遍，未有满其数而登第者。③

与中国类似，强大的科举功利诱惑，也是中国与古代朝鲜半岛儒者勤于阅读《孟子》至数百数千遍的重要动因。

中国与古代朝鲜半岛儒者也普遍认识到《孟子》一书具有重要的文学

---

① 崔慎：《鹤庵集》卷 2，《韩国文集丛刊》第 151 册，第 219 页。

② 李埈：《苍石集》卷 11，《韩国文集丛刊》第 64 册，第 416 页。

③ 柳梦寅：《于于集》卷 5，《韩国文集丛刊》第 63 册，第 414 页。

价值，熟读《孟子》有助于文学创作才能的提升。如南汉皜《送族侄建正读书俗离序》所言：

> 余曰："尔既读《孟子》，吾将以古人之读《孟子》者历告之。有读《孟子》百遍而成文章者，又有读《孟子》三千遍而不觉诗辞清绝。……尝见葛翁集，自言在围篱中，读《孟子》二百遍。葛翁年方七十，而在围篱中，犹尚可读，况尔以强壮之年，无故之身，又在名山之中，岂不境与神遇，心与书会乎？朱子曰：'自读《孟子》，得文章之妙。'又曰：'《孟子》每章，或千百言反复论辨，虽若不可涯，而条理疏通，语意明洁，徐读而以意随之，出入往来以十百数，则其不可涯者，可得于指掌之间矣。'余以葛翁之事劝尔。"①

中国与古代朝鲜半岛儒者还有很多咏叹孟子，或者阅读《孟子》的诗文，如王安石《孟子》："沉魄浮魂不可招，遗编一读想风标。何妨举世嫌迂阔，故有斯人慰寂寥。"朝鲜时代儒者也有大量的类似诗歌，如卞季良《读孟子至子曰知我者其春秋罪我者其春秋感而成诗》：

> 一自宣尼圣训传，至今天理竟昭然。
> 世人不识春秋作，只谓人臣擅大权。②

又如周世鹏《读孟子有感》：

> 吾道周流后，天乎又舍邹。相逢皆尹士，到处是淳于。
> 已远唐虞世，宁寻万告徒。平生私淑意，孝悌是嘉谟。③

具体到《孟子》学研究而言，古代朝鲜半岛《孟子》学受中国传统经学研究方法的影响，著述体例方面与中国类似，各种著述均有出现，既有严格的经学著作，也有相对灵活的学术札记。另外，与中国明清以后的《孟子》学发展史类似，朱熹《孟子集注》成为本时期影响最大的《孟子》学论著。

---

① 南汉皜：《诚斋集》卷1，《韩国文集丛刊》第105册，第571页。

② 卞季良：《春亭集》卷1，《韩国文集丛刊》第8册，第21页。

③ 周世鹏：《武陵杂稿》卷4，《韩国文集丛刊》第27册，第124页。

以上种种，均是中国与古代朝鲜半岛《孟子》学普遍性的特征。

二、古代朝鲜半岛《孟子》学史的特殊性特征

在漫长的学术发展历程中，古代朝鲜半岛《孟子》学也形成了一些不同于中国《孟子》学的特殊性特征，主要表现在以下几个方面。

（一）学术研究起步较晚

《孟子》传入朝鲜半岛具体时间之上限难以确考，而《孟子》首次进入朝鲜半岛诗文集则是在统一新罗真圣女主四年（890）。本年崔致远（857—?）撰写《无染和尚碑铭》五次征引《孟子》原文。朝鲜半岛文学家征引《孟子》首次见于此文，可知《孟子》进入文学史始于统一新罗真圣女主四年（890）。但是我们不能据此得出《孟子》在此之前就已经传入朝鲜半岛的结论，因为崔致远12岁就入唐留学，在唐居住为官长达16年，精通中国儒学典籍，文学创作成就尤为后人称誉。所以崔致远《无染和尚碑铭》所引《孟子》，很难确定是在唐期间所研读，还是其国已有《孟子》传入。

但是，《孟子》最晚传入朝鲜半岛的时间，不会晚于高丽太祖二十六年（943）。本年四月，太祖病危，在内殿命大臣朴述希记录遗言，留下治理国家的十条训诫，史称"太祖十训要"。其中第七条"得民心"与《孟子》民本思想极为类似，"使民以时"则见于《孟子·尽心下》，据此足以证明在此之前，《孟子》已经传入朝鲜半岛，并对高丽时代的政治思想产生了重要的影响。

据此可知，《孟子》传入朝鲜半岛的时间较晚，而在此之前，中国《孟子》学已经经历了汉代、唐代两个高峰，也出现了赵岐《孟子章句》这种《孟子》学研究名著。而朝鲜半岛《孟子》学研究的兴起，直到朝鲜王朝（1392—1910）才真正开启，朝鲜半岛第一部《孟子》学论著是李滉《孟子释义》，该书问世之时，已经是16世纪中期了。

（二）研究方法有所创新

朝鲜时代儒者研究《孟子》的方法基本上也是借鉴中国学者的学术经

验，多种研究方法均有使用。当然，朝鲜时代学者也摸索出一些具有特殊性的研究方法，比如绘图的方法，在中国《孟子》学研究中就较少使用。朝鲜时代绘图讲学之风却是其来久远，宣祖元年（1568），李滉就奉命绘制了《圣学十图》，分别是《太极图》《西铭图》《小学图》《大学图》《白鹿洞规图》《心统性情图》《仁说图》《心学图》《敬斋箴图》《夙兴夜寐箴图》，这种绘图讲学的方式，比较直观，图文并茂，有助于对枯燥义理的理解，如《心统性情图》。

这种以图画讲解义理的方式也被学者广泛运用于《孟子》学研究，金幹《孟子札记》大量征引礼学文献解读《孟子》，绘制了《名堂图》《三分损益图》等，有助于《孟子》研究的名物考证；郑齐斗从阳明学角度阐发《孟子》的义理思想，也绘制了心学图，方便读者了解阳明学与《孟子》思想的内在关联。崔象龙《孟子辨疑》也采用此种绘图解经之法，其所绘制《孟子第四图》如下：

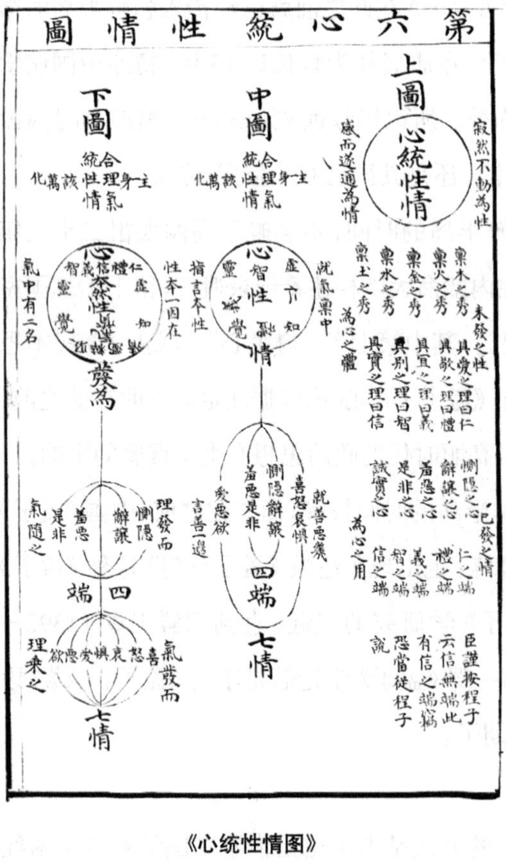

《心统性情图》

在此图之后，崔象龙又配以文字阐释，其文曰：

谨按：《孟子》七篇之旨，无非所以遏人欲而存天理。先儒之以是为大旨，固可谓得其要领。而窃就其中观心、性、情、气之辨，则是天德上工夫；而其所遏存圣人之学也；言尧、舜三代之教，则是王道之传授，而其所遏存，圣王之治也。此所以分别天德、王道以为两图，而其实天德即王道也。上图之置中字于中间，而分别上下者，盖以心、性、情、气是理、气、动、静之体段，而姑未涉于工夫也。至养心、养性、养情、养气，方是说工夫也。且图中文字，皆取《孟子》本文，而至于中字，是孟子之所未发，则中字之义似近于强合。然既言性情之未发、已发，工夫之涵养、省察，又言杨、墨、子莫之非中，三王、颜、禹之中道，则虽不言中而中在其中，正如孟子虽不言《易》而犹谓之“善用《易》”矣。下图既曰“王道之遏存”，而其下又以道对政言者，虽若政外有道，然一个道字，而全言则政在道中，是王道之道也；偏言则道是先王之心也，政是先王之治也。如孟子所谓“尧舜之道，不以仁政”者对政而言道也。至于上图之背于天德者，下图之背于王道者，必傍书于左右者，盖以示遏人欲然后可以存天理之意也。或疑既言心、性、情，则气在其中，而复置气圈子者，近于叠床，然此有不然。此图非论心、性、情、气之义也，特取七篇中许多言论，以明此为天理、彼为人欲而已，则固知心即是气。然养气是孟子造道之极功，论气是七篇言性之全备也。若嫌于架叠，而掉气字于此图，则是何异于（卖）[买]椟而还珠乎？①

崔象龙此图信息非常丰富，几乎涵盖了《孟子》一书所有重要的学术命题，举凡王道政治、心性哲学、知言养气、道统谱系等内容，均在图中有所呈现，图后文字解读作出进一步补充，图画与文字互相生发，有助于读者了解《孟子》思想大旨。此种方法，在中国《孟子》学研究中较少使用，是朝鲜半岛《孟子》学研究方法的创获。

（三）依托的学术思想有差异

朝鲜半岛《孟子》学研究的主要成果均集中出现在朝鲜王朝。朝鲜王

---

① 崔象龙：《孟子辨疑》，张立文、王国轩总编纂：《国际儒藏·韩国编·四书部》，《孟子卷》第3册，第728页。

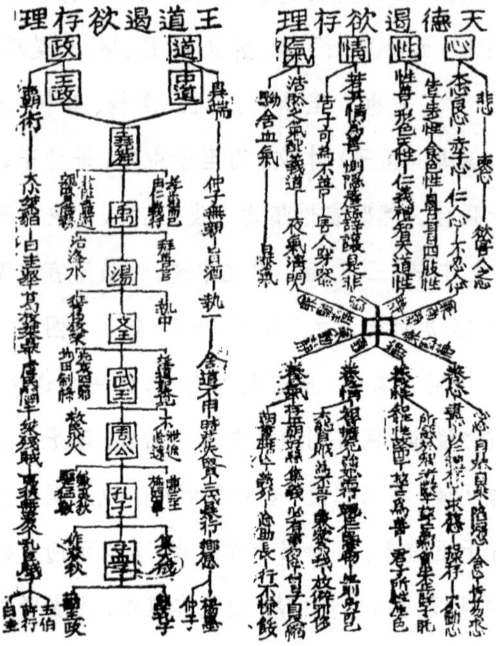

《孟子第四图》

朝以朱子学为官学正统思想，因此，朱子学以及朱熹《孟子集注》始终居于学术正统地位，几乎笼罩了整个朝鲜半岛《孟子》学发展史，且不说撼动朱子学，即使如朴世堂《孟子思辨录》对朱子学稍有质疑商榷，都会被冠以“斯文乱贼”的恶谥，遭受官学的严厉打击。明代中期兴起的阳明学，以及清代中期兴起的考据学，虽然也曾传入朝鲜半岛，但是始终未能形成较大的学术影响，尽管郑齐斗等少数学者采用阳明学思想研究《孟子》，却未能获得官学认可，甚至还担负着被斥为异端的危险。乾嘉考据学也处于被忽视的境地，考据学研究的代表性《孟子》论著——焦循《孟子正义》，几乎没有对朝鲜半岛《孟子》学产生影响。另外，朝鲜半岛几乎没有从文章学角度研究《孟子》的著作，没有出现苏洵《苏批孟子》、姚永概《孟子讲义》、吴闿生《孟子文法》等著作。

朝鲜半岛《孟子》学也有中国《孟子》学没有的特点，比如实学思潮，明清之际在中国昙花一现，没有形成大的学术流派。朝鲜半岛则不同，实学思潮持续了300多年，大儒辈出，以实学思想研究《孟子》者甚多，李瀷《孟子疾书》、丁若镛《孟子要义》即是以实学解《孟》的优秀论著。另外，从李滉、奇大升开始的四端七情之辨，是朝鲜半岛儒学史上的重要议题，受此影响，朝鲜半岛《孟子》学研究论著有大量讨论“四端之心”的内容，而此种内容，并不是中国《孟子》学研究的核心议题。

三、《孟子》学交流的不平衡性

古代中国与朝鲜半岛《孟子》学交流有极为明显的不平衡性，几乎都是中国《孟子》学论著向朝鲜半岛的单向性流动，朝鲜半岛《孟子》学论著回流中国的现象比较少见，古代中国学者也很少征引朝鲜半岛学者的研究成果。

中国《孟子》学东传朝鲜半岛的方式主要有以下三种：一是明清帝王的颁赐，如《孟子大全》。根据《李朝实录》记载，永乐十七年（1419），《四书大全》成书后四年，明成祖就将此书颁赐给前来朝贡的朝鲜王朝燕行使。次年春，永乐十八年（1420），也就是朝鲜时代世宗二年，燕行使将《四书大全》带回朝鲜，《四书大全》传入朝鲜半岛。二是朝鲜燕行使来华之后的购买，明遗民吕留良《孟子讲义》等论著，即是通过此种渠道传入。三是两地书商的贩卖，大量《孟子》学著作传入朝鲜半岛。

根据现存朝鲜时代书目的著录，可以考证出被著录的中国《孟子》学论著共有 22 部，这 22 部论著的具体作者与书名，以及接受情况，在本书第二章第三节《东儒对中国〈孟子〉学论著之接受：以书目为中心的考察》中已有论述。

朝鲜时代《孟子》学论著回流中国的时代非常晚，古代中国书目中几乎没有韩国《孟子》学论著的身影，直到 20 世纪前期，柯劭忞等主持编修《续修四库全书总目提要》才著录了 3 种朝鲜时代《孟子》学著作，分别是李德弘《孟子质疑》、赵翼《孟子浅说》、正祖《御制孟子条问》，这个数目与韩国现存的《孟子》学论著 105 种相比，所占比例实在是太小。而且编修官对这 3 部论著的评价也不高，如孙海波评李德弘《四书质疑》曰：

> 然考朱子之集注《四书》也，讨论性理，谓心统性情，而是非、辞让、羞恶、恻忍之四端，乃性之见端，德弘直谓四端之发属于情，颇与朱注

不蒙，是其于朱子之说，尚未能尽得也。①

再如，张寿林评赵翼《孟子浅说》曰：

其论孟子之学，以性善为本，以修身治国为归，持论故未尝不是。惟寻绎语意，虽明白易晓，于书中义理，寔未尽阐发。且其说或如策论，或如语录，盖世俗讲章，无复先儒诂经之体焉。②

又如孙海波评正祖《御制孟子条问》，也只是表彰正祖作为帝王勤于读书而已，对该书学术价值较少着墨。其文曰：

其言人性皆善，指理一之体，人物不同，指气局之殊。大抵孟子言性，就人则专言其理，并与物则又不能遗是气。又谓五常之性，对太极浑然之体而言，则为气质之性，各指其气之理，故有五者之分焉。对气禀善恶之性而言，则为本然之性，不杂乎气质而言，故纯善无恶，是皆有得于心者，故言之自觉亲切。是书之作，始于壬寅正月，成于五月，而正祖以万机之瑕，五月之力，著为一书，足以见其平日读书之富矣。③

客观而言，以上3部论著均有较高的学术价值，即使与同时期的中国《孟子》学论著相较，也不逊色。从数量上来讲，朝鲜半岛《孟子》学论著现存105部，资料丰富。从学术质量上来讲，朝鲜半岛《孟子》学史上也曾涌现出大量优秀之作，如朴世堂《孟子思辨录》、李瀷《孟子疾书》、丁若镛《孟子要义》等，都值得作深入研究。

① 中国科学院图书馆整理：《续修四库全书总目提要·经部》下册，中华书局1993年版，第1006页。

② 中国科学院图书馆整理：《续修四库全书总目提要·经部》下册，第936页。

③ 中国科学院图书馆整理：《续修四库全书总目提要·经部》下册，第936页。

主要参考文献

中韩古籍类（以四部分类法为序）

[清] 阮元校刻:《十三经注疏》，中华书局 1979 年版。

[宋] 朱熹:《周易本义》，中华书局 2016 年版。

[明] 胡广等纂修，周群、王玉琴校注:《四书大全校注》，武汉大学出版社 2015 年版。

[宋] 朱熹:《四书章句集注》，中华书局 1983 年版。

[清] 吕留良:《四书讲义》，中华书局 2017 年版。

[清] 刘宝楠:《论语正义》，中华书局 1985 年版。

[清] 戴震:《孟子字义疏证》，中华书局 1961 年版。

[清] 焦循:《孟子正义》，中华书局 1987 年版。

[清] 周广业:《孟子四考》，《清经解续编》本，凤凰出版社 2005 年版。

[清] 康有为:《孟子微》，中华书局 1987 年版。

[清] 姚永概:《孟子讲义》，黄山书社 1999 年版。

[汉] 司马迁:《史记》，中华书局 1959 年版。

[汉] 班固:《汉书》，中华书局 1962 年版。

[唐] 姚思廉:《梁书》，中华书局 1973 年版。

[唐] 房玄龄:《晋书》，中华书局 1974 年版。

[后晋] 刘煦等:《旧唐书》，中华书局 1975 年版。

[清] 张廷玉等:《明史》，中华书局 1974 年版。

[清] 顾炎武著，黄汝成集释:《日知录集释》，上海古籍出版社 2006 年版。

[宋] 晁公武:《郡斋读书志》，上海古籍出版社 1990 年版。

[清] 永瑢等:《四库全书总目》,中华书局 1965 年版。

[宋] 张载:《张载集》,中华书局 2014 年版。

[宋] 程颢、程颐:《二程集》,中华书局 2004 年版。

[宋] 朱熹:《朱子全书》,上海古籍出版社、安徽教育出版社 2002 年版。

[明] 王守仁:《王阳明全集》,上海古籍出版社 2018 年版。

张立文、王国轩总编纂:《国际儒藏 · 韩国编 · 四书部》,华夏出版社、中国人民大学出版社 2010 年版。

[韩] 成均馆大学校大东文化研究院:《韩国经学资料集成》,成均馆大学出版部 1975 年版。

郑麟趾等:《高丽史》,西南师范大学出版社 2013 年标点校勘本。

李滉:《退溪集》,韩国民族文化推进会编:《韩国文集丛刊》第 29—31 册。

奇大升:《高峰集》,韩国民族文化推进会编:《韩国文集丛刊》第 40 册。

李珥:《栗谷全书》,韩国民族文化推进会编:《韩国文集丛刊》第 44—45 册。

李德弘:《艮斋集》,韩国民族文化推进会编:《韩国文集丛刊》第 51 册。

权德己:《晚悔集》,韩国民族文化推进会编:《韩国文集丛刊》第 76 册。

赵翼:《浦渚集》,韩国民族文化推进会编:《韩国文集丛刊》第 85 册。

朴世堂:《西溪集》,韩国民族文化推进会编:《韩国文集丛刊》第 134 册。

金昌协:《农岩集》,韩国民族文化推进会编:《韩国文集丛刊》第 161—162 册。

李瀷:《星湖全集》,韩国民族文化推进会编:《韩国文集丛刊》第 198—200 册。

韩元震:《南堂集》,韩国民族文化推进会编:《韩国文集丛刊》第 201—202 册。

正祖:《弘斋全书》,韩国民族文化推进会编:《韩国文集丛刊》第 262—267 册。

丁若镛:《与犹堂全书》,韩国民族文化推进会编:《韩国文集丛刊》第 281—286 册。

宋时烈:《宋子大全》,保景文化社 1985 年版。

专著类(以作者姓氏拼音为序)

曹虹:《中国辞赋源流综论》,中华书局 2005 年版。

蔡茂松:《韩国近世思想文化史》,东大图书股份有限公司 1995 年版。

蔡振丰:《朝鲜儒者丁若镛的四书学——以东亚为视野的讨论》,华东师范大学出版社 2012 年版。

蔡振丰编:《东亚朱子学的诠释与发展》,华东师范大学出版社2012年版。

晁福林:《夏商西周的社会变迁》,北京师范大学出版社2006年版。

陈大齐:《孟子的名理思想及其辩说实况》,台湾商务印书馆1968年版。

陈来、王志民主编:《〈孟子〉七篇解读》,齐鲁书社2018年版。

陈来:《近世东亚儒学研究》,北京大学出版社2018年版。

陈来:《孔子·孟子·荀子:先秦儒学讲稿》,生活·读书·新知三联书店2018年版。

陈来:《宋明理学》,华东师范大学出版社2008年版。

陈来:《朱子哲学研究》,生活·读书·新知三联书店2010年版。

邓秉元:《孟子章句讲疏》,上海人民出版社2022年版。

杜维明:《儒教》,上海古籍出版社2008年版。

冯友兰:《中国哲学史》,华东师范大学出版社2000年版。

冯友兰:《中国哲学史新编》,人民出版社1988年版。

傅佩荣:《〈孟子〉新解》,译林出版社2012年版。

傅佩荣:《儒道天论发微》,中华书局2010年版。

傅佩荣:《儒家哲学新论》,中华书局2010年版。

傅斯年:《性命古训辩证》,上海古籍出版社2012年版。

付星星:《朝鲜时代〈诗经〉学史》,中华书局2023年版。

高步瀛集解、吴闿生评点:《孟子文法读本》,香港寰球文化服务社1979年版。

高明士编:《东亚传统教育与学礼学规》,华东师范大学出版社2008年版。

高明士编:《东亚文化圈的形成与发展:儒家思想篇》,华东师范大学出版社2008年版。

高明士编:《东亚文化圈的形成与发展:政治法制篇》,华东师范大学出版社2008年版。

葛荣晋主编:《韩国实学思想史》,首都师范大学出版社2002年版。

黄爱平:《18世纪的中国与世界:思想文化卷》,辽海出版社1999年版。

黄建国、金初升主编:《中国所藏高丽古籍综录》,汉语大词典出版社1998年版。

黄俊杰:《德川日本〈论语〉诠释史论》,上海古籍出版社2008年版。

黄俊杰:《东亚儒学史的新视野》,台湾大学出版中心2004年版。

黄俊杰:《孟子》,生活·读书·新知三联书店2013年版。

黄俊杰:《儒家思想与中国历史思维》,华东师范大学出版社 2016 年版。

黄俊杰:《中国孟学诠释史论》,社会科学文献出版社 2004 年版。

黄俊杰编:《东亚论语学:中国篇》,华东师范大学出版社 2012 年版。

黄俊杰编:《东亚儒者的〈四书〉诠释》,华东师范大学出版社 2008 年版。

黄俊杰编:《东亚视域中的茶山学与朝鲜儒学》,台湾大学出版中心 2006 年版。

黄绳:《从文学的角度看〈孟子〉》,广东教育出版社 1992 年版。

黄心川主编:《东方著名哲学家评传》,山东人民出版社 2000 年版。

黄彰健:《经学理学文存》,台湾商务印书馆 1976 年版。

姜日天:《朝鲜朝后期北派实学思想研究》,民族出版社 1999 年版。

金良年:《孟子译注》,上海古籍出版社 2012 年版。

荆门市博物馆:《郭店楚墓竹简》,文物出版社 1998 年版。

兰翠:《唐代孟子学研究》,北京大学出版社 2014 年版。

郎擎霄:《孟子学案》,商务印书馆 1928 年版。

劳思光:《新编中国哲学史》,生活 · 读书 · 新知三联书店 2015 年版。

劳思光:《中国文化要义新编》,中文大学出版社 1998 年版。

李畅然:《清代〈孟子〉学史大纲》,北京大学出版社 2011 年版。

李华:《孟子与汉代四家诗》,中华书局 2021 年版。

李景林:《孟子通释》,上海古籍出版社 2021 年版。

李峻岫:《汉唐孟子学述论》,齐鲁书社 2010 年版。

李明辉:《康德儒理学与孟子道德思考之重建》,"中央"研究院"中国"文哲研究所 1994 年版。

李明辉:《孟子重探》,联经出版事业公司 2001 年版。

李明辉:《儒家与康德》,联经出版事业公司 1990 年版。

李明辉:《儒学与现代意识》,文津出版社 1991 年版。

李明辉:《四端与七情:关于道德情感的比较哲学探讨》,华东师范大学出版社 2008 年版。

李明辉编:《儒家经典诠释方法》,华东师范大学出版社 2008 年版。

李申:《中国儒教论》,河南人民出版社 2005 年版。

李甦平:《韩国儒学史》,人民出版社 2009 年版。

李甦平:《中国 · 日本 · 朝鲜实学比较》,安徽人民出版社 1995 年版。

李仙竹主编:《北京大学图书馆藏古代朝鲜文献解题》,北京大学出版社 1997 年版。

梁涛:《郭店竹简与思孟学派》,中国人民大学出版社 2008 年版。

梁涛解读:《孟子》,国家图书馆出版社 2017 年版。

梁涛编:《出土文献与〈孟子〉"天下之言性"章》,人民出版社 2020 年版。

林庆彰、蒋秋华主编:《明代经学国际研讨会论文集》,"中央研究院"中国文哲研究所筹备处 1994 年印行。

林庆彰:《明代经学研究论集》,华东师范大学出版社 2015 年版。

林庆彰:《明代考据学研究》,华东师范大学出版社 2015 年版。

林庆彰:《清初的群经辨伪学》,华东师范大学出版社 2011 年版。

林庆彰:《清代经学研究论集》,"中央研究院"中国文哲研究所 2002 年版。

刘瑾辉:《清代〈孟子〉学研究》,社会科学文献出版社 2007 年版。

刘瑾辉:《孟学研究:探孟述孟学》,中国书籍出版社 2019 年版。

楼宇烈:《中国的品格》,四川人民出版社 2016 年版。

卢雪崑:《孟子哲学:孔子哲学之传承与道德的形上学之奠定》,广西师范大学出版社 2022 年版。

罗惠龄:《孟子重估:从牟宗三到西方汉学》,中华书局 2021 年版。

蒙培元:《理学范畴系统》,人民出版社 1998 年版。

蒙培元:《蒙培元讲孟子》,北京大学出版社 2006 年版。

孟祥才:《孟子新传》,人民出版社 2021 年版。

孟子文献集成编委会:《孟子文献集成》,山东人民出版社 2017 年版。

牟钟鉴、王志民主编:《孟子公开课》,商务印书馆 2015 年版。

孙钦善:《论语新注》,中华书局 2018 年版。

孙聚友、石永之编:《孟子与中韩儒学》,中国社会科学出版社 2020 年版。

唐君毅:《唐君毅全集》,九州出版社 2016 年版。

唐文治:《孟子大义》,上海人民出版社 2018 年版。

王恩洋:《孟子学案》,东方文教研究院 1944 年版。

王其榘编:《清实录邻国朝鲜篇资料》,中国社会科学院中国边疆史地研究中心 1987 年版。

王中江、李巍编著:《孟子的学说:公共生活和精神之道》,人民出版社 2020 年版。

韦旭升:《韩国文学史》,北京大学出版社 2008 年版。

魏中强:《孟子与早期经学研究》,燕山大学出版社 2020 年版。

吴晗辑:《朝鲜李朝实录中的中国史料》,中华书局 1980 年版。

夏传才:《孟子讲座》,清华大学出版社 2008 年版。

夏海:《孟子与政治》,中华书局 2019 年版。

邢丽菊:《韩国儒学思想史》,人民出版社 2015 年版。

徐复观:《中国经学史的基础》,九州岛出版社 2014 年版。

徐复观:《中国人性论史 · 先秦编》,九州岛出版社 2014 年版。

徐兴无:《孟子》,南京大学出版社 2008 年版。

徐毅:《18 世纪中朝文人交流研究》,中华书局 2019 年版。

严灵峰:《无求备斋孟子十书》,艺文印书馆 1969 年版。

杨伯峻:《论语译注》,中华书局 2009 年版。

杨伯峻:《孟子译注》,中华书局 1960 年版。

杨大膺:《孟子学说研究》,中华书局 1937 年版。

杨国荣:《孟子的哲学思想》,华东师范大学出版社 2009 年版。

杨海文:《我善养吾浩然之气——孟子的世界》,齐鲁书社 2017 年版。

杨海文:《文以载道:孟子文化精神研究》,中国社会科学出版社 2022 年版。

杨宽:《西周史》,上海人民出版社 2008 年版。

杨儒宾:《中国古代思想中的气论及身体观》,台北巨流图书公司 1993 年版。

杨颖育:《英语世界的〈孟子〉研究》,人民出版社 2014 年版。

杨颖育:《〈孟子〉的跨文化阐释与传播研究》,人民出版社 2020 年版。

杨泽波:《孟子评传》,南京大学出版社 1998 年版。

杨泽波:《孟子性善论研究》,上海人民出版社 2016 年版。

杨泽波:《孟子与中国文化》,上海人民出版社 2017 年版。

杨祖汉:《从当代儒学观点看韩国儒学的重要论争》,华东师范大学出版社 2008 年版。

袁保新:《孟子三辨之学的历史省察与现代诠释》,文津出版社 1992 年版。

翟廷晋:《孟子思想评析与探源》,上海社会科学院出版社 1992 年版。

章念驰编订:《章太炎全集》,上海人民出版社 2015 年版。

张伯伟编:《朝鲜时代书目丛刊》,中华书局 2004 年版。

张伯伟:《东亚汉文学研究的方法与实践》,中华书局 2017 年版。

张伯伟:《域外汉籍研究论集》,北京大学出版社 2011 年版。

张伯伟:《作为方法的汉文化圈》,中华书局 2014 年版。

张存武:《清代中韩关系论文集》,台湾商务印书馆 1987 年版。

张岱年:《中国哲学大纲》,中国社会科学出版社 1982 年版。

张娇:《话语基调视角下〈孟子〉英译本比较研究》,知识产权出版社 2022 年版。

张崑将编:《东亚论语学:韩日篇》,华东师范大学出版社 2012 年版。

张立文:《李退溪思想研究》,东方出版社 1997 年版。

张立文:《朱熹与退溪思想比较研究》,人民出版社 2014 年版。

张敏:《立言垂教——李珥哲学精神》,北京大学出版社 2003 年版。

郑吉雄编:《东亚视域中的近世儒学文献与思想》,华东师范大学出版社 2008 年版。

郑仁在、黄俊杰编:《韩国江华阳明学研究论集》,华东师范大学出版社 2008 年版。

周淑萍:《两宋孟学研究》,人民出版社 2007 年版。

[日] 日本教育学会著,王向荣译:《四书研究》,山西人民出版社 2015 年版。

《李朝实录》,日本学习院东洋文化研究所 1953 年影印版。

[日] 沟口雄三著,孙悦君译:《作为方法的中国》,生活·读书·新知三联书店 2011 年版。

[美] 安乐哲著,孟巍隆译:《儒家角色伦理学》,山东人民出版社 2017 年版。

[美] 江文思、安乐哲编,梁溪译:《孟子心性之学》,社会科学文献出版社 2005 年版。

[韩] 琴章泰著,韩梅译:《韩国儒学思想史》,中国社会科学出版社 2011 年版。

[韩] 崔在穆著,朴姬福、靳煜译:《东亚阳明学》,中国人民大学出版社 2009 年版。

[韩] 郑寅普:《阳明学演论》,三星文化财团 1972 年版。

[韩] 金吉焕:《韩国阳明学研究》,一志社 1981 年版。

[韩] 尹南汉:《朝鲜时代之阳明学研究》,集文堂 1982 年版。

[韩] 刘明钟:《韩国阳明学》,同和出版社 1983 年版。

[韩] 李丙焘:《韩国儒学史》,亚细亚文化社 1982 年版。

[韩] 玄相允:《朝鲜儒学史》,玄因社 1986 年版。

[韩] 尹丝淳著,邢丽菊、唐艳译:《韩国儒学史》,人民出版社 2017 年版。

[韩] 崔英辰著,邢丽菊译:《韩国儒学思想研究》,东方出版社 2008 年版。

[韩] 李丙焘著,许宇成译:《韩国史大观》,正中书局 1979 年版。

[韩] 金忠烈:《高丽儒学思想史》,东大图书股份有限公司 1992 年版。

[韩] 韩国哲学会编，韩振乾等译:《韩国哲学史》，社会科学文献出版社 1996 年版。

[韩] 尹炳泰:《韩国图书目录史的研究》，韩国出版研究所 1992 年版。

[韩] 金台俊著，张琏瑰译:《朝鲜汉文学史》，社会科学文献出版社 1996 年版。

[韩] 金庠基:《高丽时代史》，图书出版民族文化 1989 年版。

[韩] 全海宗著，金善姬译:《中韩关系史论集》，中国社会科学出版社 1997 年版。

[韩] 金吉洛著，李红军译:《韩国象山学与阳明学》，社会科学文献出版社 2016 年版。

[韩] 高丽大学校韩国史研究室著，孙科志译:《新编韩国史》，山东大学出版社 2010 年版。

论文类（以发表时间为序）

（一）中文期刊论文

杨向奎:《孟子的思想》，《文史哲》1957 年第 9 期。

屈万里:《孟子七篇的编著和孟子外书问题》，《孔孟学报》1964 年第 7 期。

束景南:《也谈孟子哲学的评价问题——与严北溟先生商榷》，《哲学动态》1981 年第 4 期。

刘纲纪:《孟子的美学思想》，《美学》1982 年第 4 卷。

董洪利:《孟子散文的艺术特色》，《新闻战线》1986 年第 2 期。

杨儒宾:《论孟子的践形观——以持志养气为中心展开的功夫论面相》，《清华学报》1990 年新 20 卷第 1 期。

徐洪兴:《唐宋间的孟子升格运动》，《中国社会科学》1993 年第 5 期。

杨国荣:《人格之境与成人之道——从孟子看儒家人格学说》，《南京社会科学》1994 年第 6 期。

李篪衡:《〈孟子要义〉中之丁茶山经学研究》，《当代韩国》1996 年第 2 期。

张岱年:《天爵与良贵》，《群言》1997 年第 1 期。

杨泽波:《20 世纪孟子研究中“西学化倾向”的发展和趋势》，《传统文化与现代化》1999 年第 3 期。

郭齐勇:《郭店儒家简与孟子心性论》，《武汉大学学报》1999 年第 5 期。

杨泽波:《孟子气论难点辨疑》，《中国哲学史》2001 年第 1 期。

杨海文:《"仁且智"与孟子的思想人格论》,《孔子研究》2000年第4期。

杨国荣:《儒家政治哲学的多重面向——以孟子为中心的思考》,《浙江学刊》2002年第5期。

郭齐勇:《也谈"子为父隐"与孟子论舜——兼与刘清平先生商榷》,《哲学研究》2002年第10期。

张伯伟:《华西先生说孟子"浩然章"平议》,载《域外汉籍研究集刊》2005年第1辑。

晁福林:《孟子"浩然之气"说探论》,《文史哲》2004年第2期。

白奚:《孟子对孔子仁学的推进及其思想史意义》,《哲学研究》2005年第3期。

黄俊杰:《"东亚儒学"如何可能?》,《山东大学学报》2005年第6期。

黄俊杰:《21世纪孟子学研究的新展望》,《文史哲》2006年第5期。

董洪利:《〈孟子注疏〉与孙奭〈孟子〉学》,《北京大学学报》2006年第6期。

陈来:《竹帛〈五行〉篇为子思、孟子所作论——兼论郭店楚简〈五行〉篇出土的历史意义》,《孔子研究》2007年第1期。

黄俊杰:《〈孟子〉"七十者可以食肉"的社会史诠释》,《中山大学学报》2007年第2期。

梁涛:《"以生言性"的传统与孟子性善论》,《哲学研究》2007年第7期。

梁涛:《孟子"道性善"的内在理路及其思想意义》,《哲学研究》2009年第7期。

陈来:《孟子的德性论》,《哲学研究》2010年第5期。

刘光胜:《〈大学〉成书问题新探——兼谈朱熹怀疑〈曾子〉十篇真实性的内在思想根源》,《文史哲》2012年第3期。

郭齐勇:《孟子性善论所涵道德理性与道德情感问题》,《湖北大学学报》2013年第5期。

方旭东:《人性与嗜好——朝鲜儒者茶山丁若镛"性嗜好说"析论》,《世界哲学》2015年第3期。

李学勤:《清华简〈厚父〉与〈孟子〉引〈书〉》,《深圳大学学报》2015年第3期。

付星星:《汉文化视野下的朝鲜半岛〈诗经〉学研究》,《文学遗产》2017年第5期。

赵永刚:《正祖〈孟子讲义〉疑孟思想发微》,《域外汉籍研究集刊》2018年第16辑。

陈来:《孟子论性善与性命》,《现代哲学》2017年第6期。

金香花、刘斌:《〈孟子〉在朝鲜半岛的接受、版本与诠释特点》,《许昌学院学报》2017年第6期。

李存山:《孟子思想与宋儒的“内圣”和“外王”》,《哲学研究》2019 年第 12 期。

杨海文:《〈孟子〉首章与儒家义利之辨》,《中国哲学史》2021 年第 6 期。

赵永刚:《朝鲜儒者李瀷〈孟子疾书〉譾论》,《域外汉籍研究集刊》2023 年第 25 辑。

赵永刚:《在学术与党争之间:东儒朴世堂〈孟子思辨录〉譾论》,《古籍研究》2023 年上总第 77 辑。

赵永刚:《朝鲜半岛〈孟子〉学特色论析》,《古典文献研究》2023 年总第 26 辑下。

赵永刚:《中国〈孟子〉学论著东传朝鲜半岛考论》,《诸子学刊》2023 年总第 27 辑。

梁涛:《孟子义利之辨的三个层面》,《学术月刊》2024 年第 3 期。

[韩] 崔真德:《对〈孟子〉的两个解释:〈孟子集注〉和〈孟子要义〉》,收入茶山学术文化财团编《茶山的四书学》,商务印书馆国际有限公司 2008 年版。

[韩] 金文植:《朝鲜时代中国书籍的输入与刊行:以四书五经大全为中心》,《奎章阁》2006 年总第 29 期。

(二) 韩文期刊论文

함영대,《서계박세당의학술정신과『맹자사변록』》,《韩国汉文学研究》, Vol.3, 2018 년 .

함영대,《만회 (晚悔) 권득기 (权得己) 의학술정신과『맹자참의 (孟子僭疑)』》, 한국사상사학회《韩国思想史学》, Vol.12, 2017 년 .

김조영,《『맹자요의 (孟子要义)』에나타난다산 (茶山) 의경학관 (经学观) 연구》, 한국한문고전학회编《汉文古典研究》, Vol.35, 2017 년 .

함영대 (咸泳大),《퇴계의『맹자석의』와조선전기의맹자해석》,《국학연구》, Vol.7, 2014 년 .

정태연,《맹자 (孟子) 의보민사상 (保民思想) 고찰》, 한국공자학회编《孔子学》Vol.25, 2013 년 .

함영대,《조선맹자학의두경로『맹자석의孟子释义』와『맹자질서孟子疾书』——『맹자』해석에나타난성호의퇴계학수용과관련하여》,《국학연구》Vol.9, 2013 년 .

정일균,《正祖의『孟子』论『邹书春记』를중심으로》, 한국실학학회编《한국실학연구》, Vol.3, 2012 년 .

이상선,《맹자의신체개념과호연지기 (浩然之气)》, 한국동서철학회, 동서철학연구, Vol.64, 2012 년 .

권문봉,《성호이익의도통론과이단설고찰— 『맹자질서』를중심으로》,《원불교사상과종교문화》, Vol.3, 2012 년 .

정성식,《「经史讲义」에나타난정조 (正祖) 의맹자관: 「孟子条问」을중심으로》, 퇴계학부산연구원编《退溪学论丛》, Vol.5, 2012 년 .

文畅皓,《浦渚赵翼의『孟子浅说』에나타난 〈心术〉 연구》, 동양고전학회编《东洋古典研究》, Vol.5, 2012 년 .

서근식,《다산 (茶山) 정약용 (丁若镛) 의『맹자요의 (孟子要义)』에나타난심성론 (心性论) 연구 (研究)》,《온지학회》, Vol.8, 2011 년 .

천병돈,《하곡정제두의맹자학연구》, 한국학중앙연구원编《한국학》, Vol.7, 2010 년 .

정병석,《맹자 (孟子) 의국가론 (国家论) —국가 (国家) 존재 (存在) 의필요성 (必要性) 과국가통치 (国家统治) 의정당성 (正当性) 문제를중심으로》, 동양철학연구회《东洋哲学研究》, Vol.63, 2010 년 .

함영대,《일본 (日本) 고학파 (古学派) 의『맹자 (孟子)』해석 (解释) 과다산 (茶山) 정약용 (丁若镛) 의『맹자요의 (孟子要义)』—인의예지 (仁义礼智) 에대한해석 (解释) 을중심으로》, 한국한문학회编《韩国汉文学研究》, Vol.8, 2009 년 .

오석원,《尤庵宋时烈의의리사상》, 韩国儒教学会编《유교사상문화연구》, Vol.33, 2008 년 .

함영대,《포저 (浦渚) 조익 (赵翼) 의학문관과경학지경 (持敬) " 과『맹자천설 (孟子浅说)』을중심으로》, 동방한문학회, 东方汉文学 Vol.34, 2008 년 .

함영대,《训诂의관점에서바라본성립기의朝鲜孟子学『四书释义 · 孟子』와『四书辨疑 · 孟子』를중심으로》, 한국한자한문교육학회编《汉字汉文教育》, Vol.21, 2008 년 .

함영대,《训诂의관점에서바라본성립기의朝鲜孟子学——『四书释义 · 孟子』와『四书辨疑 · 孟子』를중심으로》, 한국한자한문교육학회编《汉字汉文教育》, Vol.1, 2008 년 .

김태년,《「论思辨录辨」의浩然之气论에대한고찰》, 仁川教育大学校畿甸文化研究所编《기전문화연구》, Vol.5, 2008 년 .

함영대,《투고논문: 포저 (浦渚) 조익 (赵翼) 의학문관과경학—지경 (持敬) 과『맹자천설 (孟子浅说)』을중심으로》, 동방한문학회《东方汉文学》, Vol.8, 2008 년 .

백민정,《정약용인성론에서 '천명지성 ' 개념이갖는의미——본연지성 (本然之性), 도의지성 (道义之性), 천명지성 (天命之性) 에대한다산의관점을중심으로: 정약용인성론에서 '천명지성' 개념이갖는의미》, 한국동양철학회《동양철학》, Vol.5, 2007 년 .

姜智恩,《朱熹의『孟子集注』와郑齐斗의『孟子说』의浩然章注释比较》, 고려대학교한자한문연구소编《한자한문연구》, Vol.1, 2005 년 .

김승동,《孟子와荀子에있어서의人间观의比较研究: 맹자와순자에있어서의인간관의비교연구》, 釜山大学校教养课程部论文集, 1974 년 .

韩国学位论文类（以时间先后为序）

（一）博士学位论文

배병대,《『맹자 (孟子)』〈'지언양기' 장 (知言养气章)〉의도덕철학적함의에관한연구》, 한국교원대학교대학원, 2019 년 .

김조영,《丁茶山의『孟子要义』训诂研究》, 공주대학교대학원, 2019 년 .

박연우,《朝鲜朝革命君主의孟子思想受容样相에관한研究: 太宗・世祖의簒夺과中宗・仁祖의反正을中心으로》, 공주대학교대학원, 2019 년 .

임선영,《霞谷郑齐斗의工夫论研究: 「中庸说」과「孟子说」을中心으로》, 성균관대학교일반대학원, 2019 년 .

김순현,《19 세기岭南儒学者의孟子解释研究——崔象龙、李震相、郭钟锡을중심으로》, 대구한의대학교일반대학원, 2018 년 .

김세종,《맹자와순자의心论에관한연구》, 成均馆大学校, 2016 년 .

정병현,《孟子의人性论에关한研究》, 동국대학교, 2016 년 .

김원희,《『孟子』의道德的人间像研究》, 성균관대학교, 2016 년 .

최란희,《부정사의미자질및통사적특징구현양상연구: 『孟子』를중심으로》, 한양대학교대학원, 2015 년 .

정화순,《조선조유학자들의孟子浩然章해석에관한연구: 朱子注와의비교를중심으로》, 공주대학교교육대학원, 2014 년 .

임재완,《浦渚赵翼의四书学研究》, 성균관대학교, 博士学位论文 2013 년 .

함윤식,《丁若镛의『孟子』解释에나타나는道德的自我에대한探究》, 성균관대학교일반대학원, 2012 년 .

이기명,《우에다아키나리(上田秋成)작품에나타난맹자사상연구》,단국대학교대학원,2011년.

함영대,《성호학파의『맹자』해석에대한연구》,성균관대학교,2009년.

이기호,《맹자왕도사상의형성과전개:그철학적성찰》,한남대학교일반대학원,2009년.

유연석,《栗谷李珥의人性论研究:『中庸』中和论에입각한『孟子』性善说의재정립》,연세대학교대학원,2005년.

윤석례,《孟子复音节词研究》,전남대학교대학원,2002년.

오성균,《孟子의教育思想研究:性善说과仁义의教育观을中心으로》,한양대학교대학원,1989년.

유성태,《장자의삼양론비교연구》,원광대학교,1989년.

김길락,《孟子王道思想의研究:王道政治의思想的体系》,충남대학교,1976년.

(二)硕士学位论文

박현우,《『맹자』속리의와기쁨》,서울대학교대학원,2020년.

이준상,《고자의인성론연구:『맹자』「고자」上,인내의외논쟁을중심으로》,연세대학교대학원,2020년.

류이선,《공자에서맹자로의命에대한대응변화:义에서性으로,知命에서立命으로》,성균관대학교일반대학원,2020년.

양진순,《『맹자』의인성론의경계영역적함의연구》,성균관대학교유학대학원,2019년.

이준호,《『맹자』에서의의지박약과자기기만:허용가능한의지박약과"행복한행위실패"에대하여》,연세대학교대학원,2018년.

정진가기,《한·중초등학교교과서에나타난인간관계교육비교연구:맹자의오륜(五伦)개념을중심으로》,동국대학교,2018년.

정한울,《〈论语〉〈孟子〉가정복문연구》,성균관대학교,2018년.

박경옥,《孟子天命思想에대한考察》,성균관대학교,2016년.

후정정,《儒家人性论을응용한현대기업의인적자원관리:孟子와丁若镛의人性论을중심으로》,성균관대학교,2016년.

박효정,《孟子의社会福祉思想에관한研究》,성균관대학교,2016년.

김나윤,《맹자도덕정감론연구》, 중앙대학교대학원,2015 년.

김기연,《맹자 (孟子) 의덕치사상에나타난천 (天) 의정치적의미: 덕 (德) ·공 (功) ·천 (天) 의관계를중심으로》, 고려대학교대학원,2015 년.

김종백,《孟子四端의羞恶之心研究》, 성균관대학교,2015 년.

홍린,《朱陆圣学비교연구: 孟子해석을중심으로》, 고려대학교대학원,2015 년.

신예진,《孟子의修养论研究》, 성균관대학교,2014 년.

郑美善,《孟子의心性修养论에关한——考察》, 강원대학교대학원,2013 년.

유민정,《存斋魏伯珪의『孟子』해석研究》, 성균관대학교일반대학원,2013 년.

정우식,《孟子의王道政治思想研究》, 성균관대학교유학대학원,2012 년.

김성실,《孟子의儒教共同体研究》, 성균관대학교일반대학원,2011 년.

홍한얼,《7 차교육과정『윤리와사상』맹자서술에관한연구:『맹자 (孟子)』와주희 (朱熹) 주 (注) 를중심으로》, 건국대학교교육대학원,2011 년.

김세종,《맹자의성인관연구》, 성균관대학교일반대학원,2010 년.

이지숙,《맹자의 '욕망과수양' 에관한고찰》, 한국교원대학교대학원,2008 년.

유준한,《맹자의介词研究》, 성균관대학교,2007 년.

김경순,《孟子의王道政治思想에관한研究》, 성균관대학교,2005 년.

방진혁,《孟子의经济思想研究》, 성균관대학교,2005 년.

김진철,《孟子의六经观研究》, 延世大学校大学院,2005 년.

김여영,《孟子의天命思想研究》, 한국교원대학교,2005 년.

강지은,《霞谷郑齐斗의「孟子说」研究》, 고려대학교,2003 년.

송영건,《孟子의天人关系에대한研究》, 中央大学校大学院,2002 년.

임명섭,《孟子의王道政治思想研究》, 고려대학교,2001 년.

최두진,《정조대의초계문신교육제도연구》, 부산대학교,2000 년.

곽민정,《茶山丁若镛의人性论에관한연구:『孟子要义』를중심으로》, 成均馆大学校教育大学院,1999 년.

서경렬,《孟子의心性论에관한研究》, 中央大学校,1996 년.

이미애,《孟子思想의研究: 人性论과伦理观을中心으로》, 이화여자대학교교육대학원,1995 년.

염재령,《孟子의良知说에관한价值论的考察》, 忠南大学校,1990 년.

유흔우,《焦循의孟子〈性善说〉解释에관한研究:〈孟子正义〉를중심으로》, 东国

大学校,1990 년 .

홍승진,《孟子의义思想에관한研究》,檀国大学校,1989 년 .

장영은,《孟子思想의特质: 人性论과道德的实践论을中心으로》,梨花女子大学校教育大学院,1989 년 .

박경숙,《孟子의义思想에관한研究》,岭南大学校,1986 년 .

최세륜,《孟子의伦理观에관한研究》,启明大学校,1985 년 .

김태완,《孟子의政治思想研究》,岭南大学校,1984 년 .

김주석,《孟子의性论에对한研究》,圆光大学校,1982 년 .

정태윤,《孟子의政治思想에관한考察》, 건국대학교,1981 년 .

김수중,《思诚者로서의人间: 孟子와先秦儒家의人间理念에关한论究》, 서울大学校大学院,1978 년 .

김광자,《맹자의教育思想研究》,梨花女子大学校大学院,1974 년 .

责任编辑：翟金明
封面设计：汪　阳

图书在版编目（CIP）数据

古代朝鲜半岛《孟子》学史研究 / 赵永刚著. 北京 ：人民出版社，2024. 9. -- ISBN 978 - 7 - 01 - 026851 - 4

I. B222.55

中国国家版本馆 CIP 数据核字第 2024QG3021 号

古代朝鲜半岛《孟子》学史研究

GUDAI CHAOXIANBANDAO MENGZIXUESHI YANJIU

赵永刚　著

人民出版社 出版发行
（100706　北京市东城区隆福寺街 99 号）

北京建宏印刷有限公司印刷　新华书店经销

2024 年 9 月第 1 版　2024 年 9 月北京第 1 次印刷
开本：710 毫米 ×1000 毫米 1/16　印张：24.75
字数：327 千字

ISBN 978 - 7 - 01 - 026851 - 4　定价：118.00 元

邮购地址 100706　北京市东城区隆福寺街 99 号
人民东方图书销售中心　电话（010）65250042　65289539